Somos así 3

James F. Funston
Jorge M. Guitart
Dolores M. Koch
Regenia Lambert Nicosia

Consultants

Dennis Meredith
Eric Narváez
Fernando Persico

Rafael Varela
Alejandro Vargas Bonilla

EMC/Paradigm Publishing, Saint Paul, Minnesota

We have attempted to locate owners of copyright materials used in this book. If an omission has occurred, EMC Publishing will acknowledge the contribution in subsequent printings.

ISBN 0-8219-0525-2

© 1997 by EMC Corporation

All rights reserved. No part of this publication may be adapted, reproduced, stored in a retrieval system or transmitted in any form or by any means, electronic, mechanical, photocopying, recording, or otherwise without permission from the publisher.

Published by EMC/Paradigm Publishing
875 Montreal Way
St. Paul, Minnesota 55102

Printed in the United States of America
  2 3 4 5 6 7 8 9 10 XXX 01 00 99 98 97

Introducción

¡Bienvenidos!

You already know that large Spanish-speaking populations exist in Spain, Mexico, Central America, South America, the Caribbean and the United States. However, Spanish is used daily in business, travel and routine conversation in other parts of the world as well. As you can imagine, the 300 million people who use Spanish every day have very different backgrounds and lifestyles. *Somos así 3* has been written with this diversity in mind. It is designed as a guide to help you learn more about Hispanic life while you improve your ability to communicate effectively in Spanish.

Each of the ten chapters in *Somos así 3* contains a central focus such as family life, travel, food and the future. You will find enough vocabulary, grammar and cultural information to enable you to communicate in typical situations such as writing a letter, complaining, discussing the news, ordering from a menu and obtaining medical assistance. You will have an opportunity to learn about Hispanic literature by reading ten selections chosen from a host of Spanish-speaking writers.

You are about to embark on an exciting adventure. You will need to draw upon skills you have already mastered while simultaneously learning new ones. The Spanish language will take on a new meaning as you gain insight into the lives and culture of the Spanish-speaking world.

Table of Contents

Capítulo 2

En Casa 53

Capítulo 3

Relaciones humanas 103

Capítulo 4

¿Qué pasó?　151

Capítulo 6

De viaje 243

Capítulo 8

La salud   341

Capítulo 9

Muy de moda   387

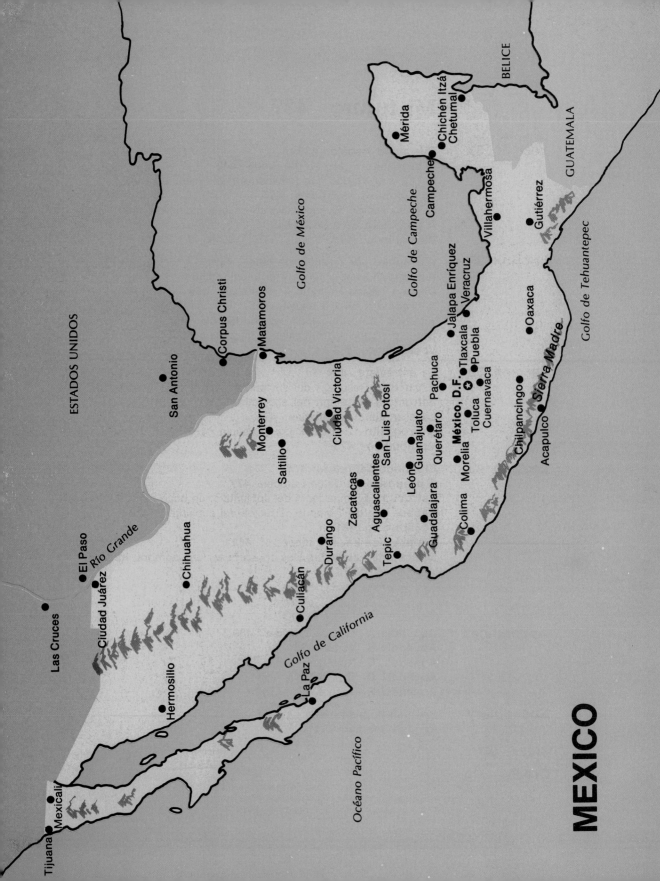

BELICE

GUATEMALA

Mérida
Chichén Itzá
Chetumal

Campeche

Golfo de Campeche

Villahermosa

Gutiérrez

Golfo de Tehuantepec

Golfo de México

Jalapa Enríquez
Veracruz

Oaxaca

Corpus Christi

Matamoros

San Antonio

Sierra Madre

ESTADOS UNIDOS

Ciudad Victoria

Pachuca
Tlaxcala
México, D.F.
Puebla
Toluca Cuernavaca
Morelia
Chilpancingo

San Luis Potosí

Acapulco

Monterrey

Saltillo

Guanajuato
León Querétaro

Colima

Zacatecas

Guadalajara

Aguascalientes

El Paso
Río Grande

Chihuahua

Durango

Tepic

Las Cruces

Ciudad Juárez

Culiacán

Golfo de California

Hermosillo

La Paz

Tijuana
Mexicali

Océano Pacífico

MEXICO

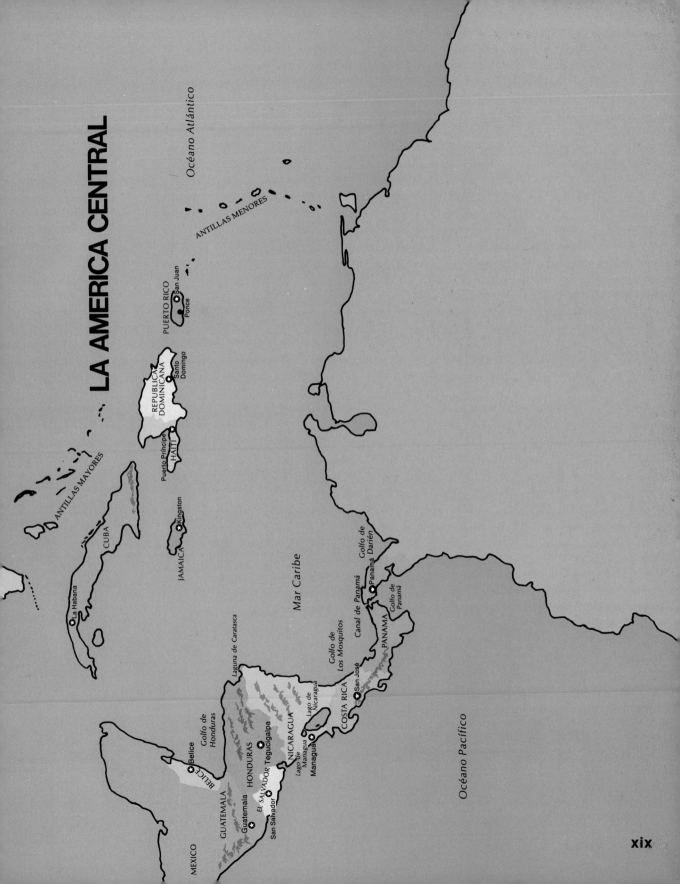

LA AMERICA CENTRAL

Océano Atlántico

ANTILLAS MENORES

PUERTO RICO
San Juan
Ponce

REPUBLICA DOMINICANA
Santo Domingo

Puerto Príncipe
HAITI

ANTILLAS MAYORES

CUBA

Kingston
JAMAICA

La Habana

Mar Caribe

Laguna de Caratasca

Golfo de Honduras

Belice
BELICE

GUATEMALA
Guatemala

EL SALVADOR
San Salvador

HONDURAS
Tegucigalpa

NICARAGUA
Lago de Managua
Managua
Lago de Nicaragua

Golfo de Los Mosquitos

COSTA RICA
San José

Canal de Panamá

Golfo de Panamá

Golfo de Darién
Panamá
PANAMA
Golfo de Panamá

MEXICO

Océano Pacífico

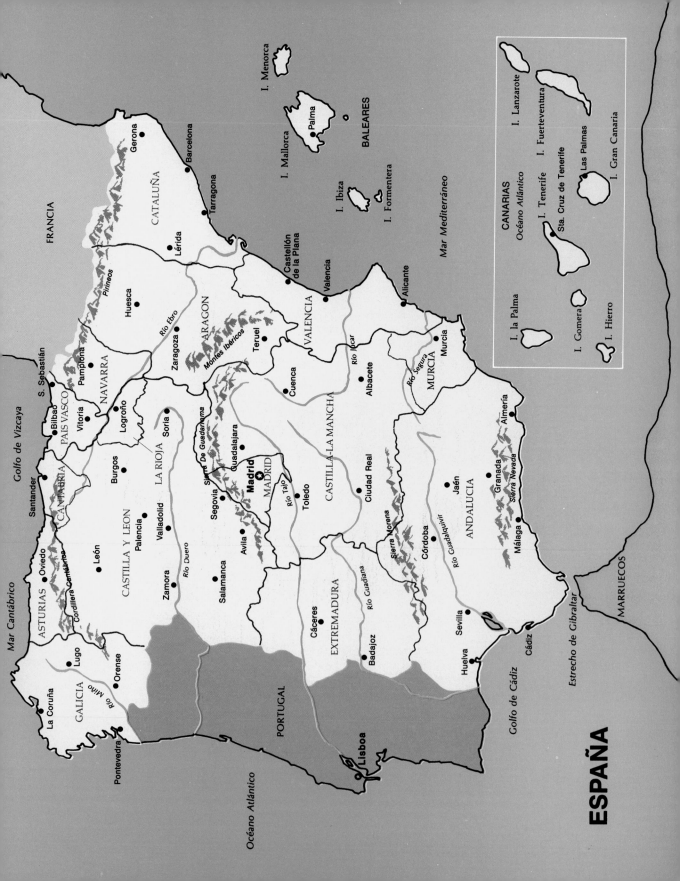

ESPAÑA

FRANCIA

Golfo de Vizcaya

Mar Cantábrico

Océano Atlántico

PORTUGAL

Golfo de Cádiz

Estrecho de Gibraltar

MARRUECOS

Mar Mediterráneo

I. Menorca

BALEARES

Palma

I. Mallorca

I. Ibiza

I. Formentera

CANARIAS

Océano Atlántico

I. Lanzarote

I. Fuerteventura

I. Tenerife

Sta. Cruz de Tenerife

Las Palmas

I. Gran Canaria

I. la Palma

I. Gomera

I. Hierro

GALICIA

La Coruña

Pontevedra

Lugo

Orense

Río Miño

ASTURIAS

Oviedo

Santander

CANTABRIA

Cordillera Cantábrica

PAÍS VASCO

Bilbao

S. Sebastián

Vitoria

NAVARRA

Pamplona

Pirineos

Huesca

Gerona

Barcelona

CATALUÑA

Tarragona

Lérida

Zaragoza

ARAGON

Río Ebro

Montes Ibéricos

Teruel

Castellón de la Plana

VALENCIA

Valencia

Alicante

Río Júcar

Cuenca

Albacete

MURCIA

Río Segura

Murcia

Almería

LA RIOJA

Logroño

Soria

Burgos

León

Zamora

Valladolid

Palencia

CASTILLA Y LEON

Salamanca

Avila

Segovia

Sierra De Guadarrama

Guadalajara

MADRID

Madrid

Río Tajo

Toledo

CASTILLA-LA MANCHA

Ciudad Real

Río Duero

Río Guadiana

EXTREMADURA

Cáceres

Badajoz

Sierra Morena

Córdoba

Río Guadalquivir

Sevilla

Huelva

Cádiz

ANDALUCIA

Jaén

Granada

Sierra Nevada

Málaga

Lisboa

Mar Caribe

Riohacha
Barranquilla
Cartagena
R. Magdalena
Maracaibo
Lago de Maricaibo
Caracas
Isla de Margarita

R. Orinoco
Mérida
Ciudad Bolívar
Georgetown
Paramaribo

Bucaramanga
VENEZUELA
El Salto del Ángel
GUYANA
SURINAM
Cayena
GUAYANA FRANCESA

Medellín
Arauca
Santa Fe de Bogotá
Villavicencio
COLOMBIA
Cali

Ecuador

Islas Galápagos

Quito
▲ *Cotopaxi*
ECUADOR
Guayaquil
Cuenca
Iquitos
Leticia

R. Amazonas

PERU
Los Andes
R. Urubamba

BRASIL

Lima
■ *Machu Picchu*
Cuzco
Juliaca
Lago Titicaca
La Paz
Brasilia

Camaná
Tiahuanaco
BOLIVIA
Arica
Sucre
Potosí

Océano Pacífico

Gran Chaco
R. Pilcomayo
R. Paraguay
Concepción
São Paulo
Río de Janeiro

Isla de Pascua
PARAGUAY
Asunción
Itaipú
Lago Ypacaraí
Las Cataratas del Iguazú
R. Iguazú
Océano Atlántico

CHILE
Los Andes
San Miguel de Tucumán
ARGENTINA
R. Paraná
R. Uruguay

Islas de Juan Fernández
San Juan
▲ *Aconcagua*
Viña del Mar
Valparaíso
Mendoza
Santiago
Portillo
Pampas
Saltillo
URUGUAY
Colonia
Buenos Aires
Montevideo
Punta del Este
La Plata
Río de la Plata

Concepción
Mar del Plata

LA AMERICA DEL SUR

Puerto Montt
San Carlos de Bariloche

Puerto Aysén

Patagonia

Balmaceda
Estrecho de Magallanes
Islas Malvinas

Punta Arenas
Tierra del Fuego
Cabo de Hornos

Roberto (México)

Marta (Argentina)

¡Somos así!

José (Chile)

Adriana (República Dominicana)

Capítulo 1

Somos así

- ■ Identifying oneself
- ■ Seeking personal information
- ■ Completing an application
- ■ Giving personal information

- ■ Talking about everyday activities
- ■ Expressing likes and dislikes
- ■ Describing people

- ■ Asking for permission
- ■ Giving excuses
- ■ Writing a letter

Nena y Fernando

El primer día de clase, Fernando Camargo, estudiante de cuarto año de secundaria del Colegio Bolívar de Caracas, Venezuela, se acerca a una chica nueva, Nena Rimaldi.

FERNANDO:	Señorita, soy reportero del periódico de este colegio y quiero entrevistarla.°
NENA:	¿Ah, sí? ¡No me diga!°
FERNANDO:	Para empezar, ¿cuál es su nombre?
NENA:	Nena Rimaldi. Bueno, Nena es. mi apodo.° Me llamo Patricia Rimaldi.
FERNANDO:	¿Y no tiene Ud. un segundo nombre?
NENA:	Sí, Liliana.

interview you
You don't say!

nickname

FERNANDO:	Y, ¿cómo se llaman sus padres?
NENA:	José María Rimaldi y Lourdes Maldonado.
FERNANDO:	Así que su nombre completo es....
NENA:	Patricia Liliana Rimaldi Maldonado. Oye, ¡ya está bueno de tanta formalidad!° ¿Por qué no nos tuteamos?°
FERNANDO:	Bueno, vale.° Uy, es tardísimo. Tengo que ir a clase. ¿Te veo luego?
NENA:	Um, tal vez.° Bueno, adiós.

Enough formality! Why don't we call each other tú?/ okay

perhaps

¿Qué comprendió Ud.?

¿Cierto o falso?

1. Fernando es un estudiante nuevo.
2. El apodo de Patricia es Liliana.
3. Liliana no es la madre de Nena.
4. Nena quiere usar tú para hablar con Fernando.
5. Nena y Fernando están en el Colegio Rimaldi.

Fernando ve a Nena a la salida° del colegio.   *exit*

FERNANDO:	Oye, Nena, ¿continuamos la entrevista?
NENA:	Si quieres. Pero te advierto° que no tengo mucho tiempo.

I'm warning you

FERNANDO: Bueno, vale. Eres nueva en el colegio, ¿verdad?

NENA: Sí, acabamos de mudarnos a Caracas. Somos de Mérida....

FERNANDO: Bueno, mira, me presento: Fernando Camargo más conocido como el Pecoso.° Mucho gusto en conocerte.

better known as/ Freckles

NENA: Igualmente.°

My pleasure.

FERNANDO: Dime, ¿cuál es tu teléfono?

NENA: Eres un poco curioso, ¿no? Mira, acabo de conocerte.

FERNANDO: Bueno, está bien. ¿Cuántos años tienes?

NENA: Dieciséis, casi diecisiete.

FERNANDO: ¿Cuándo es tu cumpleaños?

NENA: El 15 de noviembre.

FERNANDO: Si das una fiesta, ¿me vas a invitar?

NENA: Ah, el chico es curioso y además fresco.°

fresh

FERNANDO: Sólo quiero ser sociable.

NENA: Oye, es muy tarde y tengo muchas cosas que hacer.

FERNANDO: ¿Nos vemos luego?

NENA: Quizás. Bueno, te veo por ahí.°

I'll see you around.

FERNANDO: ¡Qué se va a hacer!° Hasta luego, Nena.

What choice do I have?

NENA: Adiós, Fernando.

¿Qué comprendió Ud.?

¿Cierto o falso?

1. Nena no vive en Mérida.
2. *El Pecoso* y Fernando son la misma persona.
3. Nena dice que quiere ver a Fernando esta tarde.
4. Fernando no quiere ver a Nena luego.
5. Nena no dice su número de teléfono.
6. *Pecoso* es el apodo de Fernando.
7. Las expresiones *quizás* y *tal vez* son opuestas.

Charlando

1. ¿Por qué cree que Fernando dice que es reportero?
2. ¿Le gusta a Nena la formalidad? ¿Qué sugiere ella?
3. ¿Qué hace Ud. cuando quiere conocer a alguien?
4. ¿Por qué no quiere darle Nena su teléfono a Fernando?
5. ¿Cómo lo llaman a Ud. sus amigos?
6. ¿Cómo lo llaman a Ud. en su casa?

Los nombres hispanos

Nótese que María es el segundo nombre del padre de Nena. Aunque es nombre de mujer, se usa a veces también como segundo nombre de hombre. Hay nombres comunes entre hispanos que no se usan en inglés. Así tenemos Jesús, Domingo, César, Consuelo (*consolation*), Amparo (*protection*), Nieves (*snows*) y Socorro (*help*). Muchos, como Socorro, vienen de nombres de la Virgen María: Nuestra Señora del Perpetuo Socorro (*Our Lady of Perpetual Help*).

Los apodos

Algunos apodos vienen de características personales, como **el Pecoso** o **el Exigente** (*the demanding one*). En español, por ejemplo, *Laurel and Hardy* se llaman **el Gordo y el Flaco.**

Hay nombres que tienen apodos, como el de José, Pepe. Algunos son arbitrarios, como Nena, y otros son combinaciones de nombres, como Marisa (María Isabel), o nombres más cortos, como Tere (Teresa).

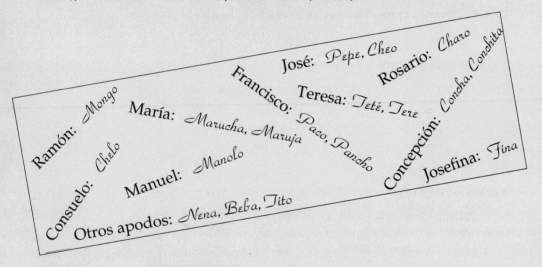

Ramón: *Mongo*

María: *Marucha, Maruja*

José: *Pepe, Cheo*

Francisco: *Paco, Pancho*

Teresa: *Teté, Tere*

Rosario: *Charo*

Concepción: *Concha, Conchita*

Consuelo: *Chelo*

Manuel: *Manolo*

Josefina: *Fina*

Otros apodos: *Nena, Beba, Tito*

Me llamo..../ Me dicen....

Me llamo o **Mi nombre es** se usa para el nombre oficial. **Me llaman** o **Me dicen** se usa para el apodo.

    Me llamo Dolores, pero en casa me dicen Lolita.
    Mi nombre es Francisco, pero mis amigos me llaman Paco.

Si le dicen Pepe, ¿cómo se llama? ¿Cuál es el apodo de Manuel? ¿Cuál es el nombre de Charo? ¿Cuál es su nombre si le dicen Panchito?

Repaso rápido: el presente del indicativo

Verbos regulares

comprar: compro, compras, compra, compramos, compráis, compran
comer: como, comes, come, comemos, coméis, comen
vivir: vivo, vives, vive, vivimos, vivís, viven

Verbos con cambios en la raíz

empezar: empiezo, empiezas, empieza, empezamos, empezáis, empiezan
pensar: pienso, piensas, piensa, pensamos, pensáis, piensan
querer: quiero, quieres, quiere, queremos, queréis, quieren
sentir: siento, sientes, siente, sentimos, sentís, sienten

pedir: pido, pides, pide, pedimos, pedís, piden

dormir: duermo, duermes, duerme, dormimos, dormís, duermen
poder: puedo, puedes, puede, podemos, podéis, pueden
volver: vuelvo, vuelves, vuelve, volvemos, volvéis, vuelven

jugar: juego, juegas, juega, jugamos, jugáis, juegan

Verbos con formas irregulares para *yo*

hacer: **hago**	conocer: **conozco**	caber: **quepo**
poner: **pongo**	ofrecer: **ofrezco**	saber: **sé**
salir: **salgo**	pàrecer: **parezco**	

caer(se): (me) **caigo**   convencer: **convenzo**
traer: **traigo**

Verbos con cambios en la raíz y formas irregulares para *yo*

decir: **digo**, dices, dice, decimos, decís, dicen
tener: **tengo**, tienes, tiene, tenemos, tenéis, tienen
venir: **vengo**, vienes, viene, venimos, venís, vienen
torcer: **tuerzo**, tuerces, tuerce, torcemos, torcéis, tuercen

Verbos con más de una forma irregular

dar: **doy**, das, da, damos, **dais**, dan
ser: **soy, eres, es, somos, sois, son**
estar: **estoy, estás, está**, estamos, estáis, **están**
ir: **voy, vas, va, vamos, vais, van**
oír: **oigo, oyes, oye**, oímos, oís, **oyen**
ver: **veo**, ves, ve vemos, **veis**, ven

1. **La entrevista.** Con un/a compañero/a de clase, alterne (*alternate*) preguntando y contestando según las indicaciones.

> **Modelo:** tener mucho tiempo
> ¿Tienes tú mucho tiempo?
> Sí, (No, no) tengo mucho tiempo.

1. ser nuevo/a en la escuela
2. conocer a todos los profesores
3. vivir cerca de aquí
4. venir a la escuela en autobús
5. comer en la cafetería
6. hacer deportes
7. saber tocar un instrumento musical
8. salir mucho los fines de semana
9. ver a tu mejor amigo/a todos los días
10. estar cansado/a

2. **Un sábado típico.** En el párrafo siguiente, Amparo Saavedra nos dice qué hace el sábado próximo. Use el presente del verbo apropiado para llenar los espacios. Cada verbo se usa solamente una vez.

ir	pedir	poder
jugar	pensar	volver

Me gustan mucho los fines de semana porque _(1)_ dormir hasta las nueve o las diez. El sábado próximo, _(2)_ levantarme a las nueve. _(3)_ al parque con unos amigos a las diez. Yo siempre _(4)_ al fútbol con ellos y este sábado tenemos que practicar para el partido del domingo. Claro, siempre _(5)_ permiso antes de salir de casa. Normalmente _(6)_ a casa para comer entre las siete y las ocho.

¿Qué te gusta hacer los fines de semana?

¡El fútbol es divertido!

3. ¿Quién hace qué? Invente seis frases lógicas en el presente, combinando elementos de las columnas *A, B,* y *C* y haciendo los cambios necesarios.

A	*B*	*C*
yo	dormir	la música
tú	querer	tutearse
Ud. y él	oír	mudarse
nosotros	decir	hasta las nueve y media
los jóvenes	traer	hasta luego
Ud.	sentir	el carro de mis padres
	poner	algo para comer
	conducir	llegar tan tarde
		azúcar en el té

¿Puede Ud. conducir
el carro de sus padres?

Estructura

Los verbos que terminan en *-cer, -cir*

Most verbs ending in *-cer* and *-cir* require the addition of the letter *z* before the *c* in the *yo* form of the present tense. The *z* maintains the soft sound of the *c* of the infinitive. The other present tense forms of these verbs do not require this spelling change.

Yo conduzco bien.	I drive well.
Sí, la conozco.	Yes, I know her.

but:

¿Conduces tú bien?	Do you drive well?
¿Conoces tú a María?	Do you know María?

Some verbs that follow this pattern include the following: *aparecer* (to appear), *complacer* (to please), *conducir* (to drive), *conocer* (to know), *deducir* (to deduct), *desaparecer* (to disappear), *establecer* (to establish), *introducir* (to introduce), *merecer* (to deserve), *nacer* (to be born), *obedecer* (to obey), *ofrecer* (to offer), *parecer* (to seem), *pertenecer* (to belong, to pertain), *reconocer* (to recognize) and *traducir* (to translate).

The verbs *vencer* (to win over) and *convencer* (to convince) do not follow this pattern because the ending *-cer* is preceded by a consonant (*n*). To maintain the soft *c* sound of the infinitive, change *c* to *z* in the *yo* form: *yo venzo.*

4. **Preguntas personales.** Conteste las siguientes preguntas, usando la forma *yo* del verbo que aparece en letra bastardilla.

> **Modelo:** ¿*Complace* Ud. a sus amigos?
> Sí, (No, no) complazco a mis amigos.

1. ¿*Conduce* Ud. el coche de sus padres?
2. ¿Le *obedece* Ud. al profesor?
3. ¿*Traduce* Ud. todo de español a inglés?
4. ¿Les *ofrece* Ud. ayuda a otros?
5. ¿*Desaparece* Ud. después de la clase sin decir adiós?
6. ¿*Convence* Ud. fácilmente a otros?
7. ¿*Merece* Ud. una A en la clase de español?
8. ¿*Pertenece* Ud. a un club?

La identidad oficial

Nena solicita pasaporte.

Solicitud de pasaporte	
Nombres:	*Patricia Liliana*
Primer apellido:	*Rimaldi*
Segundo apellido:	*Maldonado*
Sexo: M Ⓕ	
Fecha de nacimiento:	*15 de noviembre de 1974*
Lugar de nacimiento:	*Mérida, Venezuela*
Nacionalidad:	*venezolana*
Domicilio actual:	*Quinta Rosalía*
	3ª Avenida
	Urbanización Los Palos Grandes
	Caracas 1010, Venezuela
Estado civil:	*soltera*
Ocupación:	*estudiante*
Firma:	*Patricia Liliana Rimaldi Maldonado*
Fecha:	*3.10.90*

solicita	applies for	**Domicilo actual**	Current address	**soltera**	single
Solicitud	Application	**Estado civil**	Marital status	**Firma**	Signature
apellido	surname				

Los dos apellidos

En el mundo hispánico, todo documento oficial debe tener el **primer apellido** o **apellido paterno** (del padre) y el **segundo** o **materno** (de la madre) de cada persona. Si Patricia tiene un teléfono a su nombre, Fernando lo puede encontrar en la guía de teléfonos bajo la **R** de Rimaldi, el apellido de su padre, aunque su nombre completo es Patricia Rimaldi Maldonado.

En situaciones informales se usan el nombre o apodo y el primer apellido solamente. Si el primer apellido es muy común, como el del escritor español Benito Pérez, se usan los dos (Pérez Galdós). Una mujer casada no pierde su apellido. Sólo añade el apellido de su esposo: Maldonado de Rimaldi son los apellidos de la mamá de Patricia Rimaldi.

¿Cuál es su nombre y apellido?

La terminación -*ez*

Muchos apellidos hispanos terminan en **-ez,** que quiere decir "hijo de". Así, González originalmente quería decir **hijo/a de Gonzalo;** López, hijo/a de Lope; Alvarez, de Alvaro; Sánchez, de Sancho. ¿Puede Ud. adivinar (*guess*) qué quieren decir los siguientes apellidos?

Rodríguez   Hernández   Domínguez   Ramírez   Fernández

Soy José Fernández, de Argentina.

5. Solicitud de trabajo. Imagínese que Ud. vive en América Latina y debe llenar una solicitud de trabajo. Conteste las siguientes preguntas.

1. ¿Cuál es su primer nombre?
2. ¿Y su segundo nombre?
3. ¿Cuál es su primer apellido?
4. ¿Y su segundo apellido?
5. ¿Cuál es su domicilio actual?
6. ¿Cuál es su profesión?
7. ¿Cuál es su estado civil?
8. ¿Por qué solicita este trabajo?

Y tú, ¿qué haces?

Estructura

Usos del presente

Present tense usage in Spanish and English is very similar. These are some special uses of the present tense:

- to refer to ongoing actions

¿De dónde vienes?	Where are you coming from?
El detective lleva un revólver.	The detective is carrying a gun.
¿Qué haces?	What are you doing?

- to express future action with any verb

¿Vas conmigo mañana?	Are you going with me tomorrow?
Voy a Lima este verano.	I'm going to Lima this summer.
Ella viene a las doce.	She's coming at twelve.

- to indirectly ask for permission

¿Abro la ventana?	Should I open the window?
¿Vengo a las cinco?	Should I come at five?
¿Firmamos las solicitudes?	Should we sign the applications?

- to invite someone to join you in some activity

¿Bailamos?	Shall we dance?/ Let's dance.
¿Comemos?	Shall we eat?/ Let's eat.

6. **¿Quién lo va a hacer?** El Club de Español se reúne para organizar una fiesta. Haga el papel de presidente del club. Todos quieren cooperar. Siga las indicaciones para decir quién va a hacer cada labor (*assignment*).

> **Modelo:** ¿Quién va a preparar las invitaciones? (Ana)
> Ana prepara las invitaciones.

1. ¿Quién va a adornar la clase esta tarde? (yo)
2. ¿Quién va a traer los discos? (Nena)
3. ¿Quién va a comprar los refrescos? (Paco)
4. ¿Quién va a cantar? (Alicia)
5. ¿Y quién va a tocar la guitarra? (Manolo y Andrés)
6. ¿Quién va a traer la comida? (yo)

7. **El domingo.** Imagine que hoy es domingo. Diga qué hacen las siguientes personas, según las indicaciones.

> **Modelo:** Tere/ venir de la tienda
> Tere viene de la tienda.

1. Roberto/ jugar al tenis
2. yo/ hacer la tarea
3. Jaime/ caerse enfrente de la casa
4. Eva/ aprender a conducir
5. Nora/ pensar en el futuro
6. el gato/ dormir en la silla

8. **Excusas.** En ocasiones, Ud. tiene muchas cosas que hacer y a veces cuando sus amigos lo/la invitan, Ud. tiene que inventar excusas. Haga un diálogo con otro/a estudiante.

> **Modelo:** conversar ahora/ llegar tarde a clase
> ¿Conversamos ahora?
> Lo siento, pero voy a llegar tarde a clase.

1. ir al partido mañana/ visitar a mi tío
2. comer algo/ llegar temprano a casa
3. jugar al fútbol/ estudiar ahora
4. ver una película/ comprar un disco
5. hacer la tarea/ ir de compras

9. **¿Más excusas?** Trabaje con otro/a estudiante. Cada persona debe preparar cuatro o cinco sugerencias originales de actividades para hacer. Alterne con su compañero/a en invitar y en dar excusas.

> **Modelo:** ¿Hablamos inglés?
> Lo siento, pero no hablo inglés.

¿Cuál es su nombre?

El señor Pérez, policía de Lima, Perú, interroga a la turista norteamericana Miss Mary Watkins después de un accidente:

PEREZ: Ud. vio el accidente, ¿verdad?

MARY: Sí, señor.

PEREZ: Y, ¿cuál es su nombre, señorita?

MARY: Mary Allison Watkins.

PEREZ: Muy bien. Voy a escribir aquí: "La señorita Mary Allison vio el accidente".

MARY: No, no, Mary Watkins.

PEREZ: Bueno, decídase.

¿Qué comprendió Ud.?

¿Cierto o falso?

1. El policía cree que Watkins es el apellido paterno de Mary.
2. El policía cree que Allison es el segundo nombre de Mary.
3. El policía cree que Mary tiene dos apellidos.

10. **Cuál es el nombre correcto? Invente un diálogo con un/a compañero/a sobre una confusión de nombres, para presentarlo en clase. Cada persona debe hablar tres o cuatro veces. Temas a escoger:**

A. No encontrar el nombre de Patricia Maldonado Rimaldi en la guía de teléfonos. Una persona lo busca en la letra *R*. La otra le dice dónde debe estar y por qué.

B. Comentar quién puede ser, según los apellidos, tía de Patricia: Rita Rimaldi, Elena Maldonado o Elisa Maldonado de Rimaldi. Explicar si puede ser tía materna o paterna y por qué.

C. Confundir el apellido con el segundo nombre, como en el diálogo con el policía. Hacer un diálogo similar.

Vocabulario

actual present, current

advertir (ie) to warn

ahí there; *Te veo por ahí.* I'll see you around.

aparecer to appear

el **apellido** last name, family name

el **apodo** nickname

bueno,-a good *¡Ya está bueno de tanta formalidad!* Enough formality!

civil civil; *estado civil* marital status

el **domicilio** address

entrevistar to interview

la **firma** signature

fresco,-a fresh

igualmente equally, the same (for me)

más more, most; *más conocido,-a como* better known as

merecer to deserve

mudarse to move to another home, country

¡No me diga! You don't say!

obedecer to obey

pecoso,-a freckled, having freckles

pertenecer to belong

¡qué! what! how!; *¡Qué se va a hacer!* What choice do I have?, What am I going to do?, What can I do?

reconocer to recognize

la **salida** exit

solicitar to apply

la **solicitud** application

soltero,-a single, not married

tal such; *tal vez* perhaps

tutearse to address each other as *tú*

vale all right, okay (Spain)

Un mensaje de Ernesto

Ernesto Trueba Campuzano, un muchacho que vive en México, D.F., está haciendo un audiocasete para unos nuevos amigos en los Estados Unidos.

Bueno, ahora les voy a decir quién soy. Pues, primero que todo, soy mexicano. Nací en Acapulco, pero todos mis familiares° son de la capital. Soy estudiante de secundaria y los fines de semana soy cajero en *El Rey de las Hamburguesas,*° aquí en la Ciudad de México. Soy hijo de Augusto Trueba y de Flora Campuzano, y hermano mayor de ese "terror" que se llama Alicia Trueba. Soy primo del famoso jugador de béisbol Julio Trueba y pariente lejano del músico° y actor de televisión Emilio Trueba. ¿Qué más? Tengo novia, una chica muy linda y muy inteligente. Se llama Elisa Valverde y sus padres son de Oaxaca. En deportes, vamos a ver, soy un tenista° bastante bueno y un basquetbolista° bastante malo. Soy aficionado al fútbol americano. Aquí vemos los partidos por la tele° todas las semanas. Los Cargadores de San Diego son mi equipo favorito. Bueno, ya no sé qué más decir....

relatives

hamburgers

musician

tennis player
basketball player
T.V. (television)

¿Qué comprendió Ud.?

1. ¿Dónde está Ernesto?
2. ¿Qué hace Ernesto los fines de semana?
3. ¿Cómo se llama la hermana de Ernesto?
4. ¿De quién es novia Elisa Valverde?
5. ¿Por su apellido, puede Ud. decir de quién es hijo Julio Campuzano?

La Avenida Paseo de la Reforma en México, D.F.

Una playa en Acapulco, México.

Charlando

1. ¿Es Ud. aficionado/a a algún deporte? ¿A cuál?
2. ¿Cuál es su equipo favorito?
3. ¿Qué deportes ve Ud. en la tele?
4. ¿Algún pariente suyo es músico o actor?
5. ¿Trabaja Ud. los fines de semana? ¿Dónde?

1. **¿Quién es Ud.?** Imagínese que Ud. está haciendo un audiocasete para enviar a sus nuevos amigos mexicanos. Diga quién es Ud. Hable de sus relaciones con otras personas, nacionalidad, trabajo y deportes favoritos.

A propósito

Cognados falsos

Muchas palabras en español y en inglés tienen un origen común y son similares, como **familia** y *family*. Son **cognados**. Otras palabras parecen ser cognados pero en realidad no lo son porque tienen significados (*meanings*) diferentes. Se llaman **cognados falsos.**

Algunos cognados falsos

actual	*present, current*	oración	*sentence*
colegio	*school*	parada	*stop*
contestar	*to answer*	pariente	*relative*
dirección	*address*	pasar	*to spend time*
éxito	*success*	primo	*cousin*
firma	*signature*	real	*actual*
idioma	*language*	regresar	*to come back*
largo	*long*	saludar	*to greet*
lectura	*reading*	simpático	*nice*
noticia	*news*	suceso	*incident, happening*

Repaso rápido: las palabras interrogativas

¿quién?	who(m)?	*¿cómo?*	how?
¿quiénes?	who(m)?	*¿cuánto?*	how much?
¿qué?	what?	*¿cuántos?*/	
¿cuándo?	when?	*¿cuántas?*	how many?
¿dónde?	where?	*¿cuál?*	which (one)?
¿adónde?	(to) where?	*¿cuáles?*	which (ones)?
¿por qué?	why?		

2. **¿Qué quiere Ud. saber? Estas son las respuestas a diez preguntas. ¿Cuáles son las preguntas?**

> **Modelo:** Son las tres y media.
> ¿Qué hora es?

1. Estoy muy bien, gracias.
2. Son mis padres.
3. Voy a salir en diez minutos.

4. Voy a casa.
5. Vivo en la calle Torre de Oro, número 120.
6. Me voy porque tengo que comer.
7. Tengo dos hermanos.

3. **Prepare una lista de diez preguntas que le gustaría preguntar a otro/a estudiante.**

4. **Invente cinco preguntas que le gustaría preguntar a una persona famosa. Luego, conteste las preguntas como Ud. imagina que esta persona contestaría.**

Estructura

¿Qué es? o ¿Cuál es?

The words *qué* and *cuál* are both used to mean "what?" when asking a question in Spanish. However, they are not interchangeable. For example, use *¿Qué es...?* or *¿Qué son...?* if you want a definition, identification or someone's trade or profession.

¿Qué son cognados falsos?	**What are** false cognates?
¿Qué es esto?	**What is** this?
¿Qué es ella, abogada o dentista?	**What is** she, a lawyer or a dentist?

No sé cuál comprar.
¿Qué dices tú?

Use *¿Cuál es...?* or *¿Cuáles son...?* when you expect to get a specific item of information among a number of possibilities. For instance, you may ask:

¿Cuál es tu nombre?	**What is** your name?

It is like asking, "Of all possible names, which is yours?" Here are other very common questions for which you must use *¿Cuál...?*

¿Cuál es la diferencia entre...?	**What's** the difference between...?
¿Cuáles son las respuestas?	**What are** the answers?
¿Cuál es la capital de...?	**What is** the capital of...?

Use *cuál/cuáles* when you would use *which* or *which one/ones* in English; that is, when there is a choice between two or more persons or things already identified.

¿Cuál? ¿La morena o la rubia?	**Which one?** The dark-haired one or the blonde?
No sé cuál de las dos.	I don't know **which one** of the two.
¿Cuáles son tus botas?	**Which** ones **are** your boots?
¿Cuáles botas son las tuyas?	**Which** boots **are** yours?

Rogelio y su familia

La familia de Rogelio es muy grande. El padre de Rogelio tiene siete hermanas y hermanos. Cada uno tiene una profesión distinta y son muy diferentes unos de otros.

En el retrato,° el hombre más viejo es vendedor. El calvo° es panadero.° El gordo es cartero.° El de barba es guitarrista.° La hermana mayor, la comerciante,° es rica. La otra hermana es enfermera. El hombre alto, que es ingeniero, es el padre de Rogelio. Y Rogelio dice que tiene otro tío que es un atleta° famoso. En realidad, es acróbata de un circo. ¡Qué familia!

portrait/ bald/ baker
mailcarrier/ guitarist
businessperson

athlete

5. **La familia de Rogelio. Conteste las siguientes preguntas acerca de la familia de Rogelio.**

1. ¿Qué es el hombre calvo?
2. ¿Qué es el hombre viejo?
3. ¿Qué es la mujer rica?
4. ¿Qué es un atleta?
5. ¿Cuál es el ingeniero? ¿El alto o el gordo?
6. ¿Cuál es el cartero?
7. ¿Cuál es el padre de Rogelio?
8. ¿Cómo es el vendedor?
9. ¿Cómo es el panadero?
10. ¿Cómo es la hermana mayor?

Estudio de palabras: cuatro terminaciones

Para indicar la profesión u oficio (*trade*) de una persona, se usan comúnmente cuatro terminaciones.

-ante / -ente	cantante, dependiente
-or / -ora	vendedor/a, doctor/a
-ero / -era	cocinero/a, enfermero/a
-ista	tenista, dentista, turista, artista

6. **¿Cuál es la pregunta? Utilizando *qué* o *cuál*, escriba la pregunta que corresponde a cada una de estas respuestas.**

> **Modelo:** La dirección de Susana es Avenida Sarmiento 398.
> ¿Cuál es la dirección de Susana?

1. Ella es estudiante.
2. Su nombre es Elisa.
3. El es profesor de español.
4. Su deporte favorito es el tenis.
5. La biología es la ciencia de la vida.
6. De los cinco diccionarios, el mejor es el que tiene más dibujos.
7. Su papá es cartero.

Los primos de Rogelio

La familia de Rogelio es muy grande porque tiene muchos tíos y tías. Como sólo tiene un tío soltero, el acróbata, Rogelio tiene muchos primos y primas. Los hijos del vendedor son cariñosos,° pero un poco chismosos.°   La verdad es que no dicen mentiras, no son mentirosos.° Los hijos del panadero son generosos. Ninguno es egoísta.° Los hijos de la tía rica son tontos° pero simpáticos. Rogelio dice que el menor es antipático,° pero muy inteligente. Lo sabe todo. La enfermera tiene una sola hija. Ella es muy divertida. Siempre cuenta chistes. Ella no es tímida,° es muy sociable. Ninguno de los primos de Rogelio es aburrido. Rogelio quiere mucho a sus primos, aunque todos son muy diferentes.

affectionate
gossipy/untruthful
selfish
silly
unfriendly

shy

¿Qué comprendió Ud.?

1. ¿Cómo son los hijos del vendedor?
2. ¿Cómo son los hijos del panadero?
3. ¿Quiénes son tontos pero simpáticos?
4. ¿Cómo es la hija de la enfermera?
5. ¿Cómo son los primos de Ud.?

¿Cómo somos de carácter?

Amalia es cariñosa.	*Amalia is affectionate.*
Sé generoso; no seas egoísta.	*Be generous; don't be selfish.*
Luis es simpático y muy sociable.	*Luis is nice and very friendly.*
¡Qué aburrido!	*How boring! (What a bore!)*
¡No seas antipático!	*Don't be unpleasant!*
¡No seas mentiroso!	*Don't be a liar!*
¡No seas pesado!	*Don't be a bore.*
¡Qué tonto eres!	*How silly you are!*
¿No ves? ¿Eres ciego?	*Don't you see? Are you blind?*
¿No oyes? ¿Eres sordo?	*Don't you listen? Are you deaf?*
¡Qué exigente estás hoy!	*How demanding you are today!*
¡Tan amable como siempre!	*You are always so nice!*

7. Los chicos del grupo. Diga cómo son los chicos del grupo. Complete las siguientes oraciones (*sentences*), usando las expresiones anteriores (*preceding*).

1. A Pepe no le gusta compartir nada. El es muy ___(1)___ .
2. Tomás no es una persona fría. El es muy ___(2)___ .
3. Marité siempre tiene ideas y nos hace reír. Ella no es ___(3)___ .
4. A Joaquín le gusta invitar a sus amigos. El es ___(4)___ .
5. Mi hermano tiene un compañero de universidad que no ve. Es ___(5)___ .
6. Cuando Tere lee, ella no oye. Está ___(6)___ .
7. A Lisa no le gusta ser el centro de la conversación. Ella es ___(7)___ .
8. Angelita siempre protesta. Nadie quiere salir con ella porque es muy ___(8)___ .
9. Marisol siempre dice la verdad. Ella no es ___(9)___ .
10. Ana tiene muchos amigos, es muy ___(10)___ .

8. Diga cómo son. Con otro/a estudiante, describa cada uno a su mejor amigo/a, utilizando por lo menos tres adjetivos para indicar aspectos positivos de su personalidad. Después, describa los defectos de sus amigos, sin decir sus nombres.

Modelo: Esta persona es cariñosa.

Estructura

El artículo indefinido y el verbo *ser*

The following are guidelines for the use of the indefinite article with the verb **ser:**

- To describe how a person is or to say what a person is by profession, the indefinite article is omitted.

Mi padre es guitarrista.	My father is a guitar player.
Rafael es soltero.	Rafael is single.

Antonio Ramírez García es guitarrista en Guadalajara, México.

Carmen Gómez Torres es estudiante de medicina.

However, if someone says, *Mi padre es un filósofo,* using the indefinite article, this indicates that he is not a philosopher by occupation.

Papá, eres un poeta.	Dad, you are a poet.
Mi papá es poeta.	My dad is a poet (that is his profession).

- When the adjective or adjective phrase makes the profession more specific, the indefinite article is not used.

Ella es estudiante de medicina.	She is a medical student.

Marta es de Lima y es
una atleta excelente.

• When there is an adjective that adds a positive or negative
evaluation, the indefinite article is used.

Marta es una atleta excelente.   Marta is an excellent athlete.
El es un poeta famoso.   He is a famous poet.

9. **Personas importantes.** Juan describe a varias personas que son importantes para
él. Complete su descripción, utilizando el artículo indefinido solamente si es
necesario.

1. Mi padre es __(1)__ cocinero sensacional.
2. Mi hermana Julia es __(2)__ estudiante excelente.
3. Mi tío Pedro es __(3)__ amigo personal del jardinero.
4. Mi mamá es __(4)__ ingeniera química.
5. Mi prima Elena es __(5)__ secretaria del presidente de una compañía.
6. Mi primo Orlando es __(6)__ tenista muy malo.

10. **¡A escribir!** Describa a un familiar. Diga cómo es físicamente, cómo es su
personalidad, cuál es su profesión y qué le gusta hacer.

Vocabulario

antipático,-a unpleasant,
  unfriendly
el **atleta, la atleta** athlete
el **basquetbolista, la**
  basquetbolista
  basketball player
  calvo,-a bald
  cariñoso,-a affectionate
el **cartero, la cartera** mail
  carrier
  chismoso,-a gossipy
  ciego,-a blind
el **comerciante, la**
  comerciante business
  person

  egoísta selfish
el **familiar** relative
el **guitarrista, la guitarrista**
  guitar player, guitarist
la **hamburguesa** hamburger
  mentiroso,-a lying,
  untruthful
el **músico, la música**
  musician
el **panadero, la panadera**
  baker
  pesado,-a spoilsport, dull,
  heavy, fat, sluggish,
  obnoxious, tedious,
  tiresome

el **retrato** portrait, picture
  sociable friendly, sociable
  sordo,-a deaf
la **tele** television, T.V.
el **tenista, la tenista** tennis
  player
el **terror** terror, horror
  tímido,-a shy
  tonto,-a silly, foolish

Retrato de familia

Querido Ernesto:

Estoy muy contenta° de tener un amigo por correspondencia en   glad
México. Te escribo porque quiero enviarte este retrato de familia.
Mando éste porque estamos todos. Tengo dos hermanos y tres
hermanas, pero somos muy diferentes. ¿Adivinas° quién soy en la   guess
foto? Estoy en el centro. Soy de estatura mediana.° Tengo el pelo   of medium height
corto, castaño° y un poco rizado.° Tengo los ojos pardos.° Mi   brown/ wavy/ brown
hermana mayor es morena también. ¿La ves, junto a las gemelas?°   twins
Las gemelas son rubias, bueno, tienen el pelo más claro y lacio° que   straight
yo. Son muy monas,° ¿verdad? El hombre de barba° es mi hermano   cute/ beard
Rafa, el mayor. El es abogado. Parece muy serio, pero es muy

divertido. El también es mi padrino.° Ahora vive en la capital, no   *godfather*
vive aquí. Al lado de él está Guille, mi hermano menor y mi mayor
tormento. El hombre de bigote° que lleva lentes,° como ya debes   *moustache/ glasses*
suponer,° es mi papá. La señora con canas° que está a su lado es mi   *suppose/ gray hair*
madrina,° tía Julia. Mi mamá es la señora de ojos grandes que está   *godmother*
al lado de mi abuela, con mi prima Carolina. Carolina es gordita, como
ves, y la única pelirroja de la familia. Ella y yo somos muy amigas.
Bueno, pues ahí nos tienes a todos. Yo estoy muy orgullosa° de mi   *proud*
familia y la quiero mucho. Tú me vas a enviar una foto de tu familia
también, ¿verdad? Estoy un poco triste° porque no puedo ir a México   *sad*
este año. Contesta rápido.° Te voy a contar más de mí, pero ahora   *fast*
no porque soy un poco tímida.

   Saludos de

      Marité

¿Qué comprendió Ud.?

1. ¿Cómo es Marité?
2. ¿Cuál de sus hermanos tiene barba?
3. ¿Dónde está, en el retrato, su hermana mayor?
4. ¿Cómo tienen el pelo las gemelas?
5. ¿Quién es Guille?
6. ¿Cómo es Carolina?
7. ¿Tiene Ud. un/a amigo/a por correspondencia?
   ¿De dónde es?
8. ¿Alguno de sus amigos tiene barba?
   ¿Cómo se llama?

1. **Haga una lista de personas en su vida que tengan lo siguiente: pelo rizado, pelo lacio, ojos pardos, ojos negros, barba, lentes, bigote, canas.**

   Modelo: Mi hermano tiene *pelo rizado*.

A propósito

Los padrinos

El padrino y la madrina son parte de la familia. Cuando nace un bebé, en la ceremonia del bautizo (*baptism*) el padrino y la madrina toman la responsabilidad por el bebé en caso de muerte (*death*) o enfermedad (*sickness*) de los padres. Muchas veces, si tienen más dinero que los padres, pagan por la educación. Generalmente, por ese motivo, los padrinos son familiares o amigos muy buenos de los padres del bebé. Los padrinos y los padres tienen una relación familiar: son compadres.

2. **Retrato de los amigos.** Describa por lo menos cuatro de las características físicas de las siguientes personas.

A propósito

Los diminutivos

El diminutivo de un nombre indica familiaridad o cariño. Si alguien se llama Miguel, su familia probablemente lo llame Miguelito, que equivale en inglés a Mickey, como en *Mickey Mouse* (el Ratón Miguelito).

El diminutivo de un adjetivo se usa de la misma manera. Por eso se pueden usar **bajito/a, gordito/a, delgadito/a** para referirse a una persona que es baja, gorda o delgada, sin hacer una ofensa. Además, en el mundo hispánico hay tolerancia para estas diferencias físicas. En el lenguaje coloquial de los países latinoamericanos en general, se usan a veces **gordo/a y gordito/a** como palabras cariñosas, más semejantes en inglés a *honey* o *sweetie* que *fatso*. También se usan **negro/a** o **negrito/a** de esta manera, sin relación alguna con el color de la piel (*skin*).

3. Y Ud., ¿cómo es? Conteste las siguientes preguntas.

1. ¿Es Ud. bajito/a o alto/a?
2. ¿Es Ud. calvo/a?
3. ¿Tiene el pelo corto o largo? ¿Lacio o rizado? ¿De qué color?
4. ¿Cómo tiene los ojos? ¿Usa Ud. lentes?
5. ¿Qué le gusta más, la barba o el bigote?
6. En el futuro, ¿piensa Ud. dejarse las canas o cambiarlas de color?
7. ¿Hay gemelos o pelirrojos en su familia?
8. Y de carácter, ¿cómo es Ud.?

4. ¡Adivine! En un párrafo describa a las siguientes personas con un mínimo de cinco características físicas:

a. un/a compañero/a de clase, sin decir el nombre. Los otros estudiantes deben tratar de adivinar quién es.

b. una personalidad pública, una estrella de cine o de televisión.

Estructura

Ser y *estar*, seguidos de adjetivos

Ser and *estar* have different uses when followed by adjectives. Remember that adjectives must agree in gender and in number with the word to which they refer.

Ser is used to express general qualities.

Elena es divertida.	Elena is fun.
La nieve es fría.	Snow is cold.
Marité es muy mona.	Marité is very cute.
El coche es rojo.	The car is red.

Este coche es rojo
y pequeño.

Estar is used to express a state or condition.

Este vaso está lleno.	This glass is full.
La sopa está fría.	The soup is cold.
Sus abuelos están muertos.	Her grandparents are dead.

This condition may be physical or mental.

¿Estás enfermo? Pareces enfermo.	Are you sick? You seem sick.
¿Estás triste?	Are you sad?
No, estoy cansado.	No, I am tired.

This condition may be a personal opinion, not a fact.

¡Qué linda estás hoy!	How pretty you are (look) today.
Este postre está delicioso.	This dessert is delicious.

Compare the use of *ser* and *estar* followed by an adjective:

El examen es muy difícil.	The exam is very hard. (That is the way it is for anyone who takes it.)
El examen está muy difícil.	The exam is very hard. (I find it very hard. That is how it is to me.)

El cielo es azul.
(Cabo San Lucas, México)

El cielo es azul.	The sky is blue. (This is a general statement; blue is its natural color.)
El cielo está gris.	The sky is gray. (This indicates a changing condition; now it is gray.)

5. **¿Cómo van las cosas hoy?** Hay días en que las cosas cambian, o parece que cambian. En las oraciones que siguen vemos las cosas como generalmente son. Haga los cambios necesarios para decir lo opuesto, y para indicar cómo parece que están hoy, usando un adjetivo y la forma apropiada de *estar*.

   Modelo: Cristina es bonita.
            Hoy está horrible.

   1. Papá es alegre.
   2. Ese programa es divertido.
   3. Soy sociable con las chicas.
   4. Eva es bastante inteligente.
   5. El agua del lago es limpia.
   6. Las langostas son caras.

Las langostas son caras, pero me gustan.

6. **¿Ser o estar? Complete las siguientes oraciones con la forma apropiada del verbo** *ser* **o del verbo** *estar.*

1. La camisa _____ blanca, pero _____ sucia.
2. El café _____ caliente, pero la sopa _____ fría.
3. Elisa no _____ una chica bonita, pero ella _____ muy elegante.
4. Me gusta comer fresas porque _____ deliciosas, pero estas fresas _____ malas.
5. Lorenzo _____ muy guapo hoy con su traje nuevo. Todos dicen que él _____ un chico bastante guapo.
6. La niña no _____ muy mona hoy, pero en realidad _____ muy bonita.
7. María Eugenia siempre _____ contenta, pero hoy me parece que _____ triste.

A propósito

Más sobre *ser* y *estar*

Algunos adjetivos tienen un significado cuando se usan con **ser** y otro significado cuando se usan con **estar.** Aquí hay algunos de ellos.

Arturo es aburrido.	*Arturo is boring.*
Carlos está aburrido.	*Carlos is bored.*
Clara es lista.	*Clara is smart.*
Maribel está lista.	*Maribel is ready.*
Mario es muy vivo.	*Mario is very clever.*
El mosquito está vivo.	*The mosquito is alive.*
Pedro es orgulloso; nunca admite sus errores.	*Pedro is haughty (stuck up); he never admits his mistakes.*
Pepe está orgulloso de su trabajo.	*Pepe is proud of his work.*

---

7. **Sobre sus experiencias. Complete las frases según su propia experiencia.**

1. La sala de estudio es aburrida porque....
2. Ahora mismo estoy listo/a para....
3. Estoy orgulloso/a de....
4. Si estoy aburrido/a....
5. Si una persona es orgullosa....
6. Para mí, una persona es viva si....
7. Soy listo/a para....
8. Si alguien no está vivo....

Maribel está lista
para la fiesta.

8. Las aventuras de Guille. Compruebe (*check*) si puede usar *es* y *está* correctamente. Complete el párrafo siguiente.

Guille __(1)__ aburrido en la clase de geometría porque, francamente, el señor Domínguez __(2)__ muy aburrido. Guille __(3)__ orgulloso de ser listo para las matemáticas, pero ya __(4)__ listo para irse a casa. Hoy __(5)__ viernes y él __(6)__ muy cansado. Poco a poco, los ojos de Guille se cierran.

A propósito

Adjetivos que terminan en *-oso* y *-osa*

Muchos adjetivos que vienen de nombres terminan en *-oso* u *-osa*.

nombre	adjetivo
fama	famoso/a
peca	pecoso/a
nervio	nervioso/a
orgullo	orgulloso/a

---

9. Y, ¿cómo es? Forme adjetivos con los nombres siguientes.

> **Modelo:** *nombre:* fama
> *adjetivo:* famoso/famosa

1. chisme
2. lluvia
3. cariño
4. chiste
5. duda
6. misterio
7. miedo
8. cuidado
9. talento
10. estudio

Repaso rápido: número y género de los adjetivos

Adjectives that follow the verbs *ser, estar* and *parecer* must agree in number and gender with the subject.

Mis dos primas son rubias.	My two cousins are blond.
Lolita, ¿estás contenta?	Lolita, are you happy?
Me parecen muy tristes.	They seem very sad to me.

Most adjectives have a singular masculine form ending in *-o* and a singular feminine form ending in *-a*. Make them plural by adding *s*.

Su padrino es talentoso.	Her godfather is talented.
Mi hermana es estudiosa.	My sister is studious.

but:

Sus padrinos son talentosos.	Her godparents are talented.
Mis hermanas son estudiosas.	My sisters are studious.

Many adjectives that end with *-a, -e* or a consonant have only one singular form and one plural form. Plural forms of adjectives that end with a consonant add *-es*. There is only one plural form.

Mi primo no es egoísta.	My cousin is not selfish.
La arquitecta es inteligente.	The (female) architect is intelligent.
Las computadoras son populares.	Computers are popular.

Adjectives of nationality that end in a consonant add *-a* in the feminine form. The masculine plural form ends in *-es*.

Mis primas son inglesas, pero	My cousins are English but my
mis tíos son franceses.	uncles are French.

When there is more than one subject, the masculine form is used if at least one of the subjects is masculine.

Ana y Luis no son chismosos.	Ana and Luis are not gossipy.

¿Son populares las computadoras en su escuela?

10. **¿Cómo son sus compañeros?** Imagínese que hay un estudiante nuevo y Ud. le dice algo acerca de sus compañeros.

   Modelo: Cristina/ lista
   Cristina es lista.

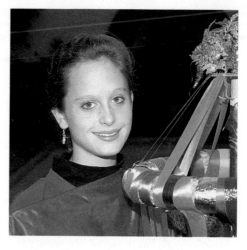

Cristina es una chica muy lista.

1. Silvia/ francés
2. Alicia y Rita/ popular
3. Marta y María/ español
4. Agustín/ egoísta
5. Angela/ orgulloso
6. Fernando y Lola/ bajito
7. Eduardo y Pepe/ inglés

11. **Somos novelistas.** Trabaje con un compañero o compañera. Imaginen que escriben una novela. Cada uno describe a una persona con cuatro cualidades buenas y dos malas. Traten de crear personas normales. Inventen algunos detalles. Para terminar, digan: "¡Cualquier parecido (*resemblance*) con personas vivas o muertas es pura coincidencia!"

Vocabulario

adivinar to guess
la **barba** beard
el **bigote** moustache
las **canas** gray hair; *dejarse las canas* to let one's hair turn gray
castaño,-a dark brown (hair)
contento,-a glad, happy, pleased
la **estatura** height

estudioso,-a studious
el **gemelo, la gemela** twin
lacio,-a straight (hair)
los **lentes** eyeglasses
la **madrina** godmother
mediano,-a medium
mono,-a cute
orgulloso,-a proud, haughty, stuck-up

el **padrino** godfather; *padrinos* godparents
pardo,-a brown
rápido,-a fast
rizado,-a curly
suponer to suppose, to surmise
talentoso,-a talented
triste sad

Un programa de radio

Anita pone° el radio.   Pepe viene y lo apaga.°   *turns on/ turns off*

ANITA: ¡Cómo te gusta fastidiar!°   *(Anita pone el radio otra vez.)*   Ay,   *to tease*
            oigan eso. ¡Esa canción me gusta! ¿Sabes quiénes cantan?

NENA: Gloria Estefan y el *Miami Sound Machine*, mi grupo preferido.
            A mí también me fascina esa canción.

PEPE: A mí no. No me disgusta° pero... me interesa más saber cómo   *dislike*
            va el partido.

NANDO: Me parece que Pepe tiene una buena idea. Vamos a ver quién
            está ganando.

ANITA: No les hagas caso, Nena.   Son unos pesados y no entienden°   *understand*
            nada.

NENA: No me importa poner° el partido por un rato. El programa de   *to tune in*
            Los Grandes Exitos empieza dentro de diez minutos.

PEPE: Ese programa sí me gusta. Y *No puedo vivir sin ti* está todavía
            en el número uno.

NANDO: Me gusta más *Contigo a las ocho*.

ANITA: Bueno, decidan: ¿Quieren saber quién está ganando el
            partido? ¡Nuestro programa va a empezar!

¿Qué comprendió Ud.?

Complete el párrafo siguiente con la información adecuada según el diálogo anterior.

La joven que no sabe quién canta se llama __(1)__ y el joven a quien
no le gusta *Miami Sound Machine* se llama __(2)__ . A Nena le __(3)__
esa canción. Los chicos quieren saber cómo va el __(4)__ . Nena cree
que Anita es un poco __(5)__ . A ella no le __(6)__ poner el partido por
un rato porque el programa de *Los Grandes* __(7)__ comienza dentro
de __(8)__ minutos. A Pepe le gusta *No puedo vivir* __(9)__ . A
Fernando __(10)__ gusta más *Contigo a las ocho*.

A propósito

¿Televisión o televisor?

Entre **televisión** y **televisor** hay una diferencia. **Televisor** es el aparato y
televisión es el medio. Igual sucede con **la radio** y **el radio**. **El radio** es el
aparato, pero **la radio** (la radiodifusión) es el medio. En los países hispanoamericanos se dice con frecuencia **ver** (no **mirar**) un programa de televisión y **oír** (no
escuchar) un programa de radio. **Poner** y **apagar** (también **encender**) se usan
igualmente para la televisión y la radio.

Charlando

1. ¿Cuál grupo musical le gusta más?
2. ¿Cuándo oye Ud. la radio?
3. ¿Cuál estación de radio prefiere?
4. ¿Cuál es su canción favorita?
5. ¿Prefiere oír radio en vez de ver televisión?
6. ¿Cuáles programas de televisión son sus preferidos?
7. ¿Le interesan los programas de deportes por radio?

Estructura

Uso del pronombre después de una preposición

Prepositional pronouns are used after prepositions. Except for *mí* and *ti,* prepositional pronouns are generally identical to subject pronouns.

preposiciones	
a	hacia
ante	hasta
con	para
contra	por
de	según
desde	sin
en	sobre
entre	

pronombres
mí
ti
Ud. (sí)
él (sí)
ella (sí)
nosotros/nosotras
vosotros/vosotras
Uds. (sí)
ellos (sí)
ellas (sí)

Estas flores son para ti.   These flowers are for you.
Le gustan mucho a ella.   She likes them a lot. (They are pleasing to her.)

Yo and *tú* follow the prepositions *entre* and *según.*

*Entre **tú** y **yo** no hay secretos.*   There are no secrets between you and me.

*Según **tú**, yo no entiendo nada.*   According to you, I don't understand anything.

When the subject referred to by the preposition is *él, ella, Ud., ellos, ellas, Uds.* or a noun, the prepositional pronoun becomes *sí* if the subject of the sentence and the prepositional pronoun refer to the same person(s) or objects(s). A form of *mismo* is sometimes added for reinforcement.

*Ella siempre piensa en **sí misma**.*   **She**'s always thinking of **herself**.
but:
*Ella siempre piensa en **ella** (su mamá).*   **She**'s always thinking of **her** (her mother).

The preposition *con* becomes *conmigo* when it is followed by *mí; con* becomes *contigo* when it is followed by *ti; con* becomes *consigo* when it is followed by *sí.*

*¿Quieres ir **conmigo**?*   Do you want to go **with me**?
*Jaime y yo queremos ir **contigo**.*   Jaime and I want to go **with you**.
*Jaime lleva su radio **consigo**.*   Jaime is bringing his radio **with him**.

"Tengo unas flores para Ud.",
dice Silvia en Lima, Perú.

1. **Diferencias.** Complete las siguientes oraciones con los pronombres correctos.

1. Los chicos están en el parque. Anita está con __(ellos)__ .
2. Para __(yo)__ oír el partido por radio es aburrido y para __(tú)__ es divertido.
3. Nando oye la radio con __(Nena y yo)__ .
4. Pepe no está de acuerdo con __(ella)__ .
5. Yo no voy al baile sin __(Pepe)__ y él no va sin __(yo)__ .
6. Pero a __(Pepe)__ le gusta oír el partido y a __(ella)__ le gusta la música.
7. Susana siempre habla de __(Susana)__ misma.
8. Según __(tú)__ , a __(tú)__ no te gusta mucho el grupo *Miami Sound Machine.*
9. Pepe le dice a Anita: "No puedo vivir sin __(tú)__ ".
10. Y ella le dice a __(Pepe):__ "Y yo, ¡no puedo vivir __(con tú)__ "!

2. **El romance de Carlos y Lola.** Complete el siguiente diálogo añadiendo los pronombres correspondientes o las formas *conmigo* y *contigo.*

JORGE: Oye, Carlos, ¿sabes que Lola y tú ahora son muy populares? Todo el mundo habla de ella y de __(1)__ .

CARLOS: ¿De __(2)__ ? ¿Y qué dicen?

JORGE: Que siempre están juntos. Bueno, es claro que ella prefiere estar __(3)__ y con nadie más.

CARLOS: Bueno, la verdad es que yo prefiero estar con __(4)__ y a ella le gusta estar __(5)__ .

JORGE: Hombre, ¡qué romántico! ¿Y no crees que puedes pasar un poco más de tiempo con tus amigos, sobre todo __(6)__ , que soy tu mejor amigo?

CARLOS: Ay, Jorge, tienes razón, pero.... ¡No puedo vivir sin __(7)__ !

JORGE: Pues mira, hoy tenemos práctica del conjunto y no queremos tocar sin __(8)__ . Tú eres el mejor músico que tenemos.

CARLOS: Bueno, está bien, pero Lola puede ir __(9)__ , ¿verdad?

Estructura

Gustar

The verb *gustar* is used to state what people like and dislike. In the present tense only two forms are usually used: the singular form, *gusta*, and the plural form, *gustan*.

Esa música me **gusta**.	That music is pleasing to me.
Los gatos negros me **gustan**.	Black cats are pleasing to me.

Quite often, the order of the sentences is inverted. When this happens, there is a more natural equivalent in English.

Me gusta esa música.	I like that music.
Me gustan los gatos negros.	I like black cats.

Gustar is not a reflexive verb. It is used with indirect object pronouns because what is liked is the subject of the sentence.

los pronombres indirectos	
Me gusta la película.	I like the movie.
Te gustan las frutas.	You like fruit.
Le gusta la canción.	He/ She/ You *(Ud.)* like(s) the song.
Nos gusta la canción.	We like the song.
Os gusta nadar.	You like to swim.
Les gusta cantar y bailar.	They/ You *(Uds.)* like to sing and dance.

Gusta refers to a singular noun, an infinitive or a series of infinitives.

Me gusta la clase.	I like the class.
Les gusta adivinar.	They/ You *(Uds.)* like to guess.
Me gusta nadar y correr.	I like to swim and to run.

Gustan is used before a plural noun.

¿Te gustan los perros?	Do you like dogs?
A él le gustan los gatos.	He likes cats.
Me gustan los deportes.	I like sports.

Notice that when speaking in general, the definite article is used.

Le gusta la música.	He/ She/ You *(Ud.)* like(s) music.

The subject, however, may be omitted.

Me gustan.	They are pleasing to me.
Te gusta.	You like it.

Notice that *le gusta(n)* and *les gusta(n)* are ambiguous and often need clarification.

Le gusta.	He/ She likes it. You *(Ud.)* like it.
Les gusta.	They like it. You *(Uds.)* like it.

To clarify or emphasize who likes or dislikes something, add *a* plus a name, a noun or a prepositional pronoun.

*A **Roberto** le gusta correr.*	Roberto likes to run.
*A **los chicos** les gusta la playa.*	Kids like the beach.
*A **mí** me gusta el cine.*	I (do) like the movies.

A propósito

Gustas

Hay otra forma de gustar, además de gusta o gustan, pero tiene usos diferentes.

Me gustas.	You are attractive to me. I am attracted to you. I like you.
Creo que (tú) le gustas.	I think you attract him. I think he likes you.

En países hispánicos es costumbre ofrecer cualquier cosa que uno come: *¿Quieres un poco de...?* o *¿Gustas?* La otra persona dice: *No, gracias* o *Bueno, dame un poquito. ¿Tienes bastante?*

3. **¿Qué le gusta a Ud.? Conteste según su propia experiencia. (Use *me* o *a mí me* para dar énfasis en la respuesta.)**

> **Modelos:** ¿Le gusta la música clásica?
> Sí, me gusta./ No, no me gusta.
>
> ¿Le gustan los vegetales?
> Sí, a mí me gustan./ No, a mí no me gustan.

1. ¿Le gusta hablar por teléfono horas y horas?
2. ¿Le gustan los coches deportivos?
3. ¿Le gusta el helado de fresa?
4. ¿Le gustan las vacaciones?
5. ¿Le gusta la sopa de pollo?
6. ¿Le gusta bailar y cantar?

¿Qué película dan *(are they showing)* hoy?

(A) una película musical

(B) un documental

(C) una película de ciencia-ficción

(D) una película de terror

(F) una película cómica

(E) una película de vaqueros

(H) una película de misterio

(J) una película de amor

(G) una película policiaca

(I) una película de aventuras

4. **¿Qué películas les gustan?** Diga qué les gusta a las siguientes personas según la letra que corresponde a las ilustraciones anteriores.

   Modelo: Luis (D)
   A Luis le gustan las películas de terror.

   1. Roberto (F)
   2. Lucía (A)
   3. Juan y yo (E)
   4. María y Pilar (I)
   5. Luisa y Paco (J)
   6. Ud./ tú

Películas dobladas

A los españoles les gustan las películas extranjeras dobladas (*dubbed*) al español. No les gusta tener que leer subtítulos. El doblar películas de los Estados Unidos, en particular, es una industria donde trabajan muchas personas. Doblar los diálogos al español es difícil porque la mayoría de las oraciones en español son más largas que en inglés. En consecuencia, hay que acortar los diálogos. Por el contrario, a muchos hispanoamericanos no les gustan las películas dobladas. Prefieren oír las voces reales de los actores. No les importa leer las traducciones. Sin embargo, en las series de televisión que se ven en los países de habla hispana, casi todos los programas están doblados.

Vocabulario adicional

el dibujo animado	*cartoon*	hacer el papel	*to play the role*
las palomitas de maíz	*popcorn*	la pantalla	*screen*
el balcón	*balcony*	la función	*show (at a movie*
la versión original	*original*		*theater)*
el público	*audience*	el personaje	*character*
el acomodador,		la fila	*line*
la acomodadora	*usher*	el argumento	*plot*

5. Y a Ud., ¿qué le gusta? Conteste las siguientes preguntas según su propia experiencia.

1. ¿Qué clase de película le gusta más?
2. ¿Le gusta ver películas en otros idiomas? ¿Por qué sí? ¿Por qué no?
3. ¿Qué piensa Ud. de las películas dobladas?
4. ¿Le molesta leer subtítulos? ¿Por qué?
5. ¿Conoce algún cine donde den películas en español? ¿Cómo se llama?
6. ¿Hay películas en español en la televisión?
7. ¿Ve Ud. telenovelas? ¿Qué programas de televisión le interesan más?
8. ¿Ve Ud. documentales? ¿Sobre qué?
9. ¿Qué le gusta comer en el cine? ¿Y cuando ve la tele?
10. ¿En qué parte del cine le gusta sentarse?

Estructura

Otros verbos como *gustar*

Disgustar (to displease), *encantar* (to love), *fascinar* (to fascinate), *interesar* (to interest), *importar* (to matter), *molestar* (to annoy), y *parecer* (to seem) follow the pattern of *gustar*.

No me disgusta.	I don't mind it.
Me encanta el chocolate.	I love chocolate.
Te fascina, ¿verdad?	You really like it, right?
A mí no me interesa.	It doesn't interest me.
A mí no me importa.	It does not matter to me./ I don't care.
Le molestan los mosquitos.	The mosquitoes bother her/ him/ you (Ud.).
Nos parece útil.	It seems useful to us.

6. ¿Cuál es la reacción? Diga cómo reaccionan las siguientes personas. Use verbos de la columna a la derecha. Recuerde poner los artículos necesarios.

> **Modelo:** Alicia/ el *Miami Sound Machine*
> A Alicia le fascina el *Miami Sound Machine*.

1. Susana/ documentales	gustar
2. Alberto/ películas policiacas	encantar
3. Juan y Paco/ ciencia-ficción	fascinar
4. Silvia/ películas cómicas	molestar
5. Ud./ poner el radio alto	interesar
6. tú/ chocolate	importar
7. mi amiga y yo/ películas de vaqueros	disgustar

¿No le fascinan los colores?

7. **¿Qué le parece?** Diga qué le parecen las siguientes actividades, usando uno de estos verbos: *gustar, encantar, fascinar, molestar, interesar, importar, disgustar.*

   Modelo: Carlos no tiene tiempo para los amigos.
   　　　　　　Me molesta.

   1. Ud. está viendo televisión y alguien apaga el televisor.
   2. Alguien compra helado para todos.
   3. Alguien le da un beso a su perro.
   4. Un actor famoso está en su ciudad.
   5. Su canción favorita está hoy en el número uno.
   6. Un amigo lo/la invita a dar un paseo en la moto.

A propósito

Palabras con formas cortas

Igual que **la radio** y **la tele** son formas cortas de palabras más largas, **la moto** es una forma corta de decir **la motocicleta.** Por eso, la moto es una palabra femenina aunque termina en **-o.** Esto le sucede también a otra palabra: **fotografía.** La forma corta es **la foto.**

Amigos por correspondencia

Querida Marité:

¡Hola! Me llamo Javier Solís y soy de San José, Costa Rica, y vivo durante el verano en San José, CA. Te escribo porque quiero tener amistad con una chica de otro país. Aquí te envío dos fotos. Una mía y la otra es de mi casa.

San José es una ciudad bonita, y es la capital de mi país. ¿Cómo es donde vives tú? Vivo con mis padres y mis hermanos, pero tengo mi propio cuarto.

Mi hermano mayor, Carlos, tiene diecinueve años; yo tengo dieciséis y mi hermana, María Soledad, quince. Carlos y yo no tenemos apodo, pero a María Soledad todo el mundo le dice Marisol. Y a ti, ¿cómo te llama tu familia?

Te cuento más de mí. Soy bastante alto (no se ve en la foto), un metro ochenta (casi seis pies). Como puedes ver, tengo el pelo negro, los ojos pardos y soy de piel morena. Estoy en el cuarto año de la secundaria (en mi país son cinco años). No soy mal estudiante, pero no saco buenas notas en todo. Me encanta leer ciencia-ficción, escuchar música popular y, sobre todo, estar con mis amigos o hablar por teléfono. No tengo novia, pero tengo varias amigas.

Aunque no soy un gran atleta, practico varios deportes; los que más me gustan son la natación (nado casi todos los días), el fútbol y el volibol. ¿Y tú? ¿Cómo eres? ¿Qué cosas te interesan?

Espero recibir carta tuya pronto. Te prometo escribir el mismo día. Tengo mucho interés en seguir la correspondencia contigo. Quizás algún día nos podamos conocer.

Tu amigo costarricense,

Javier Solís

Filmando en San José, Costa Rica.

¿Qué comprendió Ud.?

Diga si las siguientes oraciones (*sentences*) son ciertas, según la carta de Javier. Si son falsas, hágalas ciertas corrigiendo los errores.

1. Javier quiere ser amigo de un chico de otro país.
2. San José es la capital de Costa Rica.
3. Marisol es su hermana mayor.
4. Javier tiene un metro ochenta de estatura.
5. Tiene el pelo negro y los ojos azules.
6. De apodo le dicen el Pecoso.
7. Tiene varias novias.
8. El deporte que más le gusta es la natación.
9. Le interesan el fútbol y el volibol.

Vocabulario

el **acomodador, la acomodadora** usher
animado,-a animated; *el dibujo animado* animated cartoon
apagar to turn off (an appliance)
el **argumento** plot
el **balcón** balcony
la **ciencia-ficción** science fiction
cómico,-a funny
dar una película to show a movie

disgustar to cause to dislike, to displease, to disgust
doblar to dub
el **documental** documentary
entender (ie) to understand
fastidiar to tease, to bother, to annoy
musical musical
las **palomitas de maíz** popcorn

policiaca police related
poner to tune in, to turn on (an appliance)
¿Qué le parece? What do you think?
el **subtítulo** subtitle
el **vaquero** cowboy; *de vaqueros* western (movie)

¡La práctica hace al maestro!

En parejas

A. Prepare una descripción de seis características de una persona famosa. Otro/a estudiante tiene que adivinar quién es esta persona.

B. Describa a un buen amigo o amiga, primero desde el punto de vista físico, y después qué tipo de persona es y qué le interesa.

C. Entreviste a un/a estudiante para el periódico. Imagínese que es nuevo/a. Pregúntele su nombre y apellido, su apodo, de dónde es, cuántos son en su familia, qué le gusta y qué no le gusta (actividades, deportes, películas, música). Incluya por lo menos siete preguntas en la entrevista. Otro/a estudiante debe ofrecer siete respuestas.

En grupos

D. Varios estudiantes describen a la misma persona, alguien muy popular en la escuela, como el director o la directora, un atleta, una persona que trabaja en la cafetería, la enfermera. Después comparen las descripciones.

E. Varios estudiantes describen a la misma persona. Esta vez a una estrella de los deportes, de la música, de la televisión, del cine o a una personalidad pública. Cada estudiante añade un comentario diferente hasta completar el retrato.

F. Preparen minidramas (skits) para presentar en clase. En uno, Ud. y sus amigos están oyendo la radio y están discutiendo (arguing) cuál es el mejor grupo musical y por qué. En otro, analizan las diferentes clases de películas.

A escribir

Escriba una carta a un amigo o amiga por correspondencia. Dígale cómo se llama Ud., cómo le dicen en su casa (si es que tiene apodo), de dónde es, cómo es su familia, cómo es Ud. físicamente, qué tipo de estudiante es, qué actividades le gustan (qué deportes, qué música, qué películas, etc.).

Estatua de José Martí, héroe y poeta cubano, en La Habana, Cuba.

Introducción

José Martí (1853-1895) fue un gran patriota y un gran poeta. Luchó (*struggled*) toda su vida por la independencia de Cuba, una de las últimas colonias españolas en América. Desde muy joven, a los 16 años, fue enviado primero a prisión por su posición independentista y luego al exilio. Vivió en México, España, Venezuela, Guatemala y Estados Unidos. En Nueva York fue periodista por muchos años. Escribía además para varios periódicos del mundo hispánico, al mismo tiempo que organizaba y dirigía el movimiento de liberación de Cuba. Soñaba, como Simón Bolívar, en tener una América libre y unida. Murió en combate poco tiempo después de llegar a Cuba, al principio de la última guerra (*war*) de independencia. Sus poemas más conocidos pertenecen (*belong*) al volumen titulado *Versos sencillos*.

Preparación

Conteste las siguientes preguntas como preparación para la lectura.

1. ¿Puede Ud. encontrar a Cuba en el mapa? ¿Dónde está?
2. Mire los poemas por un momento. ¿Por qué cree que Martí los llamó "sencillos"?
3. ¿Qué tipo de imágenes usa el poeta?
4. Lea las dos primeras líneas. ¿Cómo describe el poeta a su país?
5. Busque en la lectura cinco palabras que tengan cognados (palabras muy similares) en inglés, como por ejemplo "palma" *(palm tree)*.

Versos sencillos *(Selección)*: José Martí

Yo soy un hombre sincero,
de donde crece° la palma,°
y antes de morirme quiero
echar mis versos del alma.°

grows/ palm

*pour forth poems
from my soul*

Mi verso es de un verde claro
y de un carmín encendido.°
Mi verso es un ciervo herido°
que busca en el monte amparo.°

*fiery crimson
wounded fawn
refuge*

Todo es hermoso y constante.
Todo es música y razón.
Y todo, como el diamante,°
antes que luz, es carbón.°

*diamond
coal*

Con los pobres de la tierra
quiero yo mi suerte echar:°
el arroyo° de la sierra
me complace más que el mar.

*cast my lot
brook*

• • •

Cultivo° una rosa blanca   *cultivate*
en junio como en enero
para el amigo sincero
que me da su mano franca.
Y para el cruel que me arranca°   *who takes away*
el corazón con que vivo   *from me what I need*
cardo° ni ortiga° cultivo: *the most/ (neither)*
cultivo una rosa blanca.   *thistle/ nor nettle*

¿Qué comprendió Ud.?

1. ¿Cuál es la palabra que mejor describe al poeta?
    a. encendido
    b. sincero
    c. constante
2. ¿Cuál es su ambición?
    a. buscar amparo en el monte
    b. echar su suerte
    c. escribir sus versos
3. ¿Qué entiende Ud. por *mi verso es un ciervo herido?*
    a. El poeta no es feliz.
    b. El poeta es cruel.
    c. El poeta se está muriendo.
4. ¿Qué quiere decir *el arroyo de la sierra me complace más que el mar?*
    a. no le gusta la playa
    b. le gusta la vida simple
    c. quiere ser rico
5. *En junio como en enero* significa....
    a. en verano y en invierno
    b. en las vacaciones
    c. siempre
6. ¿Cómo debe ser un amigo de Martí?
    a. sincero y franco
    b. cardo y ortiga
    c. hermoso y constante
7. ¿Cómo dice el poeta que él es?
8. ¿Cómo trata él a su amigo?
9. ¿Qué propone Martí hacer con el enemigo?

Yo soy un hombre sincero,
de donde crece la palma,...

A conversar

1. ¿Qué quiere decir el poeta con los símbolos (*symbols*) del diamante y el carbón? ¿Cómo se consigue la armonía y la razón?
2. Explique cómo usa el poeta la rosa blanca como símbolo de la amistad.
3. ¿Ha sentido Ud. la necesidad de expresar sus emociones en versos, quizá en versos con música? ¿Es qué ocasiones cree Ud. que es más probable expresarse de esa manera?
4. ¿Qué cualidades deben tener sus amigos?
5. ¿Cómo cree Ud. que deben tratarse los enemigos?

Capítulo 2

En casa

- ■ Talking about everyday activities
- ■ Expressing emotions
- ■ Apologizing and making excuses
- ■ Telling someone what to do
- ■ Making a request
- ■ Expressing negation or disagreement
- ■ Discussing family
- ■ Describing a household
- ■ Complaining
- ■ Writing about a typical day

¿Cuándo me toca a mí?

¡Pobre Enrique! Tiene tres hermanas mayores que él. ¿Sabe Ud. cómo es la vida con tres hermanas? Es una lucha, especialmente temprano por la mañana.

ENRIQUE: Laura, por favor.... ¿Todavía estás ahí?

LAURA: Salgo ahora mismo, Quique.

ENRIQUE: ¡Eso mismo dijiste hace diez minutos!

LAURA: Sólo necesito secarme° el pelo.   to dry

ENRIQUE: ¿Cuánto tiempo te falta?°   do you need

LAURA: Mejor no te enfades°.... Sólo me faltan cinco minutos. ¿Me   to get angry
puedes alcanzar° una toalla?°   reach/ towel

ENRIQUE: (*furioso°*) Me enferma° esta situación. Quiero tomar una   furious/ makes me sick
ducha a las siete. ¿Para qué me levanto tan temprano?

Enrique va a su cuarto a buscar la ropa que va a ponerse. A los pocos minutos se oye la voz de su hermana Laura.

LAURA: ¡Quiqueeee! ¡Ya está libre el baño!

ENRIQUE: (*Regresa con la bata de baño en el brazo.*) ¿Y quién está ahí
ahora? ¡Se me hace tarde!°   It's getting late!

SONIA: Quique, soy yo. Un momento, por favor. ¡Con
tanta prisa me pongo nerviosa° y casi se me olvida pintarme° *nervous/ apply*
los ojos! *makeup*

ROSITA: Ay, hermanito, ¿me dejas entrar un momento antes que tú?
¡Tengo que ponerme los lentes de contacto!° *contact lenses*

ENRIQUE: (*hablando consigo mismo*) ¿Cuándo me toca a mí?° ¡Mejor *Is it my turn?*
me lavo la cara en la cocina, me visto y me voy! No puedo
llegar tarde a la escuela otra vez. ¡Odio° llegar tarde! *I hate*

*Media hora más tarde, Enrique ve que sus hermanas se van. Sube al baño y,
¡qué desorden!*

*¿Y dónde está el desodorante? Enrique se viste con mucha prisa y sale corriendo
de la casa. ¡Ya casi son las ocho!*

¿Qué comprendió Ud.?

1. ¿Cuál es el apodo de Enrique?
2. ¿Cuánto tiempo le falta a Laura para salir del baño?
3. ¿Qué es mejor, según Laura?
4. ¿A qué hora necesita bañarse?
5. ¿Cuál es su problema?
6. ¿Por qué tiene ese problema?

Los verbos *tocar* y *faltar*

En el diálogo anterior hay dos verbos que siguen la construcción del verbo **gustar**. ¿Sabe cuáles son? **Ahora le toca** es una frase ambigua. Es más claro decir **Ahora le toca a él** (o **a ella**). El otro verbo, **faltar,** como en **A ella le faltan cinco minutos,** quiere decir que ella necesita cinco minutos más. **Faltar** también quiere decir *to miss, to be absent*. En estos casos no se conjuga como **gustar**.

Charlando

1. Y Ud., ¿a qué hora se levanta?
2. ¿Con cuántas personas comparte el baño?
3. ¿Se baña por la mañana o por la tarde?
4. ¿Se viste en su cuarto o en el cuarto de baño?

Repaso rápido: construcciones reflexivas

A reflexive construction is one in which the action refers back to the subject of the sentence. Compare the following:

El lava el carro.	He washes the car.
but:	
El se lava.	He washes (himself).

Reflexive constructions require the use of one of the following reflexive pronouns: *me, te, se, nos, os* and *se.*

Me baño por la mañana.	I bathe in the morning.
¿Te vistes para la fiesta?	Are you getting dressed for the party?
¿A qué hora se despierta Ud.?	At what time do you wake up?
Se acuesta a las once.	She (or he) goes to bed at eleven.
Nunca nos enfadamos.	We never get angry.
¿Os levantáis tarde?	Do you get up late?
¿Cuándo se van Uds.?	When are you leaving?
Se duermen ahí mismo.	They fall asleep right there.

Reflexive constructions often refer to grooming: *cepillarse* (to brush one's teeth or hair), *peinarse* (to comb one's hair), and so forth. When the reflexive verb is an infinitive, as it must be following another conjugated verb such as *voy a, quiero, puedo, tengo que, debo, necesito, prefiero,* the reflexive pronoun can either precede the first verb or be attached to the infinitive.

Me quiero ir = Quiero irme.	I want to leave.

A propósito

Mismo para dar énfasis

En inglés, *myself* y otros pronombres reflexivos se usan también para dar énfasis. Por ejemplo, *I do it myself* es equivalente a **Yo mismo/a lo hago.** **Mismo** se usa también para añadir énfasis a un lugar: **ahí mismo** (right there) o a un momento preciso: **ahora mismo** (*right now*).

1. Por favor. Complete los siguientes mini-diálogos con la palabra apropiada.

Modelo: ¿Puedes alcanzarme <u>el jabón</u>?
¿Vas a bañarte?

1. ¿Puedes alcanzarme (1) ?
¿Vas a lavarte el pelo?

2. ¿Puedes alcanzarme (2) ?
¿Quieres secarte el pelo?

3. ¿Puedes alcanzarme (3) ?
¿Vas a vestirte?

4. ¿Puedes traerme (4) ?
¿Quieres   mirarte?

5. ¿Puedes alcanzarme (5) ?
¿Vas a pintarte los labios?

6. ¿Puedes alcanzarme (6) ?
¿Tienes que peinarte?

7. ¿Puedes traerme (7) ?
¿Vas a cepillarte los dientes?

2. **¿Me puedes alcanzar...?** Haga el ejercicio anterior otra vez, cambiando la posición del pronombre reflexivo, como en el modelo.

> **Modelo:** ¿Me puedes alcanzar el jabón?
> ¿Te vas a bañar?

3. **¿Qué necesitan hacer?** Use las frases siguientes para decir lo que cada persona necesita hacer, según las indicaciones.

afeitarse	cepillarse los dientes
peinarse	secarse
pintarse los labios	pintarse las uñas

> **Modelo:** Carmen (el lápiz de labios)
> Carmen necesita pintarse los labios ahora mismo.

1. David y Diana (el peine)
2. Dorotea y Elisa (el esmalte de uñas)
3. el Sr. Núñez (la máquina de afeitar)
4. tú (la toalla)
5. nosotros (el cepillo de dientes)

4. **En tu casa.** Prepare con otro/a estudiante un diálogo similar al de Enrique y sus hermanas, y preséntelo en la clase.

5. **Ellos se preparan para salir.** Conteste las preguntas según el dibujo.

Sonia   Rosita   Enrique

Laura

1. ¿Qué hace Sonia?
2. ¿Con qué?
3. ¿Rosita se pinta las uñas?
4. ¿Quién le corta el pelo a Laura?
5. ¿Con qué se lo corta?
6. ¿Quién se lava el pelo?
7. ¿Cuándo se da una ducha Enrique?

Estructura

Otras construcciones reflexivas

Some reflexive constructions refer to a process, and are the equivalent of *to get* or *to become*.

*¿Por qué **te pones** nervioso?*	Why **are you getting** nervous?
***Se hacen** famosas.*	They **are becoming** famous.

Another use of the reflexive construction refers to health.

¿Cómo te sientes?	How do you feel?
El rey se muere.	The king is dying.
Me enfermé anoche.	I got sick last night.

6. **Ahora le toca a Ud. Si estas cosas le ocurren a Ud., ¿cuál es su reacción? Busque la respuesta en la columna de la derecha.**

1. Me invitan a una fiesta.
2. Mis amigos no me escriben.
3. Gano una competencia.
4. Nunca es mi turno en el baño.
5. No como ni descanso mucho.

a. Me pongo furioso/a.
b. Me pongo contento/a.
c. No me siento bien.
d. Me hago famoso/a.
e. Me pongo triste.

7. **¿Qué les pasa a sus amigos? Explique cómo se sienten sus amigos cuando les pasan las siguientes cosas. Use una construcción reflexiva.**

   Modelo: El amigo de Susana no se va.
              Susana se alegra.

1. Cheo recibe un regalo.
2. Ana espera a Nora por dos horas.
3. Luisa ya no se siente mal.
4. Felipe hace una película.
5. Tito come poco y hace ejercicios.
6. Pepe tiene miedo de llegar tarde.

Estructura

Construcciones reflexivas: un poco más

¿Cuándo se casan?

Some verbs are used reflexively to indicate a totality.

Me lo comí todo.	I ate it all up.
Me lo sé muy bien.	I know it very well (by heart).

Other verbs are reflexive due to their own nature or meaning, although they might not be reflexive in English.

aburrirse to get bored	*equivocarse* to make a mistake
acordarse to remember	*parecerse* to resemble
caerse to fall down	*quejarse* to complain
casarse to get married	*reírse* to laugh
enfermarse to get sick	*sonreírse* to smile

Me aburro en casa.	I get bored at home.
No me acuerdo de ella.	I don't remember her.
Me caigo en el hielo.	I fall on the ice.
¿Cuándo se casan?	When are they getting married?
Nunca me enfermo.	I never get sick.
Siempre me equivoco.	I always make mistakes.
Se parecen al padre.	They resemble their father.
Se quejan de todo.	They complain about everything.
Ricardo no se ríe de mí.	Ricardo is not laughing at me.
Lisa se sonríe.	Lisa smiles.

8. **Mi hermano mayor.** Complete el siguiente párrafo con la forma correcta del verbo en la construcción reflexiva.

> **Modelo:** El es muy cómico. Yo siempre (*reírse*) con él.
> El es muy cómico. Yo siempre <u>me río</u> con él.

Mi hermano mayor, el que 1. (*casarse*) en junio, es un santo. Yo lo quiero mucho. Le puedo hacer las preguntas más tontas y él nunca 2. (*reírse*) de mí. Cuando me lleva a patinar, a veces yo 3. (*caerse*) en el hielo y entonces él 4. (*caerse*) también, pero él nunca 5. (*quejarse*). El siempre 6. (*acordarse*) de traerme chocolates cuando viene de visita. Algunas veces yo 7. (*comerse*) todos los chocolates. El dice que nunca 8. (*aburrirse*) conmigo, y yo no sé cómo, pero él ¡siempre 9. (*divertirse*)!

Estructura

Cambios de significado

Some verbs have both a reflexive and a non-reflexive form. Observe how the use of a reflexive pronoun affects the meaning of the following verbs.

bajar *bajarse*	*Bajo al primer piso.* *Me bajo del avión.*	I go down to the first floor. I get off the plane.
dormir *dormirse*	*Eva duerme mucho.* *Eva se duerme en el cine.*	Eva sleeps a lot. Eva falls asleep at the movies.
parecer *parecerse*	*Parece bueno.* *Me parezco a mi tío.*	It seems/ looks good. I resemble my uncle.
levantar *levantarse*	*Tú levantas la mano.* *El se levanta tarde.*	You lift your hand. He gets up late.
ir *irse*	*Voy a bañarme.* *Me voy ahora.*	I am going to take a bath. I am leaving now.

9. **¿Es necesario?** Complete las siguientes oraciones con los pronombres reflexivos correspondientes, sólo si son necesarios.

1. Cuando no __ duermo bien, __ duermo en la clase.
2. Ella __ pinta las cejas y __ pinta las uñas.
3. Yo __ levanto el televisor y tú __ pones la mesa aquí.
4. Ana __ va porque __ va a levantarse temprano mañana.

¿Qué le hace reír a Ud.?

10. Hable de Ud. mismo.   Conteste las siguientes preguntas.

1. ¿Se duerme Ud. en el cine? ¿Por qué?
2. ¿Cuándo se pone Ud. triste? ¿Y contento/a?
3. ¿Se queja Ud. cuando se pone furioso/a?
4. ¿Se enferma Ud. a menudo?
5. ¿Se ríe con frecuencia? ¿Qué le hace reír a Ud.?
6. ¿Se acuerda Ud. de los cumpleaños de sus amigos?

Estructura

Acciones recíprocas

A plural reflexive construction is used sometimes to express reciprocal actions or to state mutual feelings.

Ellos se escriben (uno al otro).   They write to each other.
Ellas se odian.   They hate each other/one another.

11. **La misma historia de siempre.** Imagine que Ud. va al cine y le cuenta después la película a su mejor amigo/a. Diga lo mismo que las siguientes oraciones, pero de otra manera. Use menos palabras.

> **Modelo:** El le habla y ella le habla.
> (Ellos) Se hablan.

1. El la ve en el parque y ella lo ve también.
2. Ella lo mira y él la mira.
3. Ella lo saluda y él la saluda.
4. El se sonríe y ella se sonríe con él.
5. Ella lo llama por teléfono y él la llama.
6. El va al cine y ella lo encuentra allí.
7. Entonces discuten. El se enfada y ella se enoja.
8. Ella se despide de él y él de ella.
9. Pero él no se va y ella también se queda.
10. Ella se ríe y él se ríe con ella.

12. **¡Cámara! ¡Acción!** Ahora le toca a Ud. Escriba su propia película. Use construcciones reflexivas y recíprocas. Hay muchos verbos que Ud. puede usar. Aquí hay unos cuantos: *acercarse, apurarse, callarse, casarse, conocerse, divertirse, fijarse, imaginarse, mudarse, parecerse, pasearse, preocuparse, quedarse, reírse, reunirse, sentarse, separarse, sonreírse.*

Vocabulario

aburrirse to get bored
acordarse (ue) to remember, to recall, to recollect
alcanzar to bring, to reach
casarse to get married
el **cepillo** brush; *cepillo de dientes* toothbrush
el **champú** shampoo
enfadarse to get angry
enfermarse to get sick
el **esmalte** enamel; *esmalte de uñas* nail polish
el **espejo** mirror
faltar to need, to be lacking, to lack; *me falta(n)....* I need....
furioso,-a furious

hacerse to become, to get, to be; *hacerse tarde* to get late
el **jabón** soap
el **labio** lip; *lápiz de labios* lipstick
los **lentes** glasses, lenses; *lentes de contacto* contact lenses
la **máquina** machine; *máquina de afeitar* razor, shaver
nervioso,-a nervous
odiar to hate
parecerse (a) to resemble
la **pasta** paste; *pasta de dientes* toothpaste

el **peine** comb
pintarse to apply makeup (to oneself)
ponerse to become
quejarse to complain
el **secador** hairdryer
secar to dry; *secarse* to dry (oneself)
sonreírse (i,i) to smile
la **tijera** scissors
la **toalla** towel
tocar to touch, to play (an instrument); *tocarle a uno* to be someone's turn
la **uña** fingernail, toenail

El horario de Mario

¡Qué suerte! Tengo Programación con Pepe y otra vez Español con mi profesora favorita, la señora Miranda. La verdad es que no puedo quejarme. Nueve asignaturas,° pero tengo un horario estupendo.° Si quiero, puedo ir a pie a casa para almorzar, o quedarme en la cafetería. Y después del tiempo libre, tengo Matemáticas en el primer piso, más cerca de la cafetería que el año pasado. Si converso mucho y se me hace un poco tarde, estoy ahí mismo. Jamás° voy a llegar tarde a clase. Y con el equipo de volibol tengo práctica diaria.° Este año no voy a faltar a° la práctica ningún día.

subjects
wonderful

never
daily/   to miss

COLEGIO SIMON BOLIVAR

Horario de clases

Nombre: *Mario Solís*

Año: *4° B*

08:10-08:55	*Español*
09:00-09:45	*Educación física*
09:50-10:35	*Química*
10:40-11:25	*Literatura (lunes, miércoles y viernes)*
	Ecología (martes y jueves)
11:25-12:00	*Almuerzo*
12:00-12:45	*Período libre*
12:45-01:30	*Matemáticas*
01:35-02:20	*Historia universal*
02:25-03:10	*Programación B (lunes, miércoles y viernes)*
	Fotografía (martes y jueves)
03:30-04:30	*Práctica de volibol con el equipo*

¿Qué comprendió Ud.?

1. ¿Vive Mario lejos del colegio?
2. ¿Cuántas asignaturas diarias tiene Mario?
3. ¿Le gusta a Mario la clase de español?
4. ¿Por qué no se queja Mario de su horario?
5. ¿Por qué le gusta tener clases en el primer piso?
6. ¿Qué decide Mario hacer todos los días?

1. **¿Cómo es el horario? Prepare una práctica en parejas. Haga una lista de cinco preguntas sobre el horario de clases y alterne preguntando y contestando con un compañero o compañera de clase. Aquí tiene algunas sugerencias.**

1. ¿A qué hora es tu primera clase?
2. ¿Vienes a pie o en autobús?
3. ¿A qué hora vuelves a casa?
4. ¿Cuál es tu asignatura favorita?   ¿Por qué?
5. ¿Cuál es tu horario?

El bachillerato y la universidad

El programa de estudios de la escuela secundaria se conoce también como **liceo** o **bachillerato.** Un graduado de bachillerato es un **bachiller,** pero **bachiller** y *bachelor* son cognados falsos, es decir, no significan lo mismo. El bachillerato requiere cinco o seis años de estudios y equivale aproximadamente a uno o dos años de *junior college* en los Estados Unidos. Después del bachillerato comienzan las carreras (*careers*) universitarias, como Leyes o Derecho (*Law*), Medicina, Farmacia, Arquitectura, Ingeniería, Economía y muchas otras. No hay lo que en los Estados Unidos se llama *college.* La palabra **colegio** indica que es una escuela privada (*private*) de educación primaria o secundaria. De los cinco o seis años de secundaria se pasa a la universidad.

El primer capítulo° de un romance

chapter

CAROLINA: Raúl, ¿tienes un bolígrafo?° Siempre los pierdo. Acabo de comprarme uno y....

ballpoint pen

RAUL: Aquí lo tienes. No lo necesito. ¡Ay, caramba! Borran° la pizarra demasiado pronto. (*al chico que se sienta detrás de*° *Carolina*) Mario, ¿puedes prestarme tu cuaderno?° Me falta revisar las últimas oraciones del dictado.°

they erase

behind/ notebook

dictation

MARIO: (*mirando a Carolina*) Ahí no tengo el último párrafo.° Está aquí, en esta hoja de papel.

paragraph

RAUL: Gracias, Mario. Carolina, ¿quieres ver la parte final del dictado?

CAROLINA: Sí, por favor. Gracias, Raúl.

¿Qué comprendió Ud.?

1. ¿Qué acaba de comprarse Carolina?
2. ¿Qué le pasa a Carolina?
3. ¿Qué pasa mientras habla con Raúl?
4. ¿Quién tiene el último párrafo?
5. ¿Dónde se sienta Mario?
6. ¿Dónde están las últimas oraciones del dictado?

2. **¿Puedes prestarme...?** Prepare un diálogo en parejas. Alterne con otro/a estudiante para pedir prestado o prestar algún material escolar como, por ejemplo, un lápiz, un libro, un bolígrafo, un cuaderno, una hoja de papel.

Repaso rápido: afirmativos y negativos

The following are common affirmative and negative expressions:

Expresiones afirmativas:	*Expresiones negativas:*
yes	**no**
*Pues, **sí**, hablas bien.*	*No, **no** hablo bien.*
something, anything	**nothing, anything**
*¿Quieres comer **algo**?*	*No, no quiero comer **nada**.*
somebody, anybody	**nobody, anybody**
*¿Viene **alguien**?*	*No, no viene **nadie**.*
some, any	**none, not any**
*¿Tienes **algún** día libre?*	*No, no tengo **ninguno**.*
either... or	**neither...nor**
*¿Quieres jugo **o** leche?*	***Ni** jugo **ni** leche.*
always	**never**
*¿Estás **siempre** triste?*	*No, no estoy triste **nunca/jamás**.*
also	**either**
*¿Vas mañana **también**?*	*Yo, sí, pero ella no va mañana **tampoco**.*
already, still	**not yet**
*¿**Ya** viene Pepe?*	*No, **todavía** no.*
*¿**Todavía** está en casa?*	*No, **ya** no está.*

No veo a nadie.

Estructura

Expresiones negativas: un poco más

It is correct and common to use two or more negative expressions in the same sentence in Spanish. Frequently, *no* is used before the verb, and another negative expression follows the verb. However, some negative expressions (*no, nada, nadie, nunca, ninguno* and *tampoco*, for example) may occur alone, before the verb.

Nadie viene.
No viene nadie.
Nobody is coming.

Yo tampoco quiero ir.
Yo no quiero ir tampoco.
I do **not** want to go **either**.

More than one negative expression may be combined in one sentence without requiring *no* before the verb if one of the expressions is used before the verb, and the other is used after the verb. When both negative expressions occur after the verb, *no* must be used before the verb.

Rebeca nunca dice nada.
Rebeca jamás dice nada.
Rebeca no dice nada nunca.
Rebeca **never** says **anything**.

Alguno and *ninguno* use the shortened forms *algún* and *ningún* before masculine singular nouns.

¿Tienes algún disco nuevo?
No, no tengo ningún disco nuevo.
Do you have **any** new records?
No, I don't have **any** (new records).

Note that, unlike English, *ni...ni* (neither...nor) constructions require plural verb forms when they refer to two different subjects.

Ni Paco ni Pepe hablan francés.
Neither Paco nor Pepe **speaks** French.

Todavía is equivalent to *still* and *todavía no* is equivalent to *not yet*. *Ya* (*already*) becomes part of a negative construction when used as the opposite of *todavía*.

Todavía no he terminado.	I have**n't** finished **yet**.
¿Todavía estudias francés?	Do you **still** study French?
Sí, todavía.	Yes, I **still** do.
No, ya no.	No, **not any more**.
No, todavía no.	No, **not yet**.

3. **Dice que no a todo.** Hoy Felipe tiene un mal día y dice que no a todo. Conteste las preguntas con expresiones negativas.

   Modelo: Conoces a algunos de mis amigos, ¿verdad?
   No, no conozco a ninguno de tus amigos.

   1. ¿Vas con alguien a la escuela?
   2. ¿Tienes algún libro para prestarme?
   3. ¿Deseas tomar un jugo?
   4. ¿Vienes el lunes o el martes?
   5. Yo me voy, pero tú te quedas en casa, ¿verdad?
   6. ¿Ana y Eva van contigo?
   7. ¿Estás siempre de buen humor?

4. **Unas palabras menos.** Si Ud. quiere ser eficiente y usar menos palabras, ¿cómo contesta las siguientes preguntas? No use negativos dobles.

   Modelo: ¿Alguien te invita a su casa?
   Nadie me invita.

   1. No te gusta el café. ¿Y el té?
   2. ¿Algo te preocupa?
   3. ¿Cuál de los chicos es tonto?
   4. ¿Alguien está en la ventana?
   5. ¿Siempre vienes a pie?

5. **¡Excusas y más excusas!** Todo el mundo tiene una buena excusa hoy. Conteste las preguntas con expresiones negativas dobles, siguiendo las indicaciones en paréntesis.

   Modelo: ¿Me puedes ayudar hoy? (no tener/ momento libre)
   Lo siento, no tengo ningún momento libre.

   1. ¿Me prestas una pluma? (no tener/ pluma)
   2. ¿Le alcanzas a tu hermano un lápiz rojo para dibujar?
      (no ver/ lápiz rojo)
   3. ¿Me explicas algunos problemas de matemáticas?
      (no entender/ matemáticas)
   4. ¿Me vendes una revista? (no quedar/ revista)
   5. ¿Me traes algo de tomar? (no haber/ refresco)

A propósito

¿Unos o algunos?

Unos/as (*a few*) y **algunos/as** (*some*) son sinónimos: Hay **algunas** plumas y **unos** bolígrafos. (*There are some pens and a few ballpoints.*) En la lengua diaria, a la palabra **unos** se añade **cuantos** (sin acento): Vamos a repasar **unos cuantos** capítulos/**unas cuantas** páginas. (*Let's review a few chapters/ a few pages.*)

6. **Mini-diálogos incompletos. Complete los siguientes mini-diálogos con palabras negativas.**

   1. ¿Pasa algo en el laboratorio? No, señor, _____ pasa _____.
   2. ¿Tú estudias todos los días? ¿Quién yo? Estás loca. ¡Yo _____ estudio _____!
   3. Juan y José vienen esta noche. Te equivocas, _____ Juan _____ José pueden venir.
   4. ¿Alguno de Uds. me puede ayudar a reparar el motor del carro? Ay, no, _____ de nosotros sabe de mecánica.
   5. ¿Quiénes quieren venir conmigo al cine? ¡Cuánto lo siento! _____ de nosotras puede ir.
   6. Xiomara es una chica muy original. Tienes razón. Ella no imita _____ a _____.
   7. Yo _____ tengo unos cuantos errores en el dictado. ¡Tengo muchísimos!

Aquí hay algunos objetos de plata para la casa.

7. **Lo siento, pero.... Imagine que un amigo lo/la invita a Ud. a ir con él a comprar unos discos. Diga cinco o seis excusas que Ud. le puede dar, empleando las frases negativas.**

   Modelo: No tengo ningún interés en ir.

El diario de Carolina

A mucha gente joven le gusta mantener un diario. Aquí hay una página del diario de Carolina, escrita a principios del curso y en una escuela nueva.

Veinticuatro de septiembre

Querido diario:

Tengo un buen horario. ¡Qué suerte! Me dejan tomar todas las clases que me interesan. Mis dos asignaturas preferidas son Ecología y Computadoras,° aunque hay que estudiar mucho. En mi clase de Español hay dos chicos guapos. Raúl tiene el asiento a la derecha, y yo me siento delante de Mario. A Raúl ya lo conozco, pero ese Mario solamente me mira y sonríe, aunque vive enfrente de° mi casa. Creo que es tímido.

En Ecología todos los días aprendo sobre el mundo actual y sobre las cosas que hay que cuidar para el mundo del futuro. En la clase de Programación (de Informática,° como la llama el señor López), la maquinaria° es muy moderna y hay una gran variedad de logicial.° Me da satisfacción que ya sé programar y que también puedo trabajar con el procesador de palabras.° En realidad, no es tan difícil porque después de practicar mucho se aprende. Cada vez que tengo que hacer un informe° para alguna clase, ya nunca uso la máquina de escribir° ni tampoco lo hago a mano. En realidad, no soy muy buena mecanógrafa,° pero en la computadora todo me sale perfecto.

computers

across from

Computer Science
hardware
software
word processor

report
typewriter
typist

Practicando mucho,
se aprende.

¿Qué comprendió Ud.?

1. ¿Cuándo escribe Carolina en su diario?
2. ¿Dónde se sienta Carolina?
3. ¿Qué es la Informática?
4. ¿Por qué le gusta a Carolina la Ecología?
5. ¿Qué piensa Carolina del logicial?
6. ¿Es difícil el procesador de palabras?
7. ¿Por qué ya no hace sus informes a mano?

Charlando

1. ¿En qué clases hay que estudiar mucho?
2. ¿Qué aprende del mundo de hoy?
3. ¿En cuál asignatura aprende algo del mundo del futuro?
4. ¿Cree que es difícil trabajar con computadoras?
5. ¿Cómo hace sus informes escritos?

8. **Mario y Carolina.** **Mario y Carolina son totalmente diferentes. Diga cómo es o qué hace Mario.**

> **Modelo:** Carolina: Canta y baila.
> Mario: Ni canta ni baila.

1. Carolina es muy sociable. ¿Y Mario?
2. Carolina vive lejos del colegio. ¿Y Mario?
3. Carolina algunas veces se aburre. ¿Y Mario?
4. Carolina tiene tiempo para todo. ¿Y Mario?
5. Carolina tiene varios hermanos. ¿Y Mario?
6. Carolina nunca trae el libro. ¿Y Mario?
7. Carolina ya sabe programar. ¿Y Mario?
8. Carolina nada y juega al tenis. ¿Y Mario?

Cardinal numbers precede nouns. When they end in -*uno*, they lose the -*o* before masculine nouns, and change to -*a* before feminine nouns.

cuatro cuadernos   *cuarenta y* **un** *chicos*   *cuarenta y* **una** *chicas*

Ordinal numbers usually precede nouns. *Primero y tercero* lose the -*o* before masculine nouns. Ordinal numbers can also be used together with cardinal numbers.

la **tercera** *canción*   ➡   *el* **tercer** *piso/ el piso* **tercero**

but:

el **primer** *premio*   ➡   *los* **primeros** *dos/ los dos* **primeros**

Note that after *décimo*, cardinal numbers are often used instead of ordinal numbers. They are placed after the noun.

el siglo **veintiuno**   the twenty-first century

Ordinal numbers can be used instead of nouns.

el cuarto   the fourth one

Cardinal numbers require an article when used without a noun.

El cuatro es **mi** *número favorito.*   Four is my favorite number.

¡Uyy...un jugo! ¿Puedes leer algunos precios en voz alta?

9. Lea, por favor. Lea en voz alta los números en las siguientes frases.

1. El 4 de julio de 1776 es una fecha importante.
2. Mi teléfono es el 82-2637.
3. Son las 11:44.
4. Hay 521 páginas.
5. Cuesta 1140 pesetas.
6. Desde el siglo v hasta el siglo xx.
7. Calle 5ª número 82.
8. 866-70-5326.
9. Hay 21 capítulos en ese libro.

Las fechas

En países de habla hispana la fecha se indica a veces de una manera diferente. Se empieza con el día y se separan los números por puntos. En español, los años no se dividen como en inglés: Por ejemplo, 1492 nunca es catorce (14) noventa y dos (92). Siempre se dice **mil cuatrocientos noventa y dos.**

Se escribe: *17.7.73*   **Se dice:** *el 17 de julio de 1973*

Para decir las fechas, se usa el artículo aun cuando no esté escrito.

5 de mayo   el cinco de mayo

12 de octubre de 1997   el doce de octubre de mil
                                   novecientos noventa y siete

Se usa un número ordinal para indicar el primer día del mes.

Se escribe: 1° de enero   **Se dice:** el primero de enero
pero:
Se escribe: 2 de julio   **Se dice:** el dos de julio

---

10. **Invente Ud. cinco preguntas originales con respuestas que requieran algún número, como en el ejercicio anterior. Luego, con otro/a estudiante, alternen Uds. preguntando y contestando las preguntas.**

11. **Hablando de las fechas. Trabajando en parejas, practiquen en preguntar las fechas de diferentes días, fiestas y ocasiones especiales.**

   Modelo: ¿Qué fecha es hoy?
   Es el dos de noviembre.

Vocabulario

la **asignatura** subject of academic study
el **bolígrafo** ballpoint
borrar to erase
el **capítulo** chapter
la **computadora** computer
el **cuaderno** notebook
detrás de behind
el **diario** diary
diario,-a daily
el **dictado** dictation
la **ecología** ecology
enfrente opposite, across

estupendo,-a wonderful, great
faltar a to miss, to be absent
la **historia** history; *historia universal* world history
la **informática** computer science
el **informe** report
jamás never
el **logicial** computer software
la **máquina de escribir** typewriter

la **maquinaria** hardware, machinery
el **mecanógrafo, la mecanógrafa** typist
el **párrafo** paragraph
el **procesador** processor; *procesador de palabras* word processor
la **programación (de informática)** (computer) programming
programar to program

En casa de los abuelos

Todos los años la familia Robles pasa el verano en una casa en la playa. Toda la familia se reúne, abuelos, tíos, primos y primas (algunos con amigos o novios), y hasta algunos perros y gatos. Es una tradición de la familia.

ABUELA: Miguelito..., ¿qué estás haciendo en el comedor con el perro?

MIGUEL: Nada, abuela. Estoy jugando con Sansón. La gata blanca y Sansón siempre se están peleando.°

fighting

ABUELA:	Bueno, me voy a buscar a Marta y a Jorge, que llegan en el tren de las diez. ¿Dónde están tu mamá y tu hermana?	
MIGUEL:	Trini está en su cuarto. Tío Luis está en el gimnasio° y mamá está en la sala. Creo que está leyendo una revista. Papá se está bañando.	*gym*
ABUELA:	¿Y tu abuelo? ¿Todavía está pintando° la cerca?	*painting*
MIGUEL:	No, ya no. Está regando° las matas° en el patio de atrás.°	*watering/ shrubs/ in the back*
ABUELA:	¿Quieres venir conmigo? Jorgito trae a un amigo suyo del colegio.	
MIGUEL:	Lo siento, pero no puedo, abuela. ¿Me puedes llevar hasta la casa de Carlos? Está haciendo demasiado calor para caminar tanto.	
ABUELA:	Sí, claro, ¿pero él no está pasando el fin de semana en la ciudad?	
MIGUEL:	No, él está aquí. Dime, ¿puedo invitar a Pepe a quedarse con nosotros la semana que viene?	
ABUELA:	Ay, Miguelito, no tenemos espacio. Necesitamos una casa mucho más grande....	
MIGUEL:	Es que estamos pensando sacar° el bote para ir hasta las islas, si no está lloviendo.	*taking out*
ABUELA:	(*sonriendo*) Ay, muchacho,° siempre estás inventando algo. ¡No paras en casa ni por un momento! Vamos, que se hace tarde.	*young man*

¿Qué comprendió Ud.?

1. ¿Qué está haciendo Miguel en el comedor?
2. ¿Adónde se va la abuela?
3. ¿Dónde está el abuelo de Miguel?
4. ¿Está tomando el sol?
5. ¿Por qué no quiere caminar Miguel hasta la casa de Carlos?
6. ¿Qué están pensando hacer los muchachos?

Repaso rápido: la construcción progresiva

The progressive construction in Spanish is parallel to the progressive in English. It is frequently formed with *estar* and the present participle of the main verb.

Estoy arreglando la luz.	I'm fixing the light.
¿Estás escuchando?	Are you listening?
Está lloviendo.	It's raining.
Estábamos bajando.	We were coming down.
¿Estáis oyendo?	Are you listening?
Se están quejando.	They are complaining.

Estructura

El gerundio

The present participle (called *gerundio* in Spanish) is a verb form that ends in *-ando* for *-ar* verbs and *-iendo* for *-er* and *-ir* verbs.

bailar	bail**ando**
beber	beb**iendo**
escribir	escrib**iendo**

¡Nos divertimos mucho bailando!

The most common stem changes in the present indicative (*e* ➡ *ie* and *o* ➡ *ue*) do not occur in the present participle.

pensar (pienso): Estoy pensando en el verano.
I'm thinking about summer.

almorzar (almuerzo): ¿Dónde estás almorzando?
Where are you having lunch?

The stem for some -*ir* verbs changes from *e* to *i*. Some verbs that follow this pattern include the following: *competir* (to compete), *conseguir* (to obtain), *corregir* (to correct), *decir* (to say, to tell), *pedir* (to ask for), *reír* (to laugh), *repetir* (to repeat), *seguir* (to follow), *sentir* (to feel), *servir* (to serve), *sonreír* (to smile), *vestir* (to dress) and variations of these verbs, to name just a few examples.

decir (dice, dijo): Ella está diciendo la verdad.	She is telling the truth.
pedir (pide, pidió): Estoy pidiendo más dinero.	I am asking for more money.

A few irregular verbs that have the stem change *o* ➡ *u* in the preterite, have this change in the present participle.

morir (murió): Me estoy muriendo de miedo.	I am dying of fear.
dormir (durmió): Yo estaba durmiendo en la playa.	I was sleeping on the beach.

Verbs ending in -*aer*, -*eer*, -*uir*, and the verbs *oír* and *ir* have a *y* instead of the *i* in the ending -*iendo*.

infinitivo	gerundio
caer	ca**y**endo
construir	constru**y**endo
creer	cre**y**endo
leer	le**y**endo
oír	o**y**endo
ir	**y**endo
traer	tra**y**endo

Although the Spanish *gerundio* often is the English equivalent of -*ing*, English words ending in -*ing* may not always be a gerund when used in Spanish. Compare the following:

*Me gusta **cantar**.*	I like **singing**.
***Bailar** es divertido.*	**Dancing** is fun.

A él también le gusta cantar.

1. **A completar.** Complete las oraciones siguientes con la forma correcta del gerundio. Fíjese que los verbos tienen cambios en la raíz (-e to -i).

   Modelo: Luis ya está <u>sirviendo</u> unos refrescos. (servir)

   1. ¿Quiénes están __(1)__ mañana? (competir)
   2. Me estaban __(2)__ un boleto. (conseguir)
   3. Los chicos están __(3)__ para salir. (vestirse)
   4. Todos estaban __(4)__ del chiste. (reírse)
   5. Tú te estabas __(5)__. (sonreír)
   6. Ahora Juan está __(6)__ el chiste. (repetir)
   7. No estamos __(7)__ las instrucciones. (seguir)

Los muchachos se están divirtiendo en Ciudad de México.

2. **En casa de Carlos.** La familia Martínez también va a la casa de los abuelos en la playa. Complete el párrafo para indicar qué hace cada uno.

El padre de Carlos está 1. (*dormir*) en el césped al lado de la piscina. La mamá está 2. (*servir*) té frío en la cocina. El gato le está 3. (*pedir*) comida. Carlos está sentado en la terraza. Dalia le está 4. (*decir*) a su hermano que como no está 5. (*llover*), ella va a ir 6. (*caminar*) hasta el apartamento de una amiga suya que está 7. (*oír*) unos discos nuevos. Carlos se está 8. (*reír*) porque está 9. (*leer*) un libro de chistes mientras está 10. (*esperar*) a su amigo Miguel.

3. **¿Qué están haciendo?** Imagine qué están haciendo en este momento tres de sus amigos y dos de sus familiares. Haga oraciones completas.

La casa de la familia Robles

planta baja

planta alta

Los Robles tienen dos hijos casados y uno soltero. La casa es
bastante grande para todos, pero siempre hay alguien en la familia
que tiene invitados. Hay cuatro dormitorios, uno en la planta baja y
tres en la planta alta,° y un sofá-cama° grande en la sala. Abajo hay   *upper floor/ sleeper*
un patio a la derecha, al lado del garaje. Arriba hay una terraza a la   *sofa*
izquierda, desde donde se puede ver el jardín. Los tres dormitorios
tienen un balcón que da a la calle. El desván° no tiene ningún   *attic*
balcón. La casa tiene muchos pasillos° y la escalera está cerca de la   *hallways*
puerta de entrada. El sótano sólo tiene dos ventanas pequeñas, pero
allí no duerme nadie. Es para la lavadora° y la secadora° y todas las   *washer/ dryer*
bicicletas. El abuelo no quiere bicicletas en el garaje. La playa está
a cuatro cuadras y todos pueden ir a pie.

¿Qué comprendió Ud.?

Diga cuáles frases son ciertas y corrija las que son falsas.

1. En la planta baja hay un sofá-cama.
2. En los bajos hay un dormitorio.
3. La terraza está a la derecha.
4. Hay tres balcones en los altos.
5. La escalera está en la parte de atrás.
6. El hijo soltero duerme en el sótano.

Un edificio de palabras

En español hay diferentes nombres para un piso: **planta alta** o **planta baja.** En conversación corriente se les llama **los altos** o **los bajos,** o **arriba** o **abajo** en algunos de los países de habla hispana. Si se quiere ser más específico, hay que decir **el primer piso** (nótese que **el primer piso** está arriba), **el cuarto piso,** etc. En España, sin embargo, **piso** es palabra usada para apartamento, y también quiere decir **suelo** (*floor, as opposed to ceiling*). **Desván** y **ático** son sinónimos. Además, **ático** también se usa para *penthouse*, especialmente en España.

Mi cuarto está en la planta alta.

4. **¿Cómo es su casa? En seis oraciones, describa su casa o la casa de sus abuelos a otro/a estudiante. Use** *La casa de la familia Robles* **como modelo.**

5. **Dígame dónde estoy. Yo le digo qué estoy haciendo y Ud. me dice en qué parte de la casa estoy.**

   Modelo: Estoy lavando el coche.
   Está en el garaje.

   1. Estoy viendo televisión.
   2. Me estoy afeitando.
   3. Estamos almorzando.
   4. Estoy subiendo a mi cuarto.
   5. Estoy tomando el sol.
   6. Estoy abriendo el refrigerador.
   7. Voy de la sala al comedor.
   8. Estoy mirando lo que pasa en la calle.
   9. Estoy lavando la ropa.
   10. Estoy durmiendo.

Estructura

Usos de la construcción progresiva

In Spanish the simple present and the present progressive can be used to talk about actions taking place right now.

*Ella me **espera**.*
*Ella me **está esperando**.*

She **is waiting** for me.

*Te **digo** la verdad.*
*Te **estoy diciendo** la verdad.*

I **am telling** you the truth.

The progressive is not used with verbs of motion, such as *ir* or *venir*, and with the verb *llevar* (to take, to wear).

*¿Quién **viene** conmigo?*
*Pablo **lleva** una camisa roja.*

Who **is coming** with me?
Pablo **is wearing** a red shirt.

¿Quién lleva
la camisa roja?

Other verbs that can be used in progressive constructions instead of *estar* are *seguir*, *continuar* and *venir*.

Juan sigue pintando.
Continúa lloviendo.
Elsa viene cantando.

Juan keeps on painting.
It keeps raining.
She comes singing.

A propósito

Diferencias entre el inglés y el español

Para hacer una descripción en español con algunos verbos que indican posiciones del cuerpo, como **acostarse, pararse, sentarse** etc., no se usa, como en inglés, el participio activo (*present participle*) con el verbo **estar**. En su lugar, se usa el participio pasado.

Estoy acostado/a.	*I am lying down.*
Estoy parado/a.	*I am standing up.*
Estoy sentado/a.	*I am sitting down.*

Patricia está sentada cerca de su bicicleta.

6. **Al mismo tiempo. Diga qué está pasando en las casas de los Robles y de los Martínez. Siga las indicaciones.**

   Modelo: Miguel/ jugar con Sansón
   Miguel juega con Sansón./ Miguel está jugando con Sansón.

   1. Carlos/ leer cuentos
   2. el gato/ pedir comida
   3. la abuela/ irse
   4. Jorgito/ venir en tren
   5. él/ traer a un amigo
   6. el señor Martínez/ acostarse en el césped

7. **El sábado por la mañana. Algunas veces Ud. duerme hasta tarde los sábados por la mañana. Cuando se levanta, toda la casa está en actividad. Imagine qué están haciendo sus familiares o sus amigos, seis de ellos por lo menos. Intercambie (*Exchange*) esta información con otro/a estudiante.**

You already know that *le* and *les* are replaced by *se* when they are followed by *lo, la, los* or *las*.

Le *digo la verdad.*	I tell her/ him/ you the truth.

but:

Se la *digo.*	I tell it to her/ him.

You also know the use of *se* in the reflexive construction.

Ella **se** *viste.*	She dresses **herself**.

You may remember that *se* is used to indicate reciprocal action.

Ellos **se** *conocen.*	They know (have met) **each other**.
Ellos **se** *pelean.*	They fight with **each other (one another)**.

8. **Ellos se quieren mucho.** En la familia Robles hay mucha interacción. Se quieren y se pelean; sus vidas están muy unidas. Escriba de nuevo las siguientes oraciones, usando la forma *se*.

   Modelo: Por las mañanas los hijos saludan a los padres y los padres saludan a los hijos.
   Se saludan.

   1. Los padres respetan a los hijos y los hijos respetan a los padres.
   2. Trini pelea con Miguel y Miguel pelea con Trini.
   3. Miguel ayuda a Jorgito y Jorgito ayuda a Miguel.
   4. La abuela tutea a los chicos y los chicos la tutean a ella.
   5. Trini quiere mucho a su abuelo y él también a ella.
   6. Los padres dan besos a los hijos y los hijos besan a los padres.

Ellos se conocen.

Estructura

Se impersonal

Se also has an impersonal use, equivalent in English to "one does..., you do...," or even "we do...." It is often used for instructions and kitchen recipes.

Primero, **se escribe** *la fecha.*
Se corta *la manzana en dos.*

First, **you write** the date.
Cut the apple in two.

Pan de Maní

2 tazas de harina (240 grs.)
3 cucharaditas de Polvo Royal
1 cucharadita de sal
¾ de taza de azúcar (150 grs.)
1 taza de avena arrollada
1 cucharadita de cáscara rallada
  de limón
½ taza de maníes picados
50 grs. de manteca derretida
1 huevo
1 ¼ tazas de leche

Se tamizan juntos la harina, el Polvo Royal y la sal y se combinan con el azúcar, la avena, la cáscara rallada y los maníes. Se mezcla la manteca con el huevo y la leche y se incorpora a la preparación anterior, batiendo hasta unir bien. Se vierte en molde para pan de 22 x 11 x 7 cm., enmantecado y enharinado, y se cuece en horno moderado, 1 hora.

La *se* impersonal se usa varias veces en esta receta. ¿Las puede reconocer? ¿Le gustaría hacer el pan de maní?

This use is most frequent in want ads and signs. In English the equivalent is often the passive voice.

Se alquila o se vende.   **For rent** or **for sale.**
Se prohibe fumar.   Smoking **is prohibited.**

Se sirve comida mexicana

Se vende una moto

Se habla español

Se alquilan videocasetes

No se aceptan cheques

Se necesita secretaria con experiencia

Se solicita cocinera o cocinero

Se vende carro, excelente estado

Se instalan antenas

Se hacen trabajos a domicilio

Se arreglan televisores

Se compran muebles

9. Se dice.... Usando *se*, **cambie estas oraciones para decir el equivalente.**

> **Modelo:** Ud. no puede fumar aquí.
> Se prohibe fumar.

1. No es permitido aceptar cheques.
2. Sí, hablamos español aquí.
3. Cierran la cafetería a las once.
4. Hay que poner el maíz en agua de cal.
5. Ud. tiene que escribir la fecha.
6. ¿Podemos entrar?
7. ¿Venden ellos carros nuevos?
8. Primero, combine las papas con los demás ingredientes.

La familia Robles busca casa

La familia Robles está creciendo.° A los abuelos les gusta invitar a
los parientes, y a los novios y amigos de sus hijos y nietos. La casa
de la playa ya es demasiado pequeña. Ahora necesitan una más
grande. Van a tener que alquilar otra para el año que viene. Están
buscando en los anuncios del periódico, pero cada uno en la familia
tiene una idea diferente de lo que quiere. Los abuelos quieren complacer a todo el mundo y por eso escuchan todas las opiniones.
Vamos a ver qué están diciendo.

growing

El señor y la señora
Robles buscan una casa
cómoda y cerca de la playa.

El señor Robles:

Para mí lo mejor es una casa cerca de la playa, para poder ir
caminando en cualquier momento. Los muchachos pueden ir
caminando también y así yo no tengo que manejar cuando estoy de
vacaciones.

La señora de Robles:

A mí me gusta una casa cómoda, con una cocina grande, un
comedor donde haya espacio para toda la familia y una terraza. Me
gustan las casas cuadradas, sin muchos pasillos y con mucha luz.

La abuela:

A mí me gusta una casa de una sola planta para no tener que subir y
bajar las escaleras todo el día, con un patio de ladrillos donde los
muchachos puedan estar con sus amigos; una piscina con techo para
todo el año y su ducha al lado; suficientes° dormitorios y ... ¡ah, una
cocina con ventanas!

enough

La abuela quiere una casa de una sola planta y al abuelo le gustaría un jardín con plantas.

El abuelo:

¿Por qué no alquilamos una casa con tres baños por lo menos? No me gusta estar esperando durante horas mientras todas las mujeres se maquillan y se arreglan el pelo. Me gusta un jardín con flores y árboles. Y hace falta° una reja para no tener que cuidar al perro. También es bueno tener un sótano para guardar las bicicletas.

we need

¿Qué comprendió Ud.?

1. ¿Por qué necesitan los Robles una casa más grande?
2. ¿Cómo van a encontrar la casa que quieren?
3. ¿Cómo le gusta el comedor a la mamá de Miguel y Trini?
4. ¿Qué prefiere no hacer el señor Robles cuando está de vacaciones?
5. ¿Por qué quiere la abuela una casa de una sola planta?

10. Y su casa favorita, ¿cómo es? Describa cómo es la casa que a Ud. le gusta y luego diga por qué le gusta así. Indique algunos detalles prácticos de la vida diaria y también explique sus deseos y aspiraciones.

Vocabulario

atrás in the back
competir (i,i) to compete
crecer to grow
el **desván** attic, loft
la **falta** fault, absence, lack; *hacer falta* to need, to be lacking, to be missing
el **gimnasio** gym, gymnasium
inventar to invent
la **lavadora** washer

la **mata** shrub
el **muchacho** boy, young man
el **pasillo** hallway
pelear to fight
pintar to paint
la **planta** floor; *planta baja* street-level floor; *planta alta* upper floor
regar (ie) to water
sacar to take out

la **secadora** dryer
el **sofá** sofa; *sofá-cama* sofa sleeper
suficiente sufficient
la **terraza** terrace

¡Yo quiero mi propio cuarto!

La vida en familia tiene sus ventajas y desventajas.° Anamari y Mariana son hermanas gemelas, pero son muy diferentes. Para Mariana, compartir su cuarto con Anamari es algo imposible y decide pedir consejo.

disadvantages

Querida Amiga Confidencial,

Yo quiero mucho a mi hermana pero no puedo vivir con ella. Yo soy una persona muy organizada y me gusta tener un cuarto ordenado,° pero como ella y yo compartimos el mismo cuarto, no es posible. No barre° ni limpia° el cuarto y por eso siempre tengo que hacerlo yo. Ella tira° la ropa en el suelo.° Tampoco me devuelve° la que le presto. Llena° todos los muebles con sus cosas. Y por último, charla° con sus amigas por teléfono ahí mismo, enfrente de mi escritorio y no me deja estudiar. Esto continúa día tras día. ¿Qué puedo hacer?

                        Desesperada°

in order
sweeps/ cleans
throws
floor/ returns
fills
chats

Desperate

muebles con sus cosas. Y por... mismo, enfrente de mi escritorio y no me deja estudiar. Esto... día. ¿Qué puedo hacer?

Desesperada

Querida Desesperada,

Aprender a compartir la vida con otra persona es algo muy difícil. Aquí tienes algunas ideas.

Divide el dormitorio en dos secciones. Pon unas plantas en el suelo o colgadas° del techo. Entre las dos camas, pon un estante° o una cortina.° Cada una de Uds. puede decorar° un lado a su gusto.

hanging *bookcase/* *curtain* *decorate*

Decora las paredes de tu lado y píntalas de un color a tu gusto. Pero no olvides que es mejor ponerse de acuerdo en la selección de los colores. Si comparten el ropero, pinta también tu mitad° del mismo color que tus paredes y déjala a ella pintar la suya. Cómprate percheros° de plástico de tu color preferido para colgar° la ropa. Préstale ropa sólo si ella te devuelve la que tú le prestaste antes. Sé firme.

half *hangers* *to hang*

Comparte con ella lo menos posible. Compra tu propia lámpara y tu propio despertador.° Busca un cordón° más largo para el teléfono, para poder llevarlo de un lugar a otro dentro del dormitorio. O mejor, pídele a tus padres otro lugar para poner el teléfono: por ejemplo, en el pasillo.

alarm clock/ *cord*

¡Buena suerte!

Estimada Amiga Confidencial,

Mi familia y yo siempre nos comprendemos, pero ahora no nos ponemos de acuerdo con el tipo de casa que buscamos para vivir. Actualmente pagamos la renta de una, pero queremos tener nuestra propia casa. Hay la posibilidad

¿Qué comprendió Ud.?

De acuerdo con la carta de Mariana y los consejos de Amiga Confidencial, decida si las siguientes oraciones son ciertas o falsas. Cambie las falsas para que sean ciertas.

1. Mariana no ve ninguna ventaja en compartir el cuarto con Anamari.
2. Mariana tiene su propio cuarto.
3. Mariana limpia y barre el cuarto.
4. Mariana puede colgar unas plantas entre las dos camas.
5. Para dividir la habitación ella pinta su mitad de otro color.
6. Debe compartir los percheros de plástico con su hermana.
7. Es mejor poner el teléfono dentro del ropero.

A propósito

Los opuestos

Lo contrario de **ventaja** es **desventaja.** La diferencia está en el prefijo **des-,** que significa "no" o "lo contrario de...." En español hay muchas palabras que tienen ese prefijo. A una de las hermanas le gusta el cuarto **ordenado,** mientras que a la otra le gusta **desordenado.** Pero *des-* no es siempre un prefijo. Por ejemplo no lo es en la palabra **desierto,** pero sí en **desayuno** porque **ayuno** significa *"fast."* ¿Sabe Ud. cuáles son los opuestos de los siguientes verbos? *vestirse, peinarse, cuidar, aparecer, obedecer, hacer.*

Estructura

Los mandatos informales afirmativos

We use commands (*el imperativo*) to tell people what we would like them to do. Regular informal affirmative commands in Spanish share the same forms with the *él* form of regular verbs in the present indicative.

infinitivo	presente de indicativo	mandato informal afirmativo
pensar	*él piensa*	*Piensa.*
jugar	*él juega*	*Juega.*
seguir	*él sigue*	*Sigue.*

Verbs that end in *-uir* and the verb *oír* add a *y* in the *tú* commands.

construir:	*Construye tu casa de madera.*	**Build** your house of wood.
contribuir:	*Contribuye a este proyecto.*	**Contribute** to this project.
oír:	*Oye mis consejos.*	**Hear** my advice.

Verbs that end in *-aer* and *-eer* have regular command forms.

traer:	*Trae la ropa sucia.*	**Bring** the dirty clothes.
creer:	*Créeme, por favor.*	Please, **believe me.**
leer:	*Lee en alta voz.*	**Read** out loud.

Sé bueno con los animales.

Irregular verbs and verbs that have a *-go* ending in the present usually have irregular command forms.

ser:	*Sé bueno con los animales.*	**Be** kind to animals.
hacer:	*Haz tu trabajo.*	**Do** your work.
ir:	*Ve a la tienda.*	**Go** to the store.
poner:	*Pon tus zapatos aquí.*	**Put** your shoes here.
venir:	*Ven conmigo.*	**Come** with me.
salir:	*Sal de la casa.*	**Go out** of the house.
decir:	*Di la verdad.*	**Tell** the truth.
tener:	*Ten todo listo.*	**Have** everything ready.

Direct and indirect object pronouns must be attached to affirmative commands.

Dame la mano.	Give **me** your hand.
Dámela.	Give **it to me.**
Díselo.	Tell **it to her/him.**

Notice that if the verb has more than one syllable, it requires an accent mark when you attach an object pronoun: *háblame, mírame.* This allows the verb to maintain the same stressed vowel as before. An accent mark is also required with one-syllable verbs when you add both object pronouns: *dámela, dímelo.*

Los acentos tienen lógica

La palabra que lleva el énfasis en la última sílaba necesita acento escrito sobre esta sílaba cuando termina en *n, s* o en una vocal (*a, e, i, o, u*).

| can**ción** | des**pués** | pa**pá** | regre**sé** | repe**tí** |

La palabra que lleva el énfasis en la penúltima (*next-to-last*) sílaba necesita acento escrito sobre esta sílaba cuando termina en cualquier letra diferente a *n, s* o vocal.

| **ál**bum | **ár**bol | **fá**cil | **lá**piz | **ú**til |

La palabra que lleva el énfasis en la antepenúltima (*third-from-the-last*) sílaba o en la cuarta sílaba desde el final siempre necesita acento escrito sobre esta sílaba.

| ar**tí**culo | **có**mico | **dá**melo | **lás**tima | te**lé**fono |
| **á**bremela | **cuén**tamelo | es**crí**bemela | **prés**tamelos | recomi**én**dasela |

A veces un acento escrito puede servir para distinguir entre dos palabras idénticas que tienen significados diferentes.

| es**tá**/esta | **qué**/que | **sí**/si | **só**lo/solo |

Un acento escrito puede servir para separar un diptongo en dos sílabas.

| **dí**a | **frí**o | **guí**a | ha**cí**a |

---

1. **¿Dónde están los acentos?** Ponga los acentos en las siguientes palabras, sólo si son necesarios.

| mitad | jabon | popular | jovenes | lapiz | alli |
| daselo | pontelo | levantate | compraselas | consigueme | devolver |

2. **Menos palabras, por favor.** Use menos palabras para los siguientes mandatos, como en el modelo. Recuerde que *le* se convierte en *se* si también se usan *lo, la, los* o *las*. Recuerde los acentos.

    Modelo: ¡Dale el teléfono!
          ¡Dáselo!

1. ¡Dime la verdad!
2. ¡Repíteme el número!
3. ¡Alquílame el casete!
4. ¡Hazme un favor!
5. ¡Tírale la pelota!
6. ¡Decórales el cuarto!
7. ¡Cómpranos unas plantas!

3. Hoy Ud. es el jefe. Imagine que Ud. es el hermano/ la hermana mayor de la familia y tiene que darles órdenes a sus hermanos menores. Siga las indicaciones.

> **Modelo:** hacer/ la cama
> ¡Haz la cama!

1. ser/ organizado (organizada)
2. poner/ discos aquí
3. ir/ a tu habitación
4. salir/ cocina
5. venir/ conmigo al sótano
6. decir/ quién llama
7. tener/ el cuarto ordenado

¡Haz la cama!

Estructura

Más sobre verbos y pronombres

Object and reflexive pronouns usually precede conjugated verbs.

Lo sé, pero a veces me olvido.	I know it, but sometimes I forget.
Se lo dije.	I told it to him.

When used with a present participle or an infinitive, these pronouns may precede the conjugated verb or they may follow and be attached to the present participle or infinitive. Either form is correct.

Te la prefiero escribir mañana.	I prefer to write it to you tomorrow.
Prefiero escribírtela mañana.	
Ellos se están despidiendo.	The are saying good-bye to one another.
Ellos están despidiéndose.	

In negative commands, the pronouns precede the verb.

No lo olvide.	Don't forget it.
No se la presentes.	Don't introduce her to her/him/them.

However, in affirmative commands, the pronouns must be attached to the end of the verb. *Le* and *les* are usually added to affirmative commands to reinforce the indirect object.

Vístete pronto.	Get dressed quickly.
Tráele agua al Sr. Rojas.	Bring water to Mr. Rojas.

4. Por favor. Imagine que Ud. está ocupado/a y le pide favores a su familia.

Modelo: abrir la puerta a Trini
Por favor, ábrele la puerta a Trini.

1. traer el café a papá
2. limpiar la cocina a la abuela
3. dar el dinero a Jorgito
4. cerrar la puerta de la calle
5. poner la ropa en la secadora
6. apagarme la luz
7. servirle más agua al abuelo

Estructura

Adverbios y preposiciones de lugar

An adverb of place answers the question *where*? If that place is close to the person who is speaking, use *aquí* or *acá*. There are three other categories of increasing distance: *ahí*, *allí* and *allá*.

*Ven **aquí (acá)**.*	Come **here**.
*Quédate **ahí (allí)**.*	Stay **there**.
*Ve **allá**.*	Go **over there**.

La silla está entre ella y yo.

Other adverbs of place are more specific:

*¿Vives **cerca**?*	Do you live **nearby**?
*No, vivo **lejos**.*	No, I live **far away**.
*¿Tu clase está **arriba**?*	Is your class **upstairs**?
*No, está **abajo**.*	No, it is **downstairs**.
*No hay nadie **adentro**.*	There is nobody **inside**.
*Todos están **afuera**.*	Everybody is **outside**.
*Ella está **enfrente**.*	She is **across the street**.
*Voy a sentarme **atrás**.*	I'll sit **in the back**.
*No me gusta sentarme **delante**.*	I don't like to sit **in the front**.

Some prepositions help indicate a place, but they always do it in relation to something else.

*Viajé **desde** Bogotá **hasta** Minnesota.*	I traveled **from** Bogota **to** Minnesota.
*Está **entre** ella y yo.*	It is located **between** her and me.
*Está **hacia** el sur.*	It is **toward** the south.
*Ponlo **sobre** la mesa.*	Put it **over** the table.

Many prepositional phrases serve the same functions as adverbs of place.

algunas preposiciones	
cerca de (near, close to)	*lejos de* (far from)
debajo de (below, under)	*encima de* (on top of)
al lado de, junto a (next to)	*alrededor de* (around)
dentro de (inside)	*fuera de* (outside)
delante de (before, in front of)	*detrás de* (behind)
enfrente de, frente a (across the street from, facing)	*a la derecha de* (to the right of)
	a la izquierda de (to the left of)

5. **Mi casa.** Complete las siguientes frases con palabras de la lista siguiente. Cada palabra se usa sólo una vez.

atrás	dentro de	entre	hasta
alrededor de	enfrente de	hacia	sobre
arriba			

Modelo: La silla está <u>entre</u> nosotros, en el medio de los dos.

1. La tijera está _(1)_ la mesa.
2. El aeropuerto no está cerca, está ocho millas _(2)_ el sur.
3. Cuando llego tarde, entro por la puerta de _(3)_.
4. Como no veo a nadie afuera, deben de estar _(4)_ la casa.
5. Yo vivo _(5)_ un parque.
6. ¡Qué horror! Mi gato está _(6)_, en el árbol.
7. El perro da vueltas _(7)_ árbol.
8. Mi hermana puede caminar solamente _(8)_ la esquina.

Notas de mamá

basura: garbage **plancha:** iron
aspiradora: vacuum **ropa de cama:** bed linen

Charlando

1. ¿Lava Ud. mismo su ropa? ¿Quién la plancha?
2. ¿Ayuda Ud. con los quehaceres de la casa? ¿Qué hace?
3. ¿Hay algo que Ud. odia hacer? ¿Qué es?
4. ¿Quién cuelga su ropa?
5. ¿Limpia Ud. el baño, las escaleras o las ventanas?
6. ¿Qué trabajo hace en la cocina?

Las obligaciones

Hay varias maneras de indicar la obligación de hacer algo. **Hay que** y **tener que** (*must, have to*) indican necesidad. **Hay que** y **Hace falta** son impersonales, es decir, no dicen quién tiene que hacerlo. **Deber (de)** (*should*) indica quién tiene la obligación.

— **Hay que** cortar el césped.

— Sí, **hace falta** cortar el césped.

— ¿Quién **tiene que** hacerlo?

— Tú **debes** hacerlo, pero si tú no lo haces, yo **tengo que** hacerlo.

6. ¡Qué bueno es vivir en casa de mamá y papá! Haga una lista de seis quehaceres domésticos que una persona que vive sola tiene que hacer.

7. ¿Quién tiene que hacer qué? Trabajando en parejas, hablen de los quehaceres que se hacen en su casa. Digan también quién hace cada quehacer.

8. A escribir. Escriba un párrafo de ocho hasta doce líneas en el cual Ud. habla de las obligaciones de su casa. Diga cuáles le gusta hacer y cuáles no le gusta hacer, y por qué.

   Modelo: No me gusta pasar la aspiradora porque es aburrido.

Vocabulario

la **aspiradora** vacuum
barrer to sweep
la **basura** garbage
charlar to chat
colgado,-a hanging
colgar (ue) to hang
el **cordón** cord
la **cortina** curtain
debajo de under, underneath, below; *para debajo* underneath

decorar to decorate
desesperado,-a desperate
el **despertador** alarm clock
la **desventaja** disadvantage
devolver (ue) to return (something)
el **estante** bookcase, shelf
limpiar to clean
llenar to fill
la **mitad** half
ordenado,-a in order, neat

pasar to pass; *pasar la aspiradora* to vacuum
el **perchero** hanger
planchar to iron
la **ropa** clothing; *la ropa de cama* bed linen
el **suelo** floor
tirar to throw

¡La práctica hace al maestro!

En parejas

A. Con un compañero o una compañera,
comente cuáles son sus obligaciones en casa.
Diga cuáles le agradan y cuáles le desagradan. ¿Le parece justo compartir el
trabajo con su familia?

B. Pida cinco favores a otra persona, añadiendo "por favor". Con otro/a estudiante,
alterne pidiendo Ud. el favor o dando una excusa porque está haciendo otra cosa
o tiene algo que hacer.

C. Describa su vida diaria antes de ir a la escuela. ¿Qué se pone primero, la camisa
o los zapatos? ¿Se baña por la mañana·o por la tarde?

D. Diga cómo es su casa: ¿Dónde está la cocina? ¿Hay garaje? ¿Es una casa o un
apartamento? ¿Cuántos cuartos tiene? ¿Hay un comedor o se come en la cocina?
¿De qué color son las paredes?

En grupos

E. Cada persona dice algo que tiene obligación de hacer en la casa hasta que todos
digan su obligación correctamente en español y se complete el círculo.

F. En cinco oraciones, cada estudiante describa un día típico de su vida. Incluya qué
cosas hace, con quién, dónde y todos los detalles que ayuden a entender la
información.

G. Una persona va a la pizarra. Los estudiantes del grupo describen la casa de
vacaciones ideal, mientras que la persona en la pizarra dibuja la casa.

H. Cada estudiante del grupo dice algo que se prohibe hacer en una clase, en un
restaurante o en un hospital, hasta completar una lista de por lo menos diez
acciones. Después, hacen lo mismo, nombrando lo que se permite hacer o lo que
es mejor hacer en esos lugares.

A escribir

Imagine que está escribiendo una página de su diario. Describa cómo se siente y
explique con detalles las razones.

Selecciones literarias

Introducción

Las historietas (*comic strips*) de Mafalda son unas de las más populares de toda América hispanohablante. Su autor, QUINO, nació en Argentina de padres malagueños (*from Málaga, Spain*). Desde muy pequeño le gustaba dibujar. Cuando creó el personaje (*character*) de Mafalda, ya era un conocido humorista. Las historietas de Mafalda se comenzaron a publicar en un periódico argentino en 1964 y continuaron por diez años. En 1966 una casa editorial decidió reunir en un libro las historietas publicadas en el periódico. Desde entonces comenzaron las traducciones a otros idiomas (*languages*) y Mafalda se convirtió en una figura internacional. En Argentina se crearon programas de dibujos animados (*cartoons*) para la televisión. Aunque la serie sólo duró diez años, todavía aparecen las historietas en los periódicos de muchos países de Latinoamérica. Actualmente millones de personas leen las historietas de Mafalda todos los días. Quino ha continuado su carrera de dibujante y humorista. Recibió el premio de Humorista del Año en el Pabellón Internacional del Humor, celebrado en Montreal, Canadá, en 1982.

Preparación

Conteste las siguientes preguntas como preparación para la lectura.

1. ¿Qué es una historieta cómica?
2. ¿Cuáles historietas cómicas lee Ud.?
3. ¿Ha visto Ud. alguna vez una historieta de Mafalda en inglés?

Mafalda y sus amigos: QUINO

Guille

Mafalda es una niña muy sabia (*wise*). Ella vive con sus padres y su hermanito menor, Guille. Su nombre completo es Guillermo, pero todo el mundo le dice Guille porque Guillermo es un nombre muy largo y Guille es muy chiquito. Como es costumbre, cuando alguien no quiere hacer algo, se lo pide al próximo en la jerarquía familiar. Y todos siempre le piden cosas a Guille, hasta Mafalda. Ya él está cansado de oír, "Por favor, Guille". A veces Guille piensa que a él también le hace falta un hermanito.

Felipe

Felipe es un amigo de Mafalda. Felipe toma la vida muy en serio, pero no es una persona práctica. Felipe es un soñador (*dreamer*). A Felipe le fascinan las aventuras del Llanero Solitario (*Lone Ranger*) y los viajes de los astronautas a la luna (*moon*).

Miguelito

tortuga *turtle* **oso** *bear* **tipo** *guy* **albañil** *mason, construction worker*
tornero *turner, lathe operator*

Miguelito es otro de los amiguitos de Mafalda. A veces Mafalda pierde la paciencia con Miguelito. El se preocupa de muchas cosas, hasta de cosas que no le preocupan a nadie. El mundo es para él un gran misterio. El es inteligente y piensa mucho. Miguelito quiere saber la lógica de las cosas. Desde luego, muchas cosas no tienen lógica. La lógica de Miguelito es muy cómica.

¿Qué comprendió Ud.?

1. ¿Quién necesita las pantuflas?
2. Finalmente, ¿quién se las trae?
3. ¿Por qué lo hace?
4. ¿Qué es lo que Felipe no quiere hacer?
5. ¿Por qué no es suficiente ser un ser humano, según Miguelito?
6. ¿Qué papel tiene que hacer un oso?

Capítulo 3

Relaciones humanas

- Describing the family
- Placing a phone call
- Extending and accepting invitations
- Expressing events in the past
- Complaining
- Giving a compliment
- Planning an event
- Telling others what not to do
- Writing about family relations

La boda de Elisa y Manolo

Elisa y Manolo van a comprometerse° y sus amigos reciben el anuncio del compromiso° de la pareja. Ester llama a Daniel.   *become engaged*
engagement

UNA VOZ:	¿Aló?
ESTER:	Por favor, ¿está Daniel?
UNA VOZ:	Creo que no está, pero espere un momento.
	¿De parte de quién?°
ESTER:	De Ester. Muy agradecida.°
DANIEL:	Hola, Estercita. ¿Qué pasa?
ESTER:	Acabo de recibir la invitación para la fiesta de compromiso de Elisa y Manolo.
DANIEL:	Yo también. Tú piensas ir, ¿no? Dime, ¿puedo ser tu compañero esa noche?
ESTER:	Oh, me parece perfecto.... Elisa ya está preparándose para la boda° y yo voy a ser una de las damas de honor.°

Who's calling?
Many thanks.

wedding/ bridesmaids

¡Felicitaciones!

DANIEL:	Pobrecito Manolo, tan joven para casarse.... Pero cuando uno se enamora°....
ESTER:	Y pobrecita Elisa.... ¡Sus futuros suegros° están tan contentos! Están locos por tener nietos.° ¡Y ella quiere estudiar para arquitecta!
DANIEL:	Pero están tan enamorados....
ESTER:	Déjame hablar con tu hermana, si está en casa. Tenemos que planear la despedida de soltera.°

falls in love

parents-in-law
grandchildren

bridal shower

A propósito

Compromiso: con promesa

La palabra **compromiso** es un cognado falso. Significa *engagement* y también *commitment*. Pero no quiere decir *compromise* (un arreglo). Cuando alguien necesita una excusa para no aceptar una invitación, generalmente dice: "Lo siento, pero tengo otro compromiso (*commitment*)". Igualmente, **comprometerse** significa *to become engaged* y también *to make a commitment*.

Y LA NOVIA DIJO ¡SI!

— En la Iglesia Catedral, fue bendecida recientemente la boda de la ingeniera Laura Pedroza con el Dr. Juan Domingo Bravo; fueron padrinos el Dr. C. Pedroza y su esposa Ana Castillo de Pedroza; el Dr. Leopoldo Bravo y la Dra. Ivelise de Bravo. En la nota gráfica, los novios en un momento de la ceremonia religiosa.

¿Qué comprendió Ud.?

1. ¿Quiénes van a comprometerse?
2. ¿Quién contesta el teléfono?
3. ¿Qué le dice a Ester?
4. ¿Cómo llama Daniel a Ester?
5. ¿Qué está haciendo Elisa?
6. ¿Por qué dice Ester "futuros" suegros?
7. ¿Por qué están contentos los padres de Manolo?
8. ¿Cree Ud. que Manolo es "pobrecito"? ¿Por qué? ¿Y Elisa?

Charlando

1. ¿Ha ido Ud. a una boda recientemente?
2. ¿Quiénes eran los novios?
3. ¿Cuál cree Ud. que es una edad buena para casarse?
4. ¿Cuáles son las ventajas y desventajas de casarse muy joven?
5. ¿Cree Ud. que Elisa va a poder estudiar para arquitecta?

1. **Haciendo llamadas telefónicas.** Con otro/a estudiante, prepare un diálogo telefónico tomando de modelo el diálogo anterior. La persona que contesta no es con quien Ud. desea hablar. Alterne después con su compañero/a y conteste Ud. el teléfono.

El compromiso Armas-Lemus

Se han comprometido para casarse la joven señorita Elisa Armas Rojas y el joven caballero° Manuel Lemus Acebo. La novia es hija del conocido hombre de negocios Antonio Armas Mora y de su estimada esposa, Teresa Rojas de Armas. El novio es hijo de los distinguidos° doctores Orlando Lemus Torres y Elena Acebo de Lemus, ambos° médicos de la Clínica Lemus. La boda está señalada° para el sábado 23 de junio próximo, en la elegante iglesia de San Judas Tadeo, en Monte María, Guatemala.

°gentleman

°distinguished
°both/ is set

Antonio Armas Mora
Teresa Rojas de Armas
Dr. Orlando Lemus Torres
Dra. Elena Acebo de Lemus
tienen el gusto de invitarles a Ud. y a su
distinguida familia al matrimonio de sus hijos
Elisa y Manuel
que se celebrará solemnemente
el sábado 23 de junio
a las once en punto de la mañana,
en la iglesia de San Judas Tadeo,
Colonia de Monte María.

¿Qué comprendió Ud.?

1. ¿Qué es el papá de Elisa?
2. ¿Qué son los padres de Manolo?
3. ¿En qué fecha es la boda?
4. ¿A qué hora es la boda?
5. ¿Dónde viven los novios?
6. ¿Piensa Ud. tener una boda religiosa?

Guatemala

Guatemala es un país de más de nueve millones de habitantes, de los cuales la mitad son descendientes de los mayas y la otra mitad, de españoles o mestizos (mezcla de español e indígena). La primera capital se fundó en 1524 bajo el nombre de Santiago de los Caballeros de Guatemala. Después de un terremoto (*earthquake*) en 1773, que destruyó muchos edificios, la capital pasó a Ciudad de Guatemala y la antigua capital se llamó, precisamente, Antigua. Es una Ciudad Monumento desde 1965. Bellísimos lagos rodeados de volcanes, como el lago Atitlán, son grandes atracciones turísticas. El lugar más fascinante es sin duda Tikal, con miles de templos-pirámides (uno tiene 212 pies de alto), en medio de la selva tropical. Ubicada a una hora de Ciudad de Guatemala, por avión, se cree que tuvo unos 40.000 habitantes antes de la llegada de Colón a América. La antigua civilización de los mayas, llamados "los egipcios del Nuevo Mundo", comenzó a habitar esta región unos 2.000 años antes de Cristo. Tenían grandes conocimientos de astronomía, agricultura y arquitectura. Tenían también escritura y se conserva uno de sus libros, el *Popol Vuh*, que contiene sus creencias religiosas acerca de la vida y la muerte y el origen del mundo.

San Lucas Tolimán.

El lago Atitlán y
el volcán San Pedro.

Antigua, Guatemala.

Ser y las relaciones familiares

Para indicar que hay una relación entre dos personas, ya sea familiar o romántica, se usa el verbo **ser + la relación + de.** En este contexto también se usan las palabras **algo** o **nada.** Compare las siguientes oraciones:

¿Eres hermana de Juan?	*Are you Juan's sister?*
Yo no soy nada de él.	*I am not related to him./ There is nothing between us.*

La familia de Manolo

Manolo tiene también dos tíos y cuatro primos. Su abuela es viuda° porque su esposo° murió hace tiempo. Manolo es el nieto° favorito de su abuela. Los padres de Manolo no pueden tener yerno° porque Manolo no tiene ninguna hermana, pero tienen una nuera,° Elisa. Los padres de Elisa son los suegros de Manolo. Y Claudia, la hermana de Elisa, es su cuñada.° Ahora Elisa y Manolo son esposos.°

widow
husband/ grandson
son-in-law
daughter-in-law

sister-in-law/ husband and wife

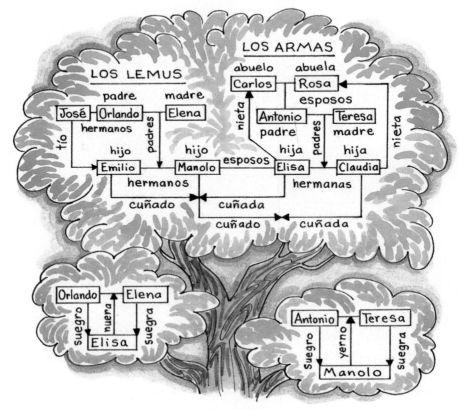

¿Se van a casar?

2. **Sobre los Armas.** **Diga brevemente cuáles son las relaciones familiares. Siga el modelo.**

   Modelo: ¿Qué es Rosa de Carlos?
   Es su esposa.

   1. ¿Qué es Elisa de Antonio?
   2. ¿Qué es Claudia de Elisa?
   3. ¿Qué son Teresa y Antonio?
   4. ¿Qué es Carlos de Elisa?
   5. ¿Qué es Claudia de Rosa?
   6. ¿Qué es Carlos de Antonio?

3. **Sobre los Armas y los Lemus.** **Diga brevemente cuál es la relación familiar después de la boda. Siga el modelo de la actividad anterior.**

   1. ¿Qué es Manolo de Elisa?
   2. ¿Qué son Orlando y Elena de Manolo?
   3. ¿Qué son Antonio y Teresa de Manolo?
   4. ¿Qué es Elisa de Orlando?
   5. ¿Claudia es algo de Manolo?
   6. ¿Qué es Manolo de Teresa?

4. **¿Y su familia?** **Conteste de acuerdo a su propia familia.**

   1. ¿Viven sus abuelos paternos? ¿Y los maternos? ¿Dónde?
   2. ¿Es viuda alguna de sus abuelas? ¿Cuál?
   3. ¿Tiene algún hermano casado? ¿Y hermana?
   4. ¿Cómo se llaman sus cuñados?
   5. ¿Cómo se llama la suegra de su mamá?
   6. ¿Cuántos yernos y nueras tiene la suegra de su mamá?

Most verbs are action words. Many actions involve the following: the **subject** (*sujeto*), who or what executes the action; the **direct object** (*complemento directo*), which is acted upon by the subject; the **indirect object** (*complemento indirecto*), which receives the benefits or results of the action.

Only the verb is indispensable in a sentence. In Spanish, the subject, the direct object and the indirect object may be omitted unless they are needed for emphasis or clarification. Any of these three sentence elements may be replaced by a pronoun.

	yo	tú	Ud./ él/ ella	nosotros/ nosotras	vosotros/ vosotras	Uds./ ellos/ ellas
direct object pronouns:	me	te	lo/la	nos	os	los/las
indirect object pronouns:	me	te	le	nos	os	les

(Pablo) *Escribe una invitación para Susana.*   Pablo is writing an invitation for Susana.

but:

(El) *Escribe una invitación para Susana.*   He is writing an invitation for Susana.

La escribe.   He is writing it.

Le escribe.   He is writing to her.

5. **¿Lo comprende? Por cada nombre escriba el pronombre correspondiente.**

   Modelo: Yo ayudo a Paco.
   Yo lo ayudo.

   1. Manolo ve a Elisa.
   2. Luisa compra las revistas.
   3. Ana y Dora pintan el estante.
   4. Eva devuelve los cuadernos.
   5. Escribo a mis padres.
   6. Necesito a mi cuñada.

La composición de Angela

Yo soy
Angela Fuentes.

Yo soy Angela Fuentes, de Yucatán, México. La persona mayor de mi familia a quien más quiero, además de mi mamá, desde luego, es mi abuela paterna, Ana. Yo le cuento muchas cosas. Ella es muy inteligente y muy moderna para su edad. ¡Qué bueno es tener una abuela así, una persona de experiencia que me entiende mejor que nadie! Otras dos personas mayores con quienes tengo una relación especial son mis padrinos, Alfredo y Lilia. Los padrinos casi siempre son muy buenos con los ahijados,° y no sólo en lo material. Lilia y Alfredo me regalan muchas cosas, eso es verdad, pero también se preocupan mucho por mí y por saber cómo me siento.

godchildren

La composición de Julia

Y yo soy
Julia Estévez.

Habla Julia Estévez, de Guatemala. Es un poco complicado describir a mi familia. Vamos a ver, somos siete en casa, con mi padre y su esposa Natalia (mi madrastra°). Yo la quiero mucho. Mi mamá murió hace muchos años. Natalia es mi mamá, la única que conozco. Natalia tiene tres hijos de un matrimonio anterior: Pablo, Lourdes y Gerardo. Mi padre es el padrastro° de ellos.

stepmother

stepfather

   Pero la cosa no termina ahí. Mi papá y Natalia tienen una hija, Graciela, que es mi media hermana y tiene cuatro años menos que yo. Graciela y yo siempre estamos juntas. Sin embargo, con Lourdes no me llevo° muy bien. Pablo y Gerardo se llevan bien con ella, aunque conmigo son imposibles. Se pasan la vida fastidiándome. Pero también pueden ser perfectos caballeros, cuando no están cerca de mí.

get along

¿Qué comprendió Ud.?

1. ¿Es Angela una persona mayor?
2. ¿A qué abuela quiere más?
3. ¿Por qué es especial la abuela?
4. ¿Qué hacen los padrinos por Angela?
5. ¿A quién le regalan cosas generalmente los padrinos?
6. ¿Quién es Natalia?
7. ¿Cuántas hijas tiene Natalia?
8. ¿Cuántos años tiene Graciela?
9. ¿Con quién no se lleva bien Julia?
10. ¿Qué le hacen Pablo y Gerardo a Julia?

Charlando

1. ¿A cuál persona mayor de su familia quiere Ud. más?
2. ¿A quién le cuenta Ud. sus cosas?
3. ¿Quiénes son sus padrinos, si los tiene?
4. ¿Cuántas personas hay en su familia?
5. ¿Tiene Ud. familiares que viven en otras ciudades? ¿Dónde?
6. ¿Es Ud. el/la mayor de los hijos en la familia?

Estructura

Más sobre los complementos directos e indirectos

Direct object and indirect object pronouns are identical except for *lo, la, los, las, le* and *les*.

Las escribo.	I write **them**. (letters)
Les escribo *(a ellos)*.	I write **to them**.

Indirect object pronouns precede direct object pronouns when they are used together.

Te la escribo.	I write **it to you**.
Me lo dices.	You tell **it to me**.

The indirect object pronouns *le* and *les* become *se* when used together with *lo, la, los* or *las*.

Yo *se la* escribo a Ud.	I write it **to you (Ud.)**.
No *se lo* digo *(a ella)*.	I don't tell **her** about it.

Because *le, les* and in particular *se* are ambiguous, it sometimes becomes necessary to be more specific.

Le escribo **a él**.	I write **to him**.
Se lo escribo **a ella**.	I write **it to her**.

Even though it may seem redundant, *le, les* and *se* are always necessary.

Le *doy el disco a Manolo.*	I give Manolo the record.
Le *doy el disco (a él).*	I give him the record.
Se *lo doy (a él).*	I give it to him.

Object pronouns may precede or may follow and be attached to infinitives or present participles. You have the option.

La *estoy enviando.*	
*Estoy enviándo***la**.	I am sending it.
*Estoy enviándo***sela** *(a ellos).*	
Se la *estoy enviando.*	I am sending it to them.
Te *quiero ver.*	
*Quiero ver***te**.	I want to see you.

Te quiero ver.

In affirmative commands, object pronouns follow and must be attached to the verb.

*Díga***melo**.	Tell it to me.
*Tráe***selo** *(a ella).*	Bring it to her.

Notice that when you attach object pronouns to verbs, accent marks are required when the resulting combination is three syllables or longer.

Tráigalo.	Bring it.
Deme.	Give me.
Démelo.	Give it to me.

6. **Dígalo de otra manera. Escriba las siguientes oraciones de otra manera. Recuerde los acentos.**

   Modelo: Mamá, Pepito me está fastidiando.
   Mamá, Pepito está fastidiándome.

1. Te quiero invitar.
2. Nos vamos a comprometer.
3. Les voy a mandar la invitación.
4. Se las puedo dar.
5. Se lo tengo que decir.
6. Nos están oyendo.

7. **¿Quién la quiere más?** Cuando la abuela de Angela está de visita, todos quieren complacerla, especialmente Anita, la prima de Angela, que quiere ser la nieta preferida. **¿Qué es lo que hace Anita?** Complete las oraciones según lo que dice Angela. Use dos pronombres si es necesario. Siga el modelo.

   Modelo: Le digo que está linda hoy.
   Y ella también se lo dice.

   1. Le doy un beso.
   2. Le arreglo el pelo.
   3. Le compro el periódico.
   4. Le abro la puerta.
   5. Le cuido las flores.
   6. Le traigo chocolates.

Le digo que
está linda hoy.

8. **La despedida de soltera.** La despedida de soltera de Elisa es en casa de Ester. Todas las amigas vienen a ayudarla. Conteste según el modelo, sin olvidar los acentos.

   Modelo: preparar la ensalada/ a ti
   ¿Te preparo la ensalada?
   Sí, prepáramela.

   1. comprar un regalo/ a Elisa
   2. barrer el patio/ a ti
   3. traer los refrescos/ a ellos
   4. preparar las invitaciones/ a ti
   5. enseñar a arreglar la mesa/ a Uds.

Si lo cuidamos
bien, podemos usar
el carro de mis padres.

9. **Hable de Ud.** Conteste según su propia experiencia, usando pronombres como complementos directos e indirectos.

> **Modelo:** ¿Recuerda Ud. su primer día en la escuela?
> Sí, (No, no) lo recuerdo.

1. ¿Sabe Ud. los nombres completos de sus cuatro abuelos?
2. ¿Recuerda Ud. el nombre de su mejor amigo en el cuarto grado?
3. ¿Puede Ud. usar el carro de sus padres?
4. ¿Le presta Ud. ropa a alguien de su familia?
5. ¿Contesta Ud. cartas?
6. ¿Llama a su abuela cuando Ud. tiene un problema?
7. ¿Fastidia Ud. a sus hermanos?
8. ¿Le cuenta Ud. sus problemas a alguien?

10. **Vamos a escribir.** Describa a su familiar preferido. Diga cómo es, qué tipo de trabajo tiene, qué le gusta hacer, dónde vive. Puede hablar de su familia real, de una familia ideal o imaginada, o de una familia conocida de un programa de televisión.

> **Modelo:** Mi familiar preferido es mi abuelo. Es simpático.
> También es inteligente. Tiene....

Vocabulario

agradecido,-a grateful;
Muy agradecido,-a. Many
thanks.
el **ahijado, la ahijada**
godchild
ambos,-as both
el **arquitecto, la arquitecta**
architect
la **boda** wedding
el **caballero** gentleman
comprometerse to become
engaged, to make a
commitment
el **compromiso** engagement,
commitment

la **cuñada** sister-in-law
el **cuñado** brother-in-law
la **dama** lady, attendant; *dama
de honor* bridesmaid
¿De parte de quién?
Who's calling?
la **despedida** farewell;
despedida de soltera bridal
shower
distinguido,-a
distinguished
enamorarse to fall in love
el **esposo, la esposa** spouse;
esposos husband and
wife

la **invitación** invitation
llevarse bien to get
along well; *llevarse mal*
to be on bad terms
la **madrastra** stepmother
los **nietos** grandchildren
la **nuera** daughter-in-law
el **padrastro** stepfather
señalar para to set a date
los **suegros** parents-in-law
la **viuda** widow
el **yerno** son-in-law

¡Quiero vivir en paz!

Alicia y Eduardo se encuentran a la hora del almuerzo en la cafetería de la escuela. Eduardo ha estado esperándola por mucho tiempo. Alicia llega tarde.

EDUARDO:	Alicia, ¡al fin! ¡Qué bien luces!°	*You look great!*
ALICIA:	¿Me has esperado mucho tiempo?	
EDUARDO:	Bueno... pero, ¿qué te pasa? ¿Estás llorando?°	*crying*
ALICIA:	Ay, Eduardo, ¡hoy no es mi día! No he hecho la tarea de matemáticas ni he estudiado para el examen de mañana....	
EDUARDO:	Dime en qué te puedo ayudar. ¿Qué es lo que te pasa?	
ALICIA:	Nada, en realidad.... Problemas en casa. De pronto,° parece que nadie está contento conmigo. Nunca he visto nada igual. Hasta mi abuela, a quien tanto quiero, me ha dicho que está un poco enfadada° conmigo. Y papá no me deja ir a pasar el fin de semana en casa de Marisela. ¡Hemos tenido una discusión...! Y luego mis dos hermanos me fastidian a toda hora. ¡Yo quiero vivir en paz!	*suddenly* *angry*

EDUARDO: Mira, vamos a almorzar y a conversar un rato. Te vas a
sentir mejor.

ALICIA: ¡Cuánto te lo agradezco!° ¡Eres una maravilla!   *thank*

¿Qué comprendió Ud.?

1. ¿Dónde se encuentran Alicia y Eduardo?
2. ¿Quién llega primero?
3. ¿Qué está haciendo Alicia?
4. ¿Por qué "no es su día"?
5. ¿Qué le pasa?
6. ¿Qué no le deja hacer su papá?
7. ¿Qué hacen sus hermanos?
8. ¿Qué quiere Alicia?

Charlando

1. ¿Qué hace Ud. por sus amigos cuando tienen problemas?
2. ¿Se lleva Ud. bien con sus hermanos?
3. ¿Le gusta fastidiarlos? ¿Qué hace?
4. ¿Ayuda Ud. en casa? ¿A quién?
5. ¿Está Ud. siempre contento/a? ¿Cuándo no?
6. Si Ud. tiene un problema, ¿a quién se lo cuenta primero?

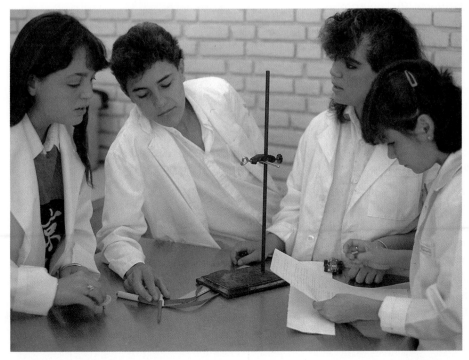

Ellos se ayudan
en el laboratorio.

Estructura

El participio pasivo

The past participle is the verb form that ends in *-ado* (*-ar* verbs) or *-ido* (*-er* and *-ir* verbs).

bailar	➡	*bailado* (danced)
querer	➡	*querido* (loved, wanted)
vivir	➡	*vivido* (lived)
ir	➡	**ido** (gone)

Past participles don't always follow a pattern. Some of the irregular past participles are shown here:

los participios pasivos irregulares			
abrir	**abierto** (*opened*)	morir	**muerto** (*died*)
cubrir	**cubierto** (*covered*)	poner	**puesto** (*put, placed*)
decir	**dicho** (*said, told*)	romper	**roto** (*broken, torn*)
escribir	**escrito** (*written*)	ver	**visto** (*seen*)
hacer	**hecho** (*done, made*)	volver	**vuelto** (*returned*)

Compound forms of verbs maintain the same irregularities of the original verb:

*des**hacer*** (to undo, to destroy)	*des**hecho***
*re**volver*** (to scramble, to mess up)	*re**vuelto***
*pos**poner*** (to postpone)	*pos**puesto***

When the past participle is used as an adjective, it must agree in gender and number with the noun it modifies.

Aquí está el trabajo terminado.	Here is the finished work.
Hay exámenes escritos.	There are written tests.
Tengo una hermana casada.	I have a married sister.

1. **¿Cerrado o cerrada?** Todos estos objetos o lugares están cerrados. **Conteste haciendo los cambios necesarios para indicar que están cerrados.**

   Modelo: ¿Y el libro?
   El libro está cerrado.

   1. ¿Y la tienda?
   2. ¿Y los cuadernos?
   3. ¿Y la ventana?
   4. ¿Y las revistas?
   5. ¿Y la puerta?
   6. ¿Y el banco?

Repaso rápido: el pretérito perfecto

The present perfect tense (*pretérito perfecto*) normally tells what has happened recently. It is formed with the present tense of *haber* (*he, has, ha, hemos, habéis, han*) and the past participle (*participio pasivo*) of a verb.

¿Has esperado mucho?	Have you waited much?
No he comido nada.	I haven't eaten anything.

Note that object and reflexive pronouns precede present perfect constructions.

Ella se ha preparado bien.	She has prepared herself well.
El la ha querido ver.	He has wanted to see her.
but:	
El ha querido verla.	He has wanted to see her.

2. **¿Quién ha hecho eso?** A la abuela de Rita le gusta mucho el orden. Un día llega a la casa y todo está desarreglado (*messy*). ¿Qué preguntas debe hacer Rita para averiguar (*to find out*) quién ha hecho las cosas mencionadas?

> **Modelo:** abrir mi cuarto
> ¿Quién ha abierto mi cuarto?

1. deshacer la cama
2. poner esto en la cocina
3. tomar la tijera
4. revolver mi ropa
5. romper el espejo
6. ver el periódico
7. cubrir la alfombra de papeles
8. comerse el sándwich
9. desordenar los libros
10. dejar los platos sin lavar

¿Quién ha hecho todo esto?

3. **¿Es Ud. el tema central de la conversación?** Cuando Ud. se encuentra con un amigo, ¿habla Ud. de su propia vida solamente o le hace preguntas a su amigo? Tome elementos de cada una de las columnas y añada otros, usando el pretérito perfecto. Trabaje con un/a compañero/a.

> **Modelo:** ¿Has visto una buena película esta semana?
> Sí, esta semana he visto *King Kong*. Y tú, ¿qué has visto?

A	B
estudiar para los exámenes	esta mañana
leer una novela	este mes
ver un programa sobre los mayas	ayer
acostarse tarde	anoche
comprar algo en la tienda	hoy
divertirse	esta semana
oír algún programa de radio	ayer por la tarde

Las pirámides mayas

La península de Yucatán, en México, es la región arqueológica maya más conocida. La ciudad de Mérida fue fundada en 1542 en el lugar que ocupaba la antigua ciudad maya de Tiho. Uxmal, cuya bella arquitectura incluye la única pirámide circular del mundo, era ya una ciudad entre los años 600 y 900 d.C. (*A.D.*). En Chichen Itzá, lugar abandonado misteriosamente por los mayas por el año 600 d.C., está la famosa pirámide *El Castillo*. Es aquí donde está la mayor cancha de pelota (*ball court*), aunque hay varias en la península. Desde las espectaculares ruinas de Tulum, cerca de Cancún, se ven las aguas azules del mar Caribe. Al sur está Palenque, centro de arte, religión y astronomía del siglo VII d.C., quizá el más bello ejemplo de la perfección técnica del arte maya.

Un templo en Palenque, Chiapas, México.

Chichen Itzá, México.

4. **Informe oral sobre los mayas.** Formen grupos de dos o tres estudiantes, busquen en la biblioteca más detalles sobre los mayas y hagan un informe oral en clase. Por ejemplo, pueden hablar sobre temas como el juego de pelota maya, la pirámide circular, la interpretación de los jeroglíficos (*hieroglyphics*) o los diseños mayas en sus tejidos multicolores. Fotos de revistas, tarjetas postales o folletos de agencia de viajes pueden servir de ilustración.

Cómo comunicarse con los padres

Eduardo y Alicia van a la biblioteca a sacar un videocasete que Eduardo conoce, para entender mejor las relaciones familiares.

Los problemas de Clara

Al escuchar la palabra *comunicar*, ¿en qué piensas primero? Casi todos pensamos en ¡hablar! Ese es el problema número uno. Muy pocas personas piensan que *escuchar* es más importante. Pon atención al siguiente diálogo.

CLARA: No entiendo por qué no me dejas ir a pasar el fin de semana en casa de Trini. ¡Ya no soy una niña!

MAMA: Bueno, yo no conozco a la mamá de Trini. No sé qué clase de familia es....

CLARA: Yo ya tengo diecisiete años. Lo que pasa es que Uds. me quieren tener en casa todo el tiempo y no quieren aceptar que ya no soy una niña....

MAMA: Clara, deja eso. Ya hemos hablado bastante. No quiero discutirlo más.

En este diálogo puedes ver que Clara no ha escuchado bien a su mamá. ¡Es mucho más fácil si Clara le dice a su mamá unos días antes: "Déjame presentarte a la mamá de Trini". Así que la pregunta número uno que debes hacerte es: ¿He escuchado bien?

Discutir no es lo mismo que pelear

No debes pensar que si no ganas, pierdes. Tú puedes "ganar" y sin embargo, no conseguir lo que quieres. Especialmente si durante la discusión les dices a tus padres o familiares alguna verdad que los ofende.° Lo que necesitas es cooperar° con ellos para lograr° resolver tus problemas.

offend/ cooperate/ manage to

La pregunta número dos es: ¿He discutido para ganar o para aclarar° y buscar una solución? "Mis padres no me entienden porque son viejos". ¿Has oído esto alguna vez? ¿Puedes tú imaginar cómo eran tus padres cuando tenían tu edad? Ellos fueron jóvenes como tú. "La juventud° está perdida", han dicho tus abuelos y también los abuelos de ellos. El hombre y la mujer no han cambiado mucho en siglos. Quizás puedes preguntarles, "¿No les ha pasado esto alguna vez?" Si tu mamá se acuerda y vuelve emocionalmente a tu edad, es más fácil hacerla sentir como tú y lograr la comprensión.

clarify

youth

Y por último,° ¿les hablas a tus padres sólo cuando necesitas algo? ¿Entras y sales, comes y duermes igual que en un hotel? Si no les presentas a tus amigos, si no saben qué haces ni qué piensas, van a pensar lo peor. Cuéntales a tus padres algo de tu vida, háblales de tus amigos, hazlos parte de tu vida. Y lo más importante, míralos como personas, no sólo como instrumentos a tu servicio. ¿Te importa a ti lo que ellos hacen o desean en la vida, en una vida aparte de° ti, en su vida? Las relaciones personales hay que cultivarlas. Y el factor más importante es la comunicación.

finally

apart from

Una familia feliz
se comunica bien.

¿Qué comprendió Ud.?

1. ¿Cuál es el problema número uno en la comunicación?
2. ¿Qué es más importante que hablar?
3. ¿Qué le ha dicho a Clara su mamá?
4. ¿Qué quiere saber ella?
5. ¿Cómo sabe Ud. que Clara no ha escuchado bien?
6. Clara sólo tiene una idea. ¿Cuál es?
7. Si no se discute para ganar o perder, ¿para qué se discute?
8. ¿Cuál es el factor más importante en las relaciones humanas?

Es fácil ser positivo

Es muy importante expresar reacciones positivas a sus familiares y a sus amigos. Las frases siguientes son algunas que pueden usarse para expresar esa actitud positiva. Trate de usarlas y verá que los resultados también serán positivos.

¡Cuánto me alegro (de verte)!	*How glad I am (to see you)!*
¡Qué bien luces!	*You look great!*
¡Qué (elegante) estás!	*How (elegant) you are!*
¡Cuánto te quiero!	*How much I love you!*
¡No hay nadie como tú!	*There is no one like you!*
¡Mil gracias!	*Many, many thanks!*
¡Cuánto te lo agradezco!	*I really appreciate it!*
¡Eres una maravilla!	*You are so wonderful!*

5. **¡Adivine, si puede!** Trabaje con dos estudiantes. Cada uno debe crear y contar una situación. Los demás adivinan cuál de las expresiones anteriores es más apropiada para la situación.

Las niñas van al parque
a jugar. (Segovia, España)

Estructura

Los usos de la preposición *a*

The use of the preposition *a* may be grouped into five main categories:

- motion or destination

He vuelto a la escuela.	I have returned to school.
Necesito ir a tu casa.	I need to go to your home.
Llego a España el lunes.	I arrive in Spain on Monday.
¿Vienes al parque?	Are you coming to the park?

- location

Está a cuatro cuadras.	It's four blocks away.
Lo veo a la derecha.	I see it on the right.
Queda al lado del cine.	It's next to the movie house.

- rates/proportions

Los venden a $6 la docena.	They sell them at $ 6 a dozen.
Voy a 50 millas por hora.	I'm going at 50 miles an hour.

Venden los limones
a un dólar la docena.

- personal *a*

La veo a ella.	I see her.
Ana quiere a Raúl.	Ana loves Raúl.

The personal *a* has no equivalent in English and that makes it more difficult. It is used only for persons and personalized animals, such as pets. If used before the masculine article *el*, both contract and become *al*.

Veo la pizarra.	I see the board.
*Veo **a** la profesora.*	I see the teacher.
*No veo **a** nadie*	I don't see anybody.
*No veo **al** gato.*	I don't see the cat.

Veo a la profesora.

The verbs *tener* and *necesitar* generally do not require the personal *a*, except when referring to a specific person.

Lupe tiene tres niños.	Lupe has three children.
Necesito un amigo.	I need a friend.

but:

*Necesito **a** mi madre.*	I need my mother.
*Tengo **a** mi primo en casa.*	My cousin is staying at my house.

• verbs that require the preposition *a* before an infinitive

No voy a llorar.	I am not going to cry.
He venido a resolver el problema.	I come to solve the problem.
Empieza (comienza) a llover.	It's beginning to rain.
La invité a cenar.	I invited her for dinner.
Aprende a escuchar.	Learn to listen.
¿Me enseñas a bailar?	Will you teach me how to dance?
Ayúdame a terminar esto.	Help me to finish this.

6. **¿Solamente una vez? Hay cosas que no se hacen muchas veces. Diga si ha hecho algunas de las siguientes, ¿cuándo? y ¿por qué?**

   1. ¿Ha ido a España o a otro país de habla hispana?
   2. ¿Ha esperado a un amigo durante dos horas?
   3. ¿Ha visto llorar en la escuela a otro/a estudiante?
   4. ¿Ha abierto la puerta de la casa y se ha ido sin cerrarla?
   5. ¿Ha aprendido a manejar con una sola mano?
   6. ¿Ha manejado a más de 70 millas por hora?
   7. ¿Le ha dicho a alguien alguna vez "Eres una maravilla"?

7. **Recuerdos. Cuando era niño/a, Ud. pasó muy buenos ratos y estuvo en muchos lugares. Algunas cosas ya se le han olvidado. Con otro/a estudiante, alterne en hacer las preguntas y contestar.**

   Modelo: el bisabuelo
   ¿Recuerdas al bisabuelo?
   Sí, (No, no) lo recuerdo.

   1. la casa donde naciste
   2. el sobrino de la vecina
   3. tu amigo en el primer grado
   4. la profesora que te enseñó a leer
   5. el primer libro que leíste
   6. la primera película que viste
   7. tu primer viaje

¿Ha estado
en Málaga, España?

A propósito

Verbos para recordar

Recordar y **acordarse de** son dos verbos que significan lo mismo (*to remember*). Son parecidos, pero no iguales. **Recordar** no es reflexivo. Algunas veces se oye decir: **¿Te recuerdas?**, pero esa frase es incorrecta. El único de los dos verbos que puede estar precedido por **te** (o por cualquier otro pronombre reflexivo) es **acordarse,** porque es un verbo reflexivo.

¿Recuerdas a Marité?	*Do you remember Marité?*
¿Te acuerdas de Marité?	
No recuerdo nada.	*I don't remember anything.*
No me acuerdo de nada.	

Otros verbos parecidos que se confunden con frecuencia son **volver** (*to go back, to come back*) and **devolver** (*to return something*).

Vuelva pronto.	*Come back soon.*
No me sirve y lo voy a devolver.	*It doesn't fit me and I'm going to return it.*

8. **Otra vez.** **Vuelva a la Actividad 7 y haga las mismas preguntas, usando el verbo** *acordarse.*

9. **¿Ya lo has hecho?** **Imagine que Ud. le está enseñando a su hermano/a menor a ser bien educado/a** *(well-mannered).* **Pregúntele si ya ha hecho las siguientes cosas. Trabaje con otro/a estudiante y sigan el modelo.**

> **Modelo:** dar las gracias
> ¿Has dado las gracias?
> Sí, las he dado.

1. hacer la cama
2. devolver la llamada
3. cerrar la puerta del refrigerador
4. lavar los platos
5. pagar el dinero
6. escribir la carta
7. decir la verdad

Siempre he tratado de hacer sonreír a mis amigos.

10. **A escribir.** Piense hasta acordarse de siete cosas que Ud. ha hecho para llevarse bien con los familiares que viven con Ud. Si lo prefiere, trate de recordar cinco cosas que Ud. puede hacer para llevarse bien con sus familiares o con sus amigos. Escriba oraciones completas.

11. **A conversar.** Trabajando en grupos de tres hasta cinco personas, hablen de lo que escribieron para la Actividad 10. Preparen una lista de por lo menos ocho cosas que uno puede hacer para llevarse bien con otras personas. Luego, un estudiante debe presentar la lista a la clase.

Vocabulario

aclarar to clarify
agradecer to thank, to appreciate; *¡Cuánto te lo agradezco!* I really appreciate it!
aparte de apart from
la **comunicación** communication
cooperar to cooperate
cubrir to cover; *pp. cubierto* covered; *cubierto,-a (de)* covered (with)

cultivar to cultivate
de pronto suddenly
deshacer to undo, to destroy
enfadado,-a angry
imaginar to imagine
la **juventud** youth
llorar to cry
lograr to gain, to obtain, to succeed, to manage, to bring about

lucir to look; *¡Qué bien luces!* How good you look!
ofender to offend
por último finally
posponer to postpone
resolver (ue) to resolve
revolver (ue) to scramble
la **solución** solution

¿Cuándo nos reunimos?

Hoy es el cinco de noviembre. Es lunes, y Diego y Soledad están en la escuela. Tienen que hacer juntos un proyecto para la clase de historia. Hay que entregarlo el lunes diecinueve y ellos están buscando una fecha para reunirse. No es fácil, porque los dos tienen horarios muy complicados.

DIEGO: Yo mañana no puedo: tengo cita con el médico. ¿Qué te parece el miércoles?

SOLEDAD: El miércoles es el santo de mi papá y salimos a cenar. Mejor el jueves.

DIEGO: Tengo partido de fútbol. El viernes entonces.

SOLEDAD: No, yo no puedo el viernes. Mamá, tía Inés y yo vamos a ir de compras al centro. Y el sábado o el domingo, olvídate.

DIEGO: Bueno, la semana que viene entonces, pero yo no puedo ni el miércoles ni el viernes: me toca ayudar a papá en la tienda.

SOLEDAD: Y yo tengo clase de piano el lunes y partido de volibol el jueves. Va a tener que ser el martes.

DIEGO: El martes... lo tengo libre. Uy, es martes trece. Mala suerte. ¿Te importa?

SOLEDAD: Yo no creo en esas tonterías.°   *foolishness*

DIEGO: Yo tampoco, francamente. ¡Mala suerte va a ser no entregar a tiempo el proyecto!

A propósito

Sobre los días de la semana

En el mundo hispánico el primer día de la semana es el lunes, no el domingo. El día de mala suerte es el martes trece, en vez del viernes trece. Hay un proverbio que todos conocen: **El martes trece, ni te cases ni te embarques, ni de tu casa te apartes**. (*On Tuesday the 13th, don't get married, set sail or leave your home.*)

Fíjese que para dar una fecha se usa el número cardinal: el viernes dieciséis, el martes trece. El día primero es la excepción, no se usa el número cardinal. Se dice **el primero de....**

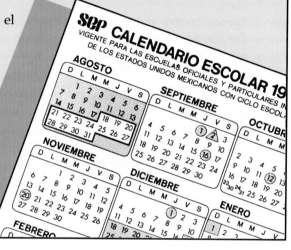

¿Qué comprendió Ud.?

1. ¿Cuándo tienen que entregar el proyecto Diego y Soledad?
2. ¿Cuándo tiene Diego cita con el médico?
3. ¿Por qué no pueden reunirse el jueves ocho?
4. ¿Tiene libre Soledad el lunes siguiente?
5. ¿Por qué le pregunta Diego a Soledad si le importa reunirse el martes trece?
6. ¿Qué va a ser mala suerte, según Diego?

Charlando

1. ¿Es su horario parecido a los de Diego y Soledad? ¿En qué se parece? ¿En qué es diferente?
2. ¿Cuánto tiempo libre tiene Ud. cada día?
3. ¿Qué actividades hace fuera de la escuela?
4. ¿Cuándo hace Ud. actividades con su familia? ¿Con sus amigos/as? ¿Solo/a?
5. ¿Cree Ud. que el martes trece trae mala suerte? ¿Y el viernes trece?

1. **Conversación.** Con dos estudiantes, prepare Ud. un diálogo tomando como modelo el de Diego y Soledad. Pónganse de acuerdo para practicar un deporte, o ir a comprar juntos unos discos.

Estructura

La posición del adjetivo y su significado

Adjectives may precede nouns when the quality is to be emphasized, as in *mala suerte*. However, some adjectives have a different meaning when used before nouns.

*Es un hombre **viejo**.*	He is an old man.
*Es una **vieja** amiga.*	She is an old friend (a friend for a long time).
*Era un hombre **pobre**.*	He was a poor man (not rich).
*Era un **pobre** hombre.*	He was a poor man (hopeless).
*Me fascinan las casas **antiguas**.*	Old houses fascinate me.
*Mi **antigua** novia era española.*	My former girlfriend was from Spain.
*Estoy en un proyecto **diferente**.*	I am on a different project.
*Hay **diferentes** estilos.*	There are various styles.
*Vivo en una casa **grande**.*	I live in a big house.
*Esta es una **gran** fiesta.*	This is a great party.

Note that *grande* becomes *gran* when preceding a masculine or a feminine noun. A number of other adjectives such as *primero, tercero, bueno* and *malo* lose the final *-o* before a masculine noun. Their feminine forms remain unchanged.

*Está en el **tercer** piso.*	It is on the third floor.
*No es un **mal** jugador.*	He is not a bad player.
*El lunes es un **buen** día.*	Monday is a good day.

2. **A completar. Complete la conversación siguiente con la forma apropiada de los adjetivos *antiguo, diferente, grande, malo, pobre* o *viejo*. Decida, de acuerdo con el significado, si el adjetivo debe ir antes o después del nombre.**

   Modelo: Pedro Ríos es un <u>gran</u> cantante__.

HILDA: El jueves no puedo. Tengo cien cosas que hacer. ¿Qué te parece un __ día __, como el miércoles?

PACO: No es un __ problema __. El jueves es un __ día __ para mí también. Raúl, mi __ compañero __ de cuarto viene de visita. Es un __ amigo __. ¡__ muchacho__! Ha tenido __ suerte __! Todavía está enamorado de Isa, su __ novia __. Y ella dice que quiere casarse con un __ hombre __.

Los consejos de Isa

Paco está interesado en Hilda, pero es muy tímido. Isa lo sabe y le quiere dar consejos. Isa es una vieja amiga de Paco, casi como su hermana mayor. Paco tiene curiosidad por saber qué pasó entre Isa y Raúl, su antiguo novio, y la deja hablar.

Pues mira, Paco, uno piensa en las cosas importantes y se fija en el color de los ojos... y en lo bien que una persona baila... o juega al tenis.... Pero hay cosas pequeñitas que pueden destruir° una relación. En la vida diaria hay cosas que te disgustan un día y otro día. Y tú te callas y no dices nada, porque te da vergüenza.° Un día te das cuenta de° que ya no hay ilusión, ya no hay romance. Y que ya no puedes soportar° estar con esa persona.... Tú tienes que tomar la responsabilidad y averiguar° a tiempo cuáles son las pequeñas cosas que le molestan a tu novia. Cuida lo que dices y deja de° pensar tanto en ti. Mientras tanto,° te sugiero° algunas cosas:

destroy

embarrasses
realize
stand
find out
stop
meanwhile/ suggest

- No hables ni bebas con la boca llena. No masques chicle.°
- No grites° ni hables en voz alta. Si Uds. están comiendo, no hables de cosas desagradables.°
- Si tu novia es una muchacha bien educada,° no uses palabras vulgares.
- Aumenta° tu vocabulario y exprésate° bien.
- Lee el periódico, sé una persona bien informada. No seas aburrido, no hables de tonterías.°
- No te comas las uñas,° ni hagas otras cosas infantiles.° Sé más una persona mayor, un caballero.
- Y si ella hace algo que a ti no te gusta, díselo, no te calles, pero no se lo digas en público. Y díselo con cariño.

chew gum

shout
unpleasant

well educated

increase/ express yourself

foolish things

bite your nails/ childish

¿Qué comprendió Ud.?

1. ¿Qué relación hay entre Isa y Paco? ¿Y qué es ella de Raúl?
2. ¿Cómo es Paco?
3. Según Isa, ¿por qué son importantes las cosas pequeñitas?
4. ¿Cuándo no debe hablar ni beber?
5. ¿Cuándo no debe hablar de cosas desagradables?
6. ¿Qué puede hacer para no hablar tonterías?
7. ¿Qué cree Ud. que pasó entre Isa y su antiguo novio Raúl?

Estructura

Los mandatos negativos informales

Negative and affirmative commands for the *tú* form are different. To find the negative *tú* form, go through the following steps: Take the *yo* form of the present indicative; delete the final *-o*; add *-es* to *-ar* verbs and *-as* to *-er* and *-ir* verbs.

olvidar:	*olvido*	*No lo olvides.*	Don't forget it.
venir:	*vengo*	*No vengas solo.*	Don't come alone.
traducir:	*traduzco*	*No traduzcas.*	Don't translate.
dormir:	*duermo*	*No duermas.*	Don't sleep.

Note that even those verbs which have irregular affirmative *tú* command forms follow the above pattern for the negative forms.

hacer *(haz):*	*hago*	*No hagas tonterías.*	Don't do silly things.
poner *(pon):*	*pongo*	*No pongas el radio.*	Don't turn on the radio.

In order to maintain the same consonant sounds of the infinitive forms, some spelling changes occur in negative *tú* commands of verbs ending in *-car*, *-gar* and *-ger*.

c ➡ *qu*	*Busca la llave.*	*No busques la llave.*
g ➡ *gu*	*Llega a las dos.*	*No llegues a las dos.*
g ➡ *j*	*Escoge uno.*	*No escojas ninguno.*

Verbs ending in *-zar* change the *z* to *c* because *z* never precedes *e* in Spanish.

z ➡ *c*	*Empieza ahora.*	*No empieces ahora.*

3. **Las reglas sociales. En las siguientes situaciones diga cuál regla social no se obedece, según los consejos de Isa.**

> **Modelo:** En la cafetería, con todos los amigos, le dices a tu novia que no te gusta cuando ella habla con la boca llena.
> No le digas en público lo que no te gusta./ No hables con la boca llena.

1. Vas con tu novia al restaurante y te comes las uñas.
2. Hablas mucho, pero no dices nada.
3. Eres como un niño.
4. Durante el almuerzo cuentas historias de insectos.
5. Tienes un chicle nuevo sin azúcar.
6. No sabes qué pasa en el mundo.

4. **¿Quieres ser popular? Con un compañero/a, haga una lista de ocho cosas que pueden hacerse para no ser una persona aburrida ni egoísta cuando sale con amigos/as.**

> **Modelo:** No trates de ser el centro de la conversación.

La diéresis o "crema"

En las combinaciones **gue** y **gui** la letra *u* no se pronuncia. En algunas palabras, muy pocas, la *u* se pronuncia pero hay que poner dos puntos sobre la *u,* llamados **diéresis**. Posiblemente porque van arriba de la letra *u,* que tiene forma de vaso, a la diéresis también se le llama **"crema"**.

bilin**güe**   anti**güe**dad   pin**güi**no   no averi**gües**   ver**güe**nza

5. **¡Por favor, no hagas eso! En todas las familias hay una persona que siempre está diciendo lo que se debe hacer y lo que no se debe hacer. Imagine que hoy Ud. es esa persona. Siga el modelo.**

> **Modelo:** poner los pies sobre la mesa
> No pongas los pies sobre la mesa.

1. dejar abierta la puerta
2. salir sin decir adiós
3. comer con la boca abierta
4. correr por el pasillo
5. buscar problemas
6. jugar con el perro
7. perder la llave
8. decir mentiras

6. **Vamos a salir. Imagine que va a salir con su primo/a. Dígale cinco cosas que no debe hacer porque a Ud. no le gustan. Trabaje con un compañero/a y alterne los papeles.**

El proyecto de Soledad y Diego

Soledad y Diego al fin lograron reunirse para organizar su proyecto. Han decidido estudiar más sobre la historia de los antiguos mayas y han preparado la siguiente lista de puntos o tópicos. Van a escoger la mitad de los tópicos y a escribir una página sobre cada uno de ellos. Antes de entregar el proyecto van a intercambiarse los trabajos y a revisarlos o mejorarlos con lo que han aprendido.

1. Averiguar algo sobre los primeros mayas, que llegaron a América Central alrededor del 1250 a.C.

2. Hacer un mapa de los países donde vivieron los antiguos mayas. ¿Hay algún otro lugar además del sur de México (Yucatán y Chiapas), Guatemala (Tikal) y Honduras (Copán)?

Mural en Bonampak,
Chiapas, México.

Pirámide El Castillo
en Chichen Itzá,
México.

Artesanía maya.
(Tikal, Guatemala)

3. Los mayas durante el período clásico (317 d.C. - 98 d.C.),
   cuando construyeron palacios, templos y pirámides. Dioses que
   adoraban.
4. Los adelantos científicos: el concepto del cero y los calendarios
   para predecir eclipses de sol y de luna.
5. Tipos de escritura y literatura pre-colombina.
6. Agricultura: maíz, frijoles, aguacate, chocolate, vainilla, chiles.
7. Artesanías: dibujos que cuentan historias en la cerámica y los
   tejidos.

¿Qué comprendió Ud.?

1. ¿Cómo se llama la gran ciudad maya en Guatemala?
2. ¿En qué parte de México han vivido los mayas por
   muchos años?
3. ¿Cómo podían saber cuándo iba a haber un eclipse de sol
   o de luna?
4. ¿Qué adelanto científico tenían en matemáticas?
5. ¿Qué construyeron durante el período clásico?
6. ¿Conoce Ud. los alimentos que tenían?
7. ¿Sabe Ud. en qué otra parte del mundo hay pirámides?

Estructura

Los mandatos negativos irregulares *(tú)*

Several verbs have present indicative *yo* forms that do not end in *-o*. Those verbs have irregular negative *tú* commands.

estar(se)	**Estate** tranquila.	**No estés** nerviosa.
ir	**Ve** a la tienda.	**No vayas** a casa.
ser	**Sé** bueno conmigo.	**No seas** malo.
dar	**Dame** el lápiz.	**No** me **des** la pluma.

Object pronouns, as well as reflexive pronouns, are never attached to negative *tú* commands. These pronouns must precede the verb in the same order as usual, placing the indirect object pronoun or the reflexive pronoun first.

Tráemelo hoy.	Bring it to me today.
No me lo traigas mañana.	Don't bring it to me tomorrow.
Dáselo a Pepe.	Give it to Pepe.
No se lo des a Paco.	Don't give it to Paco.
Vete ahora.	Go (leave) now.
No te vayas todavía.	Don't leave yet.

7. **¡Así no!   Diga bien claro cómo Ud. quiere las cosas.   Complete las siguientes frases.**

1. Dímelo ahora. No (1) mañana.
2. Dáselo a ella. No (2) a él.
3. Ve otro día. No (3) hoy.
4. Vete conmigo. No (4) solo.
5. Sé bueno. No (5) egoísta.
6. Come sólo la mitad. No (6) todo.
7. Enfádate con ella. No (7) conmigo.

8. **Los gemelos.   José Luis y José Antonio son hermanos gemelos, pero siempre quieren cosas opuestas.   Aquí está lo que pide José Luis.   Diga qué pide José Antonio.**

   Modelo: Cierra la puerta, por favor.
   No cierres la puerta, por favor.

1. Apaga la luz.
2. Cómprame un sombrero azul.
3. Despiértame temprano.
4. Siéntate conmigo.
5. Mírame.
6. Cuéntamelo.
7. Olvídate de eso.

A propósito

No deje de practicar *dejar*

Hay expresiones idiomáticas con **dejar** *(to leave, to let)* que son útiles para aprender. Pueden tener un significado positivo o negativo. Aquí hay algunos ejemplos:

¡Deja de gritar!	*Stop shouting!*
¡No dejes de llamarme!	*Don't fail to call me!*
No dejes de escribir.	*Don't stop writing./ Don't fail to write.*
¡Déjame!	*Leave me alone!/ Don't bother me!*
¡Déjame ver!	*Let's see!/ Let me see!*
¡Déjame ir!	*Let me go!*
¡Déjame ayudarte!	*Let me (allow me to) help you.*
No me dejes solo/a!	*Don't leave me alone!*

¡Déjame ayudarte!

¡Deja eso!	*Stop it! Leave that alone!*
¡Déjate de tonterías!	*Oh, come on, stop that nonsense!*

9. **¿Qué se debe decir? Busque una reacción apropiada para cada una de las situaciones siguientes, empleando la forma correcta de *dejar* en la respuesta.**

   Modelo: Su tía viene de visita con tres maletas.
   Déjame ayudarte.

   1. El perro está comiendo las flores.
   2. Su sobrino está discutiendo en voz alta.
   3. Su hermano lo está fastidiando a Ud.
   4. Ud. tiene miedo.
   5. Su abuelo no se siente bien, pero quiere ir al hospital solo.
   6. Ud. no está seguro/a de que una amiga suya viene a su fiesta.

10. **¡No hagas eso! Ahora Ud. está cuidando a un niño mientras sus padres están en el cine. Dé cinco instrucciones al niño sobre cosas que no debe seguir haciendo. Use algunas expresiones con *dejar*.**

Las relaciones sociales se construyen también compartiendo actividades.

Vocabulario

antiguo, -a former
aumentar to increase
averiguar to find out, to inquire, to investigate
el **chicle** gum
comerse las uñas to bite one's nails
la **curiosidad** curiosity
darse cuenta de to realize
dejar de to stop, to fail; *No dejes de escribir.* Don't stop writing. Don't fail to write.
desagradable disagreeable, unpleasant

destruir to destroy
educar to educate; *pp. educado*
expresarse to express oneself
francamente frankly
gritar to shout
infantil childish
mascar to chew; *mascar chicle* to chew gum
mientras while; *mientras tanto* meanwhile
la **responsabilidad** responsibility

soportar to stand, to tolerate
sugerir (ie) to suggest
la **tontería** foolishness, nonsense, foolish thing
la **vergüenza** shame, shyness; *dar vergüenza* to embarrass
vulgar vulgar

En el teléfono

Suena el timbre° del teléfono. Laura, que estaba durmiéndose sobre sus libros, corre llena de alegría. Descuelga° tan rápidamente que el aparato° se cae al suelo con mucho ruido.° Pero todavía funciona,° ¡no está roto!

ring
takes the receiver off the hook/ telephone/ noise/ it works

LAURA:	¿Aló? Dígame....
UNA VOZ:	Por favor, ¿está Alejandro?
LAURA:	*(triste)* Ud. tiene el número equivocado.°
UNA VOZ:	Lo siento, señorita, pero esta llamada es de larga distancia. ¿Ese no es el cuatro ocho dos, siete seis, nueve dos?
LAURA:	Sí, señor, pero aquí no hay ningún Alejandro. Tiene que preguntarle el número a la operadora o buscarlo en la guía de teléfonos.°
UNA VOZ:	No cuelgue,° por favor. Vamos a conversar un rato. Ud. tiene una voz muy dulce.
LAURA:	No puedo tener la línea ocupada. No tengo tiempo para tonterías, estoy esperando una llamada importante.

wrong number

telephone directory

hang up

Laura cuelga. ¡Carlos no la ha llamado todavía! ¿Es que no va a llamarla? Ya se estaba preocupando, cuando el teléfono vuelve a sonar. Se alegra y corre en seguida a contestar.

UNA VOZ: Soy yo otra vez, mi cielo,° no cuelgues.　　　　　*honey*

*Molesta,° Laura deja el teléfono descolgado por unos momentos. Está segura　　　*annoyed*
de que ese estúpido la va a volver a llamar. Decide entonces llamar ella a Carlos.
Descuelga, y antes de marcar el número, oye unas voces. Es un cruce° de líneas.　　*crossed wires*
Después, llama.*

OTRA VOZ: Dígame....

LAURA: ¿Puedo hablar con Carlos un momento?

LA VOZ: No está. ¿Quiere dejar recado?°　　　　　　　*leave a message*

LAURA: No, gracias. Llamo más tarde.

*En otro lugar de la ciudad, en una cabina telefónica,° un muchacho de grandes　　*phone booth*
ojos negros saca unas monedas, las deposita° y marca un número. Pero la línea　　　*deposits*
está ocupada. Vuelve a llamar y ahora se corta la comunicación.° ¡Qué mala　　　*is cut off*
suerte! No hay tono de discar.° Prueba otra vez.*　　　　　　*dial tone*

LAURA: Oigo....

CARLOS: ¡Laurita, al fin! ¿Con quién estuviste hablando tanto
　　　　　tiempo? Te he estado llamando toda la tarde, y el teléfono
　　　　　siempre estaba ocupado....

¿Qué comprendió Ud.?

1. ¿Por qué se cae el teléfono al suelo?
2. ¿Para quién es la llamada?
3. ¿Cómo sabe Ud. que es un número equivocado?
4. ¿Qué hay que hacer cuando uno tiene el número equivocado?
5. ¿Qué pasa cuando ella llama?
6. ¿Por qué no habla con Carlos?

Ella contesta el
teléfono diciendo: "Oigo".

Charlando

1. ¿Cuántas llamadas hace Ud. al día?
2. ¿Cuánto tiempo pasa en el teléfono?
3. ¿Qué pasa si Ud. deja el teléfono descolgado?
4. ¿Qué piensa de las personas que cuelgan
   el teléfono cuando están enfadadas o molestas?
5. En el diálogo contestan el teléfono de tres maneras diferentes.
   ¿Cuáles son?
6. ¿Cómo contesta Ud. el teléfono?

Palabras de cariño

Cuando se habla a otra persona con mucho cariño se usan de un modo diferente palabras ya conocidas, igual que en inglés se puede decir *honey*. Aquí hay algunas de esas frases.

Sí, mi **amor**.   Sí, **corazón**.
No, mi **cielo**.   Todavía no, **cariño**.

Entre amigos, también se pueden usar otras expresiones comunes, pero menos íntimas o familiares. No tienen equivalente en inglés, pues son menos cariñosas que *honey* o *dearie*.

Sí, mi **hija/o**.   Sí, **chico/a**.   ¡Qué va, **viejo/a**!

Estructura

El progresivo en el imperfecto

When actions in the past are perceived as lasting for some time or simultaneous with other events, you use the imperfect progressive. It is formed with the imperfect tense of *estar*, the helping verb that is used in the progressive, and the present participle.

estar	
estaba	estábamos
estabas	estabais
estaba	estaban

+

participio presente
hablando
comiendo
viviendo

Estaba lloviendo.   It was raining.
Ellos estaban conversando.   They were talking.
El timbre estaba sonando.   The (phone) bell was ringing.

Note that when an event in the past interrupts another on-going action, you use the imperfect progressive for the on-going action.

No contesté el teléfono porque   I did not answer the phone because
estaba duchándome.   **I was taking a shower.**
*Cuando él me vio, yo **estaba***   When he saw me, **I was reading** the
***leyendo** el periódico.*   newspaper.

Yo estaba leyendo
el periódico.

1. **¿Qué estaba haciendo Ud....?** Imagine que dos computadoras nuevas de su escuela han desaparecido entre el viernes y el lunes al mediodía. Llega la policía y un detective quiere saber qué estaba haciendo Ud. durante el fin de semana. Las respuestas posibles (Ud. puede pensar en otras) incluyen acciones como *dormir, ducharse, hablar por teléfono, hacer la tarea, comer, ver una película, ayudar en casa, oír música* y *ver un programa de televisión.* Trabaje con otro/a estudiante para hacer y contestar las preguntas del detective.

> **Modelo:** ¿Qué estaba haciendo Ud. el viernes al mediodía?
> Estaba almorzando con Pepe Estévez.

¿Qué estaba haciendo Ud...?

1. ...el viernes pasado a las cinco de la tarde?
2. ...ayer a las ocho de la noche?
3. ...esta mañana a las seis?
4. ...esta mañana a las nueve?
5. ...el domingo a las once de la mañana?
6. ...ayer a las doce del día?
7. ...a las 3:00 A.M. de hoy?

2. **Encuesta telefónica.** Para la clase de sicología, imagine que tiene que hacer una encuesta para saber qué hacen los estudiantes en su tiempo libre los sábados por la mañana. Ud. tiene que llamar a ocho estudiantes entre las diez y las doce del día y preguntarles qué estaban haciendo en ese momento. Complete las respuestas según los datos.

> **Modelo:** Tere/ esperar una llamada
> Cuando yo la llamé, Tere estaba esperando una llamada.

1. Pepe/ pensar en las vacaciones
2. Ana/ jugar al tenis
3. Rosita/ hablar con su cuñado
4. Andrés/ escuchar música
5. Rafael/ fastidiar a su hermana
6. Sofía/ servir el desayuno
7. Tito/ bañarse

Vocabulario telefónico adicional

Es una llamada...
  ...de larga distancia.
  ...por operador/ operadora.
  ...de discado directo. (*direct dial*)
  ...persona a persona.
  ...de cobro revertido. (*collect call*)

Ud. tiene el número equivocado.
La línea está ocupada.
Nadie contesta.
¿Cuál es ...?
  ...el código (*area code*) del país?
  ...el código de la ciudad?

3. **Una llamada.** Con un/a compañero/a, prepare una llamada de larga distancia, usando el vocabulario adicional. Primero un/a estudiante hace el papel de operador/a. Después, cambien de papeles.

4. **Y entonces ¿qué pasó?** Describa lo que Ud. estaba haciendo entonces, usando el progresivo en el pasado. Siga las indicaciones.

    Modelo: Yo <u>estaba comiendo</u> cuando sonó el timbre. (comer)

   1. Te _(1)_ cuando recibí carta tuya. (escribir)
   2. Alicia _(2)_ cuando le tomé la foto. (sonreír)
   3. Ella _(3)_ televisión cuando empezó a llorar. (ver)
   4. Yo todavía _(4)_ a Elena cuando dejó de llover. (esperar)
   5. _(5)_ cuando escuché un ruido. (dormir)
   6. Yo _(6)_ no ir cuando ella me invitó. (pensar)
   7. Nosotros _(7)_ cuando se cortó la comunicación. (hablar)

5. **La noche de la tormenta.** Imagine que anoche, debido a una tormenta, todas las luces se apagaron. Converse con otro/a estudiante sobre qué estaban haciendo sus amigos, los miembros de su familia, y algunas estrellas famosas o personalidades públicas.

6. **Y entonces....** Suponga que Ud. estaba haciendo diferentes partes de su tarea durante el fin de semana y cinco veces pasó algo, como por ejemplo, su antiguo compañero lo llamó por teléfono, las luces se apagaron o llegó su abuela de visita. Describa las cinco situaciones, diciendo qué estaba Ud. haciendo y qué pasó. Use algunos de los ejemplos que se dan aquí e invente algunas excusas.

Estructura

El progresivo en el pretérito

When describing the unfolding of an event in the past that is now perceived as completed, use the preterite progressive. Only the verb *estar* changes to the preterite. The present participle remains the same.

estar	
estuve	estuvimos
estuviste	estuvisteis
estuvo	estuvieron

+

participio presente
hablando
comiendo
viviendo

¿Con quién estuviste hablando?   With whom were you talking?
Te estuve llamando todo el día.   I was calling you all day long.
Estuvimos preparando las   We were preparing the
invitaciones.   invitations.

Note that the preterite progressive conveys the notion that the action went on for some time or that it was done repeatedly, but is perceived as completed.

Te estuve esperando mucho   I was waiting for you for a long
tiempo.   time.
Te estuve llamando ayer, pero   I called you again and again
no estabas.   yesterday but you were not in.

7. **Y ellos, ¿qué estuvieron haciendo toda la tarde? Utilizando el pretérito del progresivo, forme oraciones lógicas combinando el sujeto de la columna *I*, la acción de la columna *II* y la frase de la columna *III*.**

   Modelo: Ella y yo estuvimos bailando hasta las diez.

Ella y yo estuvimos
bailando hasta las diez.

I	II	III
tú	caminar por el centro	ayer por la tarde
mi mejor amigo/a	tocar la guitarra	hasta muy tarde
ella y yo	estudiar	desde las ocho
los jugadores	bailar	hasta las diez
Luis y Pepe	hablar por teléfono	por mucho rato
el teléfono	mirar fotos viejas	por media hora
	hacer chistes	todo el día
	sonar	

8. Otra vez el detective. El detective no ha podido averiguar todavía qué pasó con las computadoras y viene a hacer más preguntas. Con otro/a estudiante, alterne en hacer las preguntas y contestar.

> **Modelo:** ¿Qué estuvo Ud. haciendo hasta las doce el lunes?
> Estuve haciendo práctica de laboratorio.

¿Qué estuvo Ud. haciendo...

1. ...en la mañana del domingo?
2. ...hasta las cuatro el sábado?
3. ...desde las seis hasta las ocho el lunes?
4. ...el domingo por la noche?
5. ...el viernes entre las nueve y las diez de la noche?
6. ...el sábado después del almuerzo?
7. ...antes de venir a la escuela hoy?

A propósito

Los mayas de hoy

En las montañas de Chiapas, México, hay todavía un millón de mayas. La cultura maya está viva porque sigue guiando las actividades de todos los días: la preparación de las tortillas, los mercados al aire libre, los tejidos multicolores, sus lenguas y la importancia de los sueños. La mayoría de los mayas viven en Guatemala, un país de ocho millones de habitantes. La mayoría, sin embargo, son mestizos (o **ladinos,** como son llamados en Guatemala), bastante integrados a la cultura de origen hispánico.

Jóvenes mayas en Guatemala.

Vocabulario

el **aparato** telephone, apparatus, appliance, machine

la **cabina telefónica** telephone booth

el **cielo** sky; *mi cielo* honey (term of endearment)

el **cobro** charge; *cobro revertido* collect call

el **código** code, area code

colgar (ue) to hang up

cortarse la comunicación to cut off communication

el **cruce de líneas** crossed wires (on telephone)

depositar to deposit, to put

descolgar (ue) to take (a telephone receiver) off the hook

el **discado directo** direct-dialed phone call

discar to dial a phone; *tono de discar* dial tone

equivocado,-a wrong

funcionar to work

la **guía de teléfonos** telephone directory

larga distancia long distance

molesto,-a annoyed

el **operador, la operadora** operator

el **recado** message; *dejar recado* to leave a message

el **ruido** noise

telefónico,-a related to the telephone; *cabina telefónica* telephone booth

el **timbre** ring, doorbell

el **tono** tone, sound; *tono de discar* dial tone

¡La práctica hace al maestro!

En parejas

A. Hablen de lo que estuvieron haciendo
sus tres mejores amigos durante el fin de
semana pasado. Uds. pueden hablar de tres personas famosas, si lo prefieren.

   Modelo: Gabriela Sabatini estuvo jugando al tenis.

B. Intercambie opiniones sobre lo que le gusta hacer por otras personas de su familia
y sobre lo que algunos de sus familiares hacen por Ud. Hable de tres familiares,
si es posible.

   Modelo: Saco la basura por la mañana, como a mamá le gusta.

   Ella me prepara el desayuno.

C. Mientras un estudiante hace el papel de padre o madre, el/la otro/a le hace
preguntas sobre su trabajo, sus deseos y sus problemas. Luego cambien los papeles.

En grupos

D. Hagan una lista de lo que no deben hacer si quieren llevarse bien con sus amigos
y amigas.

E. Hagan entre varios estudiantes un diálogo en el cual dos personas hablan pero no
hay comunicación porque una persona dice algo a lo que la otra persona no
responde. Usen como modelo el diálogo entre Clara y su mamá de la Lección 10.

F. Hablen de lo que Uds. han hecho con su familia o con sus amigos esta semana.

   Modelo: Esta semana he salido con mi tía.

G. Hablen de los familiares que viven en otras ciudades. Incluyan abuelos, nietos,
tíos, sobrinos, hermanos, cuñados, primos y, si es posible, padrastro y madrastra,
padrino y madrina, ahijados y medio hermanos. Describan sus características
personales.

   Modelo: Mi tío de Seattle es muy generoso; mi tía es ordenada.

A escribir

Haga un árbol genealógico (*family tree*) y hable de sus familiares y parientes. Diga qué
hacen en cuanto a sus oficios o profesiones. Diga qué relación o contacto tiene Ud. con
ellos. Describa a un familiar con quien Ud. se lleva muy bien y uno con el cual Ud. no
se lleva tan bien. Invente una familia si lo prefiere.

La Catedral
Metropolitana
en la Ciudad
de Guatemala.

Introducción

Augusto Monterroso nació en Guatemala en 1921, pero desde 1944 reside en México, donde ha recibido numerosos premios por su labor de escritor. Su estilo es humorístico e imaginativo, y a veces irónico. Escribe generalmente piezas muy cortas y muy bien pensadas. No son cuentos tradicionales. Son más bien micro-relatos que proponen una idea única con mucho sentido del humor. Reescribe incidentes de la historia con un nuevo punto de vista, o fábulas de animales que ridiculizan o hacen pensar sobre la manera en que vivimos o destruyen ideas y actitudes que la cultura pasa de generación en generación como la única verdad. Generalmente se puede discutir por horas una pieza que Monterroso ha escrito en una página y media. La selección de esta unidad es de su libro más famoso, *Obras completas (y otros cuentos)*. Fue publicado en 1959 y cuenta con numerosas ediciones. Este micro-relato fue escrito cuando Monterroso tenía veinticinco años.

Preparación

Conteste las siguientes preguntas como preparación para la lectura.

1. De una mirada rápida, ¿puede Ud. saber dónde ocurre la historia?
2. En las primeras líneas se dice que Carlos Quinto era rey. ¿Sabe Ud. cuándo sucedió la historia?
3. ¿Qué estaba sucediendo en América entonces?
4. ¿Quiénes vivían en América?
5. Busque en la lectura cinco cognados (palabras muy similares en inglés y en español).

El eclipse: Augusto Monterroso

Cuando fray° Bartolomé Arrazola se sintió perdido aceptó que ya nada podría salvarlo.° La selva poderosa de Guatemala lo había apresado,° implacable y definitiva. Ante su ignorancia topográfica se sentó con tranquilidad° a esperar la muerte. Quiso morir allí, sin ninguna esperanza, aislado, con el pensamiento fijo en la España distante, particularmente en el convento de los Abrojos, donde Carlos Quinto condescendiera una vez a bajar de su eminencia para decirle que confiaba° en el celo religioso° de su labor redentora.°

friar
to save him
imprisoned
peace

trusted/ religious zeal/ redeeming

Al despertar se encontró rodeado por un grupo indígena de rostro° impasible que se disponía a sacrificarlo ante un altar, un altar que a Bartolomé le pareció como el lecho° en que descansaría, al fin, de sus temores,° de su destino, de sí mismo.°

face
bed
fears/ his own self

Tres años en el país le habían conferido° un mediano dominio° de las lenguas nativas. Dijo algunas palabras que fueron comprendidas.

granted/ mastery

Entonces floreció en él una idea que tuvo por digna° de su talento y de su cultura universal y de su arduo conocimiento de Aristóteles. Recordó que para ese día se esperaba un eclipse total de sol. Y dispuso,° en lo más íntimo, valerse de° aquel conocimiento para engañar° a sus opresores y salvar la vida.

worthy

decided/ take advantage of/ to deceive

— Si me matáis —les dijo —puedo hacer que el sol se oscurezca en su altura.

Los indígenas lo miraron fijamente y Bartolomé sorprendió la incredulidad en sus ojos. Vio que se produjo un pequeño consejo,° y esperó confiado, no sin cierto desdén.

council

Dos horas después el corazón de fray Bartolomé Arrazola chorreaba
su sangre° vehemente sobre la piedra de los sacrificios (brillante bajo *blood*
la opaca luz de un sol eclipsado), mientras que uno de los indígenas
recitaba sin ninguna inflexión de voz, sin prisa, una por una, las
infinitas fechas en que se producirían eclipses solares y lunares, que
los astrónomos de la comunidad° maya habían previsto y anotado en *community*
sus códices,° sin la valiosa ayuda de Aristóteles. *documents*

¿Qué comprendió Ud.?

1. ¿Por qué fray Bartolomé estaba esperando la muerte?
2. ¿En qué pensaba en sus últimos momentos?
3. Cuando se despertó, ¿dónde estaba?
4. ¿Qué le iba a suceder?
5. ¿Qué pensó usar para engañar a los mayas?
6. ¿Qué dijo para engañarlos?
7. Los mayas tenían grandes conocimientos de astronomía. ¿Pudo
   engañarlos fray Bartolomé?
8. ¿Qué sabían los mayas?
9. ¿Cuál es el tema principal del relato?
10. ¿Quién, en la cultura occidental, sabía mucho de astronomía y
    de eclipses?

Familias de palabras

Las siguientes palabras, que aparecen en la lectura, son de la misma
familia que otras que Ud. conoce. Trate de adivinar su significado
con la ayuda del contexto.

    Modelo: poderoso (poder)   *powerful*

esperanza (esperar)   floreció (flor)   oscurezca (oscuro)   previsto (visto)

A conversar

1. ¿Por qué no puede decirse que Colón descubrió América?
   Comente sobre las civilizaciones que había en América antes de
   la llegada de la cultura europea.
2. Diga todo lo que sepa de los eclipses.

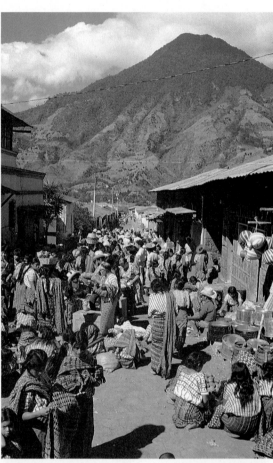

El pasado, el presente
y el futuro se combinan en
la cultura indígena guatemalteca.

Capítulo 4

¿Qué pasó?

- Reporting past events
- Expressing time
- Interviewing someone

- Describing in the past
- Discussing emotions in the past

- Writing about what happened
- Talking about the news

Las últimas noticias°

news

Paco y Mario se sientan a ver la televisión para hacer la tarea. Tienen que hacer un informe sobre el Noticiero° de Ultima Hora.

newscast

PACO: No sé por qué el señor Mendoza quiere un informe comparado. ¿Qué importa?

MARIO: Deja de quejarte y apunta:° veinticuatro segundos para el terremoto° que hubo en Baja California. *El Noticiero de las Seis* le dio sólo doce.

write down/ earthquake

PACO: Pero el *Noticiero de Ultima Hora* le dio diez segundos al incendio° en la fábrica de fuegos artificiales.

fire

MARIO: Vale. Bueno, son las últimas noticias sensacionalistas° del día. ¿Y qué te parece entonces el partido entre los Padres de San Diego y los Tigres, con dos minutos y cuarto?

sensationalistic

PACO: Tú sabes que a todo el mundo le gusta el béisbol... y además ganaron los Padres.

MARIO: Ese no es el asunto.° El asunto es saber cuál es el lugar de importancia según el tiempo que le dedican en el aire a cada noticia.

matter

PACO: No seas tonto. Es diferente....

MARIO: Puede que sí°.... De todos modos,° fíjate cuánto tiempo le dedican al perro que salvó° a su amo.° *El Noticiero de las Seis* le dio medio minuto.

maybe/ anyway rescued/ master

PACO: Apunta: diez segundos. El presidente nombra° una nueva comisión para eliminar la lluvia ácida.

nominates

MARIO: Ah, pues esa noticia no la dieron en el otro programa. Mira, después de cinco días va a ser interesante hacer la comparación entre los dos noticieros. Creo que el señor Mendoza tuvo una gran idea.

PACO: Ay, Mario, tú tomas la vida muy en serio....

¿Qué comprendió Ud.?

1. ¿Por qué tienen que ver televisión Paco y Mario?
2. ¿Dónde hubo un terremoto?
3. ¿Qué están haciendo Paco y Mario?
4. ¿Cómo lo están haciendo?
5. ¿Cuáles son las noticias sensacionalistas del día?
6. ¿Dónde fue el incendio?
7. ¿Cree Ud. que hay una relación entre la importancia de la noticia y el tiempo que le dedican?
8. ¿De qué otra manera puede indicar un noticiero la importancia de una noticia?

A propósito

Palabras con diferentes usos

Una de las diferencias entre un idioma y cualquier· otro no es sólo que tienen palabras diferentes para nombrar la misma cosa, sino que las palabras tienen diferentes usos que no son equivalentes en los dos idiomas. En **última hora**, por ejemplo, el equivalente es *last minute*. Hemos cambiado de **hora** a **minuto**. En **últimas noticias**, igual que en **última moda**, *latest* es el equivalente de **última**.

Para hablar de las noticias

el	reportero,	
la	reportera	*reporter*
	robar	*to steal*
el	accidente	*accident*
la	huelga	*strike*
el	choque	*collision*
	herido,-a	*wounded*
	matar	*to kill*
la	explosión	*explosion*
la	tormenta	*storm*
el	crimen	*murder*
la	guerra	*war*
el	ladrón	*thief, burglar*
la	cárcel	*jail*

¿Cuáles son las últimas noticias?

Charlando

1. ¿Qué programa de noticias ve Ud. por televisión?
2. ¿Lo ve por costumbre o ha hecho una comparación con otros?
3. ¿Qué clase de noticias le interesa?
4. ¿Qué clase de noticias prefiere no ver?
5. ¿Qué noticias encuentra aburridas?

1. **Ud. lee las noticias. Con un grupo de estudiantes, prepare un reporte de noticias para leer a la clase.**

> **Modelo:** Después de robar el Banco Comercial, el ladrón fue apresado (*imprisioned*) y está herido. La opinión pública está satisfecha con el trabajo de la policía.

La presencia hispánica en los Estados Unidos

En los Estados Unidos hay muchas personas que hablan español. Por ejemplo, hay familias con nombres hispanos en New Mexico, que hablan español. Cuando alguien les pregunta de qué parte de México son, la sorprendente respuesta es que no son de México. Son descendientes de los primeros españoles que llegaron a América, antes de los peregrinos (*Pilgrims*) y han vivido en esa región durante siglos. Desde luego, hay muchas familias que vienen de México, de América Central, de la región del Caribe, de América del Sur y de la España moderna.

La cultura española es muy tradicional. La gente joven aprende inglés, pero no abandona su idioma de origen. La población de habla hispana de la Florida, por ejemplo, es de un millón y medio de personas; en Denver, Colorado, y en Tucson, Arizona, es el 25% de la población urbana. Debido al aumento notable en su poder económico y al comercio con otros países de habla hispana del continente, muchas ciudades de los Estados Unidos tienen programas de televisión, además de periódicos y revistas, en español.

Caguas Ganó a Ponce, en la Final Boricua

Repaso rápido: el pretérito

The preterite tense is used to discuss simple past actions and events. Its forms are as follows:

	yo	tú	Ud./ él/ ella	nosotros/ nosotras	vosotros/ vosotros	Uds./ ellos ellos
cantar:	canté	cantaste	cantó	cantamos	cantasteis	cantaron
comer:	comí	comiste	comió	comimos	comisteis	comieron
vivir:	viví	viviste	vivió	vivimos	vivisteis	vivieron

Remember that verbs ending in *-car*, *-gar*, *-zar* may require a spelling change in order to maintain the sound of the infinitive.

bus**car**	c	➡	qu	yo bus**qué**
lle**gar**	g	➡	gu	yo lle**gué**
empe**zar**	z	➡	c	yo empe**cé**

2. **¿Qué otra noticia oyó Ud.?** Combine una palabra de cada columna para formar oraciones en el pretérito.

A	B	C
la estrella de cine	escaparse	a los héroes
un pasajero	vencer	en un avión
los Padres de San Diego	volar	la huelga
el avión	comprometerse	a un paracaidista
un reportero	empezar	por la ventana
todo el país	entrevistar	con un tenista
los empleados	aterrizar	sin problema
el ladrón	festejar	a los Tigres

Estructura

Se amplió el plazo para inscribir precandidatos

Más sobre el pretérito

Verbs with two vowels before the final -r change i ➡ y in the third person and Ud./ Uds. forms of the preterite tense.

oír ➡ oyó   leer ➡ leyó   construir ➡ construyeron

Exceptions to this pattern are reírse (to laugh) and sonreírse (to smile).

reírse	
me reí	nos reímos
te reíste	os reísteis
se rió	se rieron

Other exceptions include traer (to bring), decir (to say, to tell) and verbs that end in -ducir. They require a j in the preterite tense.

traer: traje, trajiste, trajo, trajimos, trajisteis, trajeron
decir: dije, dijiste, dijo, dijimos, dijisteis, dijeron
conducir: conduje, condujiste, condujo, condujimos, condujisteis, condujeron

A written accent mark is required over any preterite tense form that has a stressed last syllable.

La tormenta destruyó el puente.   The storm destroyed the bridge.
No entendí lo que él dijo.   I didn't understand what he said.

An accent mark is also required when a weak vowel (*i* or *u*) is stressed, rather than a strong vowel (*a*, *e*, or *o*).

Ella me **vio** *cuando la seguí.*	She saw me when I followed her.
No **oí** *la noticia, la leí.*	I did't hear the news, I read it.

The stem changes that you have learned for the present tense do not occur in the preterite tense. However, *e* changes to *i* and *o* becomes *u* in the *él* and *ellos* forms of the preterite tense for some -*ir* verbs.

Lo sentí mucho.	I was very sorry.
Me dormí en el cine.	I fell asleep at the movies.

but:

Ella lo sintió mucho.	She was very sorry.
Ellos durmieron en el avión.	They slept on the plane.

3. **Las noticias de ayer. Prepare una lista de ocho noticias de sucesos que ocurrieron ayer, para leer en clase. Use por lo menos cinco de los verbos incluidos en esta sección. Diga si vio las noticias por televisión, si las leyó en el periódico o si alguien se las contó.**

   Modelo: Leí en el periódico que un artista murió en el accidente.

Estructura

Verbos irregulares en el pretérito

The preterite forms of the verbs *dar* and *ver* are similar. They follow the pattern of -*er* verbs.

dar	
di	dimos
diste	disteis
dio	dieron

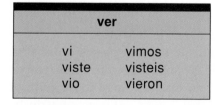

ver	
vi	vimos
viste	visteis
vio	vieron

The preterite tense of *hay* is *hubo* (there was, there were). *Ser* and *ir* share the same irregular preterite tense forms.

ser/ir	
fui	fuimos
fuiste	fuisteis
fue	fueron

Several verbs have irregular stems and endings:

estar:	estuv-
tener:	tuv-
poder:	pud-
querer:	quis-
poner:	pus-
saber:	sup-
hacer:	hic-
venir:	vin-

+

- -e
- -iste
- -o
- -imos
- -isteis
- -ieron

4. Deportes en el Canal 3. Imagínese que Ud. es el reportero y tiene que cambiar una noticia deportiva de ayer para leerla hoy. Cambie los verbos al pretérito.

Los dos equipos *1. compiten* por el primer lugar. Los guatemaltecos *2. repiten* su victoria del último partido. Su equipo *3. gana* también este año. *4. Hay* mucho interés por parte del público. Más de 100.000 aficionados *5. están* en el estadio y muchos más *6. ven* el juego por televisión, pues lo *7. dan* en varios canales. El equipo de los panameños *8. hace* su mejor esfuerzo. *9. Vienen* a ganar y *10. creen* poder hacerlo. Pero los guatemaltecos *11. siguen* con la buena suerte que los *12. acompaña* últimamente. Se *13. oyen* gritos de alegría y *14. es* mucho el entusiasmo. Telemetro *15. produce* el programa.

5. ¿Qué hicieron? Suponga que Ud. estuvo unos días en casa de sus tíos y al volver quiere saber qué hicieron sus amigos. Alterne con otro/a estudiante en preparar los siguientes diálogos.

> **Modelo:** Nicolás/ anoche/ reírse mucho en el cine
> ¿Qué hizo Nicolás anoche?
> Se rió mucho en el cine.

1. tú/ ayer/ ir al partido
2. Nora/ la semana pasada/ dar una fiesta
3. Cheo/ anteayer/ dormirse temprano
4. tú/ en casa de Ana/ tocar guitarra
5. Maribel/ ayer/ estar en casa de Inés
6. Roberto/ por la tarde/ traer a sus amigos
7. Aida y Leti/ por la noche/ no saber qué hacer

6. El sábado pasado. El sábado pasado todos se divirtieron mucho. Con un/a compañero/a de clase, hable cada uno de lo que hicieron por lo menos cinco personas. Sean originales.

> **Modelo:** María Eugenia y Tito fueron a ver *No me maten todavía.*

El tiempo pasa

Como el uso del pretérito se limita a eventos específicos ocurridos en el pasado, con frecuencia va acompañado de expresiones de tiempo como las siguientes:

por la mañana	*in the morning*	al otro día	*the next day*
por la tarde	*in the afternoon*	al día siguiente	*the following day*
por la noche	*in the evening*	de pronto	*suddenly*
los viernes	*on Fridays*	entonces	*then*
ayer	*yesterday*	de repente	*suddenly*
anteayer	*day before yesterday*	antes	*before*
anoche	*last night*	después	*afterwards*
anteanoche	*night before last*	después de que	*after*
el otro día	*the other day*	desde que	*since*

7. **Un día de la semana pasada.** **Describa sus actividades de un día de la semana pasada, desde que sonó el despertador hasta las cuatro de la tarde. Incluya actividades como bañarse, vestirse, ponerse los zapatos, desayunar, salir de la casa, llegar a la escuela, aprender bien la lección, almorzar, ver a los amigos, oír el radio, o cualquier otra actividad.**

Modelo: Me desperté muy temprano.

Estructura

Expresiones con *hace...(desde) que*

Many idiomatic variations of expressions with *hace,* equivalent to *How long has it been since...?*, may be used to inquire and to inform how much time has elapsed in relation to the present or to a particular event.

Questions:

Situations:

¿Cuánto tiempo hace que...	*llueve?*	(it's raining)
¿Cuánto hace que...	*está lloviendo?*	
¿Cuántos/as días (semanas, meses, años) hace que...	*llovió?* *ha llovido?*	(it has stopped raining)
¿Hace mucho tiempo que...	*no llueve?*	(it hasn't rained yet)

Questions with *desde*:

¿Cuánto hace desde que...	*llovió?*	(it rained, but it is not raining now)
¿Cuánto tiempo (cuántas horas, diás etc.) hace que...		
¿Desde cuándo ...?		(since when?)

Answers:

Hace dos días que...	llueve.	It has been raining for two days.
	está lloviendo.	
	no llueve.	It has not rained for two days.
	llovió.	It rained two days ago.

Llovió hace dos días.	It rained two days ago.
(Llueve) Desde el martes.	(It's been raining) Since Tuesday.
Desde hace dos días.	Since two days ago.
Llovió desde la una hasta las dos.	It rained from one till two.
Llovió desde que te fuiste.	It rained since you left.
Hace dos días que no llueve.	It hasn't rained for two days.
Hace dos días.	Two days ago.
	It's been two days.
Hace mucho tiempo.	It's been a long time.
Hace mucho tiempo que llueve.	It's been raining for a long time.
Hace mucho tiempo que llovió.	It rained a long time ago.

Note that *hace...* may be placed differently, the word *desde* may be added and the word *que* may be omitted.

Está lloviendo hace desde dos días.	It has been raining for two days.
Hace dos días que está lloviendo.	

The appropriate question for an on-going event does not need *hace.*

¿Desde cuándo llueve?	When did it start raining?
Desde hace dos horas.	(Since) Two hours ago.

8. ¿Hace mucho tiempo? Busque las respuestas correctas en la columna de la derecha.

1. ¿Cuánto tiempo hace que estás aquí?
2. ¿Cuánto hace que saliste de casa?
3. ¿Cuántos días hace que viste a Pepe?
4. ¿Hace mucho tiempo que no vas al cine?
5. ¿Cuánto hace que ganaste un partido?
6. ¿Desde cuándo estás en el equipo?
7. ¿Cuándo terminó el partido?

  a. Hace unos minutos.
  b. Desde hace un año.
  c. Hace tres días.
  d. Hace poco que gané.
  e. No, desde el martes.
  f. Salí hace una hora.
  g. Hace un momento.

9. ¿Cuánto tiempo hace? Conteste según su propia experiencia o invente una respuesta, usando *hace* en oraciones completas.

1. ¿Cuántos días hace que leyó las últimas noticias?
2. ¿Sabe Ud. cuánto tiempo hace que hubo (*there was*) un terremoto en México?
3. ¿Desde cuándo está estudiando español?
4. ¿Cuánto hace que vino a la escuela hoy?
5. ¿Cuánto hace desde la última vez que fue a la playa?

6. ¿Cuánto tiempo hace que no toca la guitarra?

7. ¿Cuánto tiempo hace que Ud. no se mira en el espejo?

8. ¿Cuánto tiempo hace que está contestando estas preguntas?

10. **Hace mucho tiempo que no.... Cada estudiante piensa y dice tres cosas que tiene ganas de hacer y que hace tiempo no hace.**

   Modelo: Hace dos meses que no veo mi programa favorito de televisión.

11. **¿Qué opina Ud.? Comenten en clase los posibles resultados de la tarea de Mario y Paco, en el diálogo al principio de esta lección. Dos estudiantes pueden hacer un estudio similar y reportarlo a la clase. Si hay algún canal de televisión de habla hispana en su ciudad, pueden comparar uno de sus noticieros con un noticiero nacional.**

   Modelo: El Canal nueve reportó el accidente en la planta atómica.
   El Canal 94 entrevistó a una actriz de telenovelas.

El canal nueve reportó un concierto de música rock.

Vocabulario

el **accidente** accident
ácido,-a acid, sour
el **amo** master, owner
apuntar to write down
el **asunto** matter
la **cárcel** jail
el **choque** collision
la **comparación** comparison
el **crimen** murder, assassination
eliminar to eliminate
la **explosión** explosion
la **guerra** war
herido,-a hurt, wounded

la **huelga** strike
el **incendio** fire
el **ladrón** thief, burglar
matar to kill
el **modo** mode, means, way; *de todos modos* anyway
nombrar to name, to nominate
la **noticia** news item, notice, information, note; *noticias* news; *noticias internacionales* foreign news
el **noticiero** newscast

puede que sí maybe
robar to rob
salvar to rescue, to save
sensacionalista sensationalistic
el **terremoto** earthquake
la **tormenta** storm

Cómo escribir una entrevista

Marisol y Teresita están un poco preocupadas° desde hace dos días. *worried*
Hubo un anuncio en el periódico de la escuela pidiendo
contribuciones escritas para antes de fin de mes. Ellas se ofrecieron
para hacer una entrevista. Creían que iba a ser fácil. Iban a hacer
unas cuantas preguntas y dejar a otra persona contestar. Ellas sólo
tenían que preparar algunas preguntas interesantes y grabar°las *record*
respuestas. De una lista con información sobre ex-alumnos° y *alumni*
alumnos° avanzados de la escuela, escogieron varios nombres de *students*
jóvenes que estaban haciendo algo interesante, algo que otros
estudiantes también querían hacer pero no podían. Creían que no
iban a tener ningún problema. Hicieron una lista de siete
graduados° y luego la redujeron° a dos. Discutían y discutían, pero *graduates / reduced*
no podían ponerse de acuerdo.° La verdad es que tenían miedo de *agree*
empezar. El asunto no era tan fácil como ellas pensaban. Al fin

decidieron tirar una moneda al aire. Teresita siempre tenía buena
suerte. Ganó su favorita: la bailarina.° Blanche (o Blanquita, como *dancer*
Toni la llamaba para fastidiarla) estuvo estudiando en la escuela
hasta hace dos años. Ahora tenía una beca° en una escuela de *scholarship*
ballet. Teresita estaba segura de que Blanche iba a ser famosa algún
día. Era muy popular en la escuela. A Marisol le preocupaba tener
que escribir la entrevista después. De todos modos, Marisol y
Teresita iban a preparar muchas preguntas. Después tenían que oír
el casete y escoger las mejores respuestas. Esta era la parte difícil.
Marisol y Teresita querían hacer un buen trabajo. ¡Sólo faltaban dos
días!

A propósito

Nombres sin equivalentes

En países de habla hispana hay chicas que se llaman Blanca o Blanca Rosa. Blanche es el mismo nombre en francés. También es común el nombre de Nieves (*snows*), que viene de Nuestra Señora de las Nieves. En español también se conoce el cuento de *Blanca Nieves (Snow White) y los siete enanitos (little dwarfs)*.

Me llamo
Blanca Rosa.

¿Qué comprendió Ud.?

1. ¿Qué van a hacer Marisol y Teresita?
2. ¿Qué pedía el anuncio en el periódico?
3. ¿Cómo creyeron ellas que iba a ser la entrevista?
4. ¿Cómo iban ellas a hacer la entrevista?
5. ¿De dónde escogieron los nombres?
6. ¿A cuántos nombres redujeron la lista?
7. ¿Por qué tiraron una moneda al aire?
8. ¿Cómo iban a escribir la entrevista?

Charlando

1. ¿Ha escrito Ud. algo para el periódico de su escuela?
2. ¿Ha tomado clases de baile alguna vez?
3. ¿Qué cree Ud. que es más fácil, entrevistar a alguien o ser entrevistado/a?
4. ¿Qué le parece que es más difícil, empezar o terminar algo? ¿Por qué?
5. ¿Ha tenido Ud. una beca alguna vez? ¿De qué clase?
6. ¿Cree Ud. que tirar una moneda al aire es una buena manera de hacer una decisión? ¿Por qué?

El baile en los países hispánicos

Tanto en España como en Hispanoamérica hay mucha apreciación por la danza. Muchos bailarines de origen hispano bailan en las grandes compañías internacionales de ballet. Además del baile clásico, el **flamenco** también es una forma de baile que se estudia y que se baila en los países hispánicos, especialmente en España.

Algunos otros bailes hispánicos son la **cumbia,** el **merengue,** el **tango,** la **salsa** y el **son.** Todos reciben sus nombres del tipo específico de música con que se bailan.

Estructura

El pretérito imperfecto

Past events in Spanish are most often expressed in one of two tenses: the preterite tense (*pretérito*), that you have already reviewed, and the imperfect tense (*pretérito imperfecto*), that you will review in this lesson. Look at the formation of the imperfect tense for regular *-ar*, *-er* and *-ir* verbs in the chart that follows:

el pretérito imperfecto		
hablar	**comer**	**vivir**
hablaba	comía	vivía
hablabas	comías	vivías
hablaba	comía	vivía
hablábamos	comíamos	vivíamos
hablabais	comíais	vivíais
hablaban	comían	vivían

There are no stem changes in the imperfect. The *nosotros* form of *-ar* verbs and all *-er* and *-ir* forms have accent marks. Only three verbs have irregular forms in the imperfect, *ir, ser* and *ver*.

ir		**ser**		**ver**	
iba	íbamos	era	éramos	veía	veíamos
ibas	ibais	eras	erais	veías	veíais
iba	iban	era	eran	veía	veían

1. Complete el siguiente párrafo con las formas correctas del imperfecto.

Marisol y Tere 1. *(estar)* preocupadas. 2. *(Faltar)* sólo dos días para la entrevista. 3. *(Tener)* que leer algunas entrevistas en periódicos y revistas para ver cómo 4. *(empezar)* y cómo 5. *(terminar).* Marisol 6. *(querer)* hacer buenas preguntas. Teresita 7. *(ir)* a conseguir los casetes. 8. *(Ser)* importante tener todo preparado. No 9. *(poder)* perder tiempo. La verdad es que no 10. *(ser)* tan fácil como ellas 11. *(pensar).*

Estructura

Usos del imperfecto

The imperfect tense is most often used to describe on-going actions in the past. It is equivalent to the past (imperfect) progressive tense.

> *Elena **hablaba** con Carlos.*
> *Elena **estaba hablando** con Carlos.*
>
> Elena **was speaking** with Carlos.

These on-going actions include habitual actions and descriptions of long-standing conditions.

> *Luis **vivía** con su tía.*
> *Ella **venía** tarde.*
> ***Había** dos teatros.*
>
> Luis **was living** with his aunt.
> She **used to/ would come** late.
> There **were** two theaters.

Note that some verbs (such as *tener* and *saber*) require the imperfect because their meaning implies a condition that lasts for a period of time.

> ***Tenía** un perro negro.*
> *Elsa **sabía** hablar italiano.*
> *Le **gustaba** nadar.*
>
> She **had** a black dog.
> Elsa **knew how** to speak Italian.
> She **liked** to swim.

Some of these imperfect tense verb forms are used in everyday conversation with a present tense meaning. They indicate unresolved conditions that have no stated beginning or end.

> ***Debías** llamar a tu tía.*
> ***Podías** ir mañana.*
>
> You **should** call your aunt.
> You **could** go tomorrow.

The imperfect tense is also used to indicate past intentions or events that have not yet occurred at some point in the past.

> *Lupe **iba a bailar.***
> *No **iba a ir.***
> *El dijo que **venía** hoy.*
>
> Lupe **was going to dance.**
> **I was** not **going (to go).**
> He said **he was coming** today.

The imperfect tense of *ser* is used to narrate a series of on-going, related events or conditions in the past, such as conditions that refer to time (reporting the hour, the time of day, the season, the day, the month), and those that refer to weather.

Eran las cuatro.	It was four o'clock.
Era todavía invierno.	It was still winter.
Era martes trece.	It was on a Tuesday the 13th.
Era el mes de mayo.	It was the month of May.
Era un día precioso.	It was a beautiful day.

2. **¿Qué hacía Ud.?** Una noche hubo una tormenta y todas las luces se apagaron. No había electricidad. Al día siguiente, todos hablaban de lo que hacían cuando eso ocurrió. Diga qué hacía cada uno.

> **Modelo:** Cristina/ leer revista
> Cristina leía una revista.

1. Pepito/ dormir en su cuarto
2. Nora/ hablar por teléfono
3. Nicolás/ hacer la tarea
4. nosotros/ jugar al ajedrez
5. Cheo y Gil/ ver el noticiero
6. tú/ ir a salir
7. Susi/ estar en la terraza
8. Ana/ comer un helado

3. **¿Cómo era?** ¿Qué hacía Fernando cuando tenía siete años? ¿Cómo era su vida entonces? Siga las indicaciones.

> **Modelo:** no tener hermanos
> No tenía hermanos.

1. vivir con los abuelos
2. nunca tener dinero
3. ir al parque a jugar
4. tener un perro blanco
5. gustarle hacer bromas
6. fastidiar a su prima
7. no saber de computadoras
8. no parar en casa

4. **¿Recuerda Ud.?** Alterne con otro/a estudiante. Cuenten cómo eran las cosas y qué hacía cada uno cuando tenían siete años. Den cinco ejemplos.

> **Modelo:** Tenía el pelo rubio.

¿Recuerda Ud. cómo eran las cosas cuando era niño?

5. Yo también me acuerdo. Complete el párrafo con la forma correcta del imperfecto. Escoja entre los siguientes verbos. Puede usar cada verbo más de una vez.

ser	estar	haber	ladrar	jugar	sentarse	llover
ir	llamarse	vivir	conversar	tener	hacer	

Mi mejor amigo __(1)__ Jorge, que __(2)__ en la esquina. Su casa __(3)__ pequeña, pero como la casa __(4)__ en la esquina, el jardín __(5)__ grande. La casa __(6)__ muchas ventanas. En el jardín __(7)__ un árbol viejo. En ese árbol __(8)__ una casita donde él y yo nos __(9)__. Allí nosotros __(10)__ por horas, especialmente cuando __(11)__ frío o __(12)__. Jorge __(13)__ un perro negro que nunca __(14)__. Se __(15)__ Sansón. Sansón __(16)__ mi amigo también. Jorge y yo no __(17)__ a ninguna parte sin él.

6. Hay que empezar. Teresita y Marisol tenían ya que empezar a escribir su trabajo. Ellas querían describir primero cuándo y dónde iba a tener lugar la entrevista, pero no sabían cómo empezar. Ayúdelas Ud. Invente una introducción. Escriba siete oraciones para indicar la hora, el día de la semana, el lugar y qué había allí, y qué hacían mientras esperaban a la futura bailarina. No copie del modelo. Haga cambios. Sea original. Use el imperfecto.

> **Modelo:** Era un día brillante de mayo. Eran las doce en punto. Marisol y yo ya estábamos en la cafetería. Había poca gente. Conversábamos, un poco nerviosas. Blanche iba a llegar en cualquier momento.

Estructura

Otros usos del imperfecto

The imperfect is used to describe physical and personal characteristics.

Silvia era alta.	Silvia was tall.
Ella tenía el pelo largo.	She had long hair.
Tenía dieciséis años.	She was sixteen years old.
Sabía bailar bien.	She knew how to dance well.

It is also used to describe physical or emotional conditions.

Juan tenía miedo.	Juan was afraid.
Tere estaba nerviosa.	Tere was nervous.

Adjetivos para describir el carácter

exigente	*demanding*	inútil	*useless*
chismoso	*gossipy*	infantil	*childish*
curioso	*curious*	orgulloso	*proud*
rebelde	*rebellious*	tonto	*foolish*
cariñoso	*affectionate*	antipático	*unpleasant*
aburrido	*boring*	ordenado	*orderly*
amable	*polite*	amable	*polite, nice*
increíble	*incredible*	bien educado	*courteous*

7. **¿Cómo era?** Alternando con otro/a estudiante, describa cómo era Ud. cuando tenía doce años. Haga una descripción física y de su carácter en siete frases.

> **Modelo:** Cuando tenía doce años, yo era muy exigente.

Cuándo tenía doce años, yo era rebelde.
(Madrid, España)

8. **Con Teresita y Marisol otra vez.** Después de describir cuándo y dónde es la entrevista, Teresita y Marisol van a describir a la antigua alumna de su escuela que ellas decidieron entrevistar para el periódico. Complete el párrafo siguiente.

Blanche 1. *(ser)* más joven de lo que ellas 2. *(pensar)*. 3. *(Tener)* el pelo largo y muy lacio. 4. *(Ser)* alta y delgada y 5. *(llevar)* un elegante suéter rosado. 6. *(Parecer)* muy inteligente. 7. *(Saber)* expresarse muy bien y 8. *(conversar)* con las manos. Aunque ella 9. *(saber)* que Teresita y Marisol 10. *(tener)* una lista de preguntas bastante larga y que 11. *(ir)* a grabar las respuestas, no 12. *(estar)* nerviosa. Teresita y Marisol 13. *(estar)* muy contentas con su selección. Ellas 14. *(creer)* que 15. *(ir)* a ser una entrevista estupenda.

Blanche Hampton.

Una entrevista

MARISOL: ¿Cómo es que hablas español tan bien? ¿Dónde naciste?

BLANCHE: Nací en Tampa, pero mi madre es cubana y mi padre era americano-cubano cuando vivía en Cuba. El ahora enseña español en una universidad del sur de la Florida. Hace muchos años que mis padres están en Estados Unidos, así que ahora él es cubano-americano. En realidad yo hablo inglés mejor....

TERESITA: ¿Cómo se explica eso, americano-cubano?

BLANCHE: Su mamá, mi abuela, era cubana pero se casó con un americano y mi padre nació en Cuba.

MARISOL: Y tú, ¿cómo empezaste en el ballet?

BLANCHE: Bueno, a los siete años empecé en la escuela de ballet porque mis padres vieron que yo tenía interés en el baile. Practicaba todos los días. Empecé a bailar con el Tampa Ballet en *La bella durmiente (Sleeping Beauty)* y *Giselle*. Entonces supe que no podía ser otra cosa que bailarina.

MARISOL: ¿Y cómo podías asistir a los ensayos° y también a la escuela?   *rehearsals*

BLANCHE: Iba a la escuela por la mañana, por las tardes a las clases de ballet regulares y por las noches a los ensayos. Después de todo eso, cuando llegaba a casa tenía que hacer las tareas. Así fue durante los dos años que bailé con la compañía.

TERESITA: ¿Y cómo conseguiste la beca para estudiar en School of American Ballet?

BLANCHE: Por dos años asistí a las clases de verano en Nueva York. Era la única manera de crecer profesionalmente. Entonces me ofrecieron una beca para el año completo. Pero como tenía sólo quince años, no podía irme a vivir a Nueva York para estudiar ballet. Al año siguiente me volvieron a ofrecer la beca y esta vez acepté. Tenía varias amigas que habían hecho lo mismo.

MARISOL: ¿Fue difícil para ti vivir lejos de tu familia?

BLANCHE: Oh, sí, siempre extraño muchísimo a mi familia y me voy para Tampa cada vez que tengo la oportunidad. Vivo con una familia en Nueva York. No tuve otra solución que irme a Nueva York. También necesitaba practicar con un compañero y en la escuela de Tampa no había muchachos suficientemente altos en mi nivel. Con zapatillas de punta,° yo casi mido° seis pies....

toe shoes
measure

TERESITA: ¿Y qué pasó después del primer año?

BLANCHE: Me dieron otra beca para el segundo año, y después para el tercero.

MARISOL: ¿Y qué dicen tus padres?

BLANCHE: Oh, ellos están muy orgullosos de mí. Mi madre viene a visitarme a cada rato° para asegurarse de que tengo ropa para el invierno y de que estoy bien. Ella antes se preocupaba porque la vida en Nueva York no es fácil y yo soy muy joven. Hablamos mucho por teléfono y le gusta la familia con la que vivo. Mis padres están muy contentos de mi progreso y saben que trabajo mucho.

frequently

TERESITA: ¿Cuál es tu mayor ambición?

BLANCHE: Mi mayor ambición es bailar en una compañia de ballet importante, internacional....

MARISOL: Blanche, estamos seguras de que vas a lograrlo. Tú te lo mereces.

TERESITA: Muchas gracias por contestar nuestras preguntas. ¡Buena suerte!

¿Qué comprendió Ud.?

1. ¿Es Blanche americano-cubana o cubano-americana?
2. ¿Dónde nació el padre de Blanche?
3. ¿Qué idioma habla mejor Blanche?
4. ¿Cuándo y por qué empezó Blanche a tomar clases de ballet?
5. ¿Por qué Blanche tenía que ir a ensayos?
6. ¿Qué tiempo le quedaba para estudiar?
7. ¿Por qué le es difícil encontrar compañero en su nivel?
8. ¿Qué le dieron en School of American Ballet?

Preguntas con acento

Las palabras que se usan para preguntar llevan acento escrito: ¿qué?, ¿quién?, ¿quiénes?, ¿cuál?, ¿cuáles?, ¿cuándo?, dónde?, ¿cuánto?, ¿cuánta?, ¿cuántos? y ¿cuántas?, por ejemplo. Algunas de estas palabras tienen otros significados:

que *(that, which)*   **como** *(like, as; I eat)*

A veces las palabras que se usan para preguntar están en una frase que no es realmente interrogativa, pero que implica *(implies)* un deseo de saber o una duda. En ese caso también llevan acento escrito.

No sé **cuándo** tiene lugar.	*I don't know when it is taking place.*
Quiero saber **dónde** está.	*I want to know where it is.*
Dime **cómo** se hace.	*Tell me how is it done.*

Si no hay pregunta ni duda, no llevan acento escrito.

Canto **cuando** llueve.	*I sing when it rains.*
Dime **que** sí.	*Tell me yes.*
Yo sé **donde** él vive.	*I know where he lives.*

9. **La entrevista.** Usando pronombres interrogativos, prepare una lista de ocho preguntas para hacer una entrevista. Entreviste a otro/a estudiante y trate de averiguar cómo era su vida hace cinco años. Después alterne y conteste las preguntas de su compañero/a.

> **Modelo:** ¿Qué te gustaba hacer entonces en los fines de semana?
> ¿Adónde ibas en el verano? ¿Qué hacías?

Vocabulario

a cada rato frequently
el **alumno, la alumna** student
la **ambición** ambition
avanzado,-a advanced
la **bailarina** ballerina, dancer
la **beca** scholarship
la **contribución** contribution
curioso,-a curious
el **ensayo** rehearsal, essay

el **ex-alumno, la ex-alumna** alumnus, former student
grabar to record
el **graduado, la graduada** graduate
increíble incredible
inútil useless
medir (i,i) to measure

ponerse de acuerdo to come to an agreement
preocupado,-a worried
rebelde rebellious
reducir to reduce
la **zapatilla** slipper; *zapatillas de punta* toe shoes

¿Dónde está el periódico?

Es domingo por la mañana. Olga y Tito leen el periódico.

OLGA: ¿Quieres la sección de deportes?

TITO: No, dame la cartelera.° Antes yo leía los deportes primero, pero *entertainment section*
ya no. Mira, toma el suplemento dominical.° Ya lo leí. Hay *Sunday magazine*
un artículo muy interesante sobre las nuevas computadoras.
¡Qué maravilla!

OLGA: Sí, déjame verlo. Yo antes leía el horóscopo primero, hasta que
me di cuenta de que sólo me decía tonterías. Ahora leo las
noticias de primera plana.° No tengo tiempo para mucho más. *front page*

TITO: Iba a darte las historietas cómicas°.... Antes, cuando no eras una persona tan seria, siempre las leías. ¡Qué lástima! *comic section*

OLGA: Sí, pero cuando yo las leía, tú te burlabas de mí y me decías que cuándo iba a crecer.... Y ahora tú las lees....

TITO: Bueno, chica, ¿qué quieres? La verdad es que cambiar de opinión es un privilegio. Para eso es que leo el periódico.

OLGA: ¡La verdad es que a ti no hay quien te gane!° *No one can beat you!*

¿Qué comprendió Ud.?

1. ¿Qué día era la conversación entre Olga y Tito?
2. ¿Qué estaban haciendo?
3. ¿Qué sección quería Tito?
4. ¿Qué leyó Tito primero?
5. ¿Sobre qué era el artículo interesante?
6. ¿Por qué ya no lee Olga el horóscopo?
7. ¿Cuándo se burlaba Tito de Olga?
8. ¿Cómo puede un periódico cambiar la opinión de alguien?

¿Cree Ud. que un periódico puede cambiar la opinión de alguien? (Quito, Ecuador)

A propósito

Las secciones de un periódico

Parece redundante, pero en español a los periódicos y revistas se les llama **prensa** (*press*) **escrita,** para diferenciarlos de **prensa oral** (*radios*) y **prensa televisada** (*television*). Aquí hay una lista de los nombres de las secciones de un periódico.

el editorial	*editorial*	la política	*politics*
el recorte de	*newspaper*	la economía y	*business*
periódico	*clipping*	las finanzas	*section*
el reportaje	*report*	el pronóstico	*weather*
la sección del	*home*	del tiempo	*forecast*
hogar	*section*	los anuncios	*classified*
las noticias	*foreign*	clasificados	*ads*
internacionales	*news*	el crucigrama	*crossword puzzle*
la vida social	*society pages*		

Charlando

1. ¿Qué parte del periódico lee Ud. primero y por qué?
2. ¿Qué parte del periódico leía antes que ya no lee?
3. En su opinión, ¿cuál es la sección más práctica de un periódico?
4. ¿Cuáles son las ventajas y desventajas de ver las noticias por televisión?

Sociales

Reportajes
EL MERCURIO

Horóscopo

EL MERCURIO

Economía y Negocios

Pronóstico general del estado del tiempo

ESTADO DEL TIEMPO

SECCION DEPORTIVA

CRUCIGRAMA

Anuncios Clasificados

El asesinato° de la calle del Alamo: continúa el juicio°

Por Andrés López

El juicio sobre el crimen ocurrido en la calle del Alamo No. 57, continuó hoy de mañana. Para tratar de aclarar el suceso, el juez° llamó a dos testigos° para ser interrogados. El acusado° no parecía preocupado, pero su abogado sí. Después de contestar las preguntas del abogado defensor, el último de los testigos, una mujer que estuvo en la cárcel el año pasado, comenzó a gritar, insultando al acusado. La testigo gritaba: "¡Asesino!",° mientras lloraba, muy nerviosa. El juez tuvo que posponer el juicio hasta mañana por la tarde a las 3:00, a causa del gran ruido que había en la sala de la Corte. Antes de salir de la sala, el juez advirtió al público que mañana no iba a suceder° lo mismo. No podía tolerar otra vez esta situación. A último momento se supo que mataron al testigo principal del juicio de dos balazos° anoche, mientras dormía en su casa. Continuaremos informando.

murder

trial

judge/ witnesses
defendant

murderer

to happen

gunshots

¿Qué comprendió Ud.?

1. ¿Para qué fueron interrogados los testigos?
2. ¿Cómo estaba la última testigo mientras gritaba?
3. ¿Por qué suspendió el juez el juicio?
4. ¿Qué advirtió el juez al público?
5. ¿Qué le ocurrió al testigo principal?

1. **¿Leyó Ud. el periódico?** Con otro/a estudiante, comente una de las noticias en el periódico de hoy o de ayer.

   Modelo: ¿Leíste que mataron al testigo principal del juicio?

Estructura

Contraste entre el pretérito y el imperfecto

When narrating events in the past there are some on-going conditions and repeated, habitual actions for which the imperfect tense is used, and other completed events for which the preterite tense is used. In the example that follows, for instance, *Llovía* is an on-going condition, *Salí* is a completed event.

Llovía cuando salí.	It was raining when I went out.

In the following example, *caminaba* indicates a habitual or repeated activity that is interrupted by a more unusual event, such as *me caí*.

Caminaba por la calle y me caí.	I was walking on the street and I fell.

The event in the preterite is often signaled by a very specific time expression, such as *ese día*, indicating a single completed action. Time expressions used with the imperfect, on the contrary, indicate habit, repetition or long duration.

Iba todos los días, pero ese día no fui.	I used to go every day but **that day** I didn't go.
Ayer lo vi y me gustó.	I saw it **yesterday** and I liked it.
but:	
Nunca veía el programa.	I **never** watched (used to watch) the program.

The preterite is used to report specific or important events. The imperfect is used to describe the people, the circumstances, and to narrate a series of related events without saying when they began or when they ended. In general, when you are narrating what happened in the past there is a combination of description and background information (imperfect), and quick action (preterite).

Eran las doce de la noche y llovía.	It was midnight and it was raining.
Un hombre abrió la puerta.	A man opened the door.
Era viejo y muy delgado.	He was old and very thin.
Llevaba ropa negra y tenía la cara muy blanca.	He was wearing black and his face was very white.
Lo miré por un segundo y corrí a casa.	I looked at him for a second and ran home.

2. En el periódico. Cambie al pasado el siguiente reportaje para el periódico. Use el pretérito o el imperfecto, según sea necesario.

1. *Son* las once de la mañana. 2. *Es* un día precioso. Todos los que
3. *pueden* se 4. *van* a la playa. El banco 5. *está* casi vacío. Un
hombre se 6. *baja* de un coche azul. 7. *Tiene* una maleta en la mano.
8. *Lleva* saco y corbata. 9. *Parece* un programador o un abogado.
10. *Mira* para uno y otro lado de la calle y 11. *entra* en el banco. De
pronto se 12. *oye* un grito. 13. *Sale* una mujer corriendo. Después
14. *sale* el hombre. Y detrás de él, el policía que siempre 15. *cuida*
el banco. Aquel hombre tan elegante no 16. *va* al banco a depositar
dinero. 17. *¡Es* un robo!

3. El sueño. Cuente un sueño que Ud. ha tenido, o invente uno. Use verbos en el imperfecto y en el pretérito, por lo menos en siete frases.

> **Modelo:** Estaba durmiendo cuando de pronto....

4. ¡Qué mala suerte! Las cosas no siempre resultan como uno piensa. Lea sobre los problemas de Fernando un martes cualquiera (no un martes trece). Escoja la palabra correcta.

Mientras 1. *(fui, iba)* al aeropuerto, me 2. *(di, daba)* cuenta de que no
3. *(tuve, tenía)* el pasaporte. No 4. *(estuvo, estaba)* en la maleta.
Quizás lo 5. *(dejé, dejaba)* en casa. Pero no, me 6. *(acordé, acordaba)*
bien que ayer lo 7. *(puse, ponía)* en la maleta. No 8. *(hubo, había)* duda
ninguna: 9. *(fue, era)* un robo. Tenía que serlo. También me
10. *(faltó, faltaba)* el cambio que me 11. *(dio, daba)* el taxista. Todavía
12. *(pensé, pensaba)* que 13. *(pude, podía)* arreglar el asunto. 14. *(Decidí,
Decidía)* que 15. *(fue, era)* desagradable, pero no 16. *(fui, iba)* a
preocuparme. 17. *(Tuve, Tenía)* curiosidad por saber qué 18. *(fue, iba)*
a pasar. Me 19. *(fastidió, fastidiaba)* pensar que no 20. *(hubo, había)*
solución. Pero lo cierto 21. *(fue, era)* que 22. *(debí, debía)* llamar a la
policía ahora y volver a casa. No 23. *(pude, podía)* resolver mi
problema. ¡Qué tontería!

5. **Sea el reportero.** Reporte a la clase una noticia del día. O reporte una noticia de las que aparecen en estos recortes de periódicos. Diga cuándo y dónde ocurrió el suceso y a qué hora, a quién le ocurrió, cómo era esa persona y qué hacía. Diga también qué pasó entonces.

Modelo: La testigo vio al acusado esa noche cuando....

Colisión en Pocito

Un espectacular accidente de tránsito se produjo días pasados en el departamento Pocito en circunstancias en que un automóvil y un ómnibus particular colisionaron.

Afortunadamente a pesar de la violencia del impacto este hecho no arrojó víctimas en ninguno de los dos vehículos.

La colisión se registró en circunstancias en que circulaba por ruta 40 de norte a sur el colectivo Mercedes Benz, conducido por el señor Luis Santos Chavez, domiciliado en Mariano Moreno 35, villa Nacusi, Pocito, y también lo hacía en el mismo sentido el auto-

móvil Ford Sierra, conducido por el señor Jorge Roberto Páez, domiciliado en Santiago del Estero.

Aproximadamente al llegar a la calle 13, estos dos rodados colisionaron ignorándose las causas, resultando ambos vehículos con serios daños en sus carrocerías especialmente el Ford Sierra. Los ocupantes de ambos vehículos resultaron ilesos.

Interviene tratando de establecer las causas de este accidente personal policial de la Seccional 11° de Pocito.

Cayó un helicóptero

Tucumán (Télam).- El helicóptero de Agua y Energía de la Nación que se precipitó a tierra en la zona montañosa de la villa turística de Tafí del Valle, conducía a dos funcionarios provinciales, ingenieros Juan José Sirimaldi y Jorge Castro además del piloto de la máquina.

El lugar del accidente es conocido como "La heladera" sobre el kilómetro 33 de Tafí del Valle y las versiones —aún no confirmadas— indican que no se produjeron víctimas fatales.

El vuelo se cumplía como misión de apoyo y reconocimiento sobre los lugares afectados por las inundaciones cuando, a las 18.30, la torre de control perdió contacto con la aeronave y se temió por la seguridad de la máquina y sus ocupantes. Poco después se confirmó el accidente pero sin poder, hasta el momento, confirmar la versión de que no hubiese víctimas fatales.

Estructura

Los pronombres relativos

A relative pronoun usually refers to a noun or pronoun that has already been mentioned. They may be omitted in English, but are necessary in Spanish. The relative pronoun *que* (that, which, who, whom) is used for things and for persons. It can be used after a preposition.

*El hombre **que** ves es mi tío.*	The man **(whom)** you see is my uncle.
*El radio **que** compré es estupendo.*	The radio **(that)** I bought is wonderful.
*No es el asunto del **que** te hablé.*	It's not the matter **(that)** I talked to you about.

Quien and its plural form, *quienes*, (who, whom, whoever, whomever) are used for persons and are often preceded by a preposition.

*Aquel hombre que llora no es el hombre **a quien** viste antes.*	That man **who** is crying is not the man you saw before.
*Las chicas **con quienes** voy son primas mías.*	The girls **with whom** I am going are cousins of mine.

Cuyo, -a, cuyos, -as (whose) agree in gender and number with the word they precede.

*La señora de **cuyo** nombre no me acuerdo, pero **cuya** hija es antipática...*	The lady **whose** name I don't remember, but **whose** daughter is unpleasant....

If there are two words to which the relative pronoun could refer, use a form of *el que* or *el cual* instead of *quien*.

*La tía de José, **la cual (la que)** vive en San Juan, es actriz.*	José's aunt, **who** lives in San Juan, is an actress.

Sometimes the relative pronoun is used with a definite or neuter article.

***La que** se fue es mi prima.*	**She who** left (The one who left) is my cousin.
*Se lo daré **al que** llegue primero.*	I'll give it **to he who** arrives first.
*No sé **lo que** dijo.*	I don't know **what** he said.

Notice that as relative pronouns, *que, quien, quienes* have no written accents. However, the words *que* and *quien* have accent marks when used in questions or exclamations, or when a question is implied.

*¡**Quién** lo iba a saber!*	**Who** was going to know (it)!
*¡**Qué** lindo día!*	**What** a pretty day!
*Quiero saber **qué** es.*	I want to know **what** it is.
*Averigua **quién** vino.*	Find out **who** came.

6. En el periódico. Complete las siguientes frases con *que, quién* o *quiénes.*

1. ¿Dónde está el periódico __ compraste?
2. No sé a __ se lo di. No sé __ lo tiene.
3. Pero yo te dije __ yo lo quería.
4. ¿A __ se lo dijiste? ¡A mí no!
5. Si no fue a ti, ¿a __ iba a ser?

7. Cuando éramos jóvenes.... ¿Se acuerda Ud. de cuando era niño/a? Complete las oraciones, usando el pronombre apropiado.

Modelo: La casa que estaba en la esquina era vieja.

1. ¿Cómo se llamaba el señor __(1)__ perro ladraba todas las noches?
2. El hombre __(2)__ vivía al lado era médico.
3. Lucía, __(3)__ era la hermana de Roberto, iba conmigo al colegio.
4. La cuñada de Roberto, __(4)__ vivía en la misma casa, siempre nos compraba helados.
5. Estos son los niños con __(5)__ jugaba.

8. ¿Qué vio Ud.? Muchas personas vieron el accidente pero no todas vieron lo mismo. Combine una parte de la columna A con otra de la columna B, para completar los comentarios.

A	B
1. el coche blanco	a. el que tuvo la culpa
2. el que conducía	b. iba por la izquierda
3. el coche azul fue	c. no vio el otro coche
4. el chófer	d. era quien tenía las luces rotas
5. el coche azul	e. lo que pasó
6. la persona que manejaba	f. no paró en la esquina
7. nadie sabía	g. quien iba muy rápido

Proverbios

1. El que quiere, puede.

2. Quien mucho duerme, poco aprende.

3. Dime con quién andas y te diré quién eres.

4. Quien va despacio, va seguro.

5. Quien ríe último, ríe mejor.

¿Qué comprendió Ud.?

De cada grupo, una de las oraciones explica mejor cada uno de los proverbios anteriores. Indique la respuesta correcta.

Modelo: *Lo que mucho vale, mucho cuesta.*
　　　　　ⓐ Cuando algo es bueno, no es tan fácil de conseguir.
　　　　　b. Si cuesta mucho tiene que ser bueno.
　　　　　c. Siempre hay que hacer un esfuerzo.

1. a. Mejor es querer que poder.
   b. Si Ud. lo desea, lo tiene.
   c. No hay nada imposible.
2. a. La vida es corta.
   b. Con los ojos cerrados no ves lo que pasa.
   c. No se puede hacer todo al mismo tiempo.
3. a. El agua busca su nivel.
   b. Tú y tus amigos son parecidos.
   c. Tu novio/a te conoce muy bien.
4. a. No manejes como un loco.
   b. El que se apura no hace las cosas bien.
   c. La verdad se aprende despacio.
5. a. El que da (*hits*) primero, da dos veces.
   b. Reírse es lo último que puede hacerse.
   c. La victoria final es dulce.

Dime con quién andas y te diré quién eres.

Estructura

Más sobre el pretérito y el imperfecto

A few verbs change their meaning according to whether they are used in the preterite or the imperfect.

*La **conocí** hoy.*	I **met** her today.
*La **conocía** muy bien.*	I **knew** her very well.
*No **pude** ir.*	I **was** not **able to** go.
***Podía** ir ahora.*	I **could** go now.
*No **quise** ir.*	I **refused** to go.
*No **quería** ir.*	I **didn**'t **want** to go.
*Lo **supe** ayer.*	I **found** out yesterday.
***Sabía** francés.*	I **knew** French.

Use the imperfect to describe someone's emotional state of being in the past.

Estaba enojado.	I was angry.
Tenía miedo.	I was afraid.

Use the preterite to describe past emotional reactions. Many verbs that indicate an emotional reaction follow the pattern of *gustar* and use indirect object pronouns.

El partido me fascinó.	The game fascinated me.

Sometimes the verb used to express an emotional reaction may be reflexive.

Me puse nervioso/a (triste, contento/a, furioso/a, orgulloso/a).	I became nervous (sad, happy, furious, proud).

Para describir una reacción

uso reflexivo	*gustar* como modelo
Me enojé./ Se enojó.	Me molestó./ Le molestó.
Me reí./ Se rió.	No me importó./ No le importó.
Me preocupé./ Se preocupó.	No le hice caso./ No le hizo caso.
Me disgusté./ Se disgustó.	Me fastidió./ Le fastidió.
Me puse triste./ Se puso triste.	Me encantó./ Le encantó.
Me calmé./ Se calmó.	Me agradó./ Le agradó.

9. ¿Qué dice el periódico? Imagínese que Ud. leyó el periódico. Había noticias buenas y noticias malas. Diga cuáles fueron sus reacciones a las noticias siguientes, usando expresiones de la lista anterior.

1. Cerraron las playas por la contaminación ambiental.
2. Los Padres de San Diego ganaron el campeonato.
3. Subieron los impuestos de venta.
4. Leí las historietas cómicas.
5. Ya no dan la película que quería ver.
6. Luisa no me invitó a su fiesta.
7. Hubo un gran incendio en un hotel.

Me fascinó leer sobre la competencia de ciclismo en Tierra del Fuego, Argentina.

Para ser amable

Cuando Ud. quiere hablar con cortesía, puede en algunos casos usar el imperfecto en el presente, ya que el imperfecto no tiene ni principio ni fin definido de la acción o condición.

Quería pedirle un favor.	*I want (wanted) to ask you a favor.*
¿Qué **deseaba** Ud.?	*What do (did) you wish?*
¿**Necesitaba** algo?	*Do (Did) you need anything?*

10. **Las últimas noticias.** Lea el periódico de hoy y reporte a la clase las seis noticias que a Ud. le parezcan más importantes. Compare sus noticias con las de un grupo de tres o cuatro estudiantes y pónganse de acuerdo sobre cuáles son las tres noticias más importantes del día.

   Modelo: Cuando iban a la escuela, dos chicos encontraron....

11. **A escribir.** Tome del periódico la noticia de un accidente y cuente lo que pasó, en español, dando información general (background). Empiece por hablar del lugar, la fecha y qué estaba haciendo la gente cuando ocurrió el accidente.

   Modelo: El chófer del abogado oía el radio y no vio que....

Vocabulario

el **acusado, la acusada** defendant

el **asesinato** assassination, murder

el **asesino, la asesina** assassin

el **balazo** gunshot

la **cartelera** entertainment section

clasificar to classify; *clasificado,-a* classified; *los anuncios clasificados* classified ads

el **crucigrama** crossword puzzle

dominical occurring on Sunday; *suplemento dominical* Sunday supplement

el **editorial** editorial

enojado,-a mad, angry; *estar enojado,-a* to be angry

enojarse to get mad

las **finanzas** business section (newspaper); finances

las **historietas cómicas** comics

el **horóscopo** horoscope

el **juez, la juez** judge

el **juicio** trial

¡No hay quien te gane! No one can beat you!

la **política** politics

la **primera plana** front page of a newspaper

el **privilegio** privilege

el **pronóstico** forecast; *pronóstico del tiempo* weather forecast

el **recorte** cutting, clipping, *recorte de periódico* newspaper clipping

el **reportaje** report, interview

social social; *vida social* society pages

suceder to happen, to occur, to take place

el **suplemento** supplement; *suplemento dominical* Sunday supplement

el **testigo, la testigo** witness

La historia se hace todos los días

Hay pequeñas cosas que pasan todos los días, que no vemos en el noticiero ni leemos en el periódico, pero que nunca olvidamos. Son cosas sin importancia que nunca vamos a leer en los libros de historia.

El día había empezado mal para la señora Cortés. Se había despertado media hora tarde; se le había quemado el desayuno y no encontraba uno de los zapatos azules que quería ponerse. Seguramente el perro se lo había llevado para debajo de la cama. Entonces sonó el teléfono. Su amiga Clara, que también era maestra de historia de la misma escuela y venía a buscarla todos los días, tenía el coche roto. Con tantos problemas, no sabía cómo había llegado a tiempo para su primera clase. Pero allí estaba, tratando de explicar lo que había pasado en el continente americano cien años antes de la llegada de los peregrinos.° Parecía que su día no iba a mejorar° porque los estudiantes no prestaban atención. Algunos se reían. ¿Qué pasaba hoy? Iba a tener que preguntarles. Ahora casi todos se estaban riendo.

Pilgrims
improve

— Marcos, dime, ¿de qué te ríes?

— Lo siento, señora. Discúlpeme, pero no puedo decírselo.

¿Cómo? ¿Marcos no iba a decírselo? El era uno de los estudiantes más amables de la clase. Si él no iba a decir nada, ¿quién se lo iba a decir?

— Bueno, muchachos, es obvio que algo pasa. Por favor, díganme, ¿de qué se ríen Uds.?

— Perdón, señora,— dijo Eduardo—permítame preguntarle si Ud. vino a clase muy de prisa esta mañana.

— Sí, ¿cómo lo sabes, Eduardo?—le preguntó ella. Me confundes.° ¿Qué tiene eso que ver con este asunto?°

confuse
What does that have to do with this matter?

— Muy fácil, señora. ¡Los zapatos que Ud. lleva son de colores diferentes!

— ¡Ay, ay, ay!—dijo la señora Cortés. Se miró los zapatos y se echó a reír° ella también. ¡Nunca le había pasado nada igual!

burst out laughing

¿Qué comprendió Ud.?

1. ¿Por qué había empezado mal el día de la señora Cortés?
2. ¿Qué pasó con el desayuno?
3. ¿Qué no encontraba?
4. ¿Dónde pensó que estaba?
5. ¿Quién lo había llevado allí?
6. ¿Qué pasaba en la clase?
7. ¿De qué se reían los estudiantes?
8. ¿Qué hizo ella?

Charlando

1. ¿Qué hace si a una persona le pasa algo ridículo delante de Ud.?
2. ¿Qué hace si le pasa a Ud.?
3. ¿Ha ido Ud. alguna vez a la escuela con algo equivocado en su ropa?
4. ¿Qué pasó? ¿Qué hizo?
5. ¿Le ha pasado algo ridículo a algún maestro o compañero suyo? Cuéntenos qué pasó.

Estructura

El pretérito pluscuamperfecto

As in English, the pluperfect (or past perfect) tense describes an event in the past that had happened prior to another past event. It consists of the imperfect tense of *haber* and a past participle.

comprar	
había comprado	habíamos comprado
habías comprado	habíais comprado
había comprado	habían comprado

Yo había comido cuando Andrés llamó.
No me habían dicho que iban a regresar.

I had eaten when Andrés called.
They **had** not **told** me that they were going to return.

1. **¡Qué mala suerte! Hay días que empiezan mal y no mejoran. Diga qué le pasó a Víctor, combinando las dos frases con la palabra *pero*.**

   Modelo: Va a ver a Paco. Paco se fue al cine.
   Víctor fue a ver a Paco, pero Paco se había ido al cine.

   1. Víctor quiere ir con él. Ya vio esa película.
   2. Llama a Esteban. Esteban salió con Coralia.
   3. Camina hasta la tienda. La tienda cerró.
   4. Pone la televisión. Ya terminó el programa.
   5. Entra en la cafetería. Sus amigos ya se fueron.

2. **¿Cuál es el fanfarrón (*bragger*)? Después de las vacaciones todos cuentan lo que han hecho. Siempre hay cosas que nunca habían hecho antes, pero algunas veces algunos chicos exageran. Siga el modelo.**

   Modelo: David estuvo en México.
   Nunca había estado en México.

   1. Alberto buceó en el mar.
   2. A Luis lo mordió un perro.
   3. Roberto se afeitó.
   4. María Eugenia viajó en tren.
   5. Marilú vio a Michael Jackson en la calle.
   6. Ana y Raúl se enamoraron.

3. **A veces es demasiado tarde. Con otro/a estudiante, converse cada uno de cuatro ocasiones en las que hicieron algo demasiado tarde, como por ejemplo, llegar a la estación del tren cuando el tren ya había salido.**

   Modelo: Una vez llegué a un concierto cuando todos los boletos se habían vendido.

¿Qué descubrió Colón?

Marcos nunca había estado en los Estados Unidos. Este año está en una escuela secundaria de Laredo. A la salida se encuentra con David Wilson, un compañero de clase.

DAVID: Marcos, acabo de oír en la clase de historia que tu Cristóbal Colón no descubrió América.

MARCOS: ¡Cómo que no!° ¿Y por qué dices "mi Cristóbal Colón"?　　*Yes, he did!*

DAVID: Bueno, Colón era español, como tú.

MARCOS: ¡Qué ignorancia! Colón era italiano, y yo no soy español. Soy argentino. ¿Y de dónde sacaste que Colón no descubrió América?

DAVID: El maestro de historia nos dijo hoy que Colón no estuvo nunca en ninguna parte de lo que es hoy Estados Unidos.

MARCOS: O sea,° ¿el maestro dijo que Colón no descubrió América?　　*That is to say*

DAVID: No, no, él no dijo eso: lo digo yo. Si Colón no estuvo en América, ¡no la pudo descubrir!

MARCOS: Colón sí estuvo en América. Estuvo en Cuba, en Puerto Rico, en la República Dominicana, en América Central y América del Sur. Todo es parte de América. América no es sólo Estados Unidos.

DAVID: ¡Qué disparates° dices!　　*nonsense*

MARCOS: ¡El que dice disparates eres tú!

DAVID: Ahora que estás en América, ¿por qué no aprendes algo?

MARCOS: Nunca he dejado de estar en América. He vivido solamente en dos países: Argentina y Estados Unidos, y los dos están en América.

DAVID: ¡Qué cosas más extrañas° dices! Mira, tengo que irme. Te veo mañana.　　*strange*

MARCOS: Adiós, David, ¡qué inculto° eres, chico!　　*uneducated*

A propósito

¿Qué es América?

En el mundo hispánico, la palabra América incluye América del Norte, América Central, las Antillas y América del Sur. A los hispanoamericanos no les gusta oír a los estadounidenses decir **América** cuando quieren decir **Estados Unidos**. En Hispanoamérica se dice **Estados Unidos de Norteamérica**. Por otra parte, a los canadienses tampoco les gusta oír a los hispanoamericanos llamar **Norteamérica** a Estados Unidos. Y para referirse a personas de habla hispana debe decirse **hispanoamericanos**. La palabra **latinoamericanos** también incluye a todos los que en el continente americano hablan lenguas que vienen del latín, como el portugués, el francés y, por supuesto, el español.

Réplica de La Santa María, barco que trajo a Cristóbal Colón a América.

¿Qué comprendió Ud.?

1. ¿Dijo el maestro que Colón no descubrió América?
2. ¿Era Colón español?
3. ¿Argentina está en América?
4. ¿Qué es América?
5. ¿En qué parte de Estados Unidos estuvo Colón?

¿Quién descubrió América?

Algunas personas dicen que Cristóbal Colón descubrió América, pero eso no es realmente correcto. Había entonces ya varias civilizaciones muy avanzadas en el **Nuevo Mundo,** entre ellas las más conocidas eran las de los incas, los aztecas y los mayas. Colón descubrió América para el resto del mundo, que no sabía de su existencia.

Estructura

El diálogo indirecto

The imperfect is frequently used to report in the past what someone has said.

Person says:	**Later you report:**
Tengo tres discos. (I have three records.)	*Dijo que **tenía** tres discos.* (He said he had three records.)
Estoy terminando. (I am finishing.)	*Dijo que **estaba terminando**.* (She said she was finishing.)

The imperfect tense is used to report what was originally stated in the imperfect tense.

Person says:	**Later you report:**
Tenía hambre. (I was hungry.)	*Dijo que **tenía** hambre.* (She said she was hungry.)

If the present perfect was used in the original sentence, the pluperfect is used when reporting what was said.

Person says:	**Later you report:**
He terminado. (I have finished.)	*Dijo que **había terminado**.* (She said she had finished.)

Other verbs besides *decir* may be used in reporting, such as *asegurar* (to assure), *añadir* (to add), *preguntar* (to ask), *gritar* (to shout), *contestar* (to answer), *insistir* (to insist), and *repetir* (to repeat), among others.

Añadió que no importaba.	He added it didn't matter.
Insistió que era demasiado temprano.	He insisted it was too early.

4. **¿Qué dijeron?** Imagine que está escuchando partes de una conversación entre dos muchachos, David y Marcos. Reporte lo que se dijeron uno al otro.

Modelo: Marcos: No soy español.
Marcos dijo que no era español.

1. David: Estoy conversando con Marcos.
2. David: ¡Qué disparates dices!
3. Marcos: Creo que no.
4. Marcos: Voy a hablar con tu maestro.
5. David: He vivido sólo en dos países.
6. David: Estoy seguro de lo que digo.

5. **La señora Lidia Cortés y su amiga Clara.** Reporte la conversación entre las dos amigas. Use *preguntar, contestar, decir, asegurar, añadir* y *repetir*.

Modelo: Lidia: Mi día ha empezado mal.
Clara: ¿Qué te pasa?

Lidia dijo que su día había empezado mal y Clara le preguntó qué le pasaba.

1. Lidia: Me desperté tarde.
   Clara: Pues tengo una mala noticia.
2. Lidia: ¿Cuál?
   Clara: Mi coche está roto.
3. Clara: Lo siento mucho.
   Lidia: Voy a llamar a Estela.

Gente primitiva

Hoy es el 24 de mayo de 2209. Estamos estudiando la última parte del siglo XX en la clase de historia. La gente era muy atrasada° y hacía muchas cosas extrañas. Por ejemplo, se ponían en la boca unos cilindros pequeños de papel llenos de una planta llamada *tabaco* (que ya no existe). Los encendían con fuego (no conocían el calor electrónico). ¡Y luego inhalaban el humo!° A eso lo llamaban fumar. Estaba de moda,° y aunque los médicos descubrieron que el tabaco era la causa de muchas enfermedades,° la gente siguió fumando. Y en ese aire contaminado° corrían por las calles para mantenerse en forma,° en vez de° usar nuestros cómodos aparatos mecánicos. ¡Qué primitivos eran! Por televisión veían historias absurdas llamadas telenovelas, donde nadie era feo, ni pobre, ni tenía que limpiar la casa ni cocinar. Y los niños veían dibujos animados llenos de violencia donde unos animales atacaban a otros ¡con dinamita! Las modas eran extrañas. Algunos jóvenes se teñían° el pelo de color verde o rojo y lo llevaban terminado en puntas.° De ciencia no sabían nada. No tenían telepatía científica y se pasaban la vida, especialmente los más jóvenes, en unos aparatos llamados *teléfonos*, en los que sólo se podían oír las voces. ¡Qué suerte que no nos tocó vivir en esos tiempos!

backward

inhaled smoke
in fashion
illnesses
polluted
keep in shape/
instead of

dyed
wore it spiked

¿Qué comprendió Ud.?

1. ¿En qué siglo se escribió esta historia?
2. ¿Cómo piensan que era la gente de nuestro siglo?
3. ¿Qué no está de moda ya?
4. ¿Cómo se mantienen en forma?
5. ¿Por qué piensan que las telenovelas eran historias absurdas?
6. ¿Qué violencia había en los dibujos animados?
7. ¿En qué se pasaban la vida los jóvenes?

Vocabulario

absurdo,-a absurd
atacar to attack
atrasado,-a backward
científico,-a scientific
¡Cómo que no! Of course!, expression used to contradict a negative statement
confundir to confuse; *confundido,-a* confused
contaminar to pollute; *contaminado,-a* contaminated, polluted
la **dinamita** dynamite
el **disparate** nonsense, mistake, blunder

echarse a reír to burst out laughing
la **enfermedad** sickness, illness
en vez de instead of
extraño,-a strange
el **humo** smoke
inculto,-a uneducated
inhalar to inhale
mantenerse to maintain, to stay; *mantenerse en forma* to keep in shape
mecánico,-a mechanical
mejorar to improve
la **moda** fashion, style; *estar de moda* to be in fashion

o sea.... that is to say....
el **peregrino, la peregrina** pilgrim
la **punta** spike, point, tip
la **telepatía** telepathy
tener que ver con to be related, to have to do with
teñir (i,i) to dye
la **violencia** violence

¡La práctica hace al maestro!

En parejas

A. Imaginen que Uds. son maestros de
    historia o de ciencias en el siglo XXI. Cuéntenle
    a sus compañeros cómo era la vida cuando Uds. estaban en secundaria y qué cosas
    extraordinarias pasaron en el último año de sus estudios.

    Modelo: Había ya computadoras y televisores muy pequeños.

B. En cuanto a lo personal, comente con su compañero/a cómo era su vida hace cinco
    años. ¿Qué era diferente? ¿Qué hacía entonces que no hace ahora? ¿Qué le
    gustaba? Después, cambien los papeles.

    Modelo: Vivía en una casa grande con mis padres y mis abuelos.

C. Comente con su compañero/a tres cosas que Ud. hizo este año que nunca había
    hecho antes. Después deje a su compañero/a hacer lo mismo.

    Modelo: En este año hice mi primer viaje a España. Nunca había ido
                 hasta el otro lado del océano.

En grupos

D. ¿Cómo se pueden describir los tiempos en que vivimos? ¿Cómo se podrían
    explicar nuestras vidas a la gente del siglo XXIII? Hagan una descripción diferente
    del informe que acabamos de leer.

    Modelo: Podían hablar por medio de aparatos con personas que estaban
                 lejos, pero sólo podían oír las voces, no ver a las personas.

E. Conversen sobre la presencia hispánica en los Estados Unidos: nombren lugares
    y personas famosas de origen español. Un/a estudiante puede escribir la lista en
    la pizarra.

    Modelo: Florida, San Diego, Boca Ratón, Sierra Nevada, Sacramento,
                 Cristóbal Colón, Linda Ronstadt, Armando Maradona.

A escribir

Escriba un reportaje sobre algo interesante que Ud. vio. Quizás un accidente, o un
incidente que pasó en la escuela, o en la calle. Explique primero dónde y cuándo ocurrió,
describa el lugar y las personas que participaron, qué hacía Ud. cuando ocurrió y qué
fue lo que pasó. Termine diciendo qué hicieron después y qué opina Ud. de todo eso
ahora.

Selecciones
literarias

Introducción

Cristóbal Colón, en su viaje en busca de una nueva ruta para llegar a la China, encontró tierras desconocidas hasta entonces en el mundo civilizado. La carta que envió a los Reyes Católicos describiendo esas tierras es un documento único.

Se cree que Colón nació en Génova, Italia, alrededor de 1440. Fue marino (*mariner*) desde muy joven. Se casó y se estableció en Lisboa, Portugal, y trabajó con su hermano Bartolomé haciendo mapas. Pero los recuerdos de viaje de su suegro (que era gobernador de una isla cerca de Madeira), las aventuras de Marco Polo y las leyendas de tierras desconocidas le atraían demasiado. Pidió al rey de Portugal tres barcos, que le fueron negados. Al morir su esposa, salió de Portugal y pidió ayuda para su proyecto a los reyes más importantes de Europa. La reina Isabel de Castilla fue la única que se interesó, pero el consejo (*council*) del reino, después de cinco años, no aprobó el proyecto. Colón siguió insistiendo, porque él creía que el mundo era redondo (*round*). Tenía algunos defensores y, según la leyenda, la reina al fin decidió vender sus joyas personales para hacer posible su viaje. El resto es historia.

Preparación

Conteste las siguientes preguntas como preparación para la lectura.

1. ¿Sabe Ud. por qué los europeos del siglo XV querían viajar a la China y a la India?
2. ¿Por qué querían encontrar una nueva ruta?
3. ¿Por qué creía Colón que podía encontrarla?
4. ¿Sabe Ud. a dónde llegó Colón primero?
5. De una mirada rápida, encuentre en la lectura otras palabras de la misma familia que *amigo, fuerte, defender* y *gobierno*.
6. ¿Puede adivinar cuáles son los cognados en inglés de *fe, bonete, armas, ignorancia* y *leyenda*?

Diario de viaje (*Fragmentos*): Cristóbal Colón

Viernes 12 de octubre de 1492

Yo, para obtener mucha amistad° — porque conocí que era gente que mejor se convertiría con amor a nuestra santa fe° que por fuerza° — les di a algunos de ellos unos bonetes colorados° y unas cuentas de vidrio,° que se ponían al cuello, y otras cosas muchas de poco valor,

°*friendship*
°*faith*/ *force*
°*red caps worn by sailors*/ *glass beads*

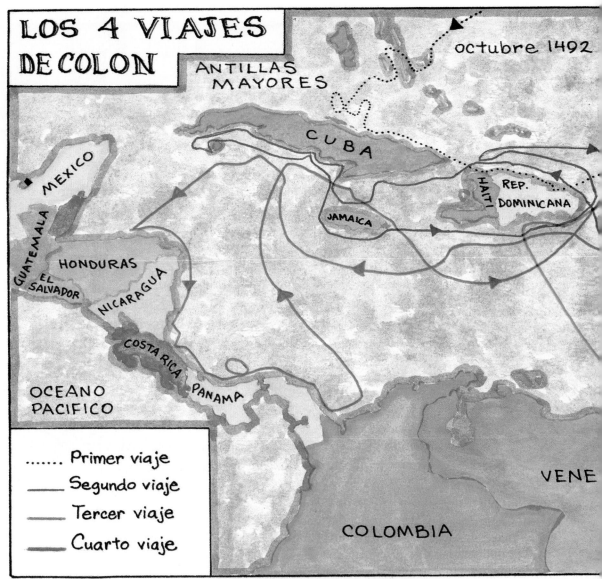

LOS 4 VIAJES DE COLON

ANTILLAS MAYORES

octubre 1492

CUBA

MEXICO

GUATEMALA

HONDURAS

EL SALVADOR

NICARAGUA

JAMAICA

HAITI

REP. DOMINICANA

COSTA RICA

PANAMA

OCEANO PACIFICO

VENE

COLOMBIA

...... Primer viaje

_____ Segundo viaje

_____ Tercer viaje

_____ Cuarto viaje

que les daban mucho placer; y quedaron tanto nuestros que era una
maravilla. Después venían a las barcas, donde nosotros estábamos,
nadando, y nos traían papagayos° e hilo° de algodón en ovillos,° y
lanzas° y otras cosas muchas, y nos las cambiaban por otras cosas
que nosotros les dábamos, como cuentecillas° y cascabeles.° En fin,
todo lo tomaban, y daban de aquello que tenían, de buena voluntad.°
Me pareció que era gente muy pobre de todo. Ellos andaban todos
desnudos° y también las mujeres, aunque no vi más de una, muy
buena moza.° Todos los que yo vi eran jóvenes, que ninguno vi de
más de treinta años, muy bien hechos, de muy hermosos y lindos
cuerpos y muy buenas caras; los cabellos, gruesos° casi como colas°
de caballos, y cortos; traen los cabellos por encima de las cejas,
menos unos cuantos detrás, que traen largos y jamás cortan. Ellos

parrots/ thread/
spools/
spears/ little beads/
jingle bells/ good
will
were (went about)
naked/ very
beautiful
thick/ tail

OCEANO
ATLANTICO

enero 1493

sept. 1504

nov. 1493

AS
RES

1502

julio 1498

GUYANA

Cristóbal Colón, descubridor
de América. (Santo Domingo)

no traen armas ni las conocen, porque les mostré espadas y las
tomaban y se cortaban, con ignorancia. No tienen ningún hierro.°   *iron*
Sus lanzas son sin hierro, y algunas de ellas tienen en la punta un
diente de pez, y otras de otras cosas. Ellos todos son de buena
estatura, de buenos gestos,° y bien hechos. Ellos deben ser buenos   *good manners*
servidores y de buen ingenio,° pues veo que muy pronto dicen todo   *intelligent*
lo que yo les decía.

Domingo 14 de octubre de 1492

Vi luego dos o tres poblaciones y la gente; venían todos a la playa
llamándonos y dando gracias a Dios. Unos nos traían agua; otros,

otras cosas de comer; otros, cuando veían que yo no iba a tierra, se echaban al mar nadando y venían. Y entendíamos que nos preguntaban si veníamos del cielo. Vinieron muchos y muchas mujeres, cada uno con algo, dando gracias a Dios.

Domingo 28 de octubre de 1492

Colón llegó a una costa que exploró durante seis semanas. Pensando que era un continente, y que había llegado a la India, llamó "indios" a los habitantes. Era en realidad la isla de Cuba. Y Colón escribió en su diario que ésa era la tierra más hermosa que ojos humanos habían visto.

Todo el río rodeado de árboles verdes y llenos de gracia, diferentes de los nuestros, cubiertos de flores y otros de frutos; aves° muchas y pajaritos que cantaban con gran dulzura;° la hierba° grande como en Andalucía por abril y mayo....

birds
sweetness/ grass

Lunes 24 de diciembre

Crean Vuestras Altezas° que en el mundo todo no puede haber mejor gente ni más mansa°.... Todos de muy singularísimo buen trato,° amorosos y de habla dulce....

Your Royal
Highnesses/ peaceful
pleasant

> *Fragmentos del* **Diario de viaje de Cristóbal Colón,** *adaptado de* **Historia de las Indias,** *de Bartolomé de Las Casas, misionero e historiador español que llegó a América en 1502.*

¿Qué comprendió Ud.?

1. ¿Cúales dos hechos muestran que Colón tenía grandes conocimientos de geografía?
2. ¿Cúales tres cosas lo hicieron pensar en un viaje, según se dice?
3. ¿Quién finalmente le dio dinero para el viaje?
4. ¿Por qué Colón les daba bonetes rojos y cuentas de vidrio a los indígenas?
5. ¿Qué le traían los indígenas a Colón?
6. ¿Qué ropa tenían los indígenas?
7. ¿Cómo eran los indígenas?
8. ¿Por qué los llamó "indios"?

A conversar

A. Cuenten qué le pasó a Colón desde que tuvo la idea de encontrar una ruta nueva para llegar a la China hasta que, diez años después, escribió este diario.

B. Describan cómo eran la naturaleza, los animales y las personas que Colón vio en las nuevas tierras.

A escribir

Busquen en una enciclopedia la biografía del Padre Bartolomé de Las Casas y escriban en español una pequeña biografía suya, en cinco oraciones.

Capítulo 5

En la ciudad

- Telling someone what to do
- Asking for and giving directions
- Identifying places in a city
- Reporting what others say
- Stating wishes and preferences
- Offering opinions
- Advising and suggesting
- Seeking and providing postal information

Aprendiendo a manejar

Carlos está un poco nervioso. Hoy tiene clase de manejar. Su instructor no tiene mucha paciencia° y Carlos tiene miedo de cometer errores.° No estaba muy apurado por aprender, pero su tío Juan José le ha prometido regalarle un coche con la condición de que tiene que pasar el primer examen para obtener la licencia.° Si no es un buen chófer, le dice riendo su tío, bien puede esperar otro año. ¡Carlos no va a perder esa oportunidad!

patience/ make mistakes

driver's license

SR. LUIS:	¡Cuidado con ese coche! ¡No acelere° ahora!
VOZ:	¿No ve por donde va? ¡Es una calle de una sola vía!°
CARLOS:	¿Qué le pasa a ese hombre?
SR. LUIS:	Es que estaba demasiado cerca. No se acerque tanto.
CARLOS:	La verdad es que no había visto ese automóvil.
SR. LUIS:	Mire por el espejo a cada rato para saber dónde están los otros coches. Ud. tiene que adivinar lo que los otros choferes van a hacer....
CARLOS:	Todavía está ahí cerca. ¿Qué hago?
SR. LUIS:	Disminuya° la velocidad y déjelo pasar. Vamos a doblar° a la

speed up

one-way street

decrease/ turn

izquierda en la esquina donde está el semáforo,° antes de *traffic light*
llegar a la glorieta.° *traffic circle*

CARLOS: Voy a cambiar de carril° entonces. *lane*

SR. LUIS: No olvide mirar por el espejo. Primero, asegúrese de que no viene nadie.

CARLOS: ¡Uy, casi no me dio tiempo!

SR. LUIS: Cerca de la esquina, pise° el freno un poco y luego doble. *step on*

CARLOS: No entendí bien. ¿Voy por aquí o por allá? Explíquemelo otra vez.

SR. LUIS: Doble a la izquierda. Para mantenerse en el mismo carril, tiene que doblar despacio y usar las dos manos. ¡Muy bien! Siga por esta calle. Vamos a practicar el estacionamiento.° (*Carlos* *parking* *se pone nervioso. Mira para todas partes como queriendo escapar. El señor Luis no le hace caso.*)

SR. LUIS: Ahí hay espacio. Ponga la marcha atrás° y siga mirando por *reverse gear* el espejo. Dé vueltas° al volante y vaya para atrás despacio. *turn (around)*

CARLOS: Ay, creo que estoy muy lejos de la acera.

SR. LUIS: A ver, abra la puerta. No, está bien. Para aprender a estacionar bien se necesita practicar mucho. Vamos a regresar ya. Hay mucho tránsito° ahora. Esta semana ha hecho grandes *traffic* progresos. Hasta el próximo martes, a la misma hora, ¿no? (*Carlos sonríe satisfecho.*°) *pleased*

¿Qué comprendió Ud.?

1. ¿Cuál es el consejo más importante que le da el señor Luis a Carlos?
2. ¿Por qué es eso importante?
3. ¿Van a doblar a la derecha?
4. ¿Qué tiene que hacer Carlos antes de cambiar de carril?
5. ¿Por qué hay que doblar despacio?
6. ¿Cuándo pone Carlos la marcha atrás?

Charlando

1. ¿Está Ud. aprendiendo o va a aprender a manejar? ¿Dónde y con quién? ¿O ha decidido dejarlo para más tarde?
2. Si Ud. ya sabe, ¿dónde y cuándo aprendió?
3. Cuando estaba aprendiendo, ¿qué le pareció lo más difícil?
4. ¿Le dejan usar el coche de la familia? ¿O maneja Ud. otro coche?
5. ¿Ha tenido algún accidente? ¿Dónde y cuándo? ¿Qué pasó?
6. ¿Adónde le gusta ir en coche?
7. ¿Cree Ud. que Luis le enseña bien a Carlos? ¿Por qué?
8. ¿Cuál es su mejor consejo?

Lo mismo, pero diferente

En algunos países se dice **conducir** y en otros **manejar**. **Estacionar** es también **aparcar** y **parquear**. En el Caribe se le dice **timón** al **volante**. Igual sucede con **licencia para conducir**, que también se llama **carnet de conducir** y **licencia de manejar**. Para **automóvil** tenemos **auto**, y **carro** se usa en países cercanos a Estados Unidos. En España y en América del Sur se dice **coche**. En el Caribe se usa **máquina** (*machine*) y, más coloquialmente, **cacharro**, que equivale a *old wreck, junk, jalopy*, pero que se usa a veces, casi con afecto, para el coche de todos los días.

En la carretera

Carlos quiere sacar la licencia para conducir y su primo Ramiro lo deja practicar un poco.

RAMIRO: Es mejor que limpies el parabrisas antes de llegar al puente de peaje.° Hay mucho polvo° hoy.   *toll/ dust*

CARLOS: No puedo. El limpiaparabrisas no funciona. Parece que está roto.

RAMIRO: Bueno, ahí hay una gasolinera.° Y el tanque° de gasolina° está medio vacío.°   *gas station/ tank/ gasoline/ empty*

Llene el tanque y
mire el aceite,
por favor.

CARLOS: Llene el tanque, por favor. Aquí está la tarjeta de crédito.

VOZ: ¿Y el aceite?

CARLOS: Mire el aceite también, pero creo que está bien, gracias. *(Otra vez en la carretera.)*

RAMIRO: ¡Oye, cuidado! ¿A ti te gusta correr? No pises tanto el acelerador,° que la carretera está un poco mojada° y puede *gas pedal/ wet* estar resbalosa. Y mira, el policía paró al coche que te pasó y le está poniendo una multa° por exceso de velocidad.° ¡Por *fine/ speeding* poco te toca a ti!

¿Qué comprendió Ud.?

1. ¿Por qué no puede usar Carlos el limpiaparabrisas?
2. ¿Adónde van entonces?
3. ¿Qué está medio vacío?
4. ¿Con qué paga Carlos?
5. ¿Cómo está la carretera?
6. ¿Para qué paró al coche el policía?
7. Y a Ud., ¿le gusta correr?
8. ¿Le han puesto una multa alguna vez? ¿Por qué?
9. ¿Ha tenido algún accidente? ¿Cuándo?

Palabras en movimiento

Correr mucho es pasar el límite de velocidad. La policía le puede poner una multa **por correr** o **por exceso de velocidad** (*give you a speeding ticket*). Y a propósito, la palabra **tráfico** significa **comercio** o **compra** y **venta** (como en **tráfico de drogas**), aunque a veces se usa con el significado de **tránsito**.

Estructura

El mandato formal

Create the formal (*Ud.*) command of most verbs by substituting the *-o* of the *yo* form of the present tense with *-e* for *-ar* verbs and *-a* for *-er* or *-ir* verbs. Make the plural (*Uds.*) command by adding the letter *-n* to the *Ud.* verb form. The rules regarding stem and spelling changes remain the same for the formation of the formal commands.

Llene el tanque.	Fill the tank.
Enciendan las luces.	Turn on the lights.
Apague las luces.	Turn off the lights.

Affirmative and negative formal commands are identical.

Maneje más despacio, por favor.	Drive slower, please.
Si toma, no *maneje*.	If you drink, don't drive.

Occasionally the subject pronoun is included after the verb.

Pase Ud.	Come in.

Irregular verbs in which the present indicative *yo* form ends in *-oy* have irregular stems for the formal commands. The verb *saber* also has an irregular stem, and *dar* follows the pattern of *-er* verbs.

infinitivo	presente del indicativo	mandato formal
ser	soy	**sea** *(be)*
estar	estoy	**esté** *(be)*
ir	voy	**vaya** *(go)*
dar	doy	**dé** *(give)*
saber	sé	**sepa** *(know)*

Sea prudente en la carretera.	Be careful on the highway.
Esté preparado.	Be prepared.

Attach object and reflexive pronouns to the end of formal command forms in the affirmative. In negative commands, however, these pronouns precede the verb.

Déjeme ver su licencia.   Let me see your license.

but:

No se quite el cinturón de seguridad.   Don't take off your safety belt.

1. **Señales de tránsito. Identifique cada dibujo y dé el nombre de la señal de tránsito. Escoja de la lista.**

a. Carretera resbalosa
b. Cruce de ferrocarril (trenes)
c. Calle de una sola vía
d. Prohibido doblar a la izquierda

e. Estacionamiento
f. Calle de doble vía
g. Semáforo más adelante
h. Glorieta

2. **¿Le gusta manejar? Para algunas personas, manejar es un placer. Para otras es sólo una necesidad. Comente con un/a compañero/a las ventajas y desventajas de manejar. Hagan una lista de cada categoría.**

3. **¡Por favor! Ud. está sentado en el asiento de atrás y su tío conduce como un loco. Ud. le pide que maneje con más cuidado. Siga el modelo.**

   Modelo: cruzar con la luz roja
              ¡No cruce con la luz roja!

   1. salirse del carril
   2. ir rápido
   3. dormirse en el volante
   4. aumentar la velocidad
   5. conducir con cuidado
   6. olvidar el peaje
   7. obedecer las señales de tránsito

4. La multa. Imagínese que Ud. es un policía de tránsito. Escriba cinco mandatos que Ud. da a personas que han cruzado con la luz roja o que han desobedecido alguna señal de tránsito.

Practique los mandatos formales, imaginando que es un policía o una policía de tránsito.

5. A escoger. Escoja un elemento de cada columna para formar un mandato. Siga el modelo.

Modelo: **A.** doblar   **B.** a la izquierda
Doble a la izquierda.

A	B
1. acercarse	a. marcha atrás
2. tener cuidado	b. al volante
3. dejar pasar	c. en su carril
4. practicar	d. el coche
5. pisar	e. con los peatones
6. mantenerse	f. el estacionamiento
7. doblar	g. a los otros coches
8. dar	h. despacio
9. dar vueltas	i. el freno
10. estacionar	j. a la acera

Estructura

Más sobre el mandato

You can suggest an activity for a group in which you are a member by using the *nosotros* form of the command. It is formed by adding *-mos* to the *Ud.* command form.

Hagamos algo.	Let's do something.
*No **olvidemos** la licencia de conducir.*	Let's not forget our driver's license.

The *nosotros* command form is equivalent to *Vamos a....* (Let's...).

Doblemos aquí.	
Vamos a doblar aquí.	Let's turn here.

Reflexive verbs in *nosotros* affirmative commands drop the final consonant(s) before attaching the reflexive pronoun.

> **levantemos + nos = levantémonos**

Levantémonos.	Let's get up.
Mantengámonos a la derecha.	Let's keep right.

Note that the form *vayámonos* is often shortened to *vámonos*.

*¿Nos vamos? Sí, **vámonos.***	Are we leaving? Yes, let's leave.

Remember that in the negative, object pronouns and reflexive pronouns always precede the verb.

*No **nos** vayamos todavía.*	Let's not leave yet.
*No **se** vayan todavía.*	Don't leave yet.
*No **le** diga nada a él.*	Don't tell him anything.

Repaso rápido: el mandato con *vosotros*

Form the affirmative *vosotros* command by dropping *r* from the infinitive and adding *-d*. The negative *vosotros* command is formed by adding *-éis* to the formal (*Ud.*) command stem of *-ar* verbs, and by adding *-áis* to the formal (*Ud.*) command stem of *-er* and *-ir* verbs.

verb ending	affirmative command	negative command
-ar	olvidad	no olvidéis
-er	comed	no comáis
-ir	escribid	no escribáis

¿Qué debemos hacer?

6. **¿Qué debemos hacer?** Ud. es el líder de su grupo y todos le preguntan qué deben hacer. ¿Qué consejos les da Ud. en las siguientes situaciones?

    Modelo: La oficina está en el segundo piso.
              Subamos la escalera.

1. El tanque de gasolina está casi vacío.
2. No sé dónde está la avenida.
3. Creo que viene otro coche.
4. Hay un coche que tiene mucha prisa.
5. Hay un letrero que dice "Alto".
6. Hay que doblar en la esquina.
7. El freno no funciona muy bien.
8. Este puente es de peaje.

7. **Otra vez.** Haga la Actividad 6 otra vez, pero ahora usando *Vamos a....*

    Modelo: La oficina está en el segundo piso.
              Vamos a subir la escalera.

Estructura

El mandato indirecto

It is possible to give a command or suggest an activity to a third party who is not present using the *Ud./ Uds.* command forms, preceded by *que.*

    Que maneje ella.   Let her drive.
    Que no se vayan.   Don't let them leave.

8. **Diferencia de opinión.** Imagine que Ud. tiene dos primos que nunca se ponen de acuerdo. Cuando uno sugiere algo, el otro dice lo contrario. Cree un mini-diálogo, siguiendo el modelo.

    Modelo: ir conmigo/ con ella
              Que vayan conmigo.
              No, que vayan con ella.

1. alquilar/ comprar una bicicleta
2. encender/ apagar la luz
3. escribir una carta/ llamar por teléfono
4. aumentar/ disminuir la velocidad
5. ver televisión/ una película
6. venir temprano/ tarde
7. esperar/ irse

¡Que no tengamos estos problemas de tránsito!

9. **Y que no llueva. Es el último día de su visita a la ciudad. Exprese lo que Ud. desea para ese día. Piense en situaciones, familiares y amigos. Escriba seis frases.**

    Modelo: tener problemas/ tránsito
              Que no tengamos problemas de tránsito.

Vocabulario

el **acelerador** gas pedal, accelerator
acelerar to speed up, to accelerate
el **automóvil** automobile
el **carril** traffic lane
cometer to commit, to make; *cometer errores* to make mistakes
dar vueltas to turn
disminuir to decrease, to diminish, to lessen
doblar to turn
el **estacionamiento** parking space or lot; the act of parking

el **exceso** excess; *exceso de velocidad* speeding
la **gasolina** gasoline
la **gasolinera** gas station
la **glorieta** traffic circle
la **licencia** license
la **marcha atrás** reverse gear; *poner la marcha atrás* to use reverse gear
mojado,-a wet, soaked
la **multa** fine
la **paciencia** patience
el **peaje** toll
pisar to step on
el **polvo** dust

satisfecho,-a satisfied, pleased
el **semáforo** traffic light
el **tanque** tank
el **tránsito** traffic; *señales de tránsito* traffic signals
vacío,-a empty
la **vía** street, roadway, way, track; *una sola vía* one-way street

Perdidos en la ciudad

Carlos pasó su primer examen y ya sacó su licencia de manejar. Su tío le ha regalado un lindo coche blanco. Es de segunda mano,° pero parece nuevo. Carlos está muy contento.   *used*

CARLOS: ¡Caramba, esto es ridículo, pero creo que estamos perdidos!

ALICIA: No puede ser.... Yo seguí el plano° de la ciudad para no   *map*
perdernos.° Primero estaba la Avenida del Puente, y después   *in order not to get lost/ paved road*
la Calzada° Internacional, dos o tres cuadras antes de llegar a
la glorieta....

CARLOS: ¿Qué hacemos ahora? ¿Puedes leer aquel letrero?

ALICIA: No.... Tenemos que preguntarle a alguien.... Mira, ahí hay un
policía. Déjame bajar del coche, cruzo la calle y le pregunto.
Es lo más fácil.

CARLOS: Vale. Pregúntale dónde queda° la avenida que va a la Calzada   *where is*
Internacional.

Alicia va a pedirle información al policía de tránsito.

ALICIA: Por favor, ¿podría decirme cómo se llega a la Calzada
Internacional desde aquí?

POLICIA: Al llegar a la estación de bomberos, dé la vuelta alrededor de
             la glorieta y doble a la derecha. Siga derecho por esa calle
             hasta el semáforo. La primera bocacalle° es un callejón sin   *intersection*
             salida° y no tiene vereda.° La segunda es la Calzada   *dead end/ sidewalk*
             Internacional.
ALICIA: Muchas gracias. Muy amable.

Alicia espera un rato hasta que cambia la luz y entonces cruza la calle,
repitiendo lo que le dijo el policía para no olvidarlo.

CARLOS: ¿Qué te dijo el policía?
ALICIA: Dice que des la vuelta alrededor de la glorieta y que dobles a
             la derecha. Luego es necesario que sigas derecho hasta el
             semáforo y que dobles en la segunda bocacalle. Esa es la
             Calzada Internacional.
CARLOS: Ah, ¡estupendo! Estamos cerca. Creí que íbamos a llegar tarde
             al concierto, después de que nos costaron tan caros los boletos
             y fue tan difícil conseguirlos. ¡Qué suerte!

Los carros van
alrededor de la glorieta.

¿Qué comprendió Ud.?

1. ¿Qué buscaban Alicia y Carlos?
2. ¿Qué sugiere Alicia?
3. ¿Qué le pregunta ella?
4. ¿Dónde hay que dar la vuelta?
5. ¿Qué hay en la bocacalle antes de la Calzada?
6. ¿Qué deben hacer en el semáforo?
7. ¿Adónde iban Alicia y Carlos?

Charlando

1. ¿Ya sacó Ud. la licencia para conducir? ¿Cuándo? ¿O cuándo
   piensa sacarla?
2. ¿Le gusta manejar en la ciudad? ¿Por qué sí o por qué no?
3. ¿Qué prefiere, usar el plano de la ciudad o preguntar?
4. ¿Es fácil o difícil para Ud. encontrar las direcciones en el plano
   de la ciudad o en el mapa?
5. ¿Se ha perdido Ud. alguna vez en una ciudad? ¿Dónde?

A propósito

Para no perderse

¿Cómo se llega a...? ¿Cómo se va a...? ¿Cuál es el camino para llegar a...? ¿Cómo puedo llegar a...? ¿Cómo voy a...? ¿Por dónde puedo ir para...? ¿Para dónde va esta calle? ¿Hasta dónde llega esta calle? ¿Por dónde se sale a la avenida...? ¿Dónde está...? ¿Dónde se encuentra...? ¿Dónde queda...? Todas estas son expresiones muy útiles para pedir ayuda y evitar perderse. El siguiente vocabulario adicional también puede ser necesario:

a la izquierda (de)	*on the left (of)*	**entre**	*between*
a la derecha (de)	*on the right (of)*	**después de**	*after*
en la esquina de	*on the corner of*	**lejos (de)**	*far (from)*
a una cuadra de	*a block from*	**cerca (de)**	*near (to)*
antes de llegar a	*before getting to*	**encima (de),**	*on top (of)*
delante (de)	*in front (of), ahead (of)*	**sobre**	
al lado (de),	*next (to), next*	**debajo (de)**	*under, below*
junto a	*door (to)*	**detrás (de)**	*behind*
enfrente (de)	*in front (of), across from*	**fuera de**	*outside*
		dentro de	*inside*

Repaso rápido: *pedir y preguntar*

The verb *preguntar* (to ask) is used to ask a question. *Pedir* (to ask for) is used to try to obtain something or to try to convince someone to do something.

*Si me **preguntas**, te respondo.*	If you **ask** me, I'll answer you.
*Si me lo **pides**, te lo doy.*	If you **ask** me **for** it, I'll give it to you.

Preguntar por (to ask for/about) is used to ask to see or speak with someone, or to ask for information about someone or something.

*Llama y **pregunta por** Lola.*	Call and **ask for** Lola.
***Pregúntale** a Nando **por** Nena.*	**Ask** Nando **about** Nena.

Pedir $... por (to ask money for) refers to the sale price of something.

*¿Cuánto **piden por** esa pintura?*	How much are they **asking for** that painting?
***Piden** dos mil dólares **por** ella.*	They are **asking** two thousand dollars **for** it.

1. Use su lógica. Forme frases completas combinando elementos de cada columna.

A	B
1. Le pregunto...	a. un favor muy grande.
2. Le pido...	b. ella porque hace tiempo que no la veo.
3. Le pido por...	c. uno pero no quiere dármelo.
4. Le pregunto por...	d. pero no va a decírmelo.
	e. dónde queda el restaurante.
	f. sus primos.
	g. $20 por cada boleto.
	h. el disco cinco dólares.

¿Dónde está?

Gloria y Ricardo están de visita en Puerto Rico, en casa de sus tíos. Ellos viven en Río Piedras, en una casa muy linda de dos plantas, con un jardín enorme. Gloria y Ricardo también van a un concierto, pero tienen un problema diferente al de Alicia y Carlos.

GLORIA: Estoy segura de que puse los boletos encima o debajo del periódico donde estaba el anuncio del concierto.

RICARDO: Pero no están. ¿Buscaste en la terraza de arriba, donde estuvimos conversando?

GLORIA: Sí, busqué arriba y abajo, y en todas partes.... ¡Se los ha tragado° la tierra!

swallowed

RICARDO: No puede ser. Tienen que estar en alguna parte. ¿Miraste al lado de los discos que compraste ayer? ¿O sobre la mesa? ¿O dentro de tu bolso?

GLORIA: Sí, miré en todas partes, y saqué todo lo que estaba dentro de mi bolso, y ¡nada!

RICARDO: ¡Ah, ya sé! Ya me acuerdo.... Los pusiste a la entrada, en la mesita delante del espejo que está al lado de la puerta. ¿Recuerdas? Dijiste que como allí estaban cerca de la salida, no nos íbamos a olvidar....

GLORIA: ¡Ay, claro, qué tonta soy! ¡Qué bueno que te acordaste! Vámonos, que se hace tarde.

¿Qué comprendió Ud.?

1. ¿Dónde viven los tíos de Gloria y Ricardo?
2. ¿Dónde cree Gloria que puso los boletos?
3. ¿Qué dice ella cuando no los encuentra en ninguna parte?
4. ¿Quién se acordó dónde estaban los boletos?
5. ¿Por qué quiere irse Gloria?
6. Y Ud., ¿es ordenado/a o deja las cosas en cualquier lugar?

Una calle en el Viejo San Juan, Puerto Rico.

Las playas son populares en Puerto Rico.

Puerto Rico

Puerto Rico ofrece el contraste entre lo viejo y lo nuevo. El Viejo San Juan, fundada en 1508 por Juan Ponce de León, es una de las ciudades más antiguas de todo el continente americano (sólo la precedió Santo Domingo, República Dominicana). Los edificios coloniales de siete manzanas (*city blocks*), construidos por los españoles en los siglos XVI y XVII, están restaurados (*restored*). Los más notables son la fortaleza (*fortress*) de El Morro, y la iglesia de San José, la más antigua de América. Y no muy lejos hay hoteles de lujo y bellas playas con todas las comodidades para el turista moderno. La naturaleza ha sido (*has been*) generosa con esta tierra: bosques como Toro Negro y El Yunque (*Caribbean National Forest*); playas como la de Luquillo, y montañas como la Cordillera Central, pueden verse desde la espectacular carretera de San Juan a Ponce. La isla sólo mide 110 x 35 millas y la mejor manera de verla es dar una vuelta a su alrededor, viajando de uno a otro de los 17 paradores (*country inns*).

2. **¿Podría decirme dónde queda...?** Suponga que Ud. tiene un trabajo de verano vendiendo helados en un carrito en una calle por donde pasan muchos turistas. Todos le piden información. Complete las siguientes frases según la ilustración.

> **Modelo:** ¿Dónde está el rascacielos más alto?
> Cerca de la autopista.

1. ¿La ferretería?
2. ¿La gasolinera?
3. ¿La peluquería?
4. ¿La relojería?
5. ¿La tienda de modas?

6. ¿El semáforo?
7. ¿La óptica?
8. ¿La dulcería?
9. ¿La autopista?

Estructura

El subjuntivo

You will recall that the subjunctive mood is often required in Spanish. The *usted* and *ustedes* forms of the subjunctive are identical to the formal commands. To form the present subjunctive, drop the final -*o* from the *yo* form of the present indicative of the verb. Then add -*e*, -*es*, -*e*, -*emos*, -*éis* or -*en* for -*ar* verbs; add -*a*, -*as*, -*a*, -*amos*, -*áis* or -*an* for -*er* and -*ir* verbs.

presente del subjuntivo		
hablar	**comer**	**vivir**
hable	coma	viva
hables	comas	vivas
hable	coma	viva
hablemos	comamos	vivamos
habléis	comáis	viváis
hablen	coman	vivan

The subjunctive has the same stem changes (*e* ➡ *ie*, *o* ➡ *ue*, *e* ➡ *i*), the same spelling changes (-*car*, -*gar*, -*zar*, -*ger* verbs) and the same irregularities (such as -*zc*) of the *Ud.* command form.

Yo quiero que tú lo **pienses.**	I want you to think about it.
¿Tú prefieres un avión que **vuele** *directamente a Madrid?*	Do you prefer an airplane that flies directly to Madrid?
Papá no quiere que le **pidas** *más dinero.*	Daddy doesn't want you to ask him for more money.
Es necesario que **busquemos** *una señal de tránsito.*	We need to look for a traffic signal.
Siempre insistimos en que Ud. **pague** *sus cuentas a tiempo.*	We always insist that you pay your bills on time.
Ellas esperan que la película **empiece** *pronto.*	They hope that the movie starts soon.
¿Uds. piden a la policía que los **proteja?**	Are you asking the police to protect you?
Los profesores nos aconsejan que no **traduzcamos** *del inglés al español.*	The teachers advise us not to translate from English to Spanish.

One important use of the subjunctive is to report or repeat in the present a command that is given.

mandato:

Hable más alto.
Que hable más alto.

subjuntivo:

Ella dice que hable más alto.
(She says to speak louder.)

Los chóferes dicen
que hay mucho tráfico.

El policía dice
que sigan derecho.

3. ¿Perdidos en la ciudad? Es fácil perderse. Cuando Ud. pide instrucciones a diferentes personas, cada una le dice algo diferente. Complete las frases, usando el subjuntivo.

   Modelo: El policía dice que (yo) <u>siga</u> derecho. (seguir)

   1. El mesero dice que _____ a la izquierda. (doblar)
   2. Un estudiante dice que _____ la vuelta. (dar)
   3. El agente de turismo dice que _____ en taxi. (viajar)
   4. Otro turista dice que _____ el autobús. (tomar)
   5. Un trabajador dice que _____ a la derecha. (caminar)
   6. Un joven le dice que _____ el plano. (ver)
   7. Un señor le dice que le _____ a otra persona. (preguntar)

Una palabra que da vueltas

Dar (la) vuelta equivale a *to return, to flip something over* o *to go around*. **Estar de vuelta** significa *to be back*. Hay varias expresiones muy parecidas con la palabra **vuelta**. **Dar vueltas** equivale a *to turn, to move in a circular motion*, como **darle vueltas al volante**. Una expresión bastante común es: **Tengo una idea dando vueltas en mi cabeza**. **Dar una vuelta** equivale a *to go for a walk* o *for a ride*. Y recuerde que la expresión **ida y vuelta** significa *round trip*.

Estructura

Verbos irregulares en el subjuntivo

The verbs *saber* and *haber*, and verbs that end in *-oy* in the present indicative *yo* form have irregular present tense subjunctive forms.

verbos irregulares					
saber	**haber**	**estar**	**ser**	**ir**	**dar**
sepa	haya	esté	sea	vaya	dé
sepas	hayas	estés	seas	vayas	des
sepa	haya	esté	sea	vaya	dé
sepamos	hayamos	estemos	seamos	vayamos	demos
sepáis	hayáis	estéis	seáis	vayáis	deis
sepan	hayan	estén	sean	vayan	den

Estructura

Más sobre el subjuntivo

Although commands may be one word only (*¡Escriba!*), the subjunctive is always used within a clause (a group of words that contains a subject and a conjugated verb). If the clause expresses a complete thought, it is said to be independent (the main clause). If it does not, it is dependent. A dependent clause joins with an independent clause to form a complete sentence. The verb in the subjunctive, usually introduced by *que*, appears in the dependent clause.

El policía dice que tú dobles allí.
    independent   dependent

The police officer says you turn there.

A sentence may have two clauses with different subjects and different verbs for each. The subjunctive is not necessary when the two subjects are different but the verb of the independent clause is descriptive and only offers information.

   *El **dice** que ella **espera** allí.*   He says she is waiting there.
but:
   *El **quiere** que ella **espere** aquí.*   He wants her to wait here.

When the two verbs refer to the same subject, an infinitive or the indicative form of the verb is used.

   *Ella promete **ir**.*   She promises to go.
   *Ella promete que (ella) **va a ir**.*   She promises she is going to go.

However, when the subjects of both clauses are different and the verb of the independent clause expresses a feeling, an emotion, a doubt, a hope, a wish, a request, a suggestion, or someone's will, to name just a few of the many special circumstances, the verb of the dependent clause must be in the subjunctive. This will be discussed later in greater detail.

   *El **prefiere** que nosotros **vayamos**.*   He prefers that we go.
   ***Deseamos** que ella nos **escriba**.*   We wish she would write to us.

4. **¿Qué dice? Dígale a una persona las instrucciones dadas por otra persona, según las indicaciones que siguen. Use distintos nombres.**

   Modelo: decir/ estacionar el coche
             Juan dice que Ud. estacione el coche.

Juan dice que
Ud. estacione el coche.

1. indicar/ doblar a la derecha
2. gritar/ parar en la esquina
3. pedir/ seguir derecho
4. insistir/ llenar el tanque de gasolina
5. repetir/ dar la vuelta en la glorieta
6. decir/ cruzar la bocacalle
7. sugerir/ buscar y leer los letreros
8. pedir/ poner el freno de mano

El instructor me dice
que tenga cuidado con
los camiones en la carretera.

5. ¿Qué aprendiste hoy? Imagine que su hermano/a menor quiere saber qué le dice a Ud. el instructor que le está enseñando a manejar. Siga el modelo.

> **Modelo:** tener cuidado
> Me dice que tenga cuidado en la carretera.

1. pisar el freno
2. mirar
3. no acelerar
4. no acercarse
5. no tener miedo
6. conducir
7. no cambiar
8. practicar mucho

6. Decida Ud. Complete el siguiente párrafo con la forma correcta del subjuntivo o del indicativo. Use la forma *tú*, como en el modelo.

> **Modelo:** Dice que no (*cruzar*) la calzada.
> Dice que no cruces la calzada.

El policía dice que 1. (*doblar*) a la derecha y que luego 2. (*seguir*) derecho hasta el semáforo. Creo que 3. (*haber*) un letrero que 4. (*decir*) Estacionamiento para visitantes. También dice que le 5. (*decir*) al ayudante que no te 6. (*pedir*) dinero por estacionar el coche.

7. ¿Dónde está? Mientras Alicia está en la ciudad, su mejor amiga necesita su libro de matemáticas y le pide que le diga dónde está para ir a buscarlo. El cuarto de Alicia no está muy ordenado y el libro no aparece por ninguna parte. Sugiera siete lugares posibles.

> **Modelo:** Creo que está debajo de la cama.

8. ¿Cuál es el camino para...? Imagine que está perdido/a. Busque seis modos de preguntar direcciones.

> **Modelo:** ¿Hasta dónde llega esta calle?

9. **A escribir.** Imagine que Ud. tiene primos que están de visita en su casa. Escríbales instrucciones para ir al parque, al cine, al mercado, al gimnasio y al centro.

¿Puede decirme cómo llegar al centro?   (Caracas, Venezuela)

Vocabulario

la **autopista** freeway, highway, tollway, speedway
la **barbería** barbershop
la **bocacalle** intersection; place where a street begins
el **bombero, la bombera** fire fighter
el **callejón** alley; *callejón sin salida* blind alley

la **calzada** paved road
la **comisaría de policía** police station
de segunda mano second-hand, used
la **dulcería** candy shop
la **ferretería** hardware store
el **letrero** sign
la **óptica** optician's shop
la **peluquería** hairstylist's shop

perderse (ie) to get lost
el **plano** map, plan
quedar to be located
el **rascacielos** skyscraper
la **relojería** watchmaker's shop
tragar to swallow, to devour; *se los ha tragado la tierra* the earth has swallowed them up
la **vereda** sidewalk, path

En la ciudad

Tomás Mendoza, un chico puertorriqueño, va a visitar a sus primos. Todos están muy contentos y llenos de planes. Todos menos Tomás.

ELENA: Primero vamos a La Galería....

ANDRES: Es mejor que vayamos primero a comprar película para la cámara. Abuela me exige° que saquemos° muchas fotos para mandárselas. No puedo decepcionarla.°

demands/ take
disappoint her

ELENA: Podemos sacar algunas alrededor de la fuente....

LAURA: Ah, y yo deseo° que un día tú vayas conmigo a mi clase de pintura y al museo de arte. Tengo antojo° de ir contigo. ¡Es precioso!

wish
whim

ANDRES: No te olvides de que mamá quiere que dejemos un día libre para ir al zoológico. Y yo tengo mucho interés en que veas mi club de patinaje, que conozcas a algunos de mis amigos y que patines° un poco....

skate

LAURA: Tenemos que evitar° perder el tiempo en discusiones.°

avoid/ arguments

ANDRES: Yo opino° que es necesario que tengamos un plan realista.° Tomás va a estar aquí sólo una semana. Y no podemos contar con el fin de semana porque vienen los tíos y seguramente quieren que Tomás salga con ellos.

think/ realistic

ELENA:	Yo insisto en que empecemos por La Galería....	
LAURA:	También podríamos ir al campeonato universitario de lucha libre. Hoy me enteré° de que mi amigo Rodolfo compite mañana.	*found out*
ANDRES:	Bueno, parece que es imposible que nos pongamos de acuerdo. Y tú, Tomás, ¡estás tan callado!° ¿Qué piensas?	*silent*
TOMAS:	Umm.... No quiero ser aguafiestas,° pero la verdad es que... no me entusiasma° ir de compras, no me gusta pasarme el día en un museo, no me interesa la lucha libre, no me gusta ver sufrir a los pobres animales encerrados° en jaulas° y..., ¡no sé patinar!	*kill-joy* *doesn't excite me* *locked-up/ cages*

¿Qué comprendió Ud.?

1. ¿Qué piensa Andrés que es mejor hacer primero?
2. ¿Qué le exige la abuela a Andrés?
3. ¿Qué dice Laura que hay que evitar?
4. ¿Qué quiere Andrés?
5. ¿Qué pasa durante el fin de semana?
6. ¿En qué insiste Elena?
7. ¿Qué otra sugerencia tiene Laura?
8. ¿Por qué está tan callado Tomás?

Charlando

Un centro de información turística en Puerto Rico.

1. ¿Tiene Ud. familiares que viven en otra ciudad?
2. ¿Qué le gusta hacer con ellos?
3. ¿Qué les gusta hacer a ellos?
4. Si hay diferencia, ¿cómo se ponen de acuerdo?
5. ¿Hace Ud. siempre lo que otros quieren?
6. Si Ud. no desea hacer algo, ¿qué hace?
7. Si Ud. quiere hacer algo y nadie parece interesado, ¿qué hace?

Estructura

La voluntad (*will*) y el subjuntivo

The subjunctive often is used after expressions that indicate someone's will, ranging from wishing to prohibiting.

*Papá **quiere** que vaya al museo.*
*El profesor le **pide** al estudiante que se calle.*

Dad **wants** me to go to the museum.
The professor **asks** the student to be quiet.

Deseamos que
se diviertan mucho.

Other verbs that are used with the subjunctive are: dejar *(to allow)*, desear *(to wish)*, esperar *(to hope, to expect)*, exigir *(to demand)*, insistir en *(to insist)*, mandar *(to order)*, necesitar *(to need)*, ordenar *(to order)*, permitir *(to permit)*, preferir *(to prefer)*, prohibir *(to forbid)*, rogar *(to beg)*, suplicar *(to beg, to beseech)*.

Deseo que te diviertas.	I **want** you to enjoy yourself.
Te prohibo que salgas.	I **forbid** you to go out.
Le suplico que no fume.	I **beg** her/him not to smoke.

Repaso rápido: cambios ortográficos

Both formal commands and subjunctive forms have the same spelling changes. Do you remember them?

-car (c ➡ qu)	*explicar*	*Quiero que me lo explique.*
-gar (g ➡ gu)	*pagar*	*Pido que pague.*
-zar (z ➡ c)	*empezar*	*Exijo que empiece.*
-uir (i ➡ y)	*construir*	*Deseamos que lo construyan.*
-ger (g ➡ j)	*escoger*	*Sugiero que escoja otra.*
-guir (gu ➡ g)	*seguir*	*Ordeno que siga.*
-cer (c ➡ zc)	*conocer*	*Necesito que lo conozca.*
-ducir (c ➡ zc)	*conducir*	*Prohibo que conduzca.*

1. **Nadie se pone de acuerdo.** En la visita a una gran ciudad, a veces los padres quieren una cosa y los hijos quieren otra. Con un/a compañero/a de clase prepare diálogos según las indicaciones.

    Modelo: ir de compras/ ir al museo
    Cristina: Quiero ir de compras.
    Padres: Preferimos que vayas al museo.

    1. oír música/ oír las noticias
    2. hablar por teléfono/ escribir cartas
    3. acostarse tarde/ levantarse temprano
    4. leer una revista/ estudiar el mapa
    5. caminar por el puente/ tomar el autobús
    6. ir al correo/ salir con nosotros
    7. hacer otra cosa/ obedecernos

2. **Ud. es el guía.** Como no pudieron ponerse de acuerdo, decidieron que cada uno iba a ser el guía por un día durante sus aventuras en la ciudad. Hoy le toca a Ud. Combine elementos de *A*, *B* y *C*.

> **Modelo:** pedir/ Luisa/ comprar boletos
> Le pido a Luisa que compre los boletos.

A	B	C
pedir	Luisa	escoger los asientos
decir	Cristina	traer el plano de la ciudad
insistir en	Julián	no perderse en las calles
necesitar	Pilar	disminuir los gastos
mandar	Elisa	invitar a Felipe
desear	Maite	averiguar cuándo cierra la tienda
esperar	Jorge	apuntar la dirección
querer	Alicia	divertirse mucho
rogar	Carlos	decir lo que quiere
exigir	todos	mandar tarjetas postales

3. **Lo que quieras.** Imagine que Ud. puede, por un día, dar órdenes a todos sus amigos y familiares. Comparta sus deseos con otro/a estudiante. Piense en seis frases que necesiten el subjuntivo.

> **Modelo:** Quiero que me traigan el desayuno
> a la cama.

Estructura

Las expresiones impersonales y el subjuntivo

The subjunctive is often used after impersonal expressions that indicate necessity, probability, possibility, uncertainty, surprise, pity and so on, when the verb that follows has its own subject.

Es necesario que te pongas el cinturón de seguridad.	It's necessary that you wear your seat belt.

but:

Es fácil olvidarlo.	It's easy to forget it.

On some occasions it may be better to express one's wishes using an impersonal expression to soften a request. *Es necesario que vayas* may be more socially acceptable than *Quiero que vayas*.

expresiones impersonales con el subjuntivo	
Es mejor que regreses.	It is better that you go back.
Es preciso que pares.	It is necessary that you stop.
Es necesario que lo recuerdes.	It is necessary that you remember it.
Es inútil que supliques.	It is useless for you to plead.
Es increíble que lo exijan.	It is incredible they demand it.
Es (una) lástima que no lo veas.	It is a pity you do not see him.
Es importante que decidas.	It is important that you decide.

Expressions such as *Es cierto/ Es evidente/ Es seguro/ Es claro/ Es obvio* and *Es verdad* require the indicative because they only add emphasis. But when these expressions are negative, they express uncertainty and, therefore, require the subjunctive.

Es **obvio** que ella lo sabe.   It is obvious that she knows it.
No es **verdad** que ellos lo sepan.   It is not true they know it.

Es mejor que tomes
un taxi de este servicio.

4. ¿Cuál es su opinión? Diga qué es mejor, usando las palabras indicadas.

    Modelo: tú/ manejar/ tomar un taxi
               Es mejor que manejes./ No, es mejor que tomes un taxi.

1. ella/ leer los letreros/ preguntar
2. él/ preguntar/ perderse
3. yo/ no acelerar/ pagar la multa
4. nosotros/ ir ahora/ ir luego
5. ellos/ estacionar el coche/ seguir
6. tú y yo/ pedir direcciones/ buscar en el mapa
7. él/ seguir derecho/ dar la vuelta
8. tú y él/ parar en el semáforo/ seguir

5. Caminando por la ciudad. Complete las siguientes frases con ideas de su propia experiencia. Sea imaginativo/a.

> **Modelo:** Es absurdo que....
> Es absurdo que él me prohiba aburrirme.

1. Es agradable que....
2. Es seguro que....
3. Es necesario que....
4. No es evidente que....
5. Es importante que....
6. Es urgente que....
7. Es divertido que....
8. Es ridículo que....
9. No es cierto que....
10. Es claro que....

Repaso rápido: los demostrativos

Demonstrative adjectives point out or modify nouns in terms of distance and must agree in number and in gender with the noun to which they refer.

		masculine	*feminine*
singular	this	**este** chico	**esta** chica
plural	these	**estos** chicos	**estas** chicas
singular	that	**ese** chico	**esa** chica
plural	those	**esos** chicos	**esas** chicas
singular	that (over there)	**aquel** chico	**aquella** chica
plural	those (over there)	**aquellos** chicos	**aquellas** chicas

Esta cuadra es larga.	**This block** is long.
Caminábamos por ese parque.	We were walking around **that park.**
Aquellos rascacielos son nuevos.	**Those skyscrapers** are new.

Demonstrative adjectives may also point out or modify nouns in terms of distance in time.

Este año yo saco las fotos.	**This year** I'm taking the photos.
Me enteré aquel día.	I found out on **that day**.

Demonstrative adjectives become pronouns and have accent marks when they are used in place of nouns.

Creo que ésta es larga y que ésa es corta.	I think **this one** is long, and **that one** is short.
Prefiero éstos, no aquéllos.	I prefer **these (ones)**, not **those (ones)** over there.

There are neuter demonstrative pronouns (*esto, eso, aquello*), which have no accents. They refer to circumstances or very general nouns.

Esto me parece imposible.	**This** seems impossible to me.
Dame eso.	Give me **that (stuff).**
Aquello no es mío.	**That (stuff)** over there is not mine.

6. **¿Cuál?** Complete las siguientes frases con la forma correcta del adjetivo o pronombre demostrativo.

      Modelo: <u>Esa</u> autopista está cerca de <u>esa</u> carretera. (ese)

1. Prefiero __ avenida a __ callejón. (este)
2. Compré __ melón en __ frutería. (aquel)
3. __ camiones van para __ ciudad. (ese)
4. __ coches son de segunda mano. (aquel)
5. __ camino pasa por __ estadio. (este, ese)
6. Pues, __ son buenos pero __ son malos. (este, ese)
7. Ni __ llaves ni __ son las de María Elena. (este, aquel)
8. __ carretera no va hasta __ lugares. (este, aquel)

Estructura

Lo y otros sustitutos para el nombre

The word *lo* is the neuter form of the definite article (*el, la*). *Lo* followed by an adjective is used to refer to a general quality.

Este bolso azul no es caro.	This blue purse is not expensive.
Deme el azul.	Give me the blue one.

but:

*Me gusta **lo azul.***	I like things that are blue (what is blue).

Me gusta lo azul. ¿Y a Ud.?

Lo can be used with a past participle that is used as an adjective.

Lo hecho, hecho está.   What is done, is done.

Another way to phrase an impersonal expression is as follows:

> **lo** + adjectivo + *ser* + *que* + subjuntivo

Lo esencial es que vayas.   The essential thing is that you go.
Lo importante es que estudiemos.   The important thing is that we study.

Lo can be used with possessive pronouns.

*Ella trae **lo suyo** y yo traigo **lo mío**.*   She brings her things and I bring mine.

Lo que means "those things which," "all of that which," or "what."

*No sé **lo que** quiero hacer.*   I don't know what I want to do.

7. Lo mejor del mundo. Gloria le quiere dar las gracias a Alicia, "la mejor prima del mundo". Siga las indicaciones. Use *lo* o *lo que*.

   Modelo: tú/ hacer todo/ yo pedirte
           Tú haces todo lo que yo te pido.

   1. tú/ dejarme hacer/ yo/ quiero
   2. tú/ darme de comer/ gustarme
   3. tú y yo/ ver en televisión/ yo preferir
   4. tú/ hacer/ tuyo/ yo/ hacer/ mío
   5. tú/ recordar/ yo/ olvidar
   6. tú/ adivinar/ yo/ desear
   7. tú/ gustar/ bueno

Vocabulario

el **aguafiestas, la aguafiestas** kill-joy
el **antojo** craving, sudden desire; *tener antojo* to have a whim, desire
callado,-a quiet
decepcionar to disappoint
desear to desire
la **discusión** argument
encerrado,-a locked up

enterarse to find out, to become aware
entusiasmar to enthuse, to excite; *entusiasmarse* to become enthusiastic
evitar to avoid
exigir to demand
la **jaula** cage
opinar to think, to have an opinion

patinar to skate
prohibir to forbid, to prohibit
realista realistic
rogar (ue) to beg
sacar to take out; *sacar una fotografía* to take a picture
sufrir to suffer
suplicar to beg, to beseech

En el correo

Querida Cristina:
Desde que llegamos no
hemos parado en casa
ni un momento. Silvia y
Raúl nos llevan a todas
partes. Hoy vamos al
zoológico y mañana al
circo. Ayer fuimos a
un concierto estupendo.
No tenemos ganas
de volver.
Cariños, Gloria

Cristina Morales
2321 ?
4 7

Mi amigo Roberto:
No me lo vas a creer,
pero me gusta la vida
en la ciudad. Hay muchas
cosas para hacer y muchos
lugares adonde ir. Lo
malo es que no hay
suficiente tiempo para
dormir. Hoy fuimos a
patinar. Papá espera
que vayamos a los
museos, pero hasta
ahora no hemos
podido. Saludos,
Ricardo

Roberto Costa
? 107 Ave.

Queridos papá y mamá:
Estamos muy bien y
divirtiéndonos mucho.
Los tíos son muy
cariñosos y nos llevamos
muy bien con Silvia
y Raúl. El sábado
vamos al museo.
Besos y abrazos,
Gloria y
Ricardo

Familia Pérez
3017 93511
1″1(~10+1e)
(14
57651

Gloria y su tía Ana van al correo. Hay mucha gente. Algunos depositan cartas en el buzón.° Otros esperan enfrente de la ventanilla° para mandar sus cartas y sus paquetes.°

mailbox/ sales window/ packages

GLORIA: ¿Qué crees? ¿Lo mando por correo aéreo para que llegue antes, o por correo certificado?°

certified

TIA ANA: ¿De qué me estás hablando?

GLORIA: Del paquete para tía Susana. Le compré una blusa° bordada° a mano.

blouse
embroidered

TIA ANA: Te aconsejo que lo mandes por correo aéreo. La diferencia en el franqueo° no es mucha. ¿Pusiste el nombre del remitente° bien claro, incluyendo la zona postal?°

postage
sender/ zip code

GLORIA: Sí, tía. Ay, espero que le guste la blusa. A mí me encanta. Tengo ganas de quedarme con ella.

TIA ANA: Estoy segura que sí. ¿Por qué no te compras una?

GLORIA: No había dos iguales. Mira, ya nos toca a nosotros.
(Gloria y su tía se acercan a la ventanilla.)

GLORIA: Por correo aéreo, por favor.

EMPLEADO: Va a costarle un poco caro, señorita.

GLORIA: ¿Cuánto pesa?°

weigh

EMPLEADO: Más de dos libras.° ¿Quiere que se lo envíe por correo corriente?°

pounds
regular

GLORIA: No, gracias. Quiero que llegue pronto.

TIA ANA: Déjame comprar unas estampillas.° Voy a olvidarme y tengo tres sobres° que mandar. *(al empleado)* Necesito dos estampillas corrientes y una de entrega especial,° por favor. Ah, y un giro postal° de $50 para mandar al extranjero.° *(a Gloria)* Tú sabes que el cumpleaños de tío Pepe es la semana que viene, ¿verdad?

stamps
envelopes
special delivery
postal money order/
overseas

GLORIA: ¡Ay, caramba, tengo que felicitarlo!° ¡Vamos a comprarle una tarjeta de cumpleaños ahora mismo!

congratulate him

¿Qué comprendió Ud.?

1. Por la tarjeta de Ricardo, ¿se puede saber si él vive en la ciudad?
2. Por la tarjeta de Gloria, ¿adónde van?
3. ¿Qué compró Gloria?
4. ¿Qué le aconseja su tía?
5. ¿Qué tiene que poner bien claro?
6. ¿Por qué tiene ganas de quedarse con la blusa?
7. ¿Por qué lo manda por correo aéreo?
8. ¿Qué compra tía Ana?

Necesito enviar este regalo por correo. ¿Es posible?

Charlando

1. ¿Cuántas cartas escribe Ud. al año?
2. ¿Escribe solamente a sus amigos y amigas?
3. ¿A quién le manda tarjetas postales cuando viaja?
4. ¿Qué regalos compra para sus familiares? ¿Sus amigos/as?
5. ¿Ha enviado paquetes por correo? ¿Cuáles?
6. ¿Con qué frecuencia va Ud. al correo?
7. ¿Colecciona Ud. estampillas de correo? ¿Conoce a alguien que las coleccione? ¿De qué clase?

La terminación *-illo/ -illa*

En el diálogo anterior hay dos palabras que terminan en *-illa*, **ventanilla** y **estampilla**. Generalmente, se añade esta terminación para indicar el diminutivo. Algunas veces, como en este caso, los diminutivos adquieren su propio significado. Otras palabras similares son **cigarrillo** *(from small cigar to cigarette)*, **maquinilla** *(small machine)* de escribir o de afeitar, **pasillo** *(from small pass to hallway)*, **bolsillo** *(from small purse to pocket)* y **chiquillo** *(small child)*. Esta terminación puede usarse también en sentido despectivo *(derogatory)*, como en **mediquillo, abogadillo,** y **empleadillo**. Otras palabras terminan de modo parecido, pero no implican diminutivos, ni formas despectivas, sino que es pura coincidencia: **ardilla** *(squirrel)*, **martillo** *(hammer)*.

Estructura

El subjuntivo en consejos y sugerencias

When you wish to advise someone or suggest a course of action, the subjunctive is necessary, provided there is a change of subject.

Le **aconsejo** *que no lo compre.*	I **advise** you not to buy it.
Le **recomiendo** *que espere.*	I **recommend** you wait.
Me **sugieren** *que lo envíe hoy.*	They **suggest** I send it today.

When the subjunctive form ends in two vowels, the pronunciation stress often falls on the weak vowel (*i* or *u*). In that case, an accent mark is required.

¿Me aconsejas que **sonría** *en la foto para el pasaporte?*	Do you advise me to smile for the passport photo?
Te sugiero que **continúes** *tratando.*	I suggest that you keep trying.
Le recomiendo que lo envíe hoy.	I recommend that you send it today.

1. **Para ser profesor....** El hermano mayor de Roberto quiere ser profesor de lenguas. ¿Qué puede Ud. sugerirle o aconsejarle para su carrera en el futuro?

   Modelo: aconsejar/ Ud./ viajar por muchos países
   Le aconsejo que Ud. viaje por muchos países.

   1. sugerir/ Ud./ mostrar películas extranjeras
   2. recomendar/ Ud./ usar ejercicios divertidos
   3. es mejor/ los exámenes/ no ser   muy fáciles
   4. aconsejar/ Ud./ hacer sus clases interesantes
   5. es necesario/ los estudiantes/ tener un diccionario
   6. sugerir/ Ud./ practicar el vocabulario todos los días

2. **En el correo.** A veces uno no sabe qué hacer y necesita consejo. Combine elementos de las dos columnas. Añada nombres o pronombres. Recuerde usar el subjuntivo.

    Modelo: aconsejar que/ ir al correo hoy
                 Le aconsejo que vaya al correo hoy.

A	B
aconsejar que	envolver mejor el paquete
recomendar que	enviar la carta por correo aéreo
sugerir que	mandar el cheque por correo certificado
	comprar más estampillas
	averiguar cuánto pesa el paquete
	escribir el nombre del remitente
	poner la zona postal
	cerrar bien el sobre

3. **Una breve nota.** Gloria decidió escribirle una breve nota y no una tarjeta postal al tío Pepe. Trate de completar el texto de la nota, usando la forma del subjuntivo de los verbos en paréntesis.

Querido tío:

¡Feliz cumpleaños! Espero que 1. *(estar)* bien de salud y que
2. *(disfrutar)* de tu cumpleaños. Tía Ana quiere que nosotras te
3. *(visitar)* el mes próximo. Si vamos, te sugiero que 4. *(preparar)* el
cuarto de abajo para mí y que 5. *(recordar)* que me gusta mucho el
chocolate. También es mejor que le 6. *(decir)* a tu perro que vamos a
ir, para que no 7. *(sorprenderse)* con la visita. Bueno, tengo que irme
ahora. Tía Ana quiere que yo 8. *(ir)* al centro con ella y que me
9. *(comprar)* una blusa nueva. Todos deseamos que 10. *(pasar)* un día
estupendo.
Cariños,
       Gloria

Estructura

Por y Para

Even though *por* and *para* are equivalent to "for" in English, they are not interchangeable. *Por* (for, through, around, in, on, over, by, along, because of, per) is used for the following:

- movement and relationship to space or place

Iba por la calle.	I was walking along the street.
Dimos un paseo por el parque.	We took a walk around the park.
Mira por la ventanilla.	Look through the window.
Pasa por mi casa.	Stop by my house.

- time and duration

Tengo bastante por ahora.	I have enough for now.
Me voy por la mañana.	I'm leaving in the morning.
Viví allí por un año.	I lived there for a year.

- manner or means

Es mejor que vayas por avión.	It's better that you go by plane.
Envíalo por correo.	Send it by mail.
Quiero llamar por teléfono.	I want to make a phone call.

- proportion, rate or exchange

No vayas a 60 millas por hora.	Don't go 60 miles per hour.
Te vendo mi radio por $40.	I'll sell you my radio for $40.

Es mejor que vayas por avión porque es más rápido.

- cause or motivation

Está escrita por Juan.	It's written by Juan.
Lo hice por ti.	I did it for you (for your benefit)./I did it because of you.
Fue por culpa tuya.	It was (due to) your fault.
Perdimos el tren por llegar tarde.	We missed the train because of getting there late.

Para (for, toward, in order to, considering that) is used to express the following:

- destination

Este tren va para Granada.	This train is going to Granada.
Esas flores son para ti.	Those flowers are for you.

- deadline

Esta tarea es para mañana.	This homework is for tomorrow.

¿Cómo van ellos
a Río Piedras?

- purpose

  ¿Para qué?   Why? (What for?)
  Vine para verte.   I came to see you.

- in consideration of the fact

  Para doce años, es alto.   For a twelve-year old, he's tall.
  Se mueve despacio para ser un atleta.   He moves slowly for (in spite of
                                              being) an athlete.

4. Microdiálogos. Complete las siguientes microdiálogos, usando *por* o *para*.

1. ¿Llegó un paquete __ correo?
   ¿__ quién es?
   Es __ ti.
   ¿__ dónde lo abro?
   Abrelo __ esta parte.
2. ¿__ dónde pasa este tren?
   ¿No pasa __ Maracaibo?
   No, va directo __ Caracas.
3. ¿Cuándo te vas __ la playa?
   Me voy el sábado __ la tarde.
   ¿__ cuánto tiempo vas a estar allá?
   __ dos semanas.
4. ¿__ cuál estación te vas?
   __ la estación Norte.
   ¿Te vas __ tren o __ autobús?
   __ ahora no sé. Tengo que llamar __ teléfono.
5. Te vendo este disco __ $5.
   Un bonito regalo __ Marta.
   ¿Cuánto pagaste __ él?
   Compré tres __ $10.
   ¡Gracias __ tu generosidad!

6. __ entrar necesitas abrir la puerta y __ abrirla, necesitas
   la llave.
   La llave está __ alguna parte.
   Voy a tener que entrar __ la ventana.
7. Y este proyecto, ¿va a estar hecho sólo __ ti?
   Sí, lo hago __ practicar, pero __ no tener tiempo, lo voy a dejar
   __ mañana.
8. ¿__ qué es este aparato?
   ¿__ quién lo trajiste?
   ¿__ qué lo compraste?
   Bueno, __ lo que te costó, no está mal.
9. El niño es muy inteligente __ su edad.

Charlando

1. Si Ud. sale por la noche con un/a amigo/a, ¿quién paga por los
   refrescos o helados?
2. Si tiene Ud. hermanos o primos, ¿cuál es más responsable para
   su edad?
3. ¿Tiene Ud. miedo de manejar por la noche en la ciudad o en la
   carretera? ¿Por qué?
4. ¿Cuánto tiempo es por autobús desde su casa hasta el centro de
   la ciudad?
5. ¿Cómo prefiere viajar, por avión o por tren?
6. ¿Por cuánto tiempo ha vivido en su casa? ¿Y en el pueblo o la
   ciudad? ¿Y en el estado?
7. ¿Qué planes tiene para el futuro? ¿Piensa quedarse en la misma
   ciudad por toda la vida?
8. ¿Para cuándo es esta tarea?

Vocabulario

al extranjero overseas,
   abroad
la **blusa** blouse
   bordado,-a embroidered
el **buzón** mailbox
   certificado,-a certified
el **circo** circus
   corriente current, common,
   general, regular; *correo
   corriente* regular mail

la **entrega** delivery; *entrega
   especial* special delivery
la **estampilla** stamp
   felicitar to congratulate
el **franqueo** postage
el **giro** draft; *giro postal*
   money order
la **libra** pound
el **paquete** package, parcel
   pesar to weigh

quedarse con to keep
el **remitente, la remitente**
   sender
el **sobre** envelope
la **ventanilla** sales window,
   ticket window
la **zona postal** zip code

¡La práctica hace al maestro!

En parejas

A. Alternen en darle direcciones a un/a
    estudiante nuevo/a para llegar a la cafetería,
    a la biblioteca, al gimnasio, etc. Después, alternen en darle direcciones para ir a
    otro lugar fuera de la escuela.

> **Modelos:** Sales de la clase, doblas a la derecha y subes la
> escalera hasta el segundo piso.
> Vas por la calle 47 hasta la esquina del semáforo.

B. Hagan varios diálogos entre un empleado o una empleada de correos y un/a
    turista que quiere mandar un paquete y un giro, que necesita estampillas y que
    quiere saber cuánto pesa un paquete y cuánto cuesta el franqueo.

C. Alterne con su compañero/a en expresar diez cosas que un buen presidente o una
    buena presidenta podría ordenar, como por ejemplo, evitar la guerra (*war*). Use
    verbos como *exigir, prohibir, mandar, ordenar, advertir* y *decidir*.

> **Modelo:** Prohibo que se contaminen los ríos.

D. Compartan sus opiniones personales. ¿Qué es para Ud. lo más importante, lo más
    ridículo, lo más divertido, lo más triste, lo que más le gusta comer, etc.

En grupos

E. Repitan diez órdenes que han dado sus profesores o el director de la escuela. Usen
    nombres, los verbos *quiere, desea, pide, manda, ordena, exige* y *prohibe*, la palabra
    que y la forma apropiada del subjuntivo.

F. Imaginen que el profesor de francés es muy distraído (*absent-minded*). El
    colecciona estampillas de animales y se le ha perdido una muy valiosa. Entre
    todos, sugieran veinte lugares donde podría encontrarla, como por ejemplo,
    debajo del sofá, sobre el televisor, al lado del teléfono.

A escribir

Las autoridades de su ciudad están estudiando el cambio de algunas reglas de tránsito
y piden opiniones y sugerencias a los habitantes. Escriba una breve carta al alcalde
(*mayor*) de la ciudad, sugiriendo por lo menos ocho cambios que a Ud. le interesaría
ayudar a decidir.

La Habana, Cuba.

Introducción

Reinaldo Arenas nació en Cuba en 1943. Su novela más famosa, *El mundo alucinante* y otras obras fueron publicadas en el extranjero por no obtener el sello de aprobación del gobierno cubano. Reside en exilio desde 1980 en los Estados Unidos. Es considerado como una de las figuras más valiosas de la joven literatura hispánica y su obra novelesca ha sido traducida a nueve idiomas. Sus temas favoritos han sido el choque y la transición del adolescente frente al mundo, la inocencia frente a la maldad *(evil)*, y un ansia *(yearning)* de libertad que no logra satisfacerse. Su estilo está caracterizado por un gran dominio verbal, una gran ternura *(tenderness)*, como demuestra en su novela *Celestino antes del alba* (también publicada con el título de *Cantando en el pozo*), y momentos de desesperación *(hopelessness)* que lo llevan a lo fantástico y a lo grotesco. El cuento presentado en este capítulo, "Con los ojos cerrados", dio título a un volumen de cuentos que fue publicado otra vez después de su salida de Cuba con el título de *Termina el desfile*. Reinaldo Arenas se suicidó el siete de diciembre de 1990.

Conteste las siguientes preguntas como preparación para la lectura.

1. ¿Sabe Ud. cuántos países de habla hispana hay en la región del Caribe?
2. De una mirada rápida, ¿puede Ud. ver quién cuenta la historia?
3. ¿Se acuerda Ud. de su vida cuando era niño/a? ¿Le gusta recordar los detalles?
4. ¿Puede Ud. adivinar qué significan los siguientes cognados o familia de cognados: baranda, coro, escapatoria, vara de bambú, flotando, palo de teléfono, depositaron?
5. Algunas palabras son de la misma familia que otras que Ud. conoce. Trate de adivinar su significado: sonriente, extendidas, acorralada, bocarriba, amarillenta, rojiza, arenal, viejita y viejecita.

Con los ojos cerrados: Reinaldo Arenas

A usted sí se lo voy a decir, porque sé que si se lo cuento a usted no se me va a reír en la cara ni me va a regañar.° Pero a mi madre no.   *to scold*
A mamá no le diré nada, porque de hacerlo no dejaría de pelearme y de regañarme. Y, aunque es casi seguro que ella tendría la razón, no quiero oír ningún consejo ni advertencia.

Por eso. Porque sé que usted no me va a decir nada, se lo digo todo.

Ya que solamente tengo ocho años voy todos los días a la escuela. Y aquí empieza la tragedia, pues debo levantarme bien temprano — cuando el gallo que me regaló la tía Grande Angela sólo ha dado dos voces —porque la escuela está bastante lejos.

A eso de las seis de la mañana empieza mamá a pelearme para que me levante y ya a las siete estoy sentado en la cama y tratando de abrir los ojos. Entonces todo lo tengo que hacer corriendo: ponerme la ropa corriendo, llegar corriendo hasta la escuela y entrar corriendo en la fila pues ya han tocado el timbre y la maestra está parada° en la puerta.   *standing*

Pero ayer fue diferente ya que la tía Grande Angela debía irse para Oriente° y tenía que coger el tren antes de las siete. Y se formó un alboroto° enorme en la casa. Todos los vecinos vinieron a despedirla, y mamá se puso tan nerviosa que se le cayó la olla° con el agua hirviendo en el piso cuando iba a hacer el café, y se le quemó un pie.

eastern province in Cuba/ loud noise large kettle

Con aquel escándalo° tan insoportable° no me quedó más remedio° que despertarme. Y, ya que estaba despierto, pues me decidí a levantarme.

loud noise/ unbearable/ there was nothing else to do

La tía Grande Angela, después de muchos besos y abrazos, pudo marcharse. Y yo salí en seguida para la escuela, aunque todavía era bastante temprano.

Hoy no tengo que ir corriendo, me dije casi sonriente. Y eché a andar bastante despacio por cierto. Y cuando fui a cruzar la calle me tropecé con un gato que estaba acostado en la acera. Vaya lugar° que escogiste para dormir —le dije —, y lo toqué con la punta del pie. Pero no se movió. Entonces me agaché° junto a él y pude comprobar que estaba muerto. El pobre, pensé, seguramente lo arrolló° alguna máquina,° y alguien lo tiró en ese rincón° para que no lo siguieran arrollando. Qué lástima, porque era un gato grande y de color amarillo que seguramente no tenía ningún deseo de morirse. Pero bueno: ya no tiene remedio. Y seguí andando.

what a place

I crouched, bent down/ run over car/ corner

Como todavía era temprano me llegué hasta la dulcería, porque aunque está lejos de la escuela, hay siempre dulces frescos y sabrosos. En esta dulcería hay también dos viejitas de pie en la entrada, con una jaba° cada una, y las manos extendidas, pidiendo limosnas...° Un día yo le di un medio° a cada una, y las dos me dijeron al mismo tiempo: "Dios te haga un santo". Eso me dio mucha risa y cogí y volví a poner otros dos medios entre aquellas manos tan arrugadas° y pecosas. Y ellas volvieron a repetir "Dios te haga un santo", pero ya no tenía tantas ganas de reírme. Y desde entonces, cada vez que paso por allí, me miran con sus caras de

shopping bag begging (for money)/ nickel (coin)

wrinkled

pasas pícaras° y no me queda más remedio° que darles un medio a cada una. Pero ayer sí que no podía darles nada ya que hasta la peseta de la merienda° la gasté en tortas° de chocolate. Y por eso salí por la puerta de atrás, para que las viejitas no me vieran.

Ya sólo me faltaba cruzar el puente, caminar dos cuadras y llegar a la escuela.

En ese puente me paré un momento porque sentí una algarabía° enorme allá abajo, en la orilla del río. Me sujeté de° la baranda° y miré: un coro de muchachos de todos tamaños tenían acorralada una rata de agua en un rincón y la acosaban° con gritos y pedradas. La rata corría de un extremo a otro del rincón, pero no tenía escapatoria y soltaba unos chillidos estrechos° y desesperados.

Por fin, uno de los muchachos cogió una vara° de bambú y golpeó° con fuerza sobre el lomo de la rata, reventándola.° Entonces todos los demás corrieron hasta donde estaba el animal y tomándolo, entre saltos y gritos de triunfo, la tiraron hasta el centro del río. Pero la rata muerta no se hundió.° Siguió flotando bocarriba hasta perderse en la corriente.

Los muchachos se fueron con la algarabía° hasta otro rincón del río. Y yo también eché a andar.

Caramba —me dije—, qué fácil es caminar sobre el puente. Se puede hacer hasta con los ojos cerrados, pues a un lado tenemos las rejas que no lo dejan a uno caer al agua, y del otro, la acera que nos avisa antes de que pisemos la calle. Y para comprobarlo cerré los ojos y seguí caminando. Al principio me sujetaba con una mano a la baranda° del puente, pero luego ya no fue necesario. Y seguí caminando con los ojos cerrados. Y no se lo vaya usted a decir a mi madre, pero con los ojos cerrados uno ve muchas cosas, y hasta mejor que si los lleváramos abiertos... Lo primero que vi fue una gran nube amarillenta que brillaba unas veces más fuerte que otras, igual que el sol cuando se va cayendo entre los árboles. Entonces apreté los párpados bien duro y la nube rojiza se volvió de color azul. Pero no solamente azul, sino verde. Verde y morada.° Morada brillante como si fuese un arcoiris° de esos que salen cuando ha llovido mucho y la tierra está casi ahogada.°

Y, con los ojos cerrados, me puse a pensar en las calles y en las cosas; sin dejar de andar. Y vi a mi tía Grande Angela saliendo de la casa. Pero no con el vestido de bolas rojas que es el que siempre se pone cuando va para Oriente, sino con un vestido largo y blanco. Y de tan alta que parecía un palo de teléfono° envuelto en una sábana. Pero se veía bien.

Y seguí andando. Y me tropecé de nuevo con el gato. Pero esta vez, cuando lo toqué con la punta del pie, dio un salto y salió corriendo. Salió corriendo el gato amarillo brillante porque estaba vivo y se asustó cuando lo desperté. Y yo me reí muchísimo cuando lo vi desaparecer, desmandado° y con el lomo erizado° que parecía soltar chispas.°

Seguí caminando, con los ojos desde luego bien cerrados. Y así

mischevious raisins/
remedy/
allowance/ cakes

loud, incomprehensible
voices/ grabbed/ railing

harassed

brief, piercing screams

rod/ hit, beat
bursting

sank

clamour

railing

purple
rainbow
drowned

telephone pole

out of control/ with
hair on end/ to give
off sparks

fue como llegué de nuevo a la dulcería. Pero como no podía comprarme ningún dulce pues ya me había gastado hasta la última peseta de la merienda, me conformé con mirarlos a través de la vidriera. Y estaba así, mirándolos, cuando oigo dos voces detrás del mostrador que me dicen: "¿No quieres comerte algún dulce?" Y cuando levanté la cabeza vi que las dependientes eran las dos viejitas que siempre estaban pidiendo limosnas a la entrada de la dulcería. No supe qué decir. Pero ellas parece que adivinaron mis deseos y sacaron, sonrientes, una torta grande y casi colorada° hecha de chocolate y de almendras.° Y me la pusieron en las manos.

red
almond

Y yo me volví loco de alegría con aquella torta tan grande y salí a la calle.

Cuando iba por el puente con la torta entre las manos, oí de nuevo el escándalo° de los muchachos. Y (con los ojos cerrados) me asomé por la baranda del puente y los vi allá abajo, nadando apresurados hasta el centro del río para salvar una rata de agua, pues la pobre parece que estaba enferma y no podía nadar.

tumult

Los muchachos sacaron la rata temblorosa del agua y la depositaron sobre una piedra del arenal° para que se secara con el sol. Entonces los fui a llamar para que vinieran hasta donde yo estaba y comernos todos juntos la torta de chocolate, pues yo solo no iba a poder comerme aquella torta tan grande.

sand bank

Palabra° que los iba a llamar. Y hasta levanté las manos con la torta y todo encima para que la vieran y no fueran a creer que era mentira lo que les iba a decir, y vinieran corriendo. Pero entonces, "puch", me pasó el camión casi por arriba en medio de la calle que era donde, sin darme cuenta, me había parado.

I promise

Y aquí me ve usted: con las piernas blancas por el esparadrapo° y
el yeso.° Tan blancas como las paredes de este cuarto, donde sólo
entran mujeres vestidas de blanco para darme un pinchazo° o una
pastilla° también blanca.

     self-adhesive
bandages/ cast
injection
tablet

Y no crea que lo que le he contado es mentira. No vaya a pensar
que porque tengo un poco de fiebre y a cada rato me quejo del
dolor°en las piernas, estoy diciendo mentiras, porque no es así. Y si
usted quiere comprobar si fue verdad, vaya al puente, que
seguramente debe estar todavía, toda tirada sobre el asfalto, la torta
grande y casi colorada,° hecha de chocolate y almendras, que me
regalaron sonrientes las dos viejecitas de la dulcería.

     pain

     reddish

¿Qué comprendió Ud.?

1. ¿Dónde empieza "la tragedia" para el narrador?
2. ¿Por qué tiene que hacerlo todo corriendo?
3. ¿Por qué se puso nerviosa la mamá el día anterior?
4. En el camino a la escuela, él encuentra dos situaciones tristes.
   ¿Cuáles son?
5. Siguiendo su camino, encontró otra situación desagradable.
   ¿Cuál era?
6. ¿Qué ve cuando cierra los ojos?
7. ¿Qué le pasa entonces?
8. ¿Desde dónde escribe el narrador?

A conversar

¿Cómo se enfrenta *(confront)* Ud. con situaciones tristes o desagradables? ¿Qué hace?
¿Hay alguna manera mejor? ¿Qué cree que debe hacer el narrador?

Capítulo 6

De viaje

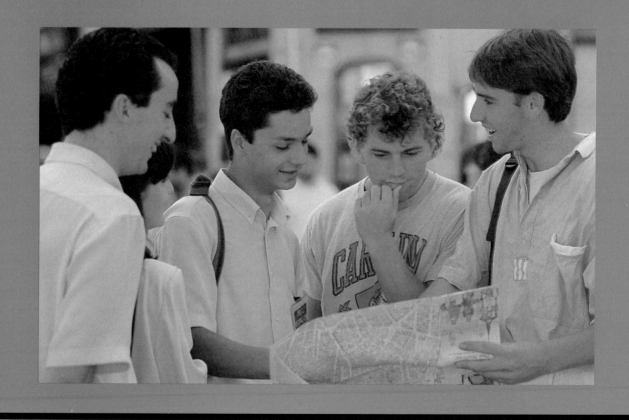

- Making travel and lodging arrangements
- Talking about the weather
- Expressing doubt or denial
- Planning vacations

- Showing happiness or disappointment
- Expressing frustration or uncertainty

- Approaching different cultures
- Expressing emotions in writing

¿Hoteles o paradores?

Silvia y Susana están locas de alegría. ¡Dos semanas en España! Los abuelos les han hecho un gran regalo de graduación. Pero Silvia no sabía que su prima Susana era tan difícil de complacer. El agente de viajes ya está perdiendo la paciencia. Todos sus esfuerzos parecen inútiles.

AGENTE: Pero señorita, ya le dije que en Madrid no hay paradores....
Los paradores nacionales son castillos o palacios antiguos y
casi siempre están en las afueras.

SUSANA: ¿El Carlos V, en Cáceres, queda muy lejos de Madrid? Se ve
precioso en la foto.

AGENTE: Como a tres o cuatro horas. Creo que pueden disfrutar°   *enjoy*
mucho en el parador Raimundo de Borgoña, en la famosa
ciudad medieval de Avila, la de las murallas.° Me atrevo° a   *city walls/ dare*
asegurarles que no se van a arrepentir.° Podría también   *regret*
reservarles en el Conde de Orgaz, en Toledo.

SILVIA: Pero es que no vamos a Toledo. Necesitamos hoteles en el
centro, cerca de todo. No tenemos tanto tiempo.

SUSANA: Pues yo quiero vivir en un castillo medieval....

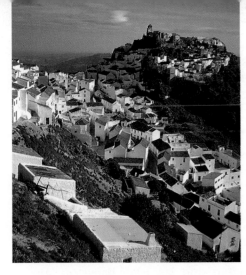

Cáceres, España.

AGENTE: ¿Y por qué no van a Toledo? La ciudad entera es un museo y está muy cerca de Madrid. Mucha gente va por un día. Pero es mejor quedarse hasta el otro día, ver la ciudad de noche y cenar en uno de los famosos asadores.° Puedo conseguirles una tarifa° especial de excursión Madrid-Toledo-Granada-Málaga. Y hay un parador en Granada, al lado mismo de La Alhambra, pero hay que reservar° con mucha anticipación,° tan pronto como sea posible.°

restaurants where food is grilled over an open fire/ rate

make reservations/ well ahead of time/ as soon as possible

SILVIA: Ay, yo quería ir a Sevilla también....

SUSANA: Y yo a Barcelona, pero sé que está lejos.

AGENTE: Sevilla está un poco fuera del camino y entonces la tarifa se hace más alta. ¿Quieren Uds. pasaje de primera° o de turista?

first-class fare

SILVIA: Oh, no, queremos ahorrar° dinero cuando sea posible. ¿Cuánto cuesta el pasaje?

save

SUSANA: Queremos un vuelo de ida y vuelta, sin escala, que salga un jueves por la noche y regrese un domingo a mediados de° julio.

in mid-(July)

AGENTE: Muy bien, en cuanto tenga la confirmación de los paradores, les aviso. Con esta tarifa especial no se permiten cambios de reserva° ni cancelaciones.

reservation

SUSANA: No se preocupe, no vamos a cancelar. Y con dos paradores y dos hoteles en el centro, ¡estamos muy contentas las dos!

¿Qué comprendió Ud.?

1. ¿Por qué están locas de alegría Silvia y Susana?
2. ¿Por qué está perdiendo la paciencia el agente de viajes?
3. ¿Cómo se llaman los palacios y castillos convertidos en hoteles?
4. ¿Dónde quiere quedarse Silvia?
5. ¿Qué les recomienda el agente?
6. ¿Qué tipo de pasaje quieren las chicas?

A propósito

España, tierra de contrastes

Una famosa guía para turistas dice que pensar que uno conoce España después de visitar dos o tres ciudades importantes, es como un ciego que sólo toca la trompa *(trunk)* de un elefante y piensa que es una serpiente. Hay una gran diversidad de costumbres, cocina, música y bailes. Por ejemplo, al norte de España, en Galicia, hay personas rubias y de ojos azules, de origen celta *(Celtic)*, mientras que al sur, en Andalucía, se ven los ojos negros y el pelo rizado típico de los moros *(Muslim Arabs o Moors)* que vivieron en la península por más de siete siglos. Al este, el País Vasco y Cataluña tienen ideas separatistas y, al igual que Galicia al noroeste, todavía conservan sus lenguas antiguas. La costa del Mediterráneo tiene su carácter especial, al igual que las islas Baleares, tan visitadas por los turistas.

El parador Conde de Bayona, en Galicia.

La plaza de toros. (Málaga, España)

Estructura

El subjuntivo en cláusulas adverbiales

When the dependent clause answers the questions *"When?"* or *"Why?"* it functions as an adverbial clause. A dependent clause uses the subjunctive if it refers to something that has not yet taken place (and may not take place).

Te esperaré hasta que tú regreses.   I'll wait for you until you return.

<u>independent</u>   <u>dependent</u>

The following expressions (conjunctions) are followed by the subjunctive only if there is uncertainty if and when something may happen.

aunque	although
en cuanto	as soon as
tan pronto como	as soon as
cuando	when, whenever
como	as, like
mientras que	while
hasta que	until
después (de) que	after
antes (de) que	before
para que	in order that
a fin de que	so that

Voy a ir aunque no venga Elena.	I'm going even if Elena does (may) not come.
No puedo esperar hasta que tú llegues.	I can't wait until you arrive.

1. **¡En seguida! ¡Hay tantas cosas que hacer! Hay que hacer las cosas a su debido *(due)* tiempo y no dejar las cosas para mañana. Complete las siguientes oraciones con la forma correcta del subjuntivo.**

   Modelo: En cuanto <u>*reciba*</u> la confirmación, les aviso. (recibir)

   1. En cuanto (1) , llámame por teléfono. (llegar)
   2. Tan pronto como (2) la fecha, te escribo. (saber)
   3. En cuanto (3) dinero, compro los boletos. (tener)
   4. En cuanto tú (4) la paciencia, me voy. (perder)
   5. En cuanto (5) el nombre del parador, te lo digo. (encontrar)
   6. Se debe hacer la reserva tan pronto como (6) posible. (ser)
   7. Tan pronto como (7) suficiente, me voy de viaje. (ahorrar)
   8. En cuanto (8) las nuevas tarifas, compro los pasajes. (salir)

2. **¿Hasta cuándo? Imagine que tiene un amigo que siempre está un poco nervioso. Use *hasta que* y las indicaciones en paréntesis para completar lo que él le dice.**

   Modelo: Nos quedamos aquí.... (venir/ Elena)
   Nos quedamos aquí hasta que venga Elena.

   1. No decido.... (él/ hablar con el agente)
   2. Voy a estar nervioso.... (ellos/ estar en el tren)
   3. No me voy.... (tú/ irse)
   4. Insisto en esperar.... (ella/ conseguirme un vuelo sin escala)
   5. Me preocupo.... (los chicos/ llegar)
   6. Voy a ponerme nervioso.... (él/ bajar del avión)

3. **Ahora le toca a Ud. Haga una oración lógica con cada una de las expresiones de esta lección, usando el subjuntivo para una acción en el futuro que Ud. no sabe exactamente cuándo va a ocurrir.**

   Modelo: Vamos a un parador *para que* duermas en un castillo.

El corazón de España

Madrid, la capital de España, está rodeada por las regiones de Castilla y León y Castilla-La Mancha en la parte central del país, la parte más rica en historia (y en castillos). Fue la reina de Castilla, Isabel la Católica, con su esposo, el rey de Aragón, la que unificó el país y lo reconquistó de los moros. En el mismo año 1492, la reina financió el viaje de Cristóbal Colón, quien descubrió América para el resto del mundo. El hijo de Isabel de Castilla y Fernando de Aragón, el rey Felipe II, quien por un tiempo estuvo a punto de casarse con la reina Isabel de Inglaterra *(England)*, mandó fundar las primeras ciudades de influencia europea en el continente americano.

4. **Mi viaje a España.** Cuando uno planea un viaje es bueno averiguar todo lo que sea posible acerca del lugar adonde piensa ir. Saque un libro de la biblioteca, compre una guía para turistas o vaya a una agencia de viajes y pida folletos sobre España. Descubra dos ciudades que Ud. no conocía antes y dígale a la clase por qué quiere visitarlas.

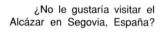
¿No le gustaría visitar el Alcázar en Segovia, España?

5. **En la agencia de viajes.** Con otro/a estudiante, prepare un diálogo entre Ud. y un agente de viajes. Averigüe el precio del pasaje, indique la fecha y reserve un vuelo a un país de habla hispana, con escala en dos ciudades. Decida si quiere primera clase, turista o tarifa especial. Después presente el diálogo en clase.

Consejos de Eloísa para el viajero

1. Cuando Ud. haga las maletas, lleve sólo lo esencial, aunque quizá en el hotel tenga que lavar algo que se seque muy rápidamente. Recuerde que si visita varias ciudades, tiene que cargar sus maletas en aeropuertos, estaciones de trenes y de autobuses, o esperar hasta que consiga alguien que le ayude.

2. Antes de que llegue el medio° de transporte que lo llevará al centro de la ciudad, cómprese un mapa del país y un plano de la ciudad, aunque sea a último minuto en el aeropuerto. Debe tener una idea de las distancias, las regiones, la geografía y, cuando sea posible, de la historia del país para que realmente pueda disfrutar de su visita. *means*

3. Recuerde que el concepto del tiempo es diferente en las distintas partes del mundo. Tome un poco más de tiempo del que necesita normalmente. A fin de evitar problemas, ¡no esté siempre de prisa!

4. En los países hispánicos, cuando las personas conversan, se acercan más unas a otras y tienen más contacto físico que en otros países. No trate de copiar los gestos° ni las costumbres, pues Ud. desconoce° las reglas.° Es mejor evitar malentendidos.° *gestures/ don't know rules/ misunderstandings*

5. Interésese por la gente, y respete las costumbres del país que visita. Observe, por ejemplo, si las mujeres llevan pantalones, o si en la ciudad se usan los pantalones cortos. Cuando viaje, trate de no parecer turista.

6. No saque fotos de cualquier persona que Ud. vea en la calle. Mantenga una distancia discreta° o pida permiso. *prudent, discreet*

7. Comprenda que las condiciones de vida son diferentes. Hay muy pocos países tan ricos como los Estados Unidos, o con tantos aparatos eléctricos. No ofenda hablando de cómo esto o aquello es mejor donde Ud. vive. Cada turista es un embajador° de su país. Deje un buen recuerdo. *ambassador*

¿Qué comprendió Ud.?

1. ¿Qué debe tener antes de llegar al centro?
2. ¿Qué puede hacer si se le olvida el mapa en casa?
3. ¿Por qué es conveniente tener un mapa?
4. ¿Por qué se necesita más tiempo del que se necesita normalmente?
5. ¿Por qué es peligroso copiar las reglas?
6. ¿Cómo pueden evitarse malentendidos?

La torre de la Giralda.
(Sevilla, España)

Charlando

1. ¿Qué le molesta a Ud. de los turistas?
2. ¿Qué lugares visitan los turistas donde Ud. vive?
3. ¿Le dejó algún turista un buen o mal recuerdo? Cuente qué pasó.
4. ¿Qué consejos cree Ud. que son útiles para un turista en este país?
5. Donde Ud. vive, ¿hay algún barrio de extranjeros inmigrantes? ¿De qué país son? ¿Qué idioma hablan?

6. **¿Qué conoce Ud. de España y los españoles? Dividiendo la clase en grupos, intercambien ideas sobre España.**

   Grupo 1: Estudien un mapa de España para buscar dónde están las ciudades que Susana y Silvia van a visitar. Busquen otras ciudades importantes, como Sevilla y Barcelona.

   Grupo 2: Entre todos, den algunos ejemplos de costumbres de otros países que Uds. conocen o han oído, y que creen que son diferentes (por ejemplo, tener que entregar el pasaporte en el hotel).

   Grupo 3: Busquen en una enciclopedia (o en un libro de historia) tres o cuatro momentos históricos importantes de España y hagan un informe para leer en clase.

A propósito

El equipaje

Se llama **equipaje** a todo lo que una persona lleva en un viaje. El equipaje puede incluir **maletas,** a las que en Argentina se les dice **valijas** y en algunos lugares de México se les llama **petacas.** Otros componentes del equipaje son los **maletines** o **maletas de mano** y los bolsos, que generalmente los pasajeros cargan ellos mismos.

7. **¿Os acordáis?** ¿Se acuerda Ud. de que en España se usa *vosotros* en vez de *Uds.*? En preparación para su viaje, haga un repaso cambiando el verbo de la forma *Uds.* a la forma *vosotros* en las siguientes oraciones.

   Modelo: ¿Se van de viaje?
   ¿Os vais de viaje?

   1. ¿Qué pasa? ¿Pierden Uds. la paciencia?
   2. ¿Quieren asientos de ventanilla?
   3. ¿O prefieren al lado del pasillo?
   4. Primero piden los folletos y los leen.
   5. ¿Cuándo llegan al aeropuerto?
   6. ¿Uds. vienen a buscarnos?
   7. ¡Qué bien disfrutan de todo!
   8. No se olviden del pasaporte.

8. **¿Es un palacio?** Con otro/a estudiante, prepare un diálogo para presentar en la clase, de un agente de viajes que convence a un cliente de reservar habitación en un parador nacional de primera.

Vocabulario

a mediados de in the middle of
ahorrar to save
la **anticipación** anticipation; *con anticipación* well ahead of time
arrepentirse (ie,i) to regret
el **asador** spit, grill; restaurant where food is grilled over an open fire
atreverse to dare
la **cancelación** cancellation

la **confirmación** confirmation, guarantee
desconocer to fail to remember, to forget
discreto,-a prudent, discreet
disfrutar to enjoy
el **embajador, la embajadora** ambassador
el **gesto** gesture
el **malentendido** misunderstanding

el **medio** means
la **muralla** wall
el **pasaje** fare; *pasaje de primera clase* first-class fare
la **regla** rule
la **reserva** reservation
reservar to reserve
tan pronto como sea posible as soon as possible
la **tarifa** rate

En el aeropuerto

Al fin llegó el gran día. Silvia y Susana han ido bien temprano al aeropuerto.

INTERNATIONAL—INTERNACIONAL							
Departures/Salidas				Arrivals/Llegadas			
Hour	Airline	Destination	Flight No.	Hour	Airline	From	Flight No.
Hora	Aerolínea	Destino	No. Vuelo	Hora	Aerolínea	Origen	No. Vuelo
10.00	Aeroméxico	Acapulco	501	10.30	Aeroperú	Lima	617
11.30	Iberia	Madrid	703	11.00	Avianca	Cartagena	123
13.15	Avianca	Bogotá	312	12.30	Ladeco	Santiago	205
14.00	Aeroperú	L	950	13.00	Mexicana	México	306
14.30	Air Panama	Pa	830	14.00	Ecuatoriana	Quito	350
15.00	Aerolíneas Argentinas		110	14.30	Iberia	Madrid	408

SILVIA:	Oye, ¿sabes cuánto dura° el vuelo de Nueva York a Madrid? Yo no tengo la menor idea.	*lasts*
SUSANA:	Creo que demora° unas siete horas. Vamos a preguntar en el mostrador de la línea aérea.	*it takes*
SILVIA:	*(mirando la lista de salidas y llegadas de última hora)* ¡Ay, Susana, mira, el vuelo con destino a Madrid está retrasado!°	*delayed*
SUSANA:	¡Dos horas! ¡Y nosotras nos adelantamos° tanto!	*were ahead of time*
SILVIA:	Ay, quizá hay mal tiempo. ¡Le tengo terror a los truenos° y a los relámpagos!°	*thunder* *lightning*
SUSANA:	No seas tonta, Silvia. ¿No ves que no hay ni una nube?°	*cloud*

¿Le gusta viajar en avión?

Recuerde mirar la lista de llegadas y salidas cuando llegue al aeropuerto.

SILVIA:	Eso no importa, no confío.° Puede estar cayendo un aguacero° en Barajas. Así se llama el aeropuerto de Madrid, ¿verdad?		*trust* *rain shower*
SUSANA:	Sí, mujer, pero no te preocupes, no creo que vaya a llover. Yo vi en la televisión el boletín mundial° del tiempo° y en Madrid sólo habrá un poco de niebla° mañana por la mañana, con un poco de humedad° y después saldrá el sol.		*worldwide weather report/ fog* *dampness*
SILVIA:	Bueno, aunque esté el día húmedo° eso no será niebla. No me negarás° que eso será la contaminación del aire. Y ojalá que no llueva. No traje el paraguas.°		*damp* *will deny* *umbrella*
SUSANA:	Ay, cállate, Juana Calamidad.° Mira, yo estoy decidida° a divertirme en este viaje, sea como sea.° A ti lo que te ocurre es que estás nerviosa. Y yo no quiero que me pongas nerviosa a mí con temores° tontos. Mira, como nuestro avión sale con retraso,° vamos a llevar todo el equipaje al mostrador de la línea aérea y así estaremos libres para irnos a tomar un jugo.		*Calamity/ determined/ by all means* *fears* *delay*
SILVIA:	Sí, las maletas pesan demasiado.... Vamos a confirmar los asientos y a recoger° las tarjetas de embarque.°		*pick up/ boarding passes*
SUSANA:	Tenemos casi cuatro horas antes de abordar. Pero hay que tener cuidado con esa demora.° Miraremos de vez en cuando el horario de salidas en aquella computadora. ¡No podemos perder el avión!°		*delay* *miss (the plane)*

Palabras que causan problemas

Ud. sabe que **perder** es *to lose*, pero **perder el tren** o **el avión** es *to miss* en inglés. Ud. sabe también que *to miss someone or something* es **extrañar** (y también **echar de menos**), pero que *to miss classes* es **faltar a clases**. Sin embargo, *faltar* se usa para indicar necesidad, como en **me faltan dos** (*I still need two* o *I'm missing two I had before*). **Faltan dos para las dos** quiere decir *It's 1:58*. Y **una falta** quiere decir *one error* o *one absence*. **Demorar** es otra palabra que causa problemas. Significa *to take up time and, at the same time, to be late*. Y, desde luego, **tiempo** es *time* o *weather*, según el contexto.

¿Qué comprendió Ud.?

1. ¿Qué quiere preguntar Susana en el mostrador?
2. ¿Cuánto cree ella que demora?
3. ¿Sale a tiempo el vuelo con destino a Madrid?
4. ¿De cuánto es la demora?
5. ¿A qué le tiene terror Silvia?
6. ¿Por qué cree Susana que no hay mal tiempo?
7. ¿Cómo se llama el aeropuerto de Madrid?

Silvia y Susana quieren ir a Madrid, España.

La Plaza España en Madrid.

A propósito

Hablando del tiempo

La palabra *relámpago* se refiere sólo al efecto de luz, no a la descarga eléctrica *(electrical discharge)*. Para decir *was struck by lightning* se necesitan otras palabras: **le cayó un rayo** *(thunderbolt)*. **Trueno** se refiere sólo al sonido. El **relámpago** se ve. El **trueno** se oye. Aunque el rayo mata *(kills)*, no se le puede llamar **matador** *(killer)*, porque esa palabra sólo se usa para **torero** *(bullfighter)*.

Estructura

El futuro

The future tense is relatively simple to form in Spanish because the stem usually consists of the infinitive and because the future tense endings are the same for all verbs: *-é, -ás, -á, -emos, -éis* and *-án*. (Infinitives with an accent mark drop the accent mark before adding the future tense endings.)

comprar	comer	vivir	oír
compraré	comeré	viviré	oiré
comprarás	comerás	vivirás	oirás
comprará	comerá	vivirá	oirá
compraremos	comeremos	viviremos	oiremos
compraréis	comeréis	viviréis	oiréis
comprarán	comerán	vivirán	oirán

Some verbs use a modified version of the infinitive in the future tense. These irregular stems always end in *-r*. However, the verb endings are the same as for regular verbs.

haber	habr-	poder	podr-
querer	querr-	poner	pondr-
saber	sabr-	salir	saldr-
decir	dir-	tener	tendr-
hacer	har-	venir	vendr-

poder	*¡Claro que **podré** ir!*	Of course **I'll be able** to go!
hacer	***Haré** las maletas hoy.*	**I'll pack** today.
poner	***Pondré** el dinero en el banco.*	**I'll put** the money in the bank.

The future tense is used for the following:

- to describe future events

  *Me **abrocharé** el cinturón.* I'll **buckle up/ fasten** the seat belt.

- to express uncertainty in a question or probability in an answer

  *¿Qué hora **será**?* What time do you think it is?
  ***Serán** las cuatro.* It's probably four o'clock.

1. Y yo también. Hay un chico en la clase que quiere hacerlo todo. Siga el modelo para indicar qué cosas quiere él hacer.

> **Modelo:** Luis/ ir a Sevilla
> Luis irá a Sevilla y yo también iré.

1. David/ alegrarse
2. Rosa/ faltar a clases
3. Toni/ poner el radio
4. los chicos/ sacar fotos
5. Carlos/ hacer la tarea

2. Boletín del tiempo. ¿Cómo va a estar el tiempo? Ud. abre la ventana, mira afuera y hace su pronóstico *(forecast)*, usando el futuro.

> **Modelo:** Hay nubes muy grises. (llover luego)
> Lloverá luego.

1. Hace mucho viento. (haber mal tiempo)
2. Ya empieza a llover. (caer un aguacero)
3. Hay mucha niebla. (hacer frío)
4. Hace frío. (venir el invierno)
5. Llueve y oigo ruidos. (ser truenos)
6. Nevó toda la noche. (haber nieve en el camino)
7. Hay sólo unas cuantas nubes. (salir el sol)

A propósito

Nombres a bordo

Para la tripulación a bordo de un avión hay varios nombres. Para el femenino se usa **azafata,** palabra de origen árabe que viene de *azafate (tray).* **Sobrecargo** se usaba para el masculino, aunque puede decirse **la sobrecargo.** El movimiento feminista ha logrado, para evitar la discriminación, que en casi todas las líneas aéreas se use **auxiliar de vuelo** *(flight attendant),* tanto para el masculino como para el femenino, o **aeromozo/a.**

3. **¿Qué harán los pasajeros?** Imagine qué estarán haciendo probablemente los pasajeros del vuelo retrasado de Silvia y Susana, durante la demora en el aeropuerto.

> **Modelo:** la azafata/ conversar con el sobrecargo
> Probablemente la azafata conversará con el sobrecargo.

1. el resto de la tripulación/ descansar
2. un médico y su señora/ tomar té
3. un escritor/ escribir un cuento
4. yo/ leer una revista
5. tú/ comprar un recuerdo
6. luego nosotros/ planear la visita a Sevilla
7. mi cuñado/ hablar por teléfono
8. dos personas mayores/ dormir un rato
9. el niño/ jugar con la pelota
10. una pareja/ comer en la cafetería

4. **Causa y efecto.** Diga qué pasará lógicamente en las siguientes situaciones. Complete los diálogos según las indicaciones.

> **Modelo:** Creo que va a llover. (yo/ llevar el paraguas)
> Llevaré el paraguas.

1. No hicimos reserva en el parador. (nosotros/ no poder quedarse)
2. Hemos perdido el avión. (nosotros/ salir mañana)
3. Las maletas pesan demasiado. (yo/ llamar al botones)
4. El avión va a despegar. (yo/ abrocharse el cinturón de seguridad)
5. El vuelo no es directo. (el vuelo/ hacer una escala)
6. Ya vamos a aterrizar. (yo/ poner el respaldo del asiento en posición vertical)
7. Hay mucha gente en la aduana. (nosotros/ tener que esperar)
8. Las chicas no saben a qué hora sale el avión. (ellas/ mirar la lista de salidas y llegadas)
9. Llaman para abordar. (ellos/ subir al avión)
10. Se oye un trueno. (tú/ ponerse nervioso/a)

Estructura

El subjuntivo en expresiones de duda y negación

The subjunctive may be needed after expressions of doubt or denial to express events that have not yet occurred and that may never occur.

tal vez	**Tal vez vaya** a Barcelona.	I might go to Barcelona.
quizá	**Quizá** no **sea** mala idea.	Maybe it's not a bad idea.
ojalá	**Ojalá** que no **llueva.**	I hope it doesn't rain.
dudar	**Dudo** que **nieve** hoy.	I doubt it will snow today.
no estar seguro/a de	**No estoy seguro** de que **llegue** por la puerta 17.	I am not sure it will arrive through gate 17.
no creer	**No creo** que **haya** mal tiempo.	I don't believe there will be bad weather.
negar	**Niego** que eso **sea** verdad.	I deny that that is true.
no pensar	**No pienso** que lo **necesitemos.**	I don't think we'll need it.

Although *ojalá* always requires the subjunctive if it is used with a dependent clause, usually, it is the degree of doubt that will determine whether the indicative or the subjunctive must be used. For example, *tal vez* or *quizá* may be used with either the indicative or the subjunctive. Compare the following:

Tal vez (Quizá) esta es la casa.   Perhaps this is the house. (I'm pretty certain this is the house.)

Tal vez (Quizá) sea otra.   Perhaps it's another one. (I'm not really very sure.)

5. **¡Qué problema!** Imagine que tiene un amigo que siempre tiene dudas. Es un poco pesimista. A veces no puede tomar decisiones con facilidad. Complete las siguientes oraciones, siguiendo las indicaciones.

   Modelo: Ayer no *llovió.*
   Tal vez llueva hoy.

Yo *sé* que hoy es el cumpleaños de Miguel. Quizá también lo (1)
Pablo. Dice que *viene* a buscarme a las seis, pero no creo que (2) .
Me invitaron a la fiesta, pero dudo que sea divertida. Si *voy*, debo
irme a las siete, pero no creo que (3) a esa fiesta. No *recuerdo* el
teléfono de Miguel. No pienso que Teresa lo (4) tampoco. *Tengo*
un número, pero no estoy seguro de que (5) el número correcto.
Debo *llamar* a Miguel. Quizá lo (6) . Si no lo llamo, no creo que me
invite otra vez.

¡Ojalá que no llueva más!

6. **¡Que se diviertan! Usando** *ojalá,* **cree siete buenos deseos para sus amigos y para Ud. mismo(a). Y piense en uno para cada estudiante que se sienta a su lado en la clase y dígaselo después.**

 Modelo: ¡Ojalá tengas un buen día!

Estructura

El uso del subjuntivo con *creer* y *pensar*

In affirmative sentences with *creer* and *pensar,* use the indicative, even though the dependent clause might be negative.

Pienso *que él no* ***se va a arrepentir.***	I think he is not going to regret it.
Creo *que el tren* ***está*** *demorado.*	I believe the train is delayed.

Use the subjunctive in negative sentences with *creer* and *pensar.*

No pienso *que* ***sea*** *inútil.*	I don't think it will be useless.
No creo *que* ***llueva*** *hoy.*	I don't think it will rain today.

In interrogative sentences either the indicative or the subjunctive may be used, depending on the degree of uncertainty.

¿Crees que el avión ***llega*** *a las dos?*	Do you think the plane **arrives** at two o'clock?
¿Piensas que el tren ***llegue*** *a las dos?*	Do you think the train **might arrive** at two o'clock?

7. **¿Qué cree Ud.?** No siempre se puede estar de acuerdo con todo el mundo. Complete los diálogos siguientes, usando las expresiones de duda y negación de esta lección. No olvide usar el subjuntivo cuando sea necesario.

> **Modelo:** Juan dice que va a hacer frío mañana.
> No creo que vaya a hacer frío mañana.

1. Perdí el autobús, pero quiero llegar a tiempo.
2. Estaré en España una semana y deseo visitar muchas ciudades.
3. Busco una tarifa especial reducida a la mitad.
4. No me gusta el calor, pero iré en agosto.
5. No llevaré el paraguas porque no tengo espacio.
6. Si puedo, voy también a Portugal.
7. Tenemos tiempo, esa ciudad está cerca de aquí.
8. Mira qué hora es y no tenemos las tarjetas de embarque.

8. **¿Cómo estará el tiempo?** Conteste esta pregunta de siete maneras diferentes, con siete posibilidades distintas. Use el futuro o frases como *no creo que.*

> **Modelo:** Saldrá el sol. Pero no creo que haga calor.

9. **Una semana en España.** Con otro/a estudiante, hablen de lo que Uds. van a hacer durante una semana en España, usando el futuro. ¿Irán a las playas o a visitar los castillos? ¿A Málaga o a Córdoba?

¿Irán a las playas? (Sitges, España)

¿Irán a visitar los castillos?
(el Alcázar en Segovia, España)

Vocabulario

adelantarse to be early, to be ahead of time
el **aguacero** rain shower
el **boletín** bulletin; *boletín del tiempo* weather report
la **calamidad** calamity
confiar to trust, to confide
decidido,-a determined
la **demora** delay
demorar to take (up time)
durar to last
el **embarque** shipment; *tarjeta de embarque* boarding pass

la **humedad** dampness, humidity
húmedo,-a damp, humid
mundial world-wide, universal
negar (ie) to deny
la **niebla** fog
la **nube** cloud
el **paraguas** umbrella
perder (ie) to miss

recoger to pick up, to collect, to gather
el **relámpago** lightning
retrasado,-a delayed
el **retraso** delay
sea como sea by all means, no matter what, whatever happens
el **temor** fear
el **trueno** thunder

¡Y con baño privado, por favor!

FERNANDO: ¡No es posible! Hicimos la reserva hace dos meses pero no pagamos por adelantado°....

in advance

RECEPCIONISTA: No se preocupe. Todavía tenemos una habitación disponible° y otra que se va a desocupar° al mediodía.

available/be vacated

FERNANDO: Queremos una habitación que tenga una cama grande para mi hermano y yo, y otra sencilla° para mi primo Gabriel.

single

MANOLO: ¡Y con baño privado, por favor!

GABRIEL: Me gustaría ver el cuarto que tiene vacío. ¿Nos lo podría mostrar?

FERNANDO: ¿El precio incluye el desayuno?

RECEPCIONISTA: Sí, señor, desayuno completo. Vengan conmigo, por favor. Cuidado, que hay un escalón.° La habitación está en el tercer piso y tiene dos balcones que dan a la calle, con vista a la plaza.

step

Los chicos acompañan al recepcionista hasta el ascensor° y suben al tercer piso. El recepcionista abre la puerta con llave° y les muestra la habitación.

elevator

unlocks

RECEPCIONISTA: El baño es de lujo, con bañera° y ducha, agua caliente y fría. Y esta es la cama matrimonial,° muy cómoda.

bathtub

double bed

Fernando atraviesa° el cuarto, va hasta el balcón, corre la cortina y mira para afuera. Gabriel va hasta la cama, prueba el colchón,° levanta la colcha° y la sábana,° saca la almohada° y la toca varias veces.

crosses

mattress/bed cover

sheet/pillow

GABRIEL:	(con una sonrisa°) ¿Podría conseguirme otra almohada?	smile
	Necesito una más dura.	
RECEPCIONISTA:	Sí, señor, como Ud. desee.	
FERNANDO:	Muchachos, ¿no creen que hay mucho ruido aquí?	
	Todo el ruido de la calle....	
MANOLO:	Señor, ¿el otro cuarto también da a la calle?	
RECEPCIONISTA:	No, no señor, es interior. Da al jardín de atrás. Por lo	
	demás, es igual que éste.	
FERNANDO:	¿Qué les parece si esperamos por la otra habitación?	
GABRIEL:	A mí me da igual..., como quieras.	
MANOLO:	Sí, es mejor.	
RECEPCIONISTA:	¿Hasta cuándo se quedan?	
FERNANDO:	Una semana, o quizá hasta el jueves.	
RECEPCIONISTA:	Bueno, tengan la bondad de° pasar a firmar el registro.°	be kind enough to/ register

Todos bajan a la planta baja.

RECEPCIONISTA:	¿Cómo les gustaría pagar, en efectivo° o con tarjeta de	cash
	crédito?	
FERNANDO:	Tenemos cheques de viajero.	
RECEPCIONISTA:	¿A nombre de quién?	
FERNANDO:	Puede poner Fernando Mendoza.	
RECEPCIONISTA:	¿Me permiten sus pasaportes? Pueden recogerlos	
	después de que les tome las señas.° Dejen el equipaje	name and address
	aquí en el vestíbulo y el botones se lo llevará a su	
	cuarto tan pronto como se desocupe. ¡Que tengan una	
	grata estancia° en Madrid!	stay

¿Qué comprendió Ud.?

1. ¿Hicieron los chicos la reserva?
2. ¿Cómo lograron quedarse en el hotel?
3. ¿Cuándo iba a estar libre el cuarto?
4. ¿Cuántas camas querían ellos?
5. ¿Cómo le llaman a una cama doble?
6. ¿Qué tipo de habitación quiere Manolo?
7. ¿Por qué toman el ascensor?

Charlando

1. ¿Le molesta a Ud. mucho no tener baño privado en un hotel?
2. ¿Por qué es una buena idea ver el cuarto antes de alquilarlo?
3. ¿Le gusta un cuarto que dé a la calle? ¿Por qué sí o por qué no?
4. ¿Cómo le gustan las almohadas?
5. ¿Dónde le gusta desayunar cuando viaja?
6. ¿Prefiere pagar en efectivo? ¿Por qué?

A propósito

Hoteles y restaurantes

En España los hoteles están clasificados en seis clases, desde **fondas** y **casas de huéspedes** (*guest houses*). Todos tienen en la puerta unas letras en azul que los identifican. Las dos categorías más altas, **hoteles** y **hostales,** tienen además bien visibles a la entrada, de una a cinco **estrellas.** Muy pocos hoteles llegan a la

categoría de **cinco estrellas.** Los restaurantes indican su categoría con un símbolo, de uno a **cinco tenedores.** Los precios van de acuerdo con las categorías, pero todavía se puede comer algún plato muy sabroso en lugares que no alcanzan la categoría de **un tenedor.** La comida española es una de las grandes atracciones del país.

El hotel Ritz. (Madrid, España)

Estructura

El condicional (o potencial)

The conditional tense consists of the future tense stem and the endings *-ía, -ías, -ía, -íamos, -ías* and *-ían*, which are the same for all verbs. Verbs that have irregular future tense stems have identical stems in the conditional tense.

hablar	comer	vivir
hablar**ía**	comer**ía**	vivir**ía**
hablar**ías**	comer**ías**	vivir**ías**
hablar**ía**	comer**ía**	vivir**ía**
hablar**íamos**	comer**íamos**	vivir**íamos**
hablar**íais**	comer**íais**	vivir**íais**
hablar**ían**	comer**ían**	vivir**ían**

The conditional tense indicates probability or desire and is often used where "would" might be used in English.

Me **gustaría** ir a Madrid. — **I would** like to go to Madrid.
¿**Irías** ahora mismo? — **Would you go** right now?
Sí, y te **llevaría** conmigo. — Yes, and **I would take** you with me.
¡**Sería** muy divertido! — **It would be** fun!

1. **¿Qué haría Ud. en Madrid? Diga qué le gustaría hacer. Siga las indicaciones.**

   Modelo: comprar/ muchas cosas en El Rastro
   Compraría muchas cosas en El Rastro.

   1. ir al Museo del Prado
   2. comer una tortilla española
   3. caminar por el Paseo de la Castellana ¯
   4. visitar el Palacio Real
   5. desayunar chocolate con churros
   6. tomar una excursión a Avila y a Segovia
   7. remar en un bote del Parque del Retiro
   8. pedir un refresco en un café de la Gran Vía

A propósito

Los horarios de Madrid

En España, las tiendas y comercios están abiertos generalmente desde las 9:30 hasta las 7:00, pero cierran para el almuerzo y la siesta de 2:00 a 4:00, que son horas muertas. Como el almuerzo es tarde, la cena es a las 9:30 o a las 10:00. El turista pronto ve las ventajas de descansar un poco al mediodía. En Madrid, el teatro y los conciertos a veces no empiezan hasta las 10:00. Por eso, a la 1:00 A.M. todavía hay mucha gente por las calles. A muchos madrileños no les gusta acostarse temprano. Generalmente, la diferencia de horario es la mayor dificultad del turista, pero el país está organizado para hacer la estadía grata a los visitantes.

2. En el hotel. ¿Qué haría Ud. en las siguientes circunstancias?

> **Modelo:** Ud. está en el restaurante del hotel y no tiene efectivo
> Pagaría con tarjeta de crédito.

1. El hotel no ha recibido sus reservas.
2. El cuarto no tiene ninguna ventana.
3. La cama que hay en el cuarto es muy pequeña.
4. A Ud. no le gusta dormir con almohada.
5. El cuarto no está libre todavía.
6. El ascensor no funciona.
7. No hay bañera en el baño.
8. Dan una buena película en la televisión del hotel.
9. Se oye el ruido de la calle.

Con más tiempo, iría al Palacio del Congreso en Barcelona.

Estructura

Otros usos del condicional

The conditional expresses what would probably happen if some condition were met.

> *Si fuera a España, me **gustaría***
> *quedarme en un parador nacional.*
> *Con más tiempo, **iría** también*
> *a Barcelona.*

> If I were to go to Spain, I **would like**
> to stay in a *parador nacional.*
> With more time, I **would** also
> **go** to Barcelona.

The conditional is also used to soften requests. Then it is equivalent to "would," "could" or "should" in English.

> *¿**Tendría** la bondad de firmar?*
> *¿**Podría** traerme la cuenta?*
> ***Deberías** ir.*

> **Would** you be kind enough to sign?
> **Could** you bring me bill/ the check?
> You **should** go.

What is expressed with the future in the present time becomes the conditional in the past when repeating what someone said.

> *Dice que escribirá.*

> He **says** he **will write**.

but:

> *Dijo que escribiría.*

> He **said** he **would write**.

The conditional is used to express speculation or guessing in the past, in the same way the future of probability does that in the present.

> *Serán las tres.*
> *¿Adónde irán?*

> It's about three o'clock.
> I wonder where they are going.

but:

> *Serían las tres.*
> *¿Adónde irían?*

> It was probably three o'clock.
> I wonder where they were going.

3. **¡Qué lástima!** No siempre podemos hacer lo que queremos. Complete las oraciones siguientes, de acuerdo con las indicaciones.

    Modelo: Le __daríamos__ una habitación con baño privado, pero no tenemos ninguna vacía. (dar)

1. Les __(1)__ la reserva, pero necesito un depósito por adelantado. (hacer)
2. __(2)__ el depósito, pero no estoy seguro de la fecha de llegada. (pagar)
3. __(3)__ un cuarto en la casa de huéspedes, pero está muy lejos. (alquilar)
4. __(4)__ un hotel de primera, pero quiero ahorrar. (preferir)
5. Les __(5)__ la habitación en el tercer piso, pero no está desocupada. (mostrar)
6. __(6)__ enseñarles una en el quinto piso, pero todavía no está disponible. (poder)
7. Para ese parador, __(7)__ que reservar con anticipación pero ya no hay tiempo. (haber)
8. Me __(8)__ una semana más, pero ya empiezan las clases. (quedarse)
9. __(9)__ en efectivo, pero no nos queda dinero suficiente y los bancos están cerrados. (pagar)

4. **Ud. será muy amable.** Sea muy amable para pedir que alguien haga lo que Ud. necesita. Use el condicional de *querer* o *poder* para pedir lo siguiente.

    Modelo: Ud. necesita unas toallas limpias
        ¿Querría(n)/ ¿Podría(n) traerme unas toallas limpias?

1. Ud. quiere que le suban al cuarto un café con pan tostado.
2. Ud. quiere que su hermano apague el radio.
3. Ud. quiere que un amigo le preste dinero.
4. Ud. quiere que le muestren el cuarto.
5. Ud. quiere que lo despierten a las siete.

5. **A adivinar.** Imagine que un amigo suyo le dijo que vendría a las seis y no vino. Trate de adivinar qué excusa tendría su amigo.

    Modelo: enfermarse
        Pues anoche se enfermaría.

1. tener dolor de cabeza
2. perder la dirección
3. querer ver el partido de tenis
4. estudiar para un examen
5. no recordar la fecha
6. estar trabajando
7. dormirse

Me gustaría ir, pero....

6. Me gustaría ir, pero no puedo. No se puede complacer a todo el mundo. Todos dan excusas. Dé una excusa para cada una de las siguientes situaciones.

> **Modelo:** acompañarte (yo)
> Te acompañaría, pero tengo que estudiar.

1. prestarle el paraguas (él)
2. escribir una carta (tú)
3. hacer la tarea (Luis y yo)
4. ir al dentista (ella)
5. venir a tu fiesta (nosotros)
6. disfrutarla mucho (yo)
7. tomar el avión (ellos)
8. pagar en efectivo (Nora)
9. dormir hasta las diez (los chicos)
10. darle una excusa (yo)

7. ¿Cuándo? Cambie el momento en que ocurre la acción según las indicaciones.

> **Modelo:** Juan dice que vendrá. (anoche)
> Anoche Juan dijo que vendría.

1. Antonio dice que traerá a su primo. (hace una semana)
2. Luis escribe que vendrá el domingo. (la semana pasada)
3. Cecilia advierte que lloverá. (ayer por la noche)
4. Antonio aclara que terminará el trabajo. (anteayer)
5. Ricardo insiste en que adivinará la respuesta. (hace dos días)
6. Ana entiende que el cuarto tendrá calefacción. (anoche)
7. Eugenio explica que firmará el registro en su nombre. (ayer)
8. Pilar y María oyen que costará 500 pesetas. (hace dos minutos)
9. Leo que saldrá a las diez. (anoche)
10. Decimos que pagamos en efectivo. (el mes pasado)

Sea cual sea el clima, ellos
se divierten.
(San Sebastián, España)

Estructura

Expresiones con subjuntivos dobles

There are several expressions that require double subjunctives. They are emphatic, and suggest an idea of uncertainty and of the absolute at the same time. For instance, *Digas lo que digas* is equivalent to "You can say whatever you want, but it won't matter."

sea **donde** sea	**wherever** it is
sea **cuando** sea	**whenever** it happens/ is
sea **como** sea	**whichever** way **(by all means)**
sea **cual** sea	**no matter which** one it is/ might be
sea **quien** sea	**no matter who** it is/ might be
sea **o no** sea	**whether** it is **or** is **not**
sea **lo que** sea	**whatever (no matter what)** it is/ might be

These expressions can be used with a number of different verbs.

Digan lo que digan, me voy.
No matter what they say (Let them say what they will), I'm leaving.

Sea como sea, me voy a divertir.
By all means, I will enjoy myself.

Vengas o no vengas, salgo para Toledo.
Whether you come or not, I'm leaving for Toledo.

Note that these expressions are often followed by a future tense verb to indicate intent.

*Estés donde estés, te **encontraré**.*
Wherever you are, I'll find you.

*Pase lo que pase, no **olvidaré**.*
Whatever happens, I won't forget.

*Llegue cuando llegue, la **llamaré***
Whenever I arrive, I'll call her.

Como, cual, cuando, (a)donde and *quien,* may be used alone, and must be followed by the subjunctive.

*Ven como **estés**.*
Come as you are.

*Llámame cuando **llegues**.*
Call me when you arrive.

*Iremos adonde **quieras**.*
We'll go anywhere you want.

Las dos Españas

Cada región de España tiene su propia imagen. Para la mayoría, sin embargo, hay dos imágenes claras de España. Una es la de Castilla y del esplendor de España, de los reyes Fernando e Isabel, los viajes de Cristóbal Colón, la conquista y colonización de América, y los molinos de viento *(windmills)* de don Quijote, el famoso héroe de Cervantes, el gran escritor español. La otra imagen de España es la del baile flamenco y las castañuelas, o sea, la imagen de Andalucía. Es la herencia *(legacy)* de los moros *(Arabs)*, que invadieron en el siglo VII lo que es ahora España. Durante casi ocho siglos, crearon ciudades de gran esplendor cultural y bellísima arquitectura, como Granada, Córdoba y Sevilla. En 1492, los Reyes Católicos Fernando e Isabel los expulsaron *(expelled)*, pero su presencia cultural está todavía viva en España.

Molinos de viento en La Mancha, España.

Bella arquitectura en la Costa del Sol.

Monumento a Cristóbal Colón. (La Habana, Cuba)

Sea como sea, hay que visitar
la Alhambra. ¡Es muy hermoso!
(Granada, España)

8. **Mi viaje a Granada.** Imagine que Ud. planea su viaje a Granada y hace algunas decisiones. Complete las ideas escogiendo en cada caso la más lógica de la lista de las expresiones de subjuntivos dobles de esta lección.

> **Modelo:** Iré a Andalucía...
> Iré a Andalucía, quieras o no quieras.

1. Sacaré fotos en la Alhambra...
2. Subiré a la torre...
3. Caminaré por los jardines de el Generalife...
4. Veré las tumbas de Fernando e Isabel en la catedral...
5. Visitaré el barrio gitano...
6. Iré a ver bailes flamencos...
7. Comeré una paella valenciana...

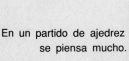

A propósito

Palabras de origen árabe

La palabra **almohada** es de origen árabe, como algunas otras palabras que los moros dejaron en su estadía de siete siglos en España. Otras palabras de origen árabe son: **ojalá, azúcar, alcázar, álgebra, ajedrez, azafata, alcohol, alfombra** y **alquilar.**

En un partido de ajedrez se piensa mucho.

9. **Cambio de táctica.** Si Ud. quiere convencer a su compañero/a de viaje para que comparta algunas de sus aventuras por España, ¿qué le diría? Use expresiones amables, como *¿querrías?, ¿te gustaría?, ¿podrías?* y *¿tendrías tiempo para?*

Vocabulario

abrir con llave to unlock
adelantado,-a early, advanced; *por adelantado* in advance
la **almohada** pillow
el **ascensor** elevator
atravesar (ie) to go across
la **bañera** bathtub
la **bondad** goodness, kindness; *tengan la bondad de* be kind enough to

la **colcha** bed cover
el **colchón** mattress
desocupar to vacate; *desocuparse* to be free
disponible available
el **efectivo** cash; *en efectivo* cash in hand
el **escalón** step
la **estancia** stay

matrimonial matrimonial; *cama matrimonial* double bed
por adelantado in advance
el **registro** register
la **sábana** sheet
las **señas** name and address
sencillo,-a single, simple
la **sonrisa** smile

Próxima parada: ¡Barcelona!

Silvia y Susana han decidido por fin ir a Barcelona. En vez de tomar el avión, tomarán el Talgo, uno de los mejores trenes de España.

SUSANA:	¿En qué andén° dijo el señor que estaba nuestro tren?	*platform*
SILVIA:	Creo que dijo en el andén número seis, en los últimos vagones,° ¿no?	*cars, wagons*
SUSANA:	Creo que sí. Ay, esta estación del ferrocarril° es tan grande....	*train station*
SILVIA:	Y estas maletas pesan tanto.... Menos mal que° no tenemos que transbordar°....	*at least* *make a transfer*
SUSANA:	Y tú, con esa maleta con la cerradura° rota. La verdad es que sorprende° que no se te abra.	*lock* *surprises*
SILVIA:	Está a punto de° reventar°. Eso me sucede porque haga lo que haga, en esa maleta no caben todas las cosas que compré ayer en El Rastro.	*about to/ burst*

SUSANA:	¡Y todavía anteanoche querías comprar aquella cartera° de cuero!
SILVIA:	¡Qué lástima! ¡Era tan linda!
SUSANA:	Me sorprende que no hayas visto algo por aquí que tengas "necesidad" de comprar....
SILVIA:	No me regañes° más. Pero espera a que estemos en casa. He traído tantas cosas preciosas.... Son recuerdos del viaje y de los buenos ratos° que hemos pasado.
SUSANA:	Del "buen" rato que estás pasando ahora no te vas a acordar, ¿no?
SILVIA:	La verdad es que me está entrando° hambre. ¿Crees que hay un coche comedor° en el tren?
SUSANA:	No creo que haya..., pero, espera, me dijeron que había coche cama,° así que seguramente habrá coche comedor.
SILVIA:	¿Sabes? Sería mejor no permanecer° aquí. Me gustaría encontrarme° con alguien conocido. Es un viaje largo.
SUSANA:	Pues, mira, no te miento° ¿esos no son Fernando y Manolo? Ahí, en este mismo andén, junto a los itinerarios.
SILVIA:	Sí, sí, ¡ellos mismos son! ¿Quién será el otro chico tan guapo?
MANOLO:	¡Caramba, qué suerte! No me digan que van a Barcelona....
FERNANDO:	Hola, chicas. Siento informarles que, digan lo que digan, ¡van a tener compañía durante todo el viaje! Quiero presentarles a nuestro querido primo Gaby....

Glosses (right margin):
- *handbag*
- *scold*
- *good times*
- *I'm getting...*
- *dining car*
- *sleeping car*
- *remain*
- *meet*
- *lie*

¿Qué comprendió Ud.?

1. ¿Dónde están Silvia y Susana?
2. ¿De dónde sale el tren para Barcelona?
3. ¿Por qué puede abrirse la maleta de Silvia?
4. ¿Está vacía la maleta?
5. ¿Qué pasó anteanoche?
6. ¿Qué ha traído Silvia de Madrid?

Charlando

1. ¿Se ha encontrado Ud. con un amigo o amiga estando de viaje muy lejos de su casa? ¿A quién y en dónde?
2. ¿Ha viajado en tren? ¿Hace mucho tiempo?
3. ¿Qué prefiere, el tren o el autobús? ¿El tren o el avión? ¿Por qué? ¿Ha ido a alguna parte en barco?
4. ¿Qué ventajas tiene viajar por tren?
5. ¿Puede Ud. dormir en el tren? ¿Y en un coche cama?
6. ¿Qué otras cosas puede hacer en un tren que no puede tan fácilmente hacer en un avión?

Barcelona

Barcelona es la capital de Cataluña, una región que tiene su propia lengua, el **catalán.** Es una ciudad cosmopolita donde viven muchos artistas y escritores. También es una ciudad con historia. Fue en Barcelona donde Cristóbal Colón informó a los reyes Fernando e Isabel sobre las nuevas tierras que había visto. Una gran estatua de Colón adorna la bahía, señalando con la mano hacia América. 1992 señaló el aniversario número quinientos de la llegada de Colón a América. Por eso, en 1992 los Juegos Olímpicos se celebraron en Barcelona.

Estructura

El subjuntivo con verbos que expresan emoción

The subjunctive is used after verbs that denote emotion or feelings such as happiness, sadness, regret, annoyance, anger, surprise and fear, when there are two different subjects.

Temo que te vayas.	I am afraid you'll leave.

but:

Temo irme.	I am afraid to leave.

Many of these verbs follow the pattern of *gustar*.

Le gusta que cantes.	He likes that you sing.
Me alegra que tengas éxito.	Your success makes me happy.
Me parece bien que trabajes.	It seems fine to me that you work.

Other useful verbs that follow this pattern include the following:

agradar	to please	*fascinar*	to fascinate
complacer	to please (someone else)	*fastidiar*	to annoy
disgustar	to dislike	*importar*	to matter
divertir	to amuse	*interesar*	to be of interest
encantar	to delight	*molestar*	to bother
enfadar	to anger	*preocupar*	to worry
enojar	to annoy	*sorprender*	to be surprised

Some verbs of emotion such as *alegrar* and *sorprender* become reflexive if they are followed by *de*. In that case they do not follow the pattern of *gustar*.

Le alegra/ Se alegra de que vayas también.	**He is glad** that you are going too.
Me alegra/ Me alegro de que llegues mañana.	**I'm glad** you're arriving tomorrow.

Tengo miedo de que
ella pierda el tren.

Other verbs that express emotion but do not follow the pattern of *gustar* are *arrepentirse* (to be sorry, to change one's mind), *sentir* (to be sorry, to regret), and *tener miedo de* (to be afraid of). These verbs must be followed by the subjunctive when there is a change of subject.

    Siento que no puedas ir.   I'm sorry you can't go.

Several expressions such as *es una lástima que...*, *¡qué lástima que...!*, *es una pena que...* and *¡qué pena que...!* are followed by the subjunctive because they denote a more generalized emotion. Look at the following:

    Es una lástima que haya demora.   It is a pity there is a delay.
    ¡Qué pena que no llegues a tiempo!   What a pity you won't arrive on time.

1. **¿Cuál es su reacción? ¿Qué es lo que a Ud. lo/la enoja o lo/la hace feliz cuando viaja? Conteste siguiendo el modelo y las indicaciones.**

    Modelo: ¿De qué tiene miedo? (ella/ perder el tren)
                 Tengo miedo de que ella pierda el tren.

1. ¿Qué le gusta? (el tren/ salir a tiempo)
2. ¿Qué le preocupa? (no haber agua caliente)
3. ¿Qué le molesta? (alguien/ fumar en el coche comedor)
4. ¿De qué se alegra? (no haber retraso)
5. ¿Qué le parece mal? (no tener itinerarios en la pared)
6. ¿Qué le enoja? (yo/ no poder dormir en un castillo)
7. ¿Qué le divierte? (alguien/ hacer chistes)

A propósito

Un verbo alegre

Cuando uno dice "La música me alegra" está usando el verbo **alegrar,** que no es reflexivo y sigue el modelo del verbo **gustar.** En el verbo reflexivo **alegrarse** se usa la forma usual del **yo** más el pronombre reflexivo: **me alegro.** Si se le añade **de,** puede seguir un infinitivo, y si se le añade **de que** o **que,** puede seguir un subjuntivo.

Bailar me alegra.	Dancing makes me happy/glad.
Me alegro de saber bailar.	I am glad that I know how to dance.
Me alegro de que tú también sepas.	I am glad that you know too.

2. **¿Lo siente Ud. o se alegra?** Diga si lo alegra o si siente lo que sucede en cada situación indicada.

> **Modelo:** Silvia/ no poder ir a Sevilla
> Siento que Silvia no pueda ir a Sevilla.

1. Susana/ encontrar a alguien conocido
2. ellas/ viajar en el Talgo
3. las maletas/ pesar mucho
4. la cerradura/ estar rota
5. Silvia/ traer tantos recuerdos
6. tú/ estar entrando sueño
7. nosotros/ ir a Barcelona
8. entre Uds./ haber un malentendido

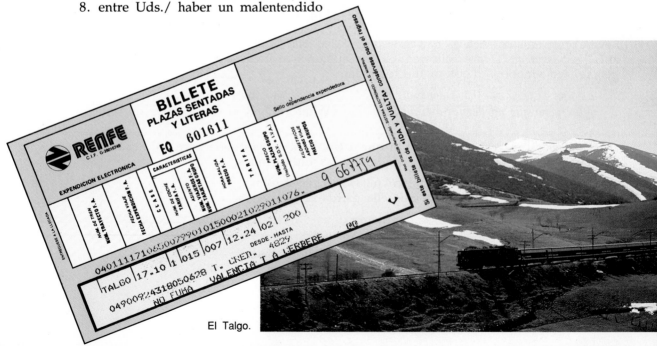

El Talgo.

3. ¿Qué traerá el futuro? A casi todos nosotros nos gustaría saber qué sucederá en el futuro. ¿Cree Ud. que el horóscopo pueda decirle lo que va a pasar? Aunque Ud. no crea en él, tal vez lo lea por curiosidad. Lea su horóscopo y el de sus dos mejores amigos/as, rápidamente, para buscar cinco subjuntivos y tres verbos en el futuro.

TAROT

ESPERANZA RINCON

ARIES
MARZO 21 - ABRIL 19

Su manera de ser, un poco dominante, le puede traer malos resultados con su pareja. Sea consecuente. No siempre usted tiene la razón. Momento muy positivo para recuperar un dinero que ya había dado por perdido. Las reuniones sociales le tendrán distraído. No gaste mucho en vestuario. Más adelante puede tener problemas económicos delicados.

TAURO
ABRIL 20 - MAYO 20

Se sentirá preocupado por la actitud agresiva de su pareja. No se quede callado. Puede ser más delicado de lo que se imagina. Algunos compañeros de trabajo querrán compartir más tiempo con usted debido a su divertida manera de ser. Trate de complacerlos, así podrá limar asperezas con algunas personas importantes.

GEMINIS
MAYO 21 - JUNIO 20

Los continuos roces y reclamos de parte de su pareja podrían dar pie a pensar en una separación. Sería bueno otra oportunidad. Las cosas no son tan fáciles como parecen. Las reuniones culturales le parecerán muy aburridas debido a la presencia de personas desagradables para usted. Si va a pasar malos ratos, quédese mejor en su casa.

CANCER
JUNIO 21 - JULIO 22

Algunos familiares que viven en otra ciudad querrán visitarle. Si no tiene posibilidades de atenderlos ofrezca alguna disculpa. De lo contrario podría tener malos ratos. El trabajo estará un poco pesado debido a equivocaciones y retrasos de otras personas. Tenga calma. Usted sabe sacar las cosas adelante cuando se lo propone. Su número, 48.

LEO
JULIO 23 - AGOSTO 23

La rutina de trabajo le tendrá preocupado. Sea práctico y trate de ver la posibilidad de un cambio. De lo contrario podría estar vacante antes de lo que se imagina. Ciertos estudios que posiblemente había abandonado se volverán a interesar. Si les pone interés, le darán óptimos resultados en muy corto tiempo. Sea disciplinado.

VIRGO
AGOSTO 23 - SEPTIEMBRE 22

Los niños serán su preocupación principal en este período. Si se dedica a distraerlos y a tratar de ganarse su confianza los problemas serán mucho más sencillos de lo que parecen. Se sentirá muy contento por un ascenso que había descartado. Sin embargo, no se esclavice desde el principio. Más adelante le estarán exigiendo el doble de sus capacidades.

LIBRA
SEPTIEMBRE 23 - OCTUBRE 22

Una persona con la cual tuvo serios altercados en el pasado querrá que usted le preste servicios profesionales. Limítese solo a eso, así evitará volver a caer en los mismos errores. Tendrá muchos deseos de remodelar su vivienda. Si además de dinero tiene además tiempo para supervisar, hágalo. Su familia se sentirá muy cómoda.

ESCORPION
OCTUBRE 23 - NOVIEMBRE 21

Las aventuras amorosas serán frecuentes en este período. Si tiene pareja, no juegue con candela. Se podría quedar solo. Tendrá muchos deseos de tomar unas vacaciones con su familia. Planéelas con tiempo. Viva preocupación por cambios de personal en el trabajo. Sea prudente. Así le irá mejor.

SAGITARIO
NOVIEMBRE 22 - DICIEMBRE 21

Personas con las que usted había tenido una linda amistad querrán su colaboración en ciertos negocios. Sea precavido. La verdadera amistad no se consigue en cualquier parte. Los viajes le darán óptimos resultados sobretodo si son de descanso. Escoja bien los acompañantes. No toda la gente sabe viajar. La salud estará estable siempre y cuando evite los excesos de bebida.

CAPRICORNIO
DICIEMBRE 22 - ENERO 19

Pesonas que conocen sus capacidades en el trabajo estarán muy interesadas en hacer sociedades con usted. Estudie las posibilidades con cabeza fría. Si le toca hacer todo el trabajo no vale la pena. Para las personas que han pensado en compras o ventas de propiedades, este período será realmente positivo siempre y cuando tome en cuenta a su pareja.

ACUARIO
ENERO 20 - FEBRERO 18

Para las personas que llevan mucho tiempo sin empleo se les presentará una oportunidad en corto tiempo. No sea exigente. Hay posibilidades de surgir siempre y cuando tenga un poco de paciencia. Un romance del pasado le volverá a tener en la cuerda floja. No lo piense dos veces. Le puede dar la estabilidad que usted está necesitando.

PISCIS
FEBRERO 19 - MARZO 20

Se sentirá muy motivado por sus familiares para cambiar de casa y de decoración. No lo piense dos veces. Con un poco de imaginación las cosas le saldrán muy bien. Algunos problemas de salud que en el pasado le habían preocupado, podrán volver a aparecer debido a su falta de cuidado y precaución. Su número de suerte el 49.

astral

Barcelona: el barrio Gótico y el Ensanche

En el **barrio Gótico** de Barcelona las calles son estrechas *(narrow)*, medievales y pintorescas. **El Ensanche,** en cambio, es la parte moderna y elegante de la ciudad, planeada con fuentes, parques y avenidas bordeadas por árboles. El paseo más famoso es **Las Ramblas,** que va desde el puerto *(port)* hasta la **Plaza de Cataluña,** el centro de la ciudad. Al sur, un funicular *(cable car)* va hasta el promontorio de **Montjuïch** y un parque de diversiones *(amusement park)*, con una espléndida vista del puerto y de la ciudad. Al norte hay otra vista espectacular desde la fortaleza del Tibidabo. Más al norte están las bellas playas de la Costa Brava y al sur, las de la Costa Dorada.

El Paseo de las Ramblas.
(Barcelona, España)

4. **¿Qué cree Ud. que pase?** Silvia y Susana van a hacer el viaje a Barcelona acompañadas de Gaby, Fernando y Manolo. **¿Qué sucederá? Considere las siguientes posibilidades, usando *quizá* o *tal vez.***

    Modelo: A Manolo le gusta Silvia.
             Tal vez a Manolo le guste Silvia.

1. Todos van a la Costa Brava.
2. Fernando ayuda a Susana con las maletas.
3. La maleta de Silvia se abre.
4. Silvia conversa tontamente.
5. Gaby se aburre.
6. A Manolo le gusta Susana.
7. A Gaby le encanta Silvia.
8. A Susana le parecen bien los chistes de Manolo.

Jóvenes en la Costa Brava, España.

5. **Proverbios y refranes (*sayings*).** Unos se guían por las estrellas y otros buscan la sabiduría (*wisdom*) antigua de los proverbios. En España, frecuentemente se oyen viejos proverbios en la conversación diaria. Complete los proverbios siguientes con el subjuntivo.

> **Modelo:** Que no venza el que no (*convencer*).
> Que no venza el que no convenza.

1. La mona mona se queda, aunque (*vestirse*) de seda.
2. No hay mal que por bien no (*venir*).
3. Quien bien te (*querer*), te hará llorar.
4. Dondequiera que (*ir*), haz lo que (*ver*).
5. No hay mal que (*durar*) cien años ni cuerpo que lo (*resistir*).
6. La suerte no es para quien la (*buscar*).
7. El que (*trabajar*) hará bien, pero el que (*ahorrar*) hará mejor.
8. A mí, que me (*quitar*) lo bailado.

Vocabulario

a punto de about to, on the verge of
el **andén** platform in a train station
el **buen rato** good time
la **cartera** handbag
la **cerradura** lock
el **coche cama** sleeping car in a train
comedor,-a dining; *coche comedor* dining car
divertir (ie,i) to amuse

encontrarse (ue) con to meet (someone)
enfadar to anger, to vex, to make angry
enojar to annoy
entrar...(plus indirect object pronoun) to become...; *entrar hambre* to become hungry; *entrar sueño* to become sleepy

el **ferrocarril** train
menos mal que at least
mentir (ie,i) to lie
permanecer to remain
preocupar to worry
regañar to scold
reventar (ie) to burst
sorprender to surprise
transbordar to make a transfer
el **vagón** train car, wagon

¡La práctica hace al maestro!

En parejas

A. Hagan el pronóstico del tiempo para la semana que viene. A estos siete días, añadan el día de hoy para que cada persona tenga cuatro días. Que todos los pronósticos sean diferentes y tengan al menos dos oraciones por día.

> **Modelo:** Mañana estará húmedo por la mañana. Caerá un fuerte aguacero por la noche.

B. Discutan el medio de transporte que prefiera cada uno y las razones por las cuales lo prefiere.

> **Modelo:** Me gusta viajar en autobús porque le tengo miedo al avión y es más barato que el tren.

C. Hagan un diálogo entre un/a turista y un agente de viajes. Hagan reservas con número de vuelo, fecha, precio, asiento y destino determinados.

En grupos

D. Imaginen que la clase hace planes para un viaje a España. Preparen entre todos un anuncio para el periódico de la escuela. Hay que buscar personas, por ejemplo, que tengan intereses comunes o que sepan algo de español.

> **Modelo:** Se necesitan estudiantes de español que quieran pasar una semana en la Costa del Sol y tres días en Madrid.

E. Organicen cuándo deben empezar a prepararse para el viaje a España, usando las siguientes frases: *antes de que, después de que, mientras que, en cuanto, cuando* y *tan pronto como.*

> **Modelo:** Haga las reservas tan pronto como sea posible.

F. Decidan quién va a hacer qué durante el viaje a España, usando el mandato (imperativo) indirecto, de modo que todos tengan algo que hacer.

> **Modelo:** Que Alberto consiga los folletos de turismo.

A escribir

Ud. y un/a amigo/a van a hacer un viaje en el futuro próximo, a un país extranjero en el que nunca han estado antes. Escriba cómo se siente acerca del viaje, qué dudas, inseguridades, temores o aprehensiones tiene, qué sorpresas espera recibir y cómo cree que reaccionará, y cómo se siente su compañero/a de viaje. Sea creativo/a en lo que escriba (y que tenga un buen viaje).

Estatua de Miguel de
Cervantes Saavedra.
(Madrid, España)

Introducción

En *Don Quijote de la Mancha*, quizás la novela más conocida del mundo, Miguel de Cervantes y Saavedra (1547-1616), con melancólica ironía hace la crítica de la España imperial. A la vez logra con ella una síntesis excepcional de las dos orientaciones que definen el espíritu español: la que valora *(values)*, sobre todo, los ideales y la que tiene clara conciencia de la realidad. La nota esencial que Cervantes aporta *(contributes)* a esta síntesis es que estas dos concepciones no aparecen en su obra como contrarias e irreducibles sino tejidas *(woven)* una en otra como la vida las muestra. Cervantes supo observar, por eso sus personajes tienen un tono humano. ¿Está loco don Quijote? ¿Está cuerdo *(sane)*? Por encima de toda posible pregunta y de toda posible respuesta está la profunda humanidad del caballero. También Sancho, el otro gran personaje de la novela, tiene una honda *(deep)* humanidad. La gran verdad humana de los dos personajes hace de ellos no tipos sino seres *(beings)* vivos en los que de una u otra manera puede verse reflejado el hombre.

Don Quijote y Sancho Panza,
los personajes inmortales de Cervantes.

Preparación

Conteste las siguientes preguntas como preparación para la lectura.

1. ¿Sabe Ud. para qué se usaban los molinos de viento?
2. ¿En qué parte de España hay molinos?
3. Hay muchas obras de arte con don Quijote como personaje. ¿Conoce Ud. alguna?
4. No todos los cognados son fáciles de descubrir. ¿Puede adivinar cuáles son los cognados de *viles criaturas, gigantes, batalla, fatigar* e *ignorar*?
5. ¿Puede Ud. encontrar cuáles palabras son de la misma familia que *promesa, ejercitarse* y *socorrer*?
6. Ud. conoce palabras de la misma familia, ¿puede adivinar qué significan *malentender, desigual* y *dar voces*?

De la segunda salida de Don Quijote: Miguel de Cervantes Saavedra

Quince días estuvo don Quijote en casa muy sosegado.° Sin embargo, en este tiempo solicitó a un labrador° vecino suyo, hombre de bien, pero poco inteligente, que le sirviese de escudero.° Tanto le dijo, tanto le prometió, que el pobre determinó seguirle.

Decíale, entre otras cosas, don Quijote, que se dispusiese° a ir con él de buena gana, porque tal vez le podía suceder alguna aventura en que ganase° alguna ínsula° y le dejase a él por gobernador de ella. Con estas promesas y otras tales, Sancho Panza, que así se llamaba el labrador, dejó a su mujer y a sus hijos y se fue como escudero de su vecino.

quiet, peaceful
farm laborer
squire, shield bearer

that he should be ready

that he would win/ island

Dio luego don Quijote orden de buscar dineros. Vendiendo una cosa, empeñando° otra y malvendiéndolas° todas, reunió una razonable cantidad. Avisó a su escudero Sancho del día y la hora que pensaba ponerse en camino, para que él se buscase lo que le fuera más necesario; sobre todo le encargó que llevase alforjas.° El dijo que las llevaría, y que también pensaba llevar un asno° que tenía muy bueno, porque él no estaba acostumbrado a andar mucho a pie. Don Quijote se proveyó° de camisas y de las demás cosas que él pudo, conforme al consejo que el ventero° le había dado; todo lo cual hecho y cumplido, sin despedirse Panza de sus hijos y mujer, ni don Quijote de su ama° y sobrina, una noche se salieron del lugar sin que persona los viese; en la cual caminaron tanto, que al amanecer° estuvieron seguros de que no los hallarían° aunque los buscasen.

taking to the pawnbroker/ selling everthing at a loss

saddlebags
donkey

provided himself with owner of the store

housekeeper

daybreak/ would find

alforjas

Iba Sancho Panza sobre su asno con sus alforjas y su bota,° con mucho deseo de verse gobernador de la ínsula que su amo le había prometido. Acertó° don Quijote a tomar el mismo camino que había tomado en su primer viaje, por el campo de Montiel, y caminaba con menos pena que la vez pasada porque, por ser la hora de la mañana, los rayos del sol no le fatigaban. Dijo en esto Sancho a su amo:

small leather bag for liquids
decided

bota

—Mire vuestra merced,° señor caballero andante,° que no se le olvide lo que me tiene prometido de la ínsula; que yo la sabré gobernar, aunque sea grande.

your grace/ knight errant

A lo cual respondió don Quijote:

—Has de saber,° amigo Sancho Panza, que fue costumbre muy usada de los caballeros andantes antiguos hacer gobernadores a sus escuderos de las ínsulas° o reinos° que ganaban, y yo tengo determinado de que por mí no falte tan agradecida costumbre; antes pienso llevar ventaja en ella: porque ellos, algunas veces, esperaban a que sus escuderos fuesen viejos para darles algún título de conde° de algún valle; pero, si tú vives y yo vivo, bien podría ser que antes de seis días ganase yo tal reino, que tuviese otros a él unidos, para coronarte° rey de uno de ellos.

you should know

islands/ kingdoms

count (title of nobility)

to crown

—De esa manera —respondió Sancho Panza—, si yo fuese rey° por algún milagro° de los que vuestra merced dice, Teresa, mi mujer, sería reina y mis hijos, infantes.°

If I were king
miracle
king's children, other than the crown prince or princess

—Pues, ¿quién lo duda? —respondió don Quijote.

—Yo lo dudo —replicó Sancho—, porque pienso que, aunque lloviese Dios reinos sobre la tierra, ninguno asentaría° bien sobre la cabeza de Teresa Cascajo. Sepa, señor, que no vale° para reina.

would fit
is not worthy

—Encomienda tú este asunto a Dios,° Sancho —respondió don Quijote—, que El dará lo que más le convenga.

Leave it to God

En esto, descubrieron treinta o cuarenta molinos° de viento que hay en aquel campo, y así como don Quijote los vio, dijo a su escudero:

windmills

—La suerte va guiando nuestras cosas mejor de lo que acertáramos° a desear; porque ves allí, amigo Sancho Panza, donde se descubren treinta, o pocos más, gigantes, con quienes pienso hacer batalla y quitarles a todos las vidas, con cuyos despojos° comenzaremos a ser ricos; que ésta es buena guerra,° y es gran servicio de Dios quitar tan mala gente de sobre la tierra.

would be right

spoils of war
war

—¿Qué gigantes? —dijo Sancho Panza.

—Aquellos que ves allí —respondió su amo— de los brazos largos, que los suelen tener algunos de casi dos leguas.°

league (3½ miles)

—Mire vuestra merced —respondió Sancho— que aquellos no son gigantes, sino molinos de viento, y lo que en ellos parecen brazos son las aspas,° que movidas por el viento, hacen andar la piedra del molino.

sails of a wind mill

—Bien parece —respondió don Quijote— que no estás ejercitado en esto de las aventuras: ellos son gigantes; y si tienes miedo, quítate de ahí, y ponte en oración° mientras yo voy a entrar con ellos en terrible y desigual batalla.

prayer

Y diciendo esto, dio de espuelas° a su caballo Rocinante, sin atender° a las voces que su escudero Sancho le daba, advirtiéndole que, sin duda alguna, eran molinos de viento, y no gigantes, aquellos que iba a acometer.° Pero él iba tan convencido de que eran gigantes que ni oía las voces:

spurs
without paying attention

to attack

—No huyáis,° cobardes° y viles criaturas; que un solo caballero es el que os acomete.°

Don't flee/ cowards attack

Levantóse en esto un poco de viento, y las grandes aspas comenzaron a moverse; visto lo cual por don Quijote, dijo:

—Pues aunque mováis más brazos que los del gigante Briareo, me lo habéis de pagar.°

you'll pay (me) for this

Y diciendo esto, y encomendándose° de todo corazón a su señora Dulcinea,° pidiéndole que en tal aventura le socorriese, bien cubierto con su rodela,° arremetió° con la lanza° a todo correr de Rocinante y se lanzó° contra el primer molino que estaba delante, dándole una lanzada en el aspa. La volvió el viento con tanta fuerza que hizo la lanza pedazos, llevándose tras° sí al caballo y al caballero, que fue rodando° por el campo. Acudió Sancho Panza a socorrerle a todo el correr de su asno, y cuando llegó le halló° que no se podía mover: tal fue el golpe° que dio con él Rocinante.

committing himself
Lady Dulcinea
shield/ attacked/ spear/ lunged forward

behind
rolling
found
blow, hard knock

—¡Válgame Dios!°— dijo Sancho. ¿No le dije a vuestra merced que mirase bien lo que hacía, que no eran sino molinos de viento, y no lo podía ignorar sino quien llevase otros tales en la cabeza?

Good heavens!

—Calla, amigo Sancho — respondió don Quijote — ; que las cosas de la guerra, más que las otras, están sujetas a continua mudanza;° cuanto más que yo pienso, y así es verdad, que aquel sabio° Frestón que me robó el aposento° y los libros, ha vuelto estos gigantes en molinos por quitarme la gloria de su vencimiento:° tal es la enemistad° que me tiene; mas, al fin, han de poder poco sus malas artes contra la bondad de mi espada.

change
wise man
room, dwelling
defeat
hatred

—Dios lo haga, como puede — respondió Sancho Panza, ayudándole a levantarse y a subir sobre Rocinante.

¿Qué comprendió Ud.?

1. ¿Qué le prometió don Quijote a Sancho?
2. ¿Qué llevaron para el viaje?
3. ¿Qué vieron en el campo?
4. ¿Qué pensó don Quijote que eran?
5. ¿Por qué se alegró?
6. ¿Qué pasó cuando don Quijote se acercó a los molinos?
7. ¿Qué le pasó a don Quijote?
8. ¿Qué dijo don Quijote entonces?

A conversar

¿Por qué creen Uds. que don Quijote vio enemigos donde no los había? Defienda cada uno con sus propias razones su posición. Traten de encontrar varias posiciones lógicas y diferentes.

A escribir

¿Qué siente Ud. acerca del personaje don Quijote de la Mancha? ¿Cómo es? ¿Qué tipo de carácter tiene? Escriba una composición de ocho hasta doce líneas expresando su opinión.

Capítulo 7

¡Buen provecho!

- Talking about food
- Seeking information
- Comparing age, quality and quantity

- Reading and ordering from a menu
- Discussing food preparation
- Making a request

- Reporting what others have said
- Expressing likes and dislikes

¿En cuánto me lo deja?

Esteban Reyes ha vuelto después de una estadía° de dos meses en España, en **stay**
casa de sus tíos madrileños. Sus amigos Paco y Natalia deciden hacer una
reunión de bienvenida en casa e invitar a varios amigos. El día anterior° a la **preceding**
fiesta comienzan los preparativos.° Nati y Paco van al mercado. **preparations**

NATI: No, esos tomates no. Están muy maduros.° Se pudren° en **ripe / rot**
seguida. Mira, ése está podrido.° Busca unos que estén más **rotten**
verdes.° **unripe**

PACO: Es verdad. Por eso están tan baratos. ¿Libra y media es
suficiente? Tu lista no dice.

NATI: Sí, está bien. ¡Es que hice esa lista con tanto apuro!° Tampoco **haste**
puse las espinacas° que queremos para la ensalada. Ay, y que **spinach**
no se nos olviden las aceitunas° que necesitamos para el **olives**
bacalao.° **cod**

PACO: ¿Pondremos garbanzos° o lentejas° en la ensalada? **chick-peas / lentils**

NATI: Mejor que no. Yo voy a hacer frijoles° negros. *(al vendedor)* Juan, **beans**
¿en cuánto me lo deja todo?

JUAN: Dieciséis pesos, señorita.

NATI: Oh, eso es demasiado. ¿Y si me llevo aquella sandía° también? **watermelon**

JUAN: Diecinueve pesos. Mire, le voy a dar una coliflor.° Están **cauliflower**
fresquísimas....

¿Cuánto cuestan las sandías?

NATI: ¡Qué bueno! Muchas gracias, Juan.

PACO: ¡Perfecto! Podemos ponerla cruda° en la ensalada. ¡Déjamelo a mí! Las ensaladas son mi especialidad.   *raw*

NATI: Sí, sí, a ti lo que no te gusta es cocinar°....   *to cook*

PACO: Pero no me puedes negar que hago unos postres exquisitos.

NATI: No te lo niego.... Tu flan de coco° con una cereza° es el mejor que yo he comido. Deberías enseñarme a hacerlo.   *coconut/cherry*

PACO: Cuando quieras. Pero es que no has probado mi flan de calabaza°.... Quizá haga uno para mañana.   *pumpkin*

NATI: Dime, ¿cómo aprendiste a hacer esas cosas tan ricas?

PACO: Es que yo sólo cocino los domingos y los días de fiesta. Me gusta preparar cosas especiales, como asar° carne. ¡Lo que no me gusta es... venir al mercado!   *roast*

¿Qué comprendió Ud.?

1. ¿Cuánto tiempo estuvo Esteban en España?
2. ¿Cuándo comienzan Nati y Paco los preparativos?
3. ¿Cómo están los tomates que escoge Paco?
4. ¿Por qué Nati no los quiere maduros?
5. ¿Qué cantidad de tomates compran?
6. ¿Por qué la lista de Nati no es completa?

Charlando

1. ¿Cuándo fue la última vez que Ud. organizó una fiesta para algún amigo o alguna amiga?
2. Si Ud. hace una reunión, ¿quién va de compras? ¿Y quién cocina?
3. ¿Cuándo va Ud. al mercado para hacer las compras de la familia?
4. ¿Cómo le gusta la fruta, madura o verde? ¿Blanda o un poco dura?
5. ¿Qué verduras le gusta comer crudas?

A propósito

El mercado

En América Latina el mercado es una institución social de larga historia. Ya existía en épocas anteriores a Colón. El día de mercado es como un día de fiesta. Los campesinos (*farmers*) y artesanos vienen desde lejos a vender toda clase de productos. Los puestos están generalmente al aire libre y se arreglan en grupos, de acuerdo con la clase de mercancía (*merchandise*) que venden. Nadie paga el precio que le piden. La costumbre es regatear y eso lo hace más divertido, tanto para el vendedor como para el comprador.

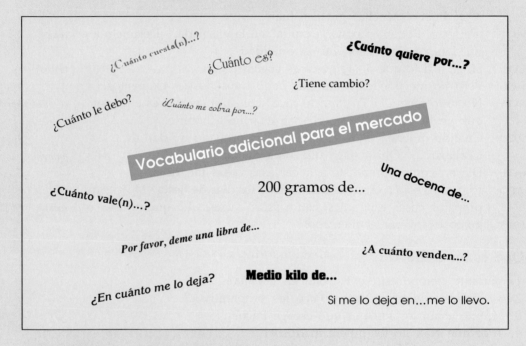

¿Cuánto cuesta(n)...? ¿Cuánto es? ¿Cuánto quiere por...?

¿Tiene cambio?

¿Cuánto le debo? ¿Cuánto me cobra por...?

Vocabulario adicional para el mercado

¿Cuánto vale(n)...? 200 gramos de... Una docena de...

Por favor, deme una libra de...

¿A cuánto venden...?

¿En cuánto me lo deja? **Medio kilo de...**

Si me lo deja en...me lo llevo.

Las verduras y las legumbres

la lechuga	*lettuce*	el ajo	*garlic*
la col	*cabbage*	el pimiento	*pepper (green or red)*
la espinaca	*spinach*	el apio	*celery*
las habichuelas	*green beans*	el perejil	*parsley*
la papa (patata)	*potato*	los guisantes	*peas*
el pepino	*cucumber*	los frijoles	*beans*
la calabaza	*pumpkin*	los garbanzos	*chick peas*
el rábano	*radish*	las lentejas	*lentils*
la zanahoria	*carrot*	el arroz	*rice*
la cebolla	*onion*	el aguacate	*avocado, alligator pear*

Un día de mercado
en
Chichicastenango,
Guatemala.

Medio kilo de papas, por favor.

1. **Vamos al mercado.** Con otro/a estudiante, prepare un diálogo entre un vendedor y un comprador en el mercado, para presentar en la clase. Averigüe los precios, compre por lo menos tres cosas y ¡no se olvide de regatear! Pregunte en cuánto se lo dejan si compra más de uno, u ofrezca pagar otro precio más barato si le piden demasiado.

Repaso rápido: comparativos con *más* y *menos*

To form the comparative in Spanish use *más* or *menos*, an adjective or an adverb followed by *que*, and the name of the person(s) or thing(s) being compared.

más/menos + **adjective/adverb** + *que*

*Las calabazas están **más caras** hoy **que** los pepinos.*	The pumpkins are **more expensive** today **than** the cucumbers.
*Los aguacates están **menos maduros que** los tomates.*	The avocados are **less ripe than** the tomatoes.
*Voy al mercado **más frecuentemente que** tú.*	I go to the market **more frequently** than you.

Estructura

Algunos comparativos irregulares

There are only a few adjectives that have irregular comparative forms:

adjetivo	forma comparativa
malo *(bad)*	peor *(worse)*
bueno *(good)*	mejor *(better)*
grande *(big)*	mayor *(bigger)*
viejo *(old)*	mayor *(older)*
pequeño *(small)*	menor *(smaller)*
joven *(young)*	menor *(younger)*

*Las fresas están **peores que** las cerezas.*	The strawberries are **worse than** the cherries.
*Luis es **mayor que** Carlos.*	Luis is **older than** Carlos.

Mayor and *menor*, when applied to persons, generally refer to age and not to size. For size, *más grande* (bigger) and *más pequeño/a* are generally used.

*Luis es más **pequeño que** su primo, pero es **mayor**.*	Luis is **smaller than** his cousin, but he is **older**.

Mucho can be used as a modifier preceding irregular comparatives.

*Ella está mucho **mejor** hoy **que** ayer.*	She is much **better** today **than** yesterday.

Bueno (buena), mejor, malo (mala) and *peor* refer to nouns or pronouns. They are adjectives. The comparative forms of the adverbs *bien* (well) and *mal* (badly) are *mejor* and *peor*. They are used to describe actions and performances.

*Yo regateo **mejor que** ella.*	I bargain **better** than she (does).
*Esta calabaza es **peor que** la otra.*	This pumpkin is **worse** than the other.

Note that irregular comparatives have no feminine forms.

*Ellas son **mucho mejores** cocineras.*	They are **much better** cooks.

A propósito

El mismo sabor con nombre diferente

Algunos **alimentos** *(food)* reciben diferentes nombres según el lugar. Por ejemplo, los **duraznos** son **melocotones** en América Central. En Puerto Rico, al **mango** se le dice **mangó**. En Venezuela, **la sandía** se conoce como **patilla**. En el Caribe la **papaya** se llama fruta **bomba**. Los **frijoles** son llamados **porotos** en Argentina, **caraotas** en Venezuela y **habichuelas** en Puerto Rico. En España una **papa** es una **patata**. Y un **pastel** puede ser un *pie* y también una **torta** o **bizcocho** *(cake)*.

Los mangos tienen un sabor muy rico.

Algunas frutas

- las papayas
- los pomelos
- las sandías
- las naranjas
- las piñas
- los melones
- los plátanos
- los mangos
- las granadas
- las manzanas
- las ciruelas
- las peras
- los limones
- los melocotones
- las fresas
- las limas
- las uvas

2. **Haciendo comparaciones.** Imagine que va de compras a El Mercado en Los Angeles o a La Marketa en Nueva York. A Ud. le gusta comprar la mejor calidad y ahorrar dinero. Compare antes de comprar. Use *estar más... que* o *menos... que*. Haga los cambios necesarios.

> **Modelo:** fresco: lechuga/ habichuelas
> Las lechugas están más frescas que las habichuelas.

1. dulce: fresas/ cerezas
2. barato: garbanzos/ lentejas
3. caro: calabazas/ pepinos
4. verde: peras/ ciruelas
5. duro: este melón/ aquél
6. sabroso: pomelos/ naranjas
7. fresco: apio/ perejil

Un mercado móvil en Ojén, España.

HOY grandes ofertas
supermercados
marion
Frescura de verdad
Del 4 al 14 de Septiembre
Venga a Marion y aproveche
estas ofertas:

FRUTAS Y VERDURAS

Mandarina Arrayana
$ 10.80 Libra

Cebolla Cabezona blanca
$ 19.50 libra

Tomate chonto
$ 12.00 libra

Lechuga crespa
$ 11.00 libra

Coliflor
$ 10.00 libra

3. **¿Cuánto quiere?** Imagine que está en el mercado. Diga qué cantidad quiere.

> **Modelo:** Por favor, (*una docena, un kilo*) de huevos.
> Por favor, una docena de huevos.

1. ¿Me puede alcanzar (*un poco, un paquete*) de espinacas?
2. Búsqueme (*media libra, una lata*) de queso sin crema, por favor.
3. ¿Podría darme (*una lata, una docena*) de guisantes?
4. ¿Cuánto quiere por (*un poco, una libra*) de perejil?
5. ¿Me vendería sólo (*una bolsa, media*) col?
6. ¿Tendría la bondad de pesarme (*esta caja, esta bolsa*) de siete melocotones?
7. ¿Me puede vender (*200 gramos, una docena*) de lentejas?

Estructura

El comparativo de igualdad

To form the comparison of equality, use *tan... como* with both adjectives and adverbs, *tanto como* and *tanto/os/a/as... como.*

> **tan + adjective/adverb + como**

*Yo soy **tan** inteligente **como** tú.*   I am **as intelligent as** you.
*Tú comes **tan** rápidamente **como** yo.*   You eat **as fast as** I do.

> **tanto + como**

*No como **tanto como** tú.*   I don't eat **as much as** you do.

> **tanto/os + noun + como**

*No tengo **tantos** amigos **como** tú.*   I haven't **as many friends as** you.

> **tanta/as + noun + como**

*No como **tanta** fruta **como** Andrés.*   I don't eat **as much fruit as** Andrés.

Patricia es tan simpática.

Tan and *tanto* are also used in exclamations.

*¡Ella es **tan** simpática!*   She is **so** nice!
*¡Tiene **tanto** dinero!*   She has **so** much money!
*¡Tiene **tantos** amigos!*   She has **so** many friends!

4. Lo que piensa Paco. Complete el siguiente párrafo escogiendo entre las palabras siguientes.

menos que   mejor   tan bien   como   más   mayor que
mejor que   tan   mucho   tanto   tanto como   tanta

Nati cree que yo soy __(1)__ cocinero que ella, que yo puedo hacer __(2)__ platos especiales que ella. Pero la verdad es que ella sabe hacer muchas cosas __(3)__ que yo, como comprar, por ejemplo. Ella cocina __(4)__ yo y casi sabe __(5)__ yo, aunque no tenga __(6)__ experiencia, porque yo soy un poco __(7)__ ella. Ella tiene sólo unos cuantos años __(8)__ yo. ¡Nati es __(9)__ dulce y cariñosa, y yo la quiero __(10)__ !

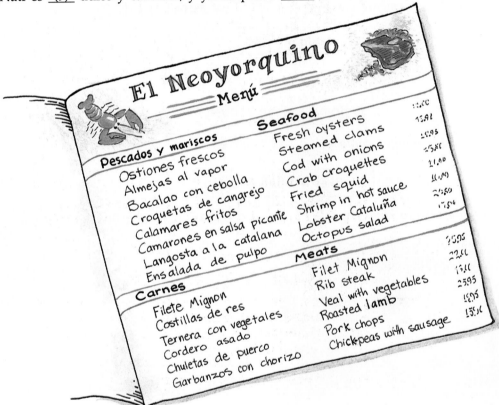

¿Qué comprendió Ud.?

1. ¿Es el bacalao un marisco?
2. ¿Qué marisco se fríe?
3. ¿Cómo se llama el restaurante?
4. Diga los nombres de tres mariscos.
5. ¿Qué mariscos tienen que ser muy frescos porque se comen crudos?
6. ¿Qué quiere decir "a la catalana"?
7. ¿Qué son la ternera y el cordero?

The superlative can be formed by following this diagram:

> **definite article + (noun) + *más/menos* + adjective/adverb + *de***

La carne más blanda de todas es la de ternera.	The tenderest meat of all is veal.
El marisco que me gusta menos de todos es el pulpo.	The seafood I like the least of all is octopus.
Lo más delicioso del menú es el camarón.	The most delicious in the menu is shrimp.

Lo más delicioso es el camarón.

The noun and *de* (usually meaning "in" when used with the superlative) may not always be necessary.

*Estas son **las aceitunas más grandes** de la tienda.*	These are **the largest olives in** the the store.
*Estas son **las más grandes**.*	These are **the largest**.

Estructura

Algunos superlativos irregulares

These irregular comparative forms are also used for the superlative:

el mayor, la mayor	the oldest, the biggest, the most
el menor, la menor	the youngest, the smallest, the least
el mejor, la mejor	the best
el peor, la peor	the worst

*Cecilia es **la mayor** de la clase.*	Cecilia is **the oldest** in the class.
*No tengo **el menor interés** en aprenderlo.*	I don't have **the least interest** in learning it.

5. **¿Cómo son?** Describa a algunos miembros de su clase que Ud. conozca mejor. Siga el modelo.

   Modelo: ¿Quién es el que baila mejor?
   Felipe es el que baila mejor.

   1. ¿Cuál es el menor de su grupo?
   2. ¿Y cuál es el mayor?
   3. ¿Quién es el que come más?
   4. ¿Cuál tiene mejores notas?
   5. ¿Cuál es el más tímido del grupo?
   6. ¿Cuál es el que más duerme?
   7. ¿Quién tiene más hermanos?
   8. ¿Cuál de sus amigos es el más alto?

6. **Encuesta.** Entreviste a dos compañeros que se sienten a su lado sobre sus preferencias de comida. Añada sus propias preferencias y presente los resultados de su encuesta a la clase. Un estudiante deberá apuntar los resultados de cada grupo en la pizarra para obtener el total de la clase.

   1. ¿Cuál es el marisco que más le gusta?
   2. ¿Cuál es el que come con más frecuencia?
   3. ¿Qué tipo de carne es el que menos le gusta?
   4. ¿Cuántas veces a la semana come pescado?
   5. ¿Cuál es para Ud. la fruta más dulce?
   6. ¿Cuál de todas las frutas le complace menos?
   7. ¿Qué le gusta más, el pavo o el pollo?
   8. ¿Cuál es la verdura que menos le gusta?

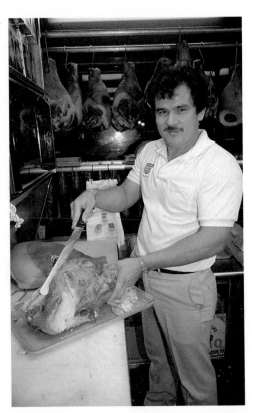

¿Qué le gusta más, el pavo o el pollo?

Las uvas están dulcísimas.

Estructura

El uso de la terminación -ísimo/a

When the use of *muy* as an intensifier does not seem enough, but it seems too much to use the superlative formula that appeared earlier in the lesson, attach the ending *-ísimo* to the adjective:

Las uvas están **dulcísimas.**	The grapes are **very, very sweet.**
Los cangrejos están **buenísimos.**	The crabs are **very, very good.**

The last vowel is dropped, before adding *-ísimo*, except with adjectives that end in *-ble*, which change the ending to *-bil*.

$$amable \implies amabil\textbf{ísimo}$$

Adjectives that end in *-z*, *-co* or *-go* have spelling changes when *-ísimo* is added.

z ➡ *c* :	*feliz*	➡	*feli**c**ísimo*
c ➡ *qu*:	*fresco*	➡	*fres**qu**ísimo*
g ➡ *gu*:	*largo*	➡	*lar**gu**ísimo*

Adjectives with an accent mark lose the accent mark when *-ísimo* is added.

útil	➡	*utilísimo*	*fácil* ➡ *facilísimo*

7. **¡Con entusiasmo!** Diga lo mismo, pero con más entusiasmo.

> **Modelo:** El arroz con calamares está bueno.
> ¡Está buenísimo!

1. La sopa está muy caliente.
2. El pan es muy fresco.
3. Comí mucho. Estoy muy lleno.
4. Dos costillas es mucho.
5. El postre estaba sabroso.
6. Ese chiste es muy divertido.
7. El flan de calabaza es muy rico.
8. Les estoy muy agradecido.

8. **¡Aquí no lo encontrarías!** ¿Cuál de estos alimentos no estaría junto a los demás en el mercado? Diga cuál no pertenece al grupo.

> **Modelo:** toronja ⬭marisco durazno papaya

1. filete	costilla	coliflor	carne de res
2. pastel	langosta	pulpo	camarón
3. fresa	coco	uva	paella
4. pepino	garbanzos	lentejas	frijoles
5. maíz	sandía	naranja	manzana
6. aceite	vinagre	cereza	aderezo
7. bananas	calabaza	espinacas	apio
8. ajo	perejil	huevo	cebolla
9. tocino	puerco	almeja	ternera
10. bacalao	aceituna	calamar	cangrejo

9. **Una lista de compras.** Con la ayuda de otro/a estudiante haga una lista de compras para una comida. Ud. ha invitado a dos amigos y va a cocinar.

> **Modelo:** espinacas para la ensalada, zanahorias, papas,
> chuletas de puerco, helado, refrescos

10. **En el mercado.** Prepare un diálogo con otro/a estudiante sobre las ventajas o desventajas de comprar esto o aquello en el mercado, para presentarlo a la clase. Opinen, por ejemplo, sobre si los camarones son grandes, si la fruta está verde, si tiene buen precio o está cara o si el perejil está fresco y barato. Comparen mercados y digan dónde venden los mejores mangos o qué frutería vende mejores frutas que el supermercado. Otros dos estudiantes pueden discutir las ventajas y desventajas de los vegetales congelados.

La frutería San Pablo
en Sevilla, España.

Vocabulario

la **aceituna** olive
anterior preceding, previous, former
el **apuro** haste
asar to roast, broil, grill, barbecue
el **bacalao** cod
la **calabaza** pumpkin, squash
la **cereza** cherry
la **chuleta** chop; *chuleta de puerco* pork chop

cocinar to cook
el **coco** coconut
la **coliflor** cauliflower
el **cordero** lamb
la **croqueta** croquette
crudo,-a raw
la **espinaca** spinach
la **estadía** stay
el **frijol** bean
el **garbanzo** chick-pea
la **granada** pomegranate
la **lenteja** lentil

maduro,-a ripe
el **melocotón** peach
el **plátano** banana
podrido,-a rotten
el **pomelo** grapefruit
el **preparativo** preparation
pudrirse to become rotten, to spoil
la **sandía** watermelon
el **vapor** steam; *al vapor* steamed
verde unripe, immature

¡Ya hierve el agua!

Nora y Luis han venido a ayudar a Nati y a Paco con los preparativos para la reunión.

NORA:	¿Dónde tienes la batidora?°	*beater*
NATI:	Ahí, detrás de la tostadora.°	*toaster*
PACO:	Hay que batir° las yemas° de huevo. Deja las claras° en un platito, pero cuídate de que no caigan adentro pedacitos° de la cáscara° de huevo. ¡Eso no le sucede nunca a un buen cocinero!	*beat/ yolks/ egg whites/ small bits shell, peel*
NATI:	Ay, Paquillo, tú siempre con tus cosas....	
LUIS:	Y yo, ¿qué quieres que haga?	
NATI:	Pues, mide la harina° según la receta y....	*flour*

PACO:	*(al mismo tiempo)* Pon el agua a hervir en una cacerola° que no sea....	*pan*
LUIS:	Caramba, no sabía que iba a estar tan solicitado.	
NORA:	Luis, no les hagas caso y ven a ayudarme a mí.	
LUIS:	¿Qué quieres, mi amor?	
NORA:	Mira, como el pollo estaba congelado,° lo puse en el horno° por un rato. Sácalo y quítale los huesos° y el pellejo.°	*frozen/ oven* *bones/ skin*
LUIS:	¿A las alas° también?	*wings*
NORA:	No seas chistoso. Sólo quiero la pechuga° y los muslos.° Yo tengo que ir a la tienda a buscar otras aceitunas para la ensalada de pollo. Estas tienen semillas.°	*chicken breast/ thighs* *pits, seeds*
LUIS:	Pero, cariño,° eso da mucho trabajo....	*"honey"*
PACO:	Déjenmelo a mí. ¡Esa es mi especialidad!	
LUIS:	¡No me digas! De veras que eres un chico sorprendente.	
PACO:	En cambio,° tú hablas demasiado. Dime dónde está el abrelatas° y tráeme dos plátanos° y un aguacate... no, ése no, aquél, el que está más maduro....	*In return/ can opener* *plantains*
NATI:	¿Dónde pusieron las cebollas? Necesito más de una. Ay, no encuentro nada, todo se me confunde. Y ya hierve el agua. ¡Esto es una locura!° ¿Por qué no nos vamos todos a comer afuera?	*madness*

¿Qué comprendió Ud.?

1. ¿Dónde está la tostadora?
2. ¿Qué hay que hacer con las yemas?
3. ¿Qué no puede caer adentro?
4. ¿Quién es Paquillo?
5. ¿Quiénes hablan al mismo tiempo?
6. ¿Qué no sabía Luis?
7. ¿Por qué puso Nora el pollo en el horno?

Charlando

1. ¿Es para Ud. más fácil o más difícil trabajar en grupo?
2. ¿Es Ud. de los que siempre dicen "Déjenmelo a mí", o de los que dicen "Eso es muy difícil"?
3. ¿Con cuál de las personas en este diálogo se sentiría Ud. más cómodo? ¿Por qué?
4. ¿Le ha quitado Ud. alguna vez los huesos a una pechuga de pollo?
5. ¿Cuál cree que es el problema en el grupo?
6. ¿Qué haría Ud. en ese caso?

A propósito

Pero la forma no cambia

Aunque se usan varios nombres para referir a la **banana,** puede decirse que este nombre es el más universal. Pero también se usan **banano, plátano, guineo** o **cambur,** según el país. Hay una gran variedad de esta fruta en los países del mundo hispánico. Las hay rojas, verdes y amarillas, muy pequeñas y muy grandes. **Plátano** generalmente se reserva para hablar de un tipo más grande que la banana y que no puede comerse crudo *(plantain).* Es muy popular y se prepara de varias maneras, especialmente frito.

Tostones o *chatinos*

Si para una reunión con sus amigos Ud. quiere hacer algo diferente, prepare tostones en vez de servir *potato chips.* Aquí está la receta:

Tostones

Consiga en el supermercado dos o tres plátanos *(plantains)* grandes y bien verdes, uno por cada dos personas. Sin pelarlos, córtelos en rueditas *(little wheels)* como de 3/4 de pulgada. Con la punta del cuchillo, separe despacio la cáscara y pele cada ruedita. Ponga la sartén al fuego con un poco de aceite. Cuando el aceite esté caliente, eche los plátanos en el aceite. Déjelos dorarse un poquito y deles la vuelta para que se cocinen por el otro lado. Sáquelos del aceite y póngalos en una toallita de papel absorbente. Achátelos *(flatten them)* con algo de fondo plano *(flat bottom)* y limpio de una botella *(bottle)* puede servir a manera de martillo o maza *(hammer, mallet).* Pónga-los otra vez en el aceite caliente, primero por un lado, después por el otro, hasta que estén dorados. Sírvanse y cómanse calentitos *(hot)* inmediatamente.

El coche será
arreglado por ellos.

Estructura

La voz pasiva

In the active voice, the subject does something to an object. By contrast, in the passive voice, the subject is not the doer but the receiver of the action, which may or may not be named after the word *por* (by). Compare the following sentences:

Voz activa	*Voz pasiva*
Terminé el postre.	*El postre fue terminado (por mí).*
I finished the dessert.	The dessert was finished (by me).
Luis hierve el agua.	*El agua es hervida (por Luis).*
Luis boils the water.	The water is boiled (by Luis).

Note that the past participle in the passive voice agrees with the subject in gender and number *(es hervida)*.

If the active voice verb is in the past, the passive voice is formed using an equivalent past tense form of *ser* and a past participle. If the active voice verb is in the future, then the future tense of *ser* is used, and so on.

(Ellos) Arreglaron el coche.	➡	*El coche fue arreglado (por ellos).*
Arreglarán el coche.	➡	*El coche será arreglado (por ellos).*

Sometimes an impersonal verb or the construction *se* plus a verb is used in Spanish to express what in English is expressed by the passive voice:

Sirvieron la cena en la terraza.	Dinner **was served** in the terrace.
El té se servirá aquí.	Tea **will be served** here.

1. **¿Quién lo hizo? Diga lo mismo, pero usando la voz pasiva.**

   Modelo: Muchos estudiantes ven ese programa.
   Ese programa es visto por muchos estudiantes.

   1. Luis escribe el informe.
   2. Tú haces el postre.
   3. Ana terminó el trabajo.
   4. Primero pelan las papas.
   5. Pepe cuenta los tenedores.
   6. No preparo los plátanos.
   7. Ella invita a tus amigos.

El desayuno está servido.

Estructura

Estar y el participio pasivo

It is possible to use *estar*, followed by a past participle, to indicate a condition or position that resulted after an action has been completed. The past participle serves as an adjective and therefore must agree in gender and number with the noun it modifies.

El pescado está **congelado**.	The fish is frozen.
La comida está **servida**.	The meal is served.
Pepe y Raúl ya están **sentados**.	Pepe and Raúl are already seated.
Las papas están **hervidas**.	The potatoes are boiled.

2. **¡Qué desastre!** Imagine que Ud. conoce a alguien que nunca entiende las cosas bien. Dígale cómo son las cosas en realidad.

> **Modelo:** Roberto pagó la cuenta. (Andrés)
> No, fue pagada por Andrés.

1. Elena planeó la reunión. (Nati)
2. Esteban envió las invitaciones. (Paco)
3. Rubén alquiló el coche. (Pepe)
4. Marité no cantó esa canción. (Anita)
5. Nora preparará el flan. (Paco)
6. Asarían la carne. (no asarían)
7. Pelarán las frutas. (no pelarán)

3. **¡Qué maravilla!** Imagine que su mejor amiga viene a ayudarle en la cocina y es muy eficiente. Cada vez que Ud. le pregunta por algo, ya ella lo hizo. Con otro/a estudiante, prepare el diálogo siguiendo las indicaciones.

> **Modelo:** ¿Picaste la cebolla?
> Sí, ya está picada.

1. hervir las habichuelas
2. cocer las verduras
3. batir las claras
4. medir la harina
5. lavar la lechuga
6. hacer el pastel
7. poner el agua a hervir
8. preparar el aderezo

¿Ser o estar?

Hay que tener cuidado en el uso de *ser* y *estar*. El significado puede cambiar totalmente. Fíjese que **estar aburrido** *(to be bored)* es muy diferente de **ser aburrido** *(to be boring)*. De igual manera, **estar listo** *(to be ready)* no es lo mismo que **ser listo** *(to be smart)*. A veces el significado no es tan diferente, como **estar linda** (hoy) y **ser linda** (siempre). En **La ventana** *está* **abierta** *(The window is open)* se indica la condición o posición. En **La ventana es abierta por los chicos** *(The window is opened by the kids)* el sujeto es el que **recibe** en realidad la acción del verbo **abrir**.

La ventana está abierta. (Lima, Perú)

4. **¿Ser o estar? Escoja el verbo correcto en las siguientes oraciones.**

1. El libro de química (es, está) cerrado.
2. Las papas no (fueron, estuvieron) peladas por Nora sino por Paco.
3. Los chicos (son, están) sentados.
4. La pizarra (fue, estuvo) borrada por María Luisa.
5. El dinero (es, está) perdido.
6. El triunfo (será, estará) celebrado por todos.
7. El error (fue, estuvo) descubierto.
8. Prepararemos el pollo que (era, estaba) congelado.

You have already studied several uses of *se*:

- **reflexive pronoun**

Ellos ***se*** *expresan bien.*	They express themselves well.
Ellos ***se*** *visten.*	They get dressed.

- **indefinite subject pronoun**

Se *dice que son ricos.*	People say that they are rich.
Aquí ***se*** *venden motos.*	Motorcycles are sold here.
Se *hace así.*	You do it this way.

- **indirect object pronoun**

No ***se*** *lo digas a nadie.*	Don't tell anybody.
Díselo a Pepe mañana.	Tell it to Pepe tomorrow.

- **reciprocal pronoun**

¡Ellos ***se*** *quieren tanto!*	They love each other so much!

Aquí se venden helados.

En este mercado se vende pescado fresco.

Estructura

Más sobre *se*

The pronoun *se* can be used with reflexive verbs to express unplanned events or involuntary actions. The subject is frequently an inanimate object that appears to act without human intervention.

*La receta **se** perdió.*	The recipe got lost.
*El plato **se** rompió.*	The dish broke.

In Spanish, this unplanned event is sometimes mentioned in relation to a person who does not appear to be responsible for it.

***Se** me perdieron las llaves.*	I lost the keys.
***Se** me fue.*	It ran away from me.
***Se** me cayeron las cajas.*	The boxes fell down.
	I dropped the boxes (unintentionally).

Physiological and emotional processes are often expressed by the *se* construction.

***Se** le rompió una pierna.*	His leg was (got) broken.
***Se** les confunden.*	They get them mixed up.
*Siempre **se** me olvida.*	I always forget.

5. **¿Sabes dónde? María Luisa no conoce el barrio y le pregunta a Elenita. Prepare el diálogo entre ellas, siguiendo las indicaciones.**

> **Modelo:** vender pescado fresco/ mercado
> ¿Sabes dónde venden pescado fresco?
> Ah, sí, se vende en el mercado.

1. poder comprar chorizos/ carnicería
2. hacer flan de coco/ restaurante Borinquen
3. arreglar batidoras/ centro comercial
4. conseguir langostas congeladas/ supermercado
5. vender aceitunas sin semilla/ esquina
6. pelar piñas/ frutería
7. solicitar camareras/ cafetería
8. hablar español/ en todas partes

6. **¡A mí no!** A Antonio no le gusta ayudar. Estas son las cosas que él siempre dice. Prepare el diálogo con otro/a estudiante según las indicaciones.

> **Modelo:** decir (Leticia)
> No me lo digas (a mí).
> Díselo a Leticia.

1. preguntar (Roberto)
2. pedir (Lourdes)
3. contar (Manolo)
4. sugerir (Tere)
5. vender (Alicia)
6. dar (Pepe)

7. **Instrucciones.** Muchas veces se usa *se* en recetas e instrucciones. Busque la receta para hacer tostones que aparece en esta lección. Cambie los mandatos a construcciones impersonales con *se*.

> **Modelo:** Consiga dos o tres plátanos....
> Se consiguen dos o tres plátanos....

8. **¡Nadie tiene la culpa!** Ud. ha tenido un mal día, todo le sale mal. Siga las indicaciones para contar qué le ocurrió.

> **Modelo:** ¿Las llaves? (perderse)
> Se me perdieron.

1. ¿El gato? (irse)
2. ¿El dinero? (olvidarse)
3. ¿El reloj? (caerse)
4. ¿El canario de mamá? (morirse)
5. ¿La tostada? (quemarse)
6. ¿El espejo? (romperse)

9. **Hoy todo es diferente.** Al día siguiente, todo es diferente. Ud. llega a casa y todo ya está hecho. Diga cómo encuentra las cosas. ¿Qué es diferente? Use la imaginación.

> **Modelo:** ¿La ensalada?
> Está preparada.

1. ¿La carne?
2. ¿Los platos?
3. ¿La comida?
4. ¿El coche?
5. ¿Las ventanas?
6. ¿El jugo de naranja?

La ensalada está preparada.

Aquí se sirve comida salvadoreña.

LAS PALMERAS

COMIDA
SALVADOREÑA
LATINA
MARISCOS
Y
POLLO

La ensalada ya está preparada pero todavía se hacen los tacos. (San Cristóbal de las Casas, México)

Vocabulario

el **abrelatas** can opener
el **ala** wing
la **batidora** beater
    batir to beat
la **cacerola** pan
    cariño "honey" (term of endearment)
la **cáscara** shell, peel
la **clara** egg white

congelado,-a frozen
en cambio in return, in exchange, on the other hand
la **harina** flour
el **horno** oven
el **hueso** bone
la **locura** madness
el **muslo** thigh

la **pechuga** chicken breast
el **pedacito** small bit
el **pellejo** skin (of animal)
el **plátano** plantain, banana
la **semilla** pit, seed
la **tostadora** toaster
la **yema** yolk

¡Buen provecho!

Marité ha sido invitada a la boda de su prima Raquel. Marité va a ser dama de honor y ella escogió como compañero a José Antonio Valenzuela, capitán° del equipo de fútbol. Sólo hay un problema: Van a tener una cena formal con la familia el día antes de la boda y Marité sabe que José Antonio, cuando está cansado, a veces no tiene muy buenos modales° en la mesa. ¿Qué podría hacer? Se le ocurre° que podría darle a leer el artículo sobre modales en la mesa que acaba de salir en una revista muy bien ilustrada, de escritura° simple y de contenido° muy instructivo.°

captain

manners/ It occurs to her
writing style/ content
instructional

Los modales en la mesa:

No saber cómo comportarse° en una cena romántica o en una comida formal puede arruinar° tu vida social. ¡Quizá haya algo aquí que necesites aprender!

behave
ruin

- No hables con la boca llena. Es mejor llevarse a la boca porciones° pequeñas de comida. Habla cuando tengas una cantidad mínima de alimentos° en la boca.

portions

food

- Tampoco debes masticar° con la boca abierta. No hagas ningún ruido con la boca o con la lengua.

chew

- Antes y después de tomar agua, límpiate la boca con la servilleta.
- Si te levantas, deja la servilleta al lado del plato. No la dobles.°   *fold*
- No dejes la cuchara dentro de la sopa, ni dentro de la taza de café o té.
- Si el pescado tiene espinas° o encuentras un hueso° en el pollo, o quizá   *fishbones/bone*
  una semilla en la fruta, los pones con cuidado en el tenedor y los llevas
  así de la boca a una esquinita del plato.
- No comas el pollo con las manos a menos que° estés en un picnic.   *unless*
- Cuando estés cortando un pedazo° de carne en el plato, no abras los   *piece*
  brazos hacia afuera. Mantén los codos° cerca de tu cuerpo.   *elbows*
- No pongas los codos en la mesa mientras estés comiendo. Así limitas
  tus movimientos. Tienes que poder moverte° libremente para evitar   *to move*
  que la comida que llevas en el tenedor se te caiga sobre tu ropa o sobre
  el mantel.
- Si accidentalmente vuelcas° el vaso de agua sobre la mesa, no le des   *overturn*
  importancia. Colócalo° otra vez como estaba y sigue conversando   *place it*
  como si nada hubiera sucedido.
- Si el desastre es mayor, y vuelcas el vaso de agua sobre el vestido o
  el traje de la persona que está más próxima a ti, ofrécele primero una
  servilleta para que se seque, y dile calmadamente° que lo sientes   *quietly*
  mucho. Ojalá que esto no te pase porque puede arruinar tu noche o
  la de tu compañero/a. Pero no conviertas un simple incidente en una
  tragedia. ¡Buen provecho!

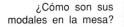

¿Cómo son sus modales en la mesa?

¿Qué comprendió Ud.?

1. ¿A qué ha sido invitada Marité?
2. ¿Cuál es el problema de José Antonio?
3. ¿Qué celebración hay? ¿Y qué va a haber la noche anterior?
4. ¿Qué se le ocurre a Marité?
5. ¿Cuándo no debe tener la boca abierta?
6. ¿Qué debe hacer antes de tomar agua?
7. ¿Dónde no debe dejar la cuchara?
8. ¿Qué debe hacer si vuelca el agua en el mantel?

Charlando

1. ¿Cómo son sus modales en la mesa?
2. ¿Sabe comportarse si sirven pollo o pescado? ¿Qué debe hacer?
3. ¿Cree que son importantes los modales en la mesa? ¿Por qué?
4. ¿Cómo puede Ud. arruinar fácilmente una cena romántica?
5. ¿Cómo es su apetito? ¿Come Ud. de todo?
6. ¿Qué haría si le cayera algo de comida sobre la ropa?

Estructura

El imperfecto del subjuntivo

When the subjunctive is expressed in the past, the imperfect subjunctive is used. The subjunctive can be formed simply by changing the *-ron* of the *ellos* preterite tense form to *-ra, -ras, -ra, -ramos, -rais* or *-ran*, and adding an accent mark to the third-to-last syllable of the *nosotros,-as* form of the verb. This pattern applies to all verbs. An alternate form that is used in parts of the Spanish-speaking world, especially in Spain, uses the endings *-se, -ses, -se, -semos, -seis* and *-sen*.

		hablar (hablaron)	comer (comieron)	vivir (vivieron)
yo		hablara (hablase)	comiera (comiese)	viviera (viviese)
tú		hablaras	comieras	vivieras
él, ella, Ud.		hablara	comiera	viviera
nosotros		habláramos	comiéramos	viviéramos
vosotros		hablarais	comierais	vivierais
ellos		hablaran	comieran	vivieran

The use of the imperfect subjunctive is fundamentally the same as the present subjunctive. Only the time context is different. The present subjunctive is used with present tense or future tense clauses; the imperfect subjunctive is used with preterite, imperfect or conditional clauses.

presente del subjuntivo:

| *presente:* | *Te pido que **trabajes**.* | I ask you to work. |
| *futuro:* | *Te pediré que **trabajes**.* | I will ask you to work. |

imperfecto del subjuntivo:

pretérito:	*Te pedí que **trabajaras**.*	I asked you to work.
imperfecto:	*Te pedía que **trabajaras**.*	I was asking (used to ask) you to work.
condicional:	*Te pediría que **trabajaras**.*	I would ask you to work.

Mi tío me exigió que llegara temprano al aeropuerto.

1. **A Marité también.** A Marité también le dieron consejos y advertencias. Su familia tiene muy buenos modales y ella tenía que comportarse bien. Complete las oraciones siguiendo las indicaciones.

   Modelo: Mi tío me exigió que _llegara_ temprano. (llegar)

   1. Mamá me pidió que __(1)__ poco maquillaje. (usar)
   2. Me dijo que __(2)__ el pelo. (cortarme)
   3. Abuela insitió en que __(3)__ a todo el mundo. (saludar)
   4. Abuelo quería que __(4)__ con él. (bailar)
   5. Papá sugirió que __(5)__ a José Antonio. (aconsejar)
   6. Tío Eugenio quería que __(6)__ sólo agua. (beber)
   7. Mamá me dijo que __(7)__ cuidado con las espinas de pescado. (tener)
   8. Tía Julia me dijo que no __(8)__ los codos sobre la mesa. (poner)

2. **Todas las cosas importantes del mundo.** Marité trata de darle las gracias a José Antonio porque él siguió los buenos modales en la mesa que aconsejaba el artículo que ella le dio. Quiere que él vea la importancia de todo lo que él hizo. Siga el modelo.

   Modelo: leer el artículo
                  Era necesario que leyeras el artículo.

   1. seguir los consejos (tú)
   2. pensar que tienes buenos modales (papá)
   3. verte masticando con la boca abierta (nadie)
   4. no hacer ruido con la boca (tú)
   5. arruinar la noche (nada)

A propósito

Sufijos

Seguramente Ud. reconoce la palabra **advertencia**. ¿Recuerda lo que quiere decir? Ud. conoce el verbo **advertir** *(to warn)*, al cual se le ha añadido la terminación *-encia* que lo convierte en un nombre. He aquí otras terminaciones para convertir verbos en nombres.

-ado	dictado, cuidado
-ción	cancelación, invitación
-encia	sugerencia, creencia *(belief)*
-ida	salida, comida
-ido	sonido, vestido
-miento	estacionamiento, comportamiento *(behavior)*

3. **Trate de adivinar. Diga con cuáles verbos están relacionados los siguientes nombres.**

Modelo: llamada (llamar)

1. comparación
2. competencia
3. asado
4. equivalencia
5. significado
6. corrida (de toros)
7. contaminación
8. planeamiento
9. bebida

La carne asada.
(Buenos Aires, Argentina)

La corrida de toros.
(Sevilla, España)

4. **¡Demasiadas advertencias!** Los padres de Juan Carlos tuvieron que salir una noche y dejarlo con sus hermanos menores en casa. Pero antes de que se fueran, le dieron demasiadas advertencias. Siga las indicaciones.

> **Modelo:** no dejar la puerta abierta
> Ellos querían que no dejara la puerta abierta.

1. cerrar las ventanas
2. no ver mucha televisión
3. hablar poco por teléfono
4. cuidar a su hermanito menor
5. no comer todo el helado
6. terminar la tarea
7. no leer en la cama
8. irse a dormir temprano

5. **La cocina de Raquel.** Raquel y su esposo se han mudado a una casa preciosa. Raquel sabía muy bien cómo quería que fuera su casa. La realidad es siempre diferente. Complete el párrafo con el verbo correcto.

Raquel quería una casa que *1. (tener)* una cocina grande donde *2. (poder)* poner una mesa de comer. Ella quería que *3. (haber)* bastante espacio para que su esposo y ella *4. (cocinar)* juntos. En la casa que ella *5. (tener)* ahora, para poder entrar en la cocina, una persona tiene que esperar hasta que *6. (salir)* la otra. Ella siempre insistió en que la cocina *7. (estar)* en la planta baja. Ella deseaba que el jardín se *8. (ver)* desde dentro de la casa y que el sol *9. (entrar)* por todas partes. Nunca pensó que cuando *10. (alquilar)* una casa iba a ser diferente de su sueño, especialmente la cocina, que es el corazón de una casa. Por eso, cuando Ud. *11. (ir)* a visitarla, no le hable de la cocina.

Estructura

Querer y el imperfecto del subjuntivo

The imperfect subjunctive of *querer, quisiera,* is often used to make a polite request, or to place an order at a restaurant, much as you might use *(me) gustaría.*

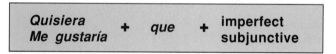

Quisiera			
Quisiera / **Me gustaría**	+	que	+	imperfect subjunctive

Quisiera *que trabajaras.*
Me gustaría *que trabajaras.*
      I would like you to work.

There are three degrees of politeness. Look at the following:

Quiero que me traiga....   **I want** you to bring me.... *(not polite)*
Quisiera que me traiga....   **I would like** you to bring me.... *(polite)*
Quisiera que me trajera....   **I wish** that you would bring me....
                                      (more polite)

Quisiera is also used to express anything someone desires, whether possible or not.

Quisiera viajar por todo el   **I would like** to travel all over the
mundo.   world.
Quisiera tener alas y volar.   **I would like** to have wings and fly.

Quisiera ser arquitecta.

6. **¿Cómo quisiera Ud. que fuera el mundo? Con otro/a estudiante, intercambie ideas sobre por lo menos tres cosas que a Ud. le gustaría hacer y tres cosas que Ud. quisiera que otras personas hicieran. Use la fantasía, no sea realista.**

   Modelo: Quisiera que mañana fuera el primer día del año 2000.

7. **En la mesa. Demuestre sus buenos modales. Cambie las siguientes frases para que suenen más amables.**

   Modelo: Quiero que me traiga un té con limón.
                Quisiera que me trajera un té con limón./ Me gustaría que me
                trajera un té con limón.

   1. Quiero que me prepare el desayuno.
   2. Me gusta que la carne se cocine más.
   3. Quiero la mantequilla, por favor.
   4. Quiero que hables en voz baja.
   5. Quiero que me des media pechuga.
   6. Quiero que me alcances un muslo.

Quisiera tener alas y volar.
(Acapulco, México)

Quisiéramos viajar por todo el mundo.
(Tierra del Fuego, Argentina)

Vocabulario

a menos que unless
el **alimento** food
arruinar to ruin
calmadamente quietly
el **capitán, la capitana**
   captain
el **codo** elbow
colocar to place
comportarse to behave

el **contenido** content
doblar to fold
la **escritura** writing
la **espina** fish bone, spine
ilustrado,-a illustrated
instructivo,-a
   instructional,
   educational
masticar to chew

los **modales** manners
moverse (ue) to move
ocurrirse to occur to
   someone, to think
el **pedazo** piece
la **porción** portion
romántico,-a romantic
volcar (ue) to overturn, to
   spill

¡Enchiladas no!

Un grupo del club de español decide probar un nuevo restaurante mexicano,
El Sombrero, *que se ha abierto cerca de la escuela. Rafael, uno de los chicos,*
no parece muy contento.

JORGE:	Mira, Rafael, el menú es internacional. Puedes pedir hígado° a la italiana, chuletas de cordero, macarrones° con crema....	*liver/ macaroni*
RAFAEL:	¿Hay bistec° con papas fritas?°	*beefsteak/ french fries*
CHARO:	Pero, Rafael, ¡no hemos venido a comer eso! Hemos venido a comer enchiladas, burritos, chile° con carne....	*chili*
CARLOS:	Eso no es comida mexicana, es Tex-Mex, comida americanizada.	
CHARO:	Pues sí. Aunque se coma en el sudoeste de los Estados Unidos, es también mexicana. Mira el menú: chiles rellenos,° frijoles refritos.°	*stuffed/ refried*

JORGE:	Bueno, si estuvieras en Oaxaca, podrías comer unos tamales exquisitos, pero como no estás....	
AURORA:	El caso es, Rafa, que hemos venido a comer comida mexicana, ¡no bistec con papas fritas!	
RAFAEL:	Es que a mí no me gusta ni la comida salada° ni la comida picante.	*salty*
CARLOS:	Mira, si no has comido comida mexicana, tendrás que probarla alguna vez. Quizá te guste. Pero podemos pedirle al camarero que te traiga un plato que no sea mexicano.	
AURORA:	No, chico. Prueba algo picante. Te va a gustar.	
CAMARERO:	*(A Rafael)* ¿Qué desea que le traiga?	
RAFAEL:	Quisiera que me trajera algo que no fuera picante.	
CAMARERO:	Puedo traerle chimichangas, que no son muy picantes.	
CARLOS:	*(con una sonrisa, bromeando°)* Y para tomar, ¿qué deseas? ¿Una margarita, una cerveza,° un vino tinto?°	*joking* *beer/ red wine*
RAFAEL:	Oh, no... ¿Sería tan amable de traerme una botella° de agua mineral?	*bottle*
CAMARERO:	Desde luego.° Como Ud. desee.	*Of course.*
AURORA:	Bravo, Rafael, verás que te va a gustar la comida mexicana. ¡Y bienvenido al club de los come-candelas! ¡Eras el único que faltaba!	

¿Qué comprendió Ud.?

1. ¿Por qué decide el grupo ir a comer afuera?
2. ¿Por qué pregunta Rafael si hay bistec con papas fritas?
3. ¿Qué vinieron a comer los chicos?
4. ¿De dónde es la comida Tex-Mex?
5. ¿Qué comerían si estuvieran en Oaxaca?
6. ¿Con quién bromea Carlos?
7. ¿Qué puede pedir Rafael al camarero, según Carlos?

A mí me gustan los tacos.

Charlando

1. ¿Ha comido Ud. comida mexicana? ¿Dónde?
2. ¿Cuántos de sus amigos comen comida mexicana?
3. ¿Ha comido otras comidas hispánicas, como paella, gazpacho, arroz con pollo, frijoles negros? ¿Cuáles? ¿Dónde?
4. ¿Hay restaurantes que ofrezcan comidas latinas en su ciudad?
5. ¿Ha comido Ud. tacos alguna vez? ¿Estaban picantes?

De origen americano

Sería difícil determinar cuál es el más popular de los alimentos que pasaron de América al resto del mundo. Unos dirían que la **papa,** otros que el **chocolate,** pero la lista es larga. El motivo principal del viaje de Cristóbal Colón era encontrar un camino más corto para llegar a la China y a la India. ¿Y para qué querían los españoles ir a la India? Los granos de **pimienta** *(peppercorns)* eran tan valiosos que se usaban para pagar impuestos y hasta aparecían en testamentos *(last wills).* En vez de la pimienta, los españoles encontraron el **chile,** también llamado **ají** por los indios. El ají picante causó una revolución en la cocina mundial. Hoy no podemos imaginarnos un plato de cari *(curry)* de la India o un plato de una región tan distante como Sechuán, en la China, sin estos chiles, desconocidos en el resto del mundo antes de los viajes de Colón. Y en el sudoeste de los Estados Unidos se ha desarrollado *(developed)* una cocina muy popular en todo el país, conocida por Tex-Mex, que tiene chiles como base.

¿Le gustan los chiles?

Restaurante El Sombrero

Platos mexicanos—Especialidad de la casa:

Burrito Una tortilla de harina, enrollada° y rellena de carne de res, pollo, queso o frijoles.

Chile con carne El plato más popular de la cocina Tex-Mex. Carne picada y frijoles pintos.

Chiles rellenos Chiles poblanos rellenos con frijoles rosados, chorizos, cebollas y queso.

Chimichangas Burritos rellenos de pollo, queso, frijoles y cebollas, con crema y guacamole.

Enchiladas Tortillas de maíz rellenas de carne o queso, en salsa de chiles y con queso derretido.° Las **enchiladas suizas°** tienen crema en vez de salsa de chiles, y las **enchiladas de mar** son de mariscos.

Flauta Tortilla grande de maíz con pollo y salsa ranchera, frita° y cubierta con crema.

Guacamole Pasta° hecha de aguacate, cebolla y especias.°

Jalapeños Los chiles más famosos, verdes y pequeños.

Mole poblano Plato tradicional mexicano, de Puebla. Pavo en una salsa de chiles, especias y chocolate amargo.°

Nachos pedazos de tortilla de maíz cubiertos de frijoles, queso derretido y jalapeños.

Picadillo carne picada con especias.

Taco Tortilla de maíz frita y rellena de carne, queso, lechuga y tomates.

Tacos al carbón Tienen carne a la parrilla.°

Tamales Pasta de maíz molido con carne o pollo, envuelta en hojas° de maíz o de plátano.

chiles rellenos

jalapeños

mole poblano

picadillo

tamales

rolled

melted/ Swiss

fried

dip/ spices

bitter

charbroiled

leaves (husks)

¿Qué comprendió Ud.?

1. ¿De qué se hacen las tortillas?
2. ¿De qué están rellenas las enchiladas?
3. ¿Son negros todos los frijoles?
4. Muchos restaurantes llamados mexicanos no lo son. ¿Qué son?
5. ¿Qué quiere decir Tex-Mex?
6. ¿Con qué se hace el guacamole?
7. ¿Cómo se llama el plato que tiene salsa de chiles y chocolate?
8. ¿Con qué se hacen los tamales?

A propósito

El sabor latino

Hay otros platos latinos muy sabrosos. Las **comidas criollas** del Caribe, a menudo son chino-cubanas. Por lo general, la comida latina se basa en la comida española, que no es picante. La **tortilla española** es muy diferente de la mexicana o centroamericana. Se hace de huevo, papa y cebolla. La **paella** y el **arroz** con pollo son quizá los platos españoles más populares. El **gazpacho** es una sopa de tomates, pepinos y otro vegetales crudos, que se sirve fría. El **ceviche** (o **seviche**) de la costa sudamericana del Pacífico, también es muy popular, especialmente en Perú. Se hace de pescado crudo, que se deja en jugo de lima o de limón y bastante pimienta, por unas horas. Las **empanadas** (*meat turnovers*) de Argentina y Chile son deliciosas.

¿No le gustaría
probar el ceviche?

¡La paella es excelente!

1. **¿Qué es una enchilada?** Imagine que Ud. es un camarero mexicano. Trabaje con otro/a estudiante, que será un/a turista norteamericano/a. El/la turista le pregunta de qué se hacen tres platos mexicanos que hay en el menú, y Ud. le explica. Por ejemplo, le pregunta con qué se hace el guacamole y Ud. le explica que con **aguacate**, cebolla y especias. Después, cambien los papeles, usando platos diferentes.

2. **¿Qué le gustaría comer?** Con otro/a estudiante, hable de algún plato latino que haya comido. Explique qué era y dónde lo comió. Y hable de otro plato que no haya comido, pero que le gustaría probar y por qué.

3. **La cocina internacional.** ¿Conoce Ud. algún plato tradicional de la cocina internacional? ¿De qué país? ¿Con qué ingredientes se hace? ¿Le gusta o lo come con frecuencia? ¿Puede Ud. nombrar algunos platos tradicionales de distintos países? ¿Cuál, diría Ud., es el plato tradicional de Estados Unidos?

Estructura

El subjuntivo después de pronombres relativos

The most commonly-used relative pronouns are *que* and *quien*. They refer to and help describe a previously mentioned noun.

*Me comí todas las cerezas **que** compraste.*	I ate all the cherries that you bought.
*Ese es el mesero **a quien** le dejé la propina.*	That is the waiter for whom I left the tip.

The subjunctive is used after the relative pronoun in a sentence where the antecedent is not yet determined, it is unknown, or its existence is questioned.

*Prefiero los platos **que** no tengan ajo.*	I prefer the dishes that have no garlic.
*Necesitamos un cocinero **que** sepa hacer tamales.*	We need a cook who knows how to prepare tamales.
*No veo ningún mesero **a quien** podamos llamar.*	I don't see any waiter whom we can call.

4. **Se solicita.** Imagine que Ud. necesita un trabajo para el verano y lee los anuncios clasificados en el periódico. Complete las oraciones.

   Modelo: Se solicita un camarero que <u>pueda</u> trabajar los domingos. (poder)

   1. Buscamos un cocinero que <u>(1)</u> español. (hablar)
   2. Quiero una muchacha que <u>(2)</u> la cocina. (limpiar)
   3. Se solicita un joven que <u>(3)</u> los platos. (lavar)
   4. Preferimos un cocinero que <u>(4)</u> hacer pan. (saber)
   5. Se necesitan jóvenes que <u>(5)</u> hacer una encuesta. (poder)
   6. Queremos una cajera que <u>(6)</u> de números. (entender)
   7. Se solicita un ayudante de cocina que <u>(7)</u> aprender. (querer)
   8. Se pagará bien a una secretaria que <u>(8)</u> rápida. (ser)

Quisiera el más grande.

Estructura

La nominalización y el pronombre relativo *que*

An adjective or adjective phrase may be combined with an article to take the place of a noun. The article must be the same gender and number as the noun being replaced. This is called nominalization.

*Pasarán el examen escrito y **el oral**.*	You'll take the written exam and **the oral one.**
*Dame la manzana roja o **la verde**.*	Give me the red apple or **the green one.**

Possessive pronouns can also be nominalized.

*¿Pagaste tu cuenta y **la mía**?*	Did you pay your bill and **mine**?

Nominalization also occurs in relative clauses with *el que, la que, los que, las que* and *lo que.*

*Prefiero **el que** no sea picante.*	I prefer **the one that** is not hot.
*Tráigame **la que** tenga menos calorías.*	Bring me **the one that** has fewer calories.
*No entiendo **lo que** dices.*	I don't understand **what** you are saying.

Dame el que sea mejor, por favor.

Notice that if the nominalization refers to a yet undetermined object, the subjunctive is used.

*Les daré **el que** yo **quiera**.*	I'll give them the one I want.
*Dame **el que sea** mejor.*	Give me the one that is better.

Compare the following:

*Te daré **lo que** me **pides**.*	I'll give you what you are asking for. (I already know what it is.)
*Te daré **lo que** me **pidas**.*	I'll give you whatever you ask me. (You haven't asked for anything yet.)

5. **Quisiera que no fueras así. En el párrafo siguiente hay mucha repetición de nombres. Trate de eliminar algunos nombres, usando la nominalización ya estudiada.**

> **Modelo:** Tu vaso está vacío y mi vaso está lleno.
> El tuyo está vacío y el mío está lleno.

Ayer decidimos cocinar en casa. No sabíamos si debíamos preparar un plato español o 1. *un plato mexicano*. La carne descongelada no era suficiente, pero 2. *la carne congelada* era demasiada. Mi receta era mejor, pero 3. *tu receta* era más fácil. Era como todo entre nosotros: a mí me gusta la comida que no es picante y a ti te gusta 4. *la comida picante*. Yo prefiero la carne bien cocida y tú 5. *la carne término medio*. Todas las cosas que me gustan a mí son lo contrario de 6. *las cosas que* te gustan a ti. ¿Por qué no eres como yo, exactamente igual que yo?

Menú internacional

Sopas y entremeses
Chupe de mariscos
Sopa de pollo y fideos
Tortilla de papas y cebolla
Ceviche de camarones
Guacamole
Pescados y mariscos
Bacalao con papas
Pescado al horno
Calamares enchilados
Carnes y aves
Chuletas de cordero
Costillas de puerco ahumado
Bistec de ternera
Arroz con pollo
Pollo asado o frito
Legumbres
Coliflor con guisantes
Zanahorias con salsa de almendras
Garbanzos con chorizo
Postres
Flan de leche o de calabaza
Helados y frutas

chupe *chowder* **fideos** *noodles* **aves** *fowl* **ahumado** *smoked* **almendras** *almonds*

6. **¿Qué vas a pedir?** Con otro/a compañero/a, alterne en ser el cliente o el camarero. Del menú anterior, cada uno/a debe pedir una comida completa. Use como modelo el diálogo al principio de esta lección.

Estructura

¿El presente o el imperfecto del subjuntivo?

When a clause that describes refers to a matter-of-fact situation, the present subjunctive is used. When it refers to an uncertain, unlikely or contrary-to-fact situation, the imperfect is used. Compare the following sentences:

*Prefiero un restaurante sencillo que **tenga** una vista.*	I prefer a simple restaurant that has a view.
*Preferiría un restaurante de lujo que **tuviera** una vista.*	I would prefer a deluxe restaurant that had a view.
*Prefería un hotel que **tuviera** piscina.*	I preferred a hotel that had a a swimming pool.

Note that the first sentence is matter of fact. The verb sequence is present indicative and present subjunctive. After the conditional *(Preferiría)* and the past imperfect *(Prefería)*, the imperfect subjunctive is used.

7. Nunca está contento. La primera oración la dice Casimiro en casa. La segunda la dice en el restaurante, siempre deseando un mundo mejor. Adivine qué dice Casimiro. Use *Me gustaría, Quisiera, Querría* o *Preferiría*, según la oración original.

> **Modelo:** Quiero ir a un restaurante que tenga espacio.
> Quisiera (Querría) ir a un restaurante que tuviera espacio.

1. Prefiero un cocinero que prepare comida internacional.
2. Me gusta que el camarero me traiga el pan caliente.
3. Me gusta que no le pongan mostaza.
4. Quiero unas enchiladas que no sean picantes.
5. Me gusta que la fruta no esté tan madura.
6. Prefiero que no me sirvan con apuro.
7. Al camarero le gusta que yo le dé una propina muy generosa.

8. ¿Cómo le gusta a Ud.? Escoja una palabra apropiada.

> **Modelo:** ¿Cómo quieres las papas?
> a. congeladas   b. maduras   ⓒ hervidas   d. vacías

1. ¿Cómo quieres las bananas?
   a. sin semilla   b. verdes   c. picantes   d. podridas
2. ¿Y la espinaca?
   a. con azúcar   b. dura   c. cruda   d. pelada
3. ¿Y la langosta?
   a. dulce   b. refrita   c. con mayonesa   d. con leche
4. ¿Y el queso?
   a. con jamón   b. salado   c. sin pelar   d. cocido
5. ¿Y el pescado?
   a. frío   b. frito   c. lleno   d. blando

Vocabulario

ahumado,-a smoked
la **almendra** almond
amargo,-a bitter
el **ave** *f.* fowl, bird
el **bistec** beefsteak
la **botella** bottle
bromear to joke
la **cerveza** beer
el **chile** chili, (hot) pepper
el **chupe** chowder
derretido,-a melted

Desde luego. Of course.
enrollado,-a rolled
la **especia** spices
el **fideo** noodle
frito,-a fried; *papas fritas* french fries
el **hígado** liver
la **hoja** leaf, husk (of corn)
el **macarrón** macaroni
la **parrilla** grill; *a la parrilla* grilled, charbroiled

la **pasta** dip
refrito,-a refried
relleno,-a stuffed, filled
salado,-a salty
suizo,-a Swiss
tinto,-a tinted, colored; *vino tinto* red wine
el **vino** wine

¡La práctica hace al maestro!

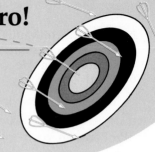

En parejas

A. Imaginen que hay una frutería donde se pueden pedir las órdenes por teléfono. Un estudiante hace el papel de vendedor y otro de cliente, alternando después. Pidan fruta con requisitos especiales, como por ejemplo, unos duraznos que no sean muy pequeños o que estén dulces.

B. Intercambien ideas sobre las cosas que querrían que sucedieran dentro de cinco años. Pueden ser cosas reales, como "Quisiera que mi mamá no trabajara tanto", o más imaginativas, como "Me gustaría que vinieras conmigo a México".

C. Expliquen cómo se prepara algún plato, usando el **se** impersonal. Por ejemplo, para hacer una limonada, se compran dos limones, se les saca el jugo y se añaden tres vasos de agua y tres cucharaditas de azúcar. Si se desea, se añaden también unos cubitos de hielo.

D. Hagan un diálogo entre un camarero y un cliente en un restaurante, alternando después. Pidan una comida completa, dejen la propina y paguen la cuenta.

E. Busquen, entre Uds. dos, cinco maneras de pedirle al camarero, muy amablemente, que les traiga otro vaso de agua. Una de ellas sería, por ejemplo: "Tráigame otro vaso de agua, por favor".

En grupos

F. Un estudiante describe una fruta o un plato de comida, sin decir el nombre. Los otros tratan de adivinar. El que adivine primero, describe otra cosa. Sigan hasta que hayan adivinado seis de las frutas o de los platos de comida.

G. Cada estudiante repite el mejor consejo que le hayan dado en la vida, como por ejemplo, que no aconsejara nada, a nadie, nunca.

A escribir

Escriba una composición de siete a diez líneas para explicar qué tipo de comida le gustaría aprender a cocinar, por qué y cómo podría aprender rápidamente sin gastar mucho dinero.

Selecciones literarias

Barcelona, España.

Introducción

Ana María Matute es una excelente escritora española. Nació en Barcelona, en 1926. Sus novelas, que han recibido muchos premios, siempre presentan temas humanos, tratados con ternura. Se ha preocupado en muchas ocasiones del mundo de los niños. La selección de esta unidad pertenece a un volumen de cuentos titulado *Historias de la Artámila* (1961). La Artámila es una región imaginaria de España, al menos en nombre. La historia está narrada desde el punto de vista de una niña. Es una historia de inmigrantes, aunque estos inmigrantes no vienen de otro país sino de otra región de España. Y porque vienen a este pequeño pueblo campesino en carros y con unos cómicos *(comedians)*, la gente del pueblo piensa que son gitanos. El título original es "Los alambradores", es decir, los que hacen trabajo de soldadura *(solder, welding, mending metal)* de las ollas viejas *(old pots and pans)*. El tema principal es la falta de aceptación de las diferencias entre distintos grupos de personas, es decir, el tema de los prejuicios *(prejudice)* raciales y sociales.

Preparación

Conteste las siguientes preguntas como preparación para la lectura.

1. ¿Hay inmigrantes de otros países en la ciudad en que Ud. vive? ¿De qué países son?
2. ¿Se mezclan *(mix)* estos grupos con el resto de la población o se mantienen separados?
3. ¿Ha sido aceptada por el resto de la población alguna contribución de esa cultura, como por ejemplo, un plato de comida típico?
4. ¿Ha tenido Ud. ocasión de aprender alguna palabra en el idioma de ese grupo? ¿Cuál? ¿En qué idioma?
5. De una mirada rápida a la lectura de esta lección, ¿puede Ud. encontrar cinco palabras que tengan cognados en inglés?
6. Averigüe rápidamente quién cuenta la historia de esta lectura.

Los gitanos:° Ana María Matute

gypsies

Llegaron al pueblo al llegar la primavera. Hacía un tiempo más bien frío y la tierra estaba húmeda. El deshielo° se retrasaba y el sol se pegaba° a la piel, a través de la niebla.° Los del campo andaban° de mal humor. Seguramente las cosas de la tierra no iban bien: yo sabía que era así, cuando les oía hablar y les veía de aquella forma, siempre de mal humor.

defrost/ stuck
fog/ were

Mi abuelo me había prohibido llegar hasta el pueblo cuando notaba estas cosas en el aire —porque decía que en el aire se notaban—. Y aún, también me prohibía llegar hasta el pueblo en otras ocasiones, sin explicar por qué. El caso es que en este tiempo yo estaba, sin que mi abuelo lo supiera, en el pueblo a la puerta de la herrería° de Halcón, cuando por la carretera apareció el carro, entre la neblina.°

blacksmith's shop
mist

—Cómicos° —dijo el herrero° Halcón.

comedians/
blacksmith

Halcón era muy amigo mío, entre otras razones porque le llevaba del tabaco del abuelo sin que el abuelo lo supiera. Estaba Halcón sentado a la puerta de su herrería al sol, comiéndose un trozo° de pan con ajo; sobre el pan había echado un poco de aceite verde.

a piece

—¿Qué cómicos? —dije yo.

Halcón señaló° con la punta de su navaja° el carro que aparecía entre la niebla. Su toldo,° blanqueaba° extrañamente. Parecía un barco que fuera por el río de piedras de la carretera, todavía con hielo en las cunetas.°

pointed at/pocket
knife/canvas
covering/looked
very white/
gutters

Ciertamente eran cómicos. No tuvieron mucha suerte en el pueblo. El mejor tiempo para ellos era el tiempo de invierno, cuando las faenas° del campo habían terminado, o la primavera estaba ya cerca del verano. Pero al principio de la primavera nadie tenía humor para funciones,° pues cada cual estaba ocupado con sus trabajos. Sólo yo, el secretario y su familia —mujer y cinco muchachos—, el ama° del cura y las criadas del abuelo, que me llevaron con ellas, fuimos a la primera de las funciones. A la tercera noche los cómicos se fueron por donde habían venido.

work

performances

housekeeper

Pero no todos. Dos de ellos se quedaron en el pueblo. Un viejo y un niño, de nueve o diez años. Los dos muy morenos, muy sucios, con la carne extrañamente seca.

"Tienen la carne sin unto"°, oí que decía de ellos Feliciana Moreno, que fue a la tienda a comprar aceite. Acababan de pasar los cómicos, que compraron cien gramos de aceitunas negras, para comer con el pan que llevaban en el zurrón.° Luego les vi sentarse en la plaza, junto a la fuente, y comer despacio, mirando a lo lejos. Los dos tenían la mirada° de los caminos.

fat

bag

look

—Son gitanos —dijo Halcón, pocos días después, cuando pude escaparme de nuevo e ir a verle, sin que mi abuelo lo supiera— ¿Sabes tú? son gitanos: una mala gente. Sólo verles la frente y las palmas de las manos se les adivina el diablo.°

devil

—¿Por qué? —pregunté.

—Porque sí —contestó.

Me fui a dar una vuelta por el pueblo en busca de los gitanos, y les vi en la plaza, el niño gritaba algo:

—¡Alambradoreees!° —decía.

welders

Por la noche, mientras cenaba en la gran mesa del comedor, con el abuelo, oí ruidos en la cocina. Apenas terminé de cenar, besé al abuelo y dije que me iba a dormir. Pero, muy al contrario, bajé a la cocina, donde Elisa, la cocinera y las criadas, junto con el

mandadero° Lucas el Gallo, se reían de los alambradores, que
estaban allí con ellos. El viejo contaba algo, sentado junto a la
lumbre,° y el niño miraba con sus ojos negros, como dos agujeros°
muy profundos,° el arroz que Elisa le servía en un plato. Me
acerqué silenciosamente, pegándome° a la pared, como yo sabía,
para que nadie se fijara en mí. Elisa cogió un vasito de color verde,
muy hermoso y lo llenó de vino. El vino se levantó de un golpe,°
dentro del vaso, hasta salirse fuera. Cayeron unas gotas° en la mesa
y la madera las chupó,° como con sed.

errand boy

fire/holes
deep
getting very close

at once
drops
absorbed

espumadera — tarro — alacena — caldero — sartén

Elisa le dio al niño una cuchara de madera, y se volvió a escuchar
al viejo. Una sonrisa muy grande le llenaba la cara. Sólo entonces
puse atención a sus palabras:

—...y me dije: se acabó la vida de perro que llevamos. Este y yo
nos quedamos en el pueblo. Queremos echar raíces° aquí. El padre
de éste, a lo primero, dijo que no. Pero después le he convencido.
Yo le dije: el oficio° se lo enseño yo al muchacho. Un oficio es lo
que se necesita para vivir en un sitio.° Y él lo pensó: "bueno,

roots

profession
place

abuelo: lo que usted diga. Ya volveremos en el invierno, a ver cómo les va a ustedes..." Yo quiero hacer del muchacho un hombre ¿saben ustedes? No un perro de camino. No es buena esa vida: se hace uno ladrón, o algo peor, por los caminos. Yo quiero que mi nieto se quede aquí para siempre. Que se case, que le nazcan hijos en el pueblo.... Los años pasan muy deprisa° ¿saben ustedes?

fast

No era verdad lo que dijo Halcón: no eran gitanos. Porque no hablaban como los gitanos ni sabían cantar. Pero hablaban también de un modo raro, diferente; al principio no se les entendía muy bien. Me senté y apoyé° los codos en las rodillas, para escuchar a gusto. Lucas el Gallo se reía del viejo:

leaned

—Será gobernador el chico, si se queda de alambrador en el pueblo. Por lo menos gobernador....

Las criadas se reían, pero el viejo fingió° no enterarse. Y si se enteraba no hacía caso,° porque seguía diciendo que quería quedarse siempre en el pueblo y que todos le mirasen bien.

pretended
paid attention

—Lo único que yo pido es que me den trabajo; trabajar sin molestar° a nadie.

to annoy

El niño acababa de comer el arroz, cuando el viejo le dio ligeramente con el cayado° en la espalda. El niño saltó° como un rayo y se limpió la boca con la mano.

walking cane/ jumped

—Vamos, Caramelo —le dijo el viejo. Y las criadas se rieron también, al saber que el chico se llamaba Caramelo.

Elisa les dio dos calderos y una sartén para arreglar. El viejo dijo:

—Mañana los tendrá usted como nuevos.

Cuando se fueron, Elisa fingió descubrir que yo estaba allí y dijo:

—¡A estas horas tú aquí...! ¡Como un rayo a la cama, o bajará tu abuelo dando voces...!

Yo subí como un rayo, tal como Elisa dijo y me metí entre las sábanas.

Al día siguiente los alambradores trajeron todos los cacharros.° Y era verdad que estaban como nuevos: los habían arreglado y los habían limpiado y brillaban como el oro. Elisa les pagó y les dio comida otra vez.

pots

—¿Y cómo va el trabajo? —les preguntó. ¿Hay muchos clientes en el pueblo?

—Ninguno —dijo el viejo—. Bueno: ya llegarán... —¿Dónde dormisteis?

El viejo fingió no oír la última pregunta de Elisa y salió de allí, con el niño. Cuando ya no podían oírla Elisa dijo con el aire triste y grande que ponía para hablar de los hombres que fueron a la guerra, de las tormentas, de los niños muertos:

—No encontrarán trabajo, no lo encontrarán. A la gente del pueblo no le gustan los forasteros,° cuando son pobres.

foreigners

Eso me dio mucha tristeza.° Dos días después me escapé otra vez a la herrería y le dije a Halcón:

sadness

— ¿Por qué no encuentran trabajo los alambradores? Dice Elisa que lo hacen muy bien.

Halcón escupió° en el suelo y dijo:

— ¡Qué saben los niños de las cosas de los hombres! ¡A callar, los que no saben!

— Dime por qué, Halcón y así sabré.

— Porque son gitanos. Son mala gente los gitanos, ladrones y asesinos. En este pueblo de Santa Magdalena y de San Roque, no cabe la gente del diablo. Nadie les dará nada. Porque yo te digo y verás como es así: ésos harán algo malo y los tendremos que echar del pueblo.

— Puede ser que no hagan nada malo, Halcón.

— Será como yo digo. Será, será. Ya verás tú, inocente, como será.

A los alambradores los vi por la calle de las Dueñas. Iban gritando:

— ¡Alambradoreees! — a través de la dulce niebla de la mañana. Luego, al medio día, entraron en la tienda y pidieron aceite de fiado.°

— No se fía — les dijeron.

Salieron en silencio, otra vez hacia la fuente. Les vi cómo bebían agua y seguían luego hacia la calle del Osario gritando:

— ¡Alambradorees!

Oírles me dejaba una cosa amarga en la boca y pedí a Elisa:

— Busca todos los cacharros viejos que tengas, para que los arreglen los alambradores....

— Criatura:° todos los han arreglado ya. Los que lo necesitaban y los que no lo necesitaban.

¿Qué puedo yo hacer?

Nada. Nada podía hacer nadie. Estaba visto. Porque a la tarde del domingo estando yo en la plaza mirando entre los burros y los carros de los quincalleros° (entre cintas de seda, relojitos de mentira,° anillos con retratos de soldados,° puntillas blancas, peines azules y alfileres° de colores) oí muchas voces y salí a la carretera.

Dos mujeres y unos cuantos niños perseguían gritando a los alambradores.

— ¡La peste, la peste de gentuza!° ¡Me robaron mi gallina "Negrita"! ¡Me la robó el pequeño, a mi "Negrita"! ¡La llevaba escondida° debajo de la chaqueta, a mi "Negrita"...!

La "Negrita" cacareaba,° a medio desplumar,° con sus ojos redondos° de color de trigo, envuelta en el delantal de la Baltasara. Los niños recogían piedras de la cuneta con un gozo° muy grande.

Corrí, para verles cómo se iban: de prisa, andando de prisa, arrimándose° a la roca (como yo a la pared, cuando no quería que

spit out

on credit

child

people who sell sewing notions
fake/soldiers
pins

low class people

hidden

cackled/half-defeathered/round
pleasure

getting very close

pluma

puntillas

alfileres

gallina

delantal

me viera nadie). El niño se volvió dos veces, con sus ojos negros, como agujeros° muy hondos. Luego empezaron a correr. Caramelo llevaba los brazos levantados por encima de la cabeza y la espalda temblando° como un pájaro en invierno.

holes

trembling

¿Qué comprendió Ud.?

1. ¿Quiénes llegaron al pueblo en la primavera y para qué?
2. ¿Tuvieron éxito en lo que querían?
3. ¿Cuánto tiempo se quedaron en el pueblo? ¿Se fueron todos?
4. ¿Qué razón da el herrero cuando dice que los gitanos son mala gente?
5. ¿Qué querían el viejo y el niño?
6. ¿Qué oficio tenían?
7. ¿El viejo era padre del niño?
8. ¿Encuentran trabajo en el pueblo?
9. ¿Qué pasó entonces?

¿Quién lo dijo? Diga quién dijo lo siguiente:

1. "Tienen la carne sin unto".
2. "Un oficio es lo que se necesita para vivir en un sitio".
3. "No hablaban como los gitanos ni sabían cantar".
4. "A la gente no le gustan los forasteros cuando son pobres".
5. "Harán algo malo y los tendremos que echar del pueblo".

Familia de palabras

En esta lectura aparecen varias palabras que son parecidas a otras que Ud. conoce. Mencione una palabra de la misma familia que cada una las palabras que siguen:

deshielo	aceituna	blanquear	mandadero	cocina
de prisa	gentuza	tristeza	secretario	comedor

A conversar

Entre todos, conversen sobre las actitudes de varias personas en el pueblo con respecto a los forasteros. Por ejemplo, el herrero, las criadas, Lucas el Gallo, Elisa la cocinera, la Baltasara y los niños del pueblo.

A escribir

Escriba un resumen de la lectura *Los gitanos*. Trate de incluir una descripción de los personajes principales y de los lugares donde se desarrolla el cuento.

Capítulo 8

La salud

- Expressing feelings
- Inquiring about health
- Discussing one's diet

- Stating wishes and desires
- Expressing logical conclusions

- Asking for and providing medical information
- Expressing length of time

¡Qué lástima!

Queridísima María del Carmen:

Espero que estés bien de salud.° *health*

Te escribo porque no voy a poder pasar el fin de semana que viene con Uds. en Valparaíso. Todos mis planes se han echado a perder,° como *(have been) spoiled* pronto verás, y habrá que buscar otra manera de celebrar mi cumpleaños.

Hace una semana llegó mi primo Gerardo, a quien se le ha metido en la cabeza° que quiere ser cirujano.° Va a quedarse por aquí hasta que se le acaben las vacaciones. Lo primero que quiso que hiciéramos, como ya te puedes suponer, fue ir a Portillo a esquiar.° Fuimos ayer. Era un día precioso, aunque hacía viento y la nieve estaba un poco dura. No sé lo que pasó, pero me caí y no paré hasta que me di un golpe contra° un árbol que había a la izquierda de la pista.° ¡Qué caída!° Cuando Gerardo

has a fixed idea/
surgeon
to ski

bumped against
trail/ fall

vio que no me levantaba, se asustó° tanto que pensó que mi vida estaba en peligro° y empezó a gritar "¡Auxilio!° ¡Socorro!"° como un loco. Parece que con los esquís° me hice una herida° superficial en la cara. Cuando él vio sangre,° creyó que yo estaba muerto. ¡Pobrecito Gerardo, estaba tan asustado! No sé cómo va a ser cirujano, ¡mejor que estudie para abogado! Bueno, para no hacerte el cuento tan largo, en seguida vino la patrulla.° Me dolía° un poco el tobillo.° Yo creí que me lo había torcido,° pero resultó que me había roto una pierna. Ahora tendré que esperar un poco antes de volver a esquiar. Afortunadamente, el hueso tiene una fractura incompleta. El médico me dice que no habrá problemas y que ya no voy a tener más dolor. Estoy esperando a que me den el resultado de la radiografía,° y después ya podré irme con Gerardo. Llámame o escríbeme en seguida, pues con este yeso° tendré que estar en una silla de ruedas° o usar muletas° y voy a aburrirme terriblemente.... Se me ocurre que puedo aprovechar para que Gerardo me enseñe a usar la computadora, pues nunca encuentro tiempo y quiero aprender. Alguna ventaja tengo que sacarle a este accidente, ¿no crees? No me abandones a mi cruel destino, sé buena y escríbeme pronto. Prometo contestarte inmediatamente, ¡de veras!

     Muchos cariños,

       Juan Marcos "Cara Cortada"°

P.D.° No te asustes, Maruca. Estoy bromeando. Fue sólo un arañazo.°

got scared/ danger
Help!/ Help!
skis/ wound
blood

patrol/ hurt/ ankle
twisted

X rays
cast
wheelchair/ crutches

Scarface (character in movie)/ P.S./ scratch

¿Qué comprendió Ud.?

1. ¿Dónde está Juan Marcos?
2. ¿Quién es Maruca?
3. ¿Qué iba a hacer Juan Marcos en Valparaíso?
4. ¿Qué quiere ser Gerardo?
5. ¿Por qué no puede ir Juan Marcos a Valparaíso?
6. ¿Qué le pasó?
7. ¿Qué hizo Gerardo cuando se asustó?

Charlando

1. ¿Hay algún lugar para esquiar cerca de su ciudad? ¿Cuál?
2. ¿Ha esquiado Ud. alguna vez? ¿Lo hace regularmente?
3. ¿Practica algún otro deporte de invierno? ¿Cuál?
4. ¿Patina Ud. sobre ruedas? ¿Se cae Ud. a menudo?
5. ¿Ha tenido Ud., o alguien de su familia, un accidente? ¿Dónde y cómo?
6. ¿Se ha roto Ud. algún hueso? ¿Cuándo?

Chile

"Chile" es una palabra indígena que quiere decir "fin de la tierra". Chile está situado de norte a sur entre los Andes y el océano Pacífico, al lado de Argentina. Aunque muy considerable, en Chile hay menos influencia indígena que en otros países de Hispanoamérica. Santiago, la capital, parece una ciudad europea. La segunda ciudad en importancia es Valparaíso, un puerto que nos recuerda un poco a San Francisco, California. Bajando por la costa está la famosa playa de Viña del Mar. A cinco horas de Santiago, por tren, está Portillo, uno de los mejores lugares para esquiar de América del Sur. Como Chile está en el hemisferio sur, la temporada *(season)* de esquiar empieza en junio y continúa hasta octubre. Si Ud. quiere ir a esquiar cuando en los Estados Unidos es verano, puede ir a Portillo, Chile.

Santiago de Chile, iluminada.

Viña del Mar, Chile.

Estructura

Cuatro usos de *haber*

The perfect tenses (or compound tenses) consist of a form of *haber* combined with a past participle. Look at the following:

cuatro tiempos compuestos con *haber*		
pretérito perfecto (present perfect)	*he jugado*	I have played
pluscuamperfecto (past perfect)	*había jugado*	I had played
futuro perfecto (future perfect)	*habré jugado*	I will have played
condicional/potencial compuesto (conditional perfect)	*habría jugado*	I would have played

The present perfect tense refers to a recent past. The action is finished. It is somewhat related to the present and sometimes indicates frequency.

He visitado a Juan Marcos.   I have visited Juan Marcos.
He ido muchas veces a Portillo.   I have gone to Portillo often.

The past perfect expresses an event that precedes another past event.

Había comido cuando tú llegaste.   I had eaten when you arrived.

The future perfect expresses a future event that will be completed before another future event. An event yet to happen can also be expressed in the subjunctive or in the future of possibility.

Cuando vengas mañana, ya me   When you come tomorrow, they will
***habrán quitado** el yeso.*   have taken off the cast.
*Llegaré tarde y ya ellos **habrán***   I will arrive late and they will
llegado.   (probably) have already arrived.

The conditional perfect expresses a situation that would have happened or that would have been if something else had occurred. It is related to another event in the past. In the example that follows, the event in the past is *dijo*. The event likely to have happened is *lo habría terminado*.

Ella dijo que para el lunes ya   She said that by Monday she would
*lo **habría terminado.***   have finished it.

1. **Ya lo hice.** Imagine que Ud. empieza a escribir una carta y no puede terminarla hasta dos días después. Cuando continúa, tiene que cambiar sus oraciones al pasado. Siga el modelo.

>   **Modelo:** Le escribo que no he podido ir.
>   Le escribí que no había podido ir (todavía).

1. Te digo que mis planes se han echado a perder.
2. Como ves, ¡he tenido tantos problemas!
3. Ella dice que Gerardo no ha llegado.
4. Me parece que se le ha metido en la cabeza ser cirujano.
5. Va a quedarse, pero se le han acabado las vacaciones.
6. Es un día precioso y he esquiado mucho.
7. Yo sé que me he hecho una herida superficial.
8. El médico dice que no ha visto la radiografía.

2. **Haciendo planes.** Para el mes que viene ya todo habrá cambiado. Diga cómo serán las cosas, siguiendo las indicaciones.

>   **Modelo:** martes/ yo/ salir del hospital
>   Para el martes ya habré salido del hospital.

1. domingo/ yo/ tener carta de María del Carmen
2. lunes/ yo/ contestar su carta
3. la semana que viene/ ella/ venir a visitarme
4. el año próximo/ Gerardo/ decidir qué estudiar
5. el mes que viene/ ellos/ quitarme el yeso
6. el martes/ Gerardo/ empezar a enseñarme
7. el sábado/ yo/ sacar algún provecho
8. el año que viene/ yo/ volver a esquiar

3. **¡Cuántas cosas habría hecho!** Sin su accidente, ¿cuántas cosas habría hecho Juan Marcos, con Gerardo o solo? Siga el modelo.

>   **Modelo:** nosotros/ ir a esquiar al día siguiente
>   Habríamos ido a esquiar al día siguiente.

1. nosotros/ viajar a Valparaíso
2. nosotros/ visitar a María del Carmen
3. nosotros/ celebrar mi cumpleaños
4. yo/ bailar con María del Carmen
5. yo/ divertirse mucho
6. nosotros/ pasear todas las noches
7. nosotros/ salir con mis amigos
8. yo/ no aprender a usar la computadora
9. nosotros/ ir hasta Argentina

Argentina

Si Ud. decide ir a esquiar a Portillo, estará muy cerca de la frontera *(frontier)* con Argentina. Buenos Aires, la capital de Argentina está un poco lejos, pero bien vale una visita. Es una ciudad cosmopolita, una de las más grandes de América del Sur y del mundo. Entre los argentinos se observa una gran mezcla de orígenes y nacionalidades, principalmente italianos y españoles, pero también ingleses, irlandeses, franceses y hebreos *(Jews)* de Alemania, Polonia y Rusia. El traje típico es el de gaucho *(Argentinian cowboy)*, pues la industria principal es el ganado *(cattle)*. Más de doce millones de argentinos son **porteños**, esto es, viven en la capital a las orillas del río de la Plata. La música popular es el tango, que se originó en la capital. En Argentina hay varios deportistas de fama internacional, principalmente jugadores de fútbol *(soccer)*, el deporte nacional.

Buenos Aires, Argentina.

TACONEANDO

lo invita a compartir un encuentro
con la música nativa y ciudadana.

BALCARCE 725 SAN TELMO
Tel. 362-9596/9599

Un gaucho argentino.

When speaking of parts of the body, definite articles are used instead of possessive adjectives. This is also true for clothes and other belongings.

*Juan Marcos se rompió **la** pierna.*	Juan Marcos broke **his** leg.
*El perdió **el** esquí.*	He lost **his** ski.
*Me di un golpe en **la** cabeza.*	I hit **my** head.
*¿Perdiste **el** dinero?*	Did you lose **your** money?

Estructura

El verbo *doler*

The verb *doler* (to hurt, to ache) is similar to the verb *gustar* because it is used with an indirect object pronoun. It has two basic forms, singular and plural, to agree with what follows. Look at the following:

***Me duele** la pierna.*	My leg hurts.
*A ella **le duele** la cabeza.*	Her head aches.
***Le duelen** los tobillos.*	His ankles hurt (are causing him pain).

4. ¿Cuál es la pregunta? Busque una pregunta apropiada para las siguientes respuestas.

> **Modelo:** Me duele la espalda.
> ¿Qué te duele?

1. Sí, me di un golpe, pero no me duele.
2. No, me duele el codo.
3. A todos nos duelen los pies.
4. A mí no me duele nada.
5. A Juan Marcos le duele el tobillo.
6. Sí, le duelen un poco.
7. Me torcí la muñeca.
8. No, ahora no tengo dolor.

5. Hablemos de Ud.

1. ¿Le duele la cabeza con frecuencia? ¿Cuándo?
2. Cuando corre mucho, ¿le duele algo?
3. ¿Qué hace si le duele el estómago?
4. ¿Se asusta Ud. si ve sangre? ¿Se desmaya?
5. ¿Se ha caído Ud. en la calle o en la nieve? ¿O de un caballo?
6. ¿Se ha torcido un tobillo o roto un hueso? ¿Cuál?

¿Se ha caído Ud.
alguna vez en la
nieve? (Portillo, Chile)

¿Le duele algo cuando corre mucho?

Nombres femeninos

En los países de habla hispana se usan nombres femeninos que tienen significados no usados en inglés. También hay muchos nombres que son equivalentes, como **Victoria** y **Esperanza** *(Hope)*. Observe los nombres siguientes. La mayoría son nombres de origen religioso.

Dolores	*(sorrows, pains)*	Concepción	*(conception)*
Nieves	*(snow)*	Caridad	*(charity)*
Socorro	*(help)*	Rosario	*(rosary)*
Consuelo	*(consolation)*	Pilar	*(column, pillar)*
Amparo	*(protection)*	Paloma	*(dove, pigeon)*

Yo soy Pilar Mejía.
(Valparaíso, Chile)

6. **¿Qué diría Ud.?** **Para las situaciones a la izquierda, busque una respuesta apropiada en la columna de la derecha.**

1. A Gerardo se le torció la muñeca.
2. María del Carmen vino a visitarlos.
3. La fractura era sólo incompleta.
4. A mí no me ha pasado nada.
5. El quiere aprender a esquiar en una semana.
6. Llovió todo el día.
7. Pensó que su vida estaba en peligro.
8. Pronto vio que no estaba muerto.

a. ¡Qué sorpresa!
b. ¡Qué lástima!
c. ¡Qué locura!
d. ¡Qué suerte!
e. ¡Qué alegría!
f. ¡Qué maravilla!
g. ¡Qué horror!
h. ¡Qué mala suerte!

Listos para esquiar en Portillo, Chile.

7. **¡A escribir!** Todos los amigos argentinos de Juan Marcos le escriben. Imagine que Ud. es su amigo. Escríbale y dígale, por ejemplo, que siente mucho su accidente, pregúntele cómo está, cuándo le quitan el yeso, si le duele, cuándo podrá volver a esquiar, y qué hace para no aburrirse. Termine diciendo que espera que él pronto esté bien y añada algo de su vida.

8. **¡Qué pena!** Con otro/a estudiante, imaginen una visita al hospital para ver a algún amigo, familiar o vecino que haya tenido un accidente. Preparen el diálogo entre los dos para presentar a la clase. Las preguntas pueden ser sobre el accidente, y cuándo y cómo ocurrió. ¿Hay algún dolor o hueso roto? ¿Qué dice el cirujano? ¿Cuánto tiempo tiene que tener el yeso, las muletas, la silla de ruedas?

9. **¡Yo también!** Cuente cuándo y cómo ocurrió un accidente que Ud. haya tenido. ¿Se dio algún golpe o se hizo alguna herida? ¿Estuvo en el hospital? ¿Cuánto tiempo? Si no ha tenido ningún accidente, invente uno, como por ejemplo, una caída montando en bicicleta.

Vocabulario

el **arañazo** scratch
asustarse to get scared, to become afraid
el **auxilio** help; *¡Auxilio!* Help!
la **caída** fall
el **cirujano, la cirujana** surgeon
contra against
cortado,-a cut, sliced; *Cara Cortada* Scarface (character in a movie)
doler (ue) to ache, to hurt

echarse a perder to become spoiled
el **esquí** ski; *pl. los esquís*
esquiar to ski
el **golpe** bump, hit; *darse un golpe* to bump
la **herida** wound
meterse en la cabeza to have a fixed idea
la **muleta** crutch
P.D. *P.S.* (post script), note added to the end of a letter

la **patrulla** patrol
el **peligro** danger
la **pista** ski slope, trail
la **radiografía** X-ray
la **salud** health
la **sangre** blood
la **silla de ruedas** wheelchair
el **socorro** help; *¡Socorro!* Help!
el **tobillo** ankle
torcido,-a twisted
el **yeso** cast

¡Quiero ser diferente!

Marisol no estaba satisfecha con su apariencia° personal. Quería ser otra, *appearance*
¡diferente! Le quedaban siete meses hasta el baile de graduación. Había pensado
muchas veces: "¡Ay, qué bueno sería si fuera diferente! ¡Si fuera alta y bella,
si no fuera tan delgada, si tuviera el pelo de otro color!" Finalmente pensó que
nunca podría ser más alta, pero que quizá podría hacer algo en vez de quejarse
de su suerte. Hizo un plan y, muy contenta, llamó a su amiga Cecilia.

MARISOL:	Pues, como ves, estoy resuelta. Necesito engordar unas cuantas libras más.	
CECILIA:	¿Y cómo lo vas a lograr?	
MARISOL:	Fui al médico y me prescribió un régimen.° Tengo que mantener una dieta balanceada, sin aumentar el azúcar ni los dulces, sino las proteínas y las frutas, con bastantes verduras y más leche descremada y en polvo.°	*diet plan* *powdered*
CECILIA:	Eso parece una dieta para bajar de peso....	
MARISOL:	Se parece, pero puedo comer más. Lo importante no es añadir grasa° fofa,° que siempre va adonde uno no quiere que vaya..., sino músculos.° Pero eso no es todo.	*fat/ flabby* *muscle*
CECILIA:	¿Qué más vas a hacer?	
MARISOL:	Tengo un plan combinado de ejercicios. ¡Hasta voy a levantar pesas°, como mi hermano!	*lift weights*
CECILIA:	¿Cuántas libras (kilos) quisieras aumentar?	
MARISOL:	Quisiera aumentar diez o doce libras (cinco kilos). Tengo un plan completo. Cuando aumente de peso, tendré que comprarme ropa nueva, pues no me servirá° la que tengo ahora.	*it won't fit me*
CECILIA:	Bueno, cuando ya no quieras más el suéter rosado, acuérdate de mí....	
MARISOL:	Seguro. No creí que te gustara tanto.... Pero todavía no he terminado. Conseguí que mi abuela me regalara los lentes de contacto. ¿Qué te parecen de color azul violeta?	
CECILIA:	No me cuentes más... ya sé qué más vas a hacer....	
MARISOL:	¡A que no lo sabes!	
CECILIA:	¡Pues a que sí! ¡Te vas a teñir el pelo de rubio!	
MARISOL:	Bueno, sí, pero no sólo eso. Me voy a hacer una permanente. ° Quisiera tener el pelo largo y rizado, hasta los hombros.	*permanent wave*
CECILIA:	No te creo, Marisol. Si todo eso fuera verdad un día, ¡nadie te reconocería! No te va a quedar más que el nombre....	
MARISOL:	¿El nombre? Ah, no, ¡el nombre me lo voy a cambiar también!	

¿Qué comprendió Ud.?

1. ¿Por qué no estaba satisfecha Marisol?
2. ¿Cuánto tiempo tiene para su renovación?
3. ¿Qué le prescribió el médico?
4. ¿Qué no debe comer Marisol?
5. Y, ¿por qué no?
6. ¿Qué más quiere cambiar Marisol?
7. ¿Qué se va a hacer en el pelo?
8. Para completar su renovación, ¿qué más dice que va a hacer?

Palabras con peso

Comúnmente en el habla diaria se dice que una persona **está gorda** *(fat)* o **flaca** *(skinny)*, cuando hay un cambio considerable de peso. Si se refiere a una situación más o menos permanente, sin indicar un cambio visible, se usa el verbo **ser**. **Gordo,-a** y **flaco,-a** pueden sonar como expresiones un poco vulgares. Para referirse a una persona con respeto, o en un sentido más general, se dice que una persona **es gruesa** *(heavy set)* o **delgada** *(slender)*.

Charlando

1. ¿Ha estado Ud. bajo alguna dieta?
2. ¿Está Ud. satisfecho/a con su persona o quisiera ser diferente?
3. ¿Cree Ud. que Marisol logrará lo que quiere? ¿Qué le parece más difícil a Ud.?
4. ¿Ha hecho Ud. ejercicios de pesas? ¿Corre Ud. con pesas?
5. Si Ud. se cambiara el color de los ojos, ¿qué color escogería?

Estructura

El imperfecto del subjuntivo con *si*

The imperfect subjunctive may be used in a clause with *si* to state what is improbable, or to express a desire for things to be other than how or what they are (a contrary-to-fact condition). The conditional tense is used in the accompanying clause to state the possible consequences of the *si* clause if all conditions were met.

*Si **tuviera** cien dólares, te **daría** la mitad.*	If I had one hundred dollars, I would give you half.
*Si **estuviera** en Viña del Mar, **iría** a la playa.*	If I were in Viña del Mar, I would go to the beach.

The *si* clause may be used first or last.

*Si yo **fuera** tú, no **iría**.*	If I were you, I wouldn't go.
*No **iría** si yo **fuera** tú.*	I wouldn't go if I were you.

Si no fueran tan rápidamente,
no sería tan divertido.

Si Ud. lo hiciera, ¿no se caería?

Si practicara una semana,
te ganaría fácilmente.

1. **¡Qué maravilla sería si...!** Todo el mundo quisiera a veces que las cosas fueran diferentes. ¿Cómo expresaría Ud. sus deseos cuando éstos parecen imposibles? Complete la frase *¡Qué maravilla sería si...!*, utilizando las indicaciones que siguen.

> **Modelo:** tener un Jaguar (yo)
> ¡Qué maravilla sería si yo tuviera un Jaguar!

1. estar en la playa ahora (yo)
2. no haber clases hoy
3. poder ir a esquiar (yo)
4. estar aquí (Pepe)
5. ser mi novia (Luisa)
6. ir conmigo al baile (tú)
7. tener una piscina (la casa)
8. vivir en un castillo (nosotros)

2. **¿Qué haría Ud.?** Complete la idea de cada frase de una manera lógica.

> **Modelos:** Si yo..., compraría ese disco.
> Si yo tuviera diez dólares, compraría ese disco.
>
> Si él comiera verduras y frutas,....
> Si él comiera verduras y frutas, mantendría una buena dieta.

1. Si yo..., me prescribiría un régimen.
2. Si tú..., tendrías mejores músculos.
3. Si ella quisiera tener el pelo castaño,....
4. Si nosotros estuviéramos en Portillo,....
5. Si yo..., iría a Buenos Aires.
6. Si hiciera frío, yo....
7. Si yo..., gritaría "¡Auxilio! ¡Socorro!"

3. **Juego de imaginación.** Alternando con otro/a estudiante, haga el siguiente juego de imaginación. Invente una situación posible. Su compañero/a deberá decir qué haría en ese caso. Completen cuatro situaciones cada uno/a.

> **Modelo:** Si yo te pidiera la tarea....
> Si tú me pidieras la tarea, te la daría.

4. **¿Subjuntivo o no?** Complete el siguiente párrafo. Use el subjuntivo sólo cuando sea necesario.

Si 1. *(querer)* aumentar de peso, comería un poco más. Si 2. *(hacer)* ejercicios combinados y 3. *(levantar)* pesas, estaría más fuerte. Si 4. *(comer)* más dulces y helados, pero no 5. *(hacer)* ejercicios, tendré más grasa, pero no más músculos. Pero si 6. *(comer)* una dieta balanceada con más proteínas, más granos y frutas, podría mantener mi peso cuando 7. *(llegar)* al peso ideal.

A propósito

Palabras que pueden ser masculinas o femeninas

Hay palabras que en algunas regiones o países se usan con el artículo masculino o con el artículo femenino. Por ejemplo, en algunos lugares se dice **el permanente** y en otros, **la permanente; los lentes de contacto** o **las lentes de contacto; el sartén** o **la sartén; el radio** o **la radio; el computador** o **la computadora.**

Adriana trabaja con la computadora.

La dieta ideal

Lo que Ud. coma tendrá un efecto directo en su salud. ¿Qué puede Ud. hacer para mejorar su dieta?

1. La comida no debe ser una expresión de cariño ni una señal de aprobación.° No se deben usar los alimentos como premio, como quizá hacía su mamá cuando Ud. era niño/a ("Si te comportas bien, puedes comer helado, o galletitas°".)

   approval

   cookies

2. Escoja su peso ideal y escríbalo en un letrero en el refrigerador o en otro lugar visible, como en el espejo del baño. Le ayudará a alcanzarlo.

3. Tome suficiente agua durante el día. El agua es esencial para la salud. Además es barata y no tiene calorías.

4. Pésese todas las mañanas por el resto de su vida.

5. Cuando Ud. está bajo alguna tensión,° es probable que quiera comer aunque no sea la hora de la comida. Rompa la tensión haciendo algún ejercicio, como caminar o dar una vuelta, o tome un baño caliente.

   stress

6. Conozca los ingredientes de lo que come. Lea las etiquetas.° Recuerde que el azúcar siempre añade calorías, pero con frecuencia aparece bajo otros nombres (generalmente terminados en -*osa*, como dextrosa y lactosa). Lea los ingredientes de un paquete de sal y verá que a veces tiene dextrosa.

labels

7. Coma más pescado y más pollo. Evite carnes rojas porque tienen grasa.

8. No deje de comer para perder peso. Coma porciones pequeñas a la misma hora todos los días, para mantener el nivel de azúcar en la sangre sin grandes subidas° ni bajadas° que le harán perder el control. Si Ud. tiene hambre todo el día, sentirá que ha hecho bastante sacrificio y que se merece una buena comida. Comerá entonces en exceso.

increases

decreases

9. Evite las bebidas con cafeína, es decir, el café, el té y los refrescos a base de cola. La cafeína es un estimulante. No tome bebidas alcohólicas.

10. Coma despacio. Comer rápido le puede crear la falsa idea de que no ha comido bastante.

11. Coma con poca sal. Evite comidas en lata o preparadas porque tienen exceso de sal. Cuídese de las salsas que tengan mucha sal, harina y grasas, especialmente si la grasa es animal, como la mantequilla.

12. Cuando uno está nervioso o agitado tiene la tendencia de comer más de lo necesario. Descanse antes de ir a una fiesta.

Recuerde que éste no es un plan por unas semanas o meses solamente para bajar de peso.° Para una buena salud, debe seguir este plan durante el resto de su vida.

to lose weight

¿Qué comprendió Ud.?

1. ¿Por qué no se deben usar los alimentos como premio?
2. ¿Qué le ayudaría a alcanzar el peso ideal?
3. ¿Qué es esencial para la salud y no cuesta mucho ni engorda?
4. ¿Qué puede hacer en vez de comer cuando no es la hora?
5. ¿Para qué es bueno leer las etiquetas?
6. ¿Qué pasaría si Ud. no comiera con regularidad?
7. ¿Cuáles son las bebidas que tienen cafeína?

Lo que Ud. coma tendrá
un efecto directo en su salud.

Charlando

1. ¿Come Ud. para vivir o vive Ud. para comer?
2. ¿Con qué frecuencia se pesa Ud.?
3. Si Ud. no tiene el peso ideal, ¿qué hace Ud.?
4. ¿Controla Ud. su peso con el ejercicio o con la dieta?
5. ¿Qué hace Ud. cuando tiene ganas de comer algo que piensa
   que no debe comer?

5. La dieta ideal. Trabaje con otro/a estudiante para preparar una lista de cinco maneras de mantener una dieta ideal.

    Modelo: Comería más frutas.

Si pudiera, comería más frutas.

¿Qué haría Ud. si quisiera
mantener su salud?

6. **Cuestión de lógica.** De las posibles respuestas, escoja la que le parezca más lógica de acuerdo con la situación.

> **Modelo:** Si Ud. quisiera tener el pelo rizado, ¿qué haría?
> a. Tomaría vitaminas para el pelo.
> b. Me cortaría el pelo.
> c. Me haría una permanente.

1. Si Ud. quisiera evitar comer azúcar, ¿qué haría?
   a. Leería las etiquetas de las comidas.
   b. Comería alimentos que digan "sin azúcar".
   c. Pondría miel en vez de azúcar en el cereal.
2. Si Ud. quisiera perder cinco libras, ¿qué haría?
   a. Dejaría de tomar desayuno por una semana.
   b. Tomaría más agua.
   c. Comería porciones más pequeñas.
3. Si Ud. quisiera mantener su salud, ¿qué haría?
   a. Bebería jugos de frutas en vez de refrescos.
   b. Bebería refrescos sin calorías.
   c. Bebería té en vez de café.
4. Si Ud. quisiera reducir la cantidad de grasas que no son buenas para la salud, ¿qué haría?
   a. Comería mantequilla en vez de aceite.
   b. Evitaría salsas con crema.
   c. No le pondría aderezo a la ensalada.
5. Si alguna tensión en su vida lo tuviera nervioso, ¿qué haría?
   a. Compraría unos chocolates.
   b. Saldría a dar una vuelta.
   c. Tomaría un vaso de vino.

7. **¿Qué haría Ud. si quisiera bajar un poco de peso?** Trabaje con otro/a estudiante para tratar de resolver siete problemas imaginarios de modo que pudiera bajar de peso o cambiar grasa fofa por músculos.

> **Modelo:** Si comiera muchos dulces, trataría de comer más frutas.
> Si no me gustara hacer ejercicio, caminaría tres millas al día.

¿Tomaría Ud. menos refrescos de cola para mejorar su salud?

8. **Para mejorar la salud.** Si Ud. quisiera estar en la mejor condición de salud posible para participar en una competencia o subir a pie a Machu Picchu, ¿qué haría Ud. para mejorar su nivel de energía? Tendría que mejorar sus hábitos de salud. De los consejos incluidos en la lectura y de su propia experiencia, haga una lista de los seis consejos más importantes, específicamente para Ud., que le pudieran ayudar a mantenerse activo/a y en buena salud durante toda la vida.

Modelo: Dormiría ocho horas todos los días.
Tomaría menos refrescos de cola.

Vocabulario

agitado,-a agitated, upset
alcohólico,-a alcoholic
la **apariencia** appearance
la **aprobación** approval
la **bajada** decrease, fall
bajar to lower, to descend; *bajar de peso* to lose weight
balancear to balance
el **estimulante** stimulant
la **etiqueta** label

fofo,-a flabby
la **galletita** cookie
la **grasa** fat
levantar to lift; *levantar pesas* to lift weights
el **músculo** muscle
la **permanente** permanent wave
el **polvo** dust, powder; *en polvo* powdered
prescribir to prescribe

el **régimen** regime, diet plan
servir (i, i) to serve; *servirle a uno* to fit someone
la **subida** increase, rise
teñir (i, i) to dye
la **tensión** stress

Yo quiero ser médico

Gerardo quiere ser médico como su cuñado Rafael Ríos, que acaba de graduarse. Un día le pide que lo lleve con él de voluntario a la sala de emergencias del hospital.

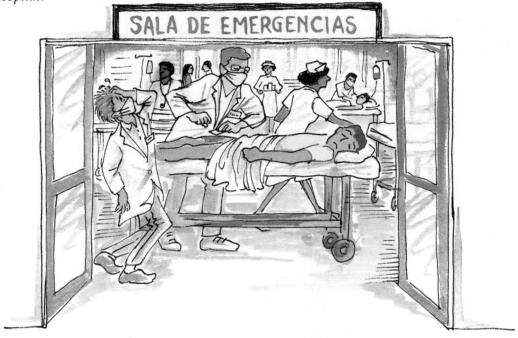

DR. RIOS:	Mira, Gerardo, ponte esta túnica y acompáñame a ver los casos que haya hoy.
GERARDO:	Así voy a parecer tu asistente ¿no?
DR. RIOS:	Primero vete a lavar las manos, y encuéntrame en la sala de emergencias.
ENFERMERA:	Buenos días, doctor Ríos.
DR. RIOS:	Buenos días. ¿Qué tenemos hoy?
ENFERMERA:	Un chico con una herida en el muslo derecho. Parece que se cortó con un cuchillo. Hace un rato que está aquí, pero no es nada grave.°
DR. RIOS:	Hágalo pasar,° por favor. Gerardo, recíbelo tú y ayúdalo a quitarse la ropa si es necesario.

serious

Let him in

Gerardo, muy serio y profesional, hace inmediatamente lo que le dicen. Se siente como si ya fuera médico.

DR. RIOS:	A ver, déjeme ver.... Esto va a necesitar dos o tres puntos.° ¿Qué pasó?	*stitches*
PACIENTE:	Estaba cortando una sandía y... ¡ay!	
DR. RIOS:	*(Un rato después)* Eso es todo. Con dos puntos será suficiente. Le dolió un poco, ¿no?	
PACIENTE:	Bueno, un poco, pero pensé que sería peor. Le tengo terror a las inyecciones y pensé que....	
DR. RIOS:	Esta vez no hicieron falta. Le voy a poner una curita° en lugar de una venda,° pero no se moje° la herida por unos días. Es un poco profunda.° Venga a verme el jueves que viene para quitarle los puntos. Si me necesita para alguna cosa, llámeme. *(Buscando a Gerardo)* Gerardo, ¿dónde estás? ¡Ay, caramba, se ha desmayado!°	*small adhesive bandage bandage/ get wet deep* *has fainted*

¿Qué comprendió Ud.?

1. ¿A dónde quiere Gerardo que lo lleve su cuñado? ¿Por qué?
2. ¿Hace mucho tiempo que su cuñado se graduó?
3. ¿Qué tuvo que hacer Gerardo?
4. ¿Cuál fue el primer paciente y qué le pasó?
5. ¿Cuántos puntos necesitó la herida?
6. ¿A qué le tenía terror el paciente?
7. ¿Le puso el doctor una venda?
8. ¿Cómo era la herida?
9. ¿Qué le pasó a Gerardo? ¿Por qué?

Charlando

1. ¿Qué quiere estudiar Ud.?
2. ¿Ha explorado Ud. la realidad de su oficio o carrera? ¿Cómo?
3. ¿Ha visto alguna vez la sala de emergencias de un hospital? ¿Qué vio allí?
4. ¿Ha tenido Ud. algún accidente? ¿Cuándo? ¿Qué le pasó?
5. ¿Le han puesto puntos alguna vez? ¿Por qué?
6. ¿Se ha cortado Ud. alguna vez con un cuchillo? ¿Cuándo? ¿Cuáles eran las circunstancias?
7. ¿Estuvo Ud., cuando era niño/a, en el hospital por unos días? ¿Por qué? ¿Estaba Ud. enfermo/a?

A propósito

Hospitales y clínicas

En Hispanoamérica los hospitales en general son públicos y, aunque adecuados, carecen (*lack*) de lujos y a veces de los últimos adelantos (*breakthroughs*) de la ciencia. Las familias con suficientes recursos económicos prefieren ir a clínicas privadas. Las clínicas son mucho más pequeñas y el tratamiento es más personal. A veces están más especializadas. Los médicos trabajan generalmente en un hospital y en una clínica. A veces se dedican solamente a una clínica. Algunos especialistas tienen además consultorios privados (*private practice*).

Vocabulario útil en el hospital

¿A qué hora tiene Ud. la cita?
Pase a la sala de espera, por favor.
¿Qué le duele?
¿Tomó Ud. la medicina? ¿las aspirinas?
Voy a recetarle unas pastillas (*pills*).
Aquí tiene la receta (*prescription*).
¿Ya le pusieron la inyección? (*Did they give you the injection?*)
Vamos a hacer una radiografía de los pulmones (*lungs*).
Siéntese. Acuéstese. Levántese.
Desvístase, por favor.
Respire (*Breathe*) profundamente.
Abra la boca. Tosa (*Cough*).
Saque la lengua. (*Stick your tongue out.*)
¿Perdió Ud. el conocimiento? (*Did you lose consciousness?*)
Sí, me desmayé. (*Yes, I fainted.*)
Me enfermé hace dos días.
Me caí y me di un golpe. (*I fell and hurt (hit) myself.*)
No me rompí ningún hueso, no hay fractura. Me torcí el tobillo.
Sólo tengo un resfriado (*cold*).
No tengo catarro (*head cold*), tengo gripe (*flu*).
No estoy enfermo. No tengo pulmonía (*pneumonia*).
Me tomaron la temperatura y tengo 37.
No, tengo fiebre (*fever*).
Ahora me siento bien. (*I feel well now.*)

1. **En la sala de espera. Trabaje con otro/a estudiante. Sea uno de Uds. el paciente y el otro, el recepcionista. Preparen un diálogo de diez frases entre los/las dos, usando las siguientes palabras: cita, sala de espera, me enfermé, por favor, siéntese.**

   Modelo: Pase a la sala de espera, por favor.

Los grados centígrados

En España y en Hispanoamérica la temperatura se mide *(measures)* en grados centígrados *(Celsius)*. La temperatura normal del cuerpo humano es de 37C (centígrados), que equivalen a 98.6F. Una persona que tenga 39C, tiene fiebre. Si Ud. quiere cambiar grados centígrados a Fahrenheit, siga la siguiente fórmula:

$$\frac{C°}{5} \times 9 + 32 = F°$$

2. **En el hospital.** Imagine que Ud. es el/la médico/a y va a ver a uno de sus pacientes. Hágale tres preguntas. Trabaje con otro/a estudiante, que será el o la paciente. Use palabras y frases de la lista de *Vocabulario útil en el hospital*, que se incluye en esta lección.

   Modelo: ¿Dónde le duele ahora?

3. **¿Cuál es la otra mitad del diálogo?** Busque la respuesta lógica en la columna de la derecha.

   Modelo: Me duele cuando respiro.
   Tosa, por favor.

   1. Ay, no me siento bien.
   2. ¿Se cayó o se desmayó?
   3. Voy a hacerle una radiografía.
   4. ¿Me rompí algún hueso?
   5. Ud. no tiene nada.
   6. ¿Qué temperatura tiene?
   7. Voy a recetarle unas inyecciones.
   8. Se me terminó la medicina.

   a. Levántese y vístase.
   b. 39. Tengo fiebre.
   c. Vamos a ver. Acuéstese.
   d. Creo que perdí el conocimiento.
   e. ¡Pero si es sólo un catarro!
   f. No hay fracturas.
   g. Aquí tiene otra receta.
   h. Ay, doctor, ¿no me puede dar unas pastillas?

4. **Familias de palabras.** Del vocabulario de esta lección, y del que Ud. ya sabía, busque dos o tres palabras que tengan uno de los siguientes sufijos: *-ista, -ante, -ente, -ero,-a, -ador,-a.*

A propósito

Más familias de palabras

La acción de golpearse Ud. mismo/a o de ser golpeado/a por algo, usualmente recibe el nombre del objeto utilizado para golpear o de la parte del cuerpo con que se golpea, seguido por el sufijo **-azo.** Generalmente se usa el verbo **dar** para indicar la acción: En la mesa, no le **dé un codazo** a su vecino. *(At the table, don't hit your neighbor with your elbow.)* Otros ejemplos incluyen **cabezazo** (de *cabeza*), **manotazo** (de *mano*), **pelotazo** (de *pelota*), **batazo** (de **bate**), **balazo** (de *bala*).

5. **Médico y paciente.** Trabaje con otro/a estudiante. Preparen un diálogo en el que el médico (o la médica) usa tres mandatos para poder examinar al paciente. El/la paciente dice tres de sus síntomas y el/la médico/a toma una decisión o le informa al paciente de su enfermedad o tratamiento, como, por ejemplo, ponerle una inyección, hacerle una radiografía, decirle que no tiene ninguna fractura.

¿Cuándo va Ud. al hospital?

Una ambulancia en Huelva, España.

Sentarse y sentirse

Estos dos verbos se confunden porque las dos formas de *yo* en el presente son idénticas **(me siento)**. Otras formas varían. Compare las siguientes oraciones:

Pepe **se siente** bien.   *Pepe feels well.*
Pepe **se sienta** mal.   *Pepe does not sit properly.*

Fíjese que **sentarse** es un verbo que termina en **-ar** y **sentir(se)** termina en **-ir.**

¿Cómo te sientes?   *How do you feel?*   Me siento bien.
¿Dónde te sientas?   *Where do you sit?*   Me siento aquí.

¿Cómo te sientes? (Lima, Perú)

Estructura

¿Cómo se pronuncia?

Knowing when to use an accent mark in Spanish will help you spell words correctly in Spanish and will help you improve your pronunciation. If you work with the public, the rules that follow will help you spell and pronounce the names of people you meet as well:

- Most words in Spanish and therefore most names end in a vowel and have the stress on the next-to-last syllable.

    Mendoza   *Ortega*   **Goya**   *Machado*   *Fernando*   *Roberto*

- When a name or surname ends in a consonant other than *n* or *s*, the stress in pronunciation falls on the last syllable unless an accent mark indicates otherwise.

    Bernal   *Valdez*   *Arenas*   **Borges**   **Márquez**   **Pérez**

- Last names ending in the letter *z* usually take an accent mark in another syllable.

    López   **Velázquez**   *Rodríguez*   *Jiménez*   *González*

- When a name ends in a vowel or *n* or *s* on the last syllable and the stress falls on the last syllable, there should be an accent mark.

    León   *Valdés*   *Fortún*   *Dalí*   *Miró*   *Colón*

- The strong vowels *a*, *e* and *o* carry the stress when they join the weak vowels *i* and *u* within a syllable. If the weaker vowel happens to carry the stress, an accent mark is required.

    María   **Mario**   *Raúl*   **Laura**   *Lucía*   *Mariana*

- The letter *u* is silent in the syllables *que, qui, gue* and *gui*. When the *u* after a *g* is pronounced it requires a *diéresis* (two dots).

    Quesada   *Vázquez*   *Aguiar*   *Domínguez*   **Guevara**   *Agüero*

- Note that the capital letters in Spanish frequently appear without a written accent mark.

    Ángela Álvarez   ➡   Angela Alvarez

6. **¿Dónde se pone el acento? Ponga los acentos correspondientes en los siguientes nombres.**

    Andres   *Tomas*   *Jose*   *Angela*   *Julian*   *Victor*   *Felix*

A propósito

El orden alfabético

En el mundo hispánico las personas tienen dos apellidos, el del padre, que es el más importante, y el de la madre. Cualquier lista de nombres en orden alfabético tendrá primero en cuenta el apellido paterno (*paternal*), aunque no es el último.

Miguel de **Cervantes** y Saavedra   Gabriel **García** Márquez

7. **Hágalo pasar.** Imagine que Ud. es enfermero/a y tiene una lista de pacientes que vienen a ver al doctor Ríos. ¿Cómo pronuncia Ud. sus nombres? Lea los siguientes nombres en voz alta.

Juárez	Bolívar	Menéndez	Moreno	Diez	Díaz
Hernández	García	Quiñones	Rodríguez	Giner	Morelos
Beltrán	Sánchez	Carrillo	Estévez	Dávila	Crespi
Céspedes	Calderón	Iturralde	Bustamante	Narváez	Padilla

Estructura

Expresiones con *hace / hacía... que*

To emphasize an elapsed period of time, how long something has lasted or how long ago something happened, the following pattern is used:

$$\text{\textit{hace} + period of time + \textit{que} + subject + verb}$$

The verb can be in the present or in the past.

¿Cuánto tiempo hace que **estudias**?	For how long have you studied (been studying)?
Hace tiempo que estoy **esperando**.	I have been waiting for a long time.
Hace un mes que **fui** *al dentista*.	I went to the dentist a month ago.
Hace dos semanas que no **vamos**.	We haven't gone for two weeks.

Note, however, that the present perfect tense is used less frequently in Spanish than it is in English.

Hace dos días que **no te veo**.	**I haven't seen you** for two days.

The imperfect tense is used to describe the length of elapsed time in the past.

Hacía dos horas que esperaba.   I had been waiting for two hours.
Hacía dos años que no tenía   I hadn't had a cold for two years.
catarro.

Hace or *hacía* can be combined with *desde* (since) for emphasis.

*Estoy aquí **desde hace** dos horas.*   I have been here for two hours.
***Desde hacía** tres años éramos*   We were (had been) sweethearts for
novios.   the past three years.

Notice that the word *since* in English requires a more specific information and therefore is not an exact equivalent for *desde*.

8. **En la cafetería.** **En la cafetería del hospital, Gerardo conoce a un grupo de voluntarios y estudiantes de medicina. Siga el modelo para el diálogo con otro/a estudiante.**

> **Modelo:** un año/ trabajar aquí
> ¿Cuánto tiempo hace que trabajas en el hospital?
> Hace un año que trabajo aquí.

1. un mes/ ser asistente del doctor Ríos
2. una semana/ no ir al cine
3. mucho/ conocer a Juan Marcos
4. un rato/ doler la cabeza
5. poco/ querer ser médico o médica
6. muchísimo tiempo/ no desmayarse
7. unos años/ tener ganas de ser cirujano o cirujana
8. unos días/ ver (*preterite*) a Julián
9. dos horas/ tomar (*preterite*) las pastillas
10. unos momentos/ decidir (*preterite*) ser veterinario o veterinaria

9. **Una médica muy inteligente. Roberto quiere ser asistente de la doctora Miranda porque ella es muy inteligente y ayer empezó como voluntario. Imagine un diálogo entre ellos, siguiendo las indicaciones.**

> **Modelo:** dar las citas/ una hora
> ¿Ya dio las citas?
> Sí, hace una hora que di las citas.

1. traer las vendas/ unos minutos
2. llamar al doctor Ríos/ un rato
3. ordenar las medicinas/ una semana
4. encontrar las curitas pequeñas/ una hora
5. ponerse una túnica limpia/ mucho rato
6. lavarse las manos/ un ratito
7. hacer pasar al próximo paciente/ un minuto
8. pesar al paciente/ un momento

10. **Este año todo es diferente.** Imagine que este año no es como el año pasado y le suceden cosas que no le habían sucedido en mucho tiempo. Complete las oraciones con la forma apropiada de los verbos entre paréntesis.

   Modelo: Hacía dos años que no <u>tenía</u> catarro. (tener)

   1. Hacía mucho tiempo que no me <u>(1)</u> con un cuchillo. (cortar)
   2. Hacía un año que no me <u>(2)</u> la espalda. (doler)
   3. Hacía muchos días que no <u>(3)</u> sandía. (comer)
   4. Hacía varios años que no me <u>(4)</u>. (enfermar)
   5. Hacía cuatro años que no me <u>(5)</u> una radiografía. (hacer)
   6. Hacía muchos meses que no me <u>(6)</u> un pelotazo. (dar)
   7. Hacía más de un año que no <u>(7)</u> a un hospital. (ir)
   8. Hacía muchos años que no me <u>(8)</u> en la calle. (caer)
   9. Hacía mucho tiempo que no <u>(9)</u> a Juan Marcos. (ver)
   10. Hacía medio año que no me <u>(10)</u> una inyección. (poner)

11. **Y Ud., ¿qué dice?** Haga una lista de siete cosas que Ud. no hace desde hace algún tiempo. Use la construcción *desde hace*.

   Modelo: No salgo con Marité desde hace un mes.

12. **Ahora todo va a cambiar.** Diga siete cosas que Ud. tenía planeadas desde hace tiempo, pero que no había podido hacer. Siga el modelo.

   Modelo: Hoy llamé a Rafael. Hacía varios días que no hablaba con él.

Vocabulario

la **aspirina** aspirin
el **catarro** head cold
el **conocimiento** consciousness, knowledge; *perder el conocimiento* to lose consciousness
la **curita** small adhesive bandage
desmayarse to faint
la **emergencia** emergency; *sala de emergencias* emergency room
la **fiebre** fever
grave serious
la **gripe** flu

la **inyección** injection, shot; *poner una inyección* to give an injection
mojarse to get wet
el **paciente, la paciente** patient
pasar to pass, to enter; *hacer pasar* to let someone in
la **pastilla** pill
profundo,-a deep
el **pulmón** lung
la **pulmonía** pneumonia
el **punto** stitch

la **receta (médica)** prescription
recetar to prescribe medication
el **resfriado** cold
respirar to breathe
sacar to stick out, to take out
la **sala de espera** waiting room
sentirse (ie, i) to feel
toser to cough
la **túnica** tunic, surgeon's gown
la **venda** bandage

¡Nunca me he sentido mejor!

Jorge Montemayor quiere estudiar por un año en otro país y ha escogido la Universidad de San Marcos, en Lima, Perú, porque hace mucho tiempo que tiene ganas de ir a Cuzco y a Machu Picchu, *la ciudad perdida* de los incas. Antes de irse, tiene que prepararse. Hace varias semanas que está haciendo mucho ejercicio para mantenerse en buena condición física. ¡Nunca se ha sentido mejor! Quiere subir a los Andes por los caminos de piedra de los incas. Y desde hace varios meses no hace otra cosa que leer cada libro que le cae en las manos sobre el famoso imperio° inca.

empire

Ahora ya le queda poco tiempo. Antes de partir, tiene que ocuparse de los últimos detalles, hacer las maletas y ponerse las vacunas° contra varias enfermedades. Hoy tiene cita con el médico y llega con media hora de anticipación al consultorio° del doctor Ortega. Al entrar, la enfermera le entrega una hoja clínica° para que la llene.

vaccination

doctor's office
medical record

HOJA CLINICA

✍ Sírvase llenar los siguientes espacios en blanco:

NOMBRE: _Jorge Montemayor_ FECHA: _15 de noviembre de 19--_

DIRECCION: _Calle Bolívar No. 24_ DR.: _Ortega_

SEGURO SOCIAL: _675-88-5427_ PLAN DE SEGUROS: _Ideal_

NOMBRE DEL PADRE Y DE LA MADRE: _Jorge Enrique y Elena_

ESTATURA: _1m. 80cms._ PESO: _71 kilos_ EDAD: _17 años_

¿HA ESTADO HOSPITALIZADO ALGUNA VEZ? _No_ ¿POR QUE? _____

¿ESTA TOMANDO ALGUNA MEDICINA? _No_

¿QUE ENFERMEDADES HA HABIDO EN SU FAMILIA? _____

DIABETES _Sí_ CANCER _No_ CORAZON-PRESION ALTA _Sí_

¿HA TENIDO UD.: SARAMPION? _Sí_

PAPERAS? _No_

ASMA? _No_

OPERACIONES? _No_ CIRUGIA PLASTICA _No_

ALERGIAS? _No_ PENICILINA _No_

FRACTURAS? _Sí, en la cabeza._

ACCIDENTES? _Sí, una caída de bicicleta_

¿FUMA UD.? _No_ ¿TOMA UD. BEBIDAS ALCOHOLICAS? _No_

¿DROGAS? _No_ ¿DUERME BIEN? _Sí_

SINTOMAS: ¿fiebre? _No_ ¿erupciones de la piel? _No_

¿mareos? _No_ ¿dolor de garganta? _A veces_

¿tos? _No_ de cabeza? _No_

¿coriza? _A veces_ de estómago? _No_

¿inflamación? _No_ de muelas? _No_

¿vómitos? _No_ de oído? _No_

¿infección? _No_

---

plan de seguros _insurance plan_ **presión alta** _high blood pressure_ **sarampión** _measles_ **paperas** _mumps_
mareos _dizzy spells_ **tos** _cough_ **coriza** _runny nose_ **inflamación** _swelling_ **erupciones de la piel** _skin rashes_
dolor de garganta _sore throat_ **dolor de cabeza** _headache_ **dolor de estómago** _stomachache_ **dolor de**
muelas _toothache_ **dolor de oído** _earache_

¿Qué comprendió Ud.?

Cambie las oraciones que son falsas para que todas sean correctas.

1. Jorge va a ver al doctor Ríos.
2. No tiene plan de seguros.
3. Jorge es bajito y gordito.
4. Tiene la presión alta.
5. De niño tuvo sarampión.
6. También se cayó y se dio un golpe en la cabeza.
7. No tiene fiebre, pero tiene tos.
8. A veces tiene dolor de oído.

Machu Picchu, Perú.

Charlando

1. ¿Por qué cree Ud. que Jorge nunca se ha sentido mejor?
2. ¿Ha estado Ud. en Machu Picchu, o quiere ir?
3. ¿Qué hace Ud. para mantenerse en buena condición física?
4. ¿Qué sabe Ud. de los incas?

Un poco de historia

En Perú, cerca de Lima, está la Universidad de San Marcos. Es una de las más antiguas del continente porque fue fundada en 1551. Cuando los conquistadores españoles al mando de Francisco Pizarro llegaron al gran imperio inca, en 1532, encontraron que allí había una guerra *(war)* por el poder *(power)* entre dos hermanos. Pizarro aprovechó *(took advantage of)* la situación y destruyó el imperio inca. En 1535 fundó la Ciudad de los Reyes, Lima, ahora capital de Perú. La capital del imperio inca era Cuzco, cuyas calles y muros *(walls)* todavía existen, al igual que el maravilloso sistema de irrigación inca. Machu Picchu, uno de los lugares más impresionantes *(impressive)* del mundo, es una antigua ciudad inca, todavía llena de misterio, en medio de las altas sierras andinas.

Plaza de Armas, la plaza principal de Cuzco, Perú.

Mosaico de Cuzco colonial. (Perú)

Universidad de San Marcos. (Lima, Perú).

In Spanish, prepositions are generally followed by one of the following pronouns: *mí, ti, Ud. (sí), él (sí) ella (sí), nosotros, nosotras, vosotros, vosotras, Uds. (sí), ellos (sí)* and *ellas (sí)*. Two exceptions are the prepositions *entre* and *según*, which are followed by *yo* (instead of *mí*) and *tú* (instead of *ti*).

*¿Estas flores son **para mí**?*	Are these flowers for me?
*No puedo vivir **sin ti**.*	I cannot live without you.
***Entre tú** y **yo** no hay nada.*	There is nothing between you and me.
***Según tú**, él tiene fiebre.*	According to you, he has fever.

The preposition *con* combines with *mí, ti* or *sí* to form *conmigo, contigo* and *consigo*.

*¿Vienes **conmigo**?*	Are you coming with me?
*Hacía mucho tiempo que no hablaba **contigo**.*	I had not spoken with you for a long time.
*El llevó la carta **consigo**.*	He took the letter with him.

1. **A combinar.** Combine palabras de las tres columnas para hacer oraciones lógicas. Añada los detalles necesarios.

   Modelo: Yo espero por ella.

A	B	C
esperar	contra	yo
pelear	por	ella
ir	a	ti
extrañar	de	conmigo
tener algo	según	tú
sentarse	con	mí
bromear	sin	contigo
discutir	para	nosotros
pensar	en	ellas

Estructura

Preposiciones seguidas de infinitivos

Sometimes, in Spanish, a preposition will be followed by an infinitive to express an action.

*Gracias **por llamar**.*	Thank you for calling.
*Estoy cansado **de caminar**.*	I am tired of walking.

The word *al* (meaning "at," "while," or "when") is also used with infinitives.

No hagas ruido al comer.	Don't make noise while eating.
No te vi al entrar.	I didn't see you when I entered.

2. Respuestas lógicas. **Complete las siguientes oraciones de una manera lógica.**

> **Modelo:** No puedes entrar sin....
> No puedes entrar sin comprar un boleto.

1. ¿Cuándo aprendiste a...?
2. Ven sin... porque voy a....
3. Quiero hacer todo lo posible para....
4. Por favor, llámame al....
5. ¿Me puedes enseñar a...?
6. Estoy pensando en....
7. Me faltan dos cosas por....
8. ¿Necesitas un cuchillo para...?
9. No pares hasta....
10. No vengas sin....

3. ¿Qué haría Ud.? **Si Ud. no se sintiera bien y tuviera estos síntomas, ¿qué haría? Siga el modelo y use los verbos indicados en paréntesis.**

> **Modelo:** Tengo dolor de cabeza. (tomar)
> Tomaría una aspirina.

1. Al levantarme, me dan mareos. (acostarse)
2. Después de comer, me duele el estómago. (ir)
3. Creo que tengo fiebre. (tomarse)
4. Tengo coriza. (buscar)
5. Me duelen las muelas. (pedir cita)
6. Estoy bien, pero me voy de viaje. (ponerse unas vacunas)
7. Creo que tengo paperas. (llamar)
8. Tengo mucha tos. (tomar)
9. El radio está alto y me duelen los oídos. (apagar)
10. Me corté y la sangre no para. (ir)

A propósito

Malentendidos

Algunas palabras, cuando son mal utilizadas, pueden crear malentendidos. Por ejemplo, **oreja** se refiere a la parte exterior del cuerpo que protege el **oído.** Se oye con los oídos, no con las orejas, y el **dolor de oído** *(earache)* no es dolor de orejas. **Barbilla** o **mentón** significan *chin*, pero **barbilla** no significa una **barba** *(beard)* pequeña. Otro problema existe con la palabra **mente** *(mind).* En español no se dice **cambiar de mente** sino **cambiar de idea,** porque la mente no puede cambiarse, pero las ideas sí.

4. **Ahora Ud. es el doctor. Alterne con otro/a estudiante hasta que cada uno complete cuatro situaciones. Uno de Uds. es el/la paciente e indica uno o dos síntomas, y el otro es el médico/la médica y receta algo o decide qué hacer.**

   Modelo: Me duele la garganta y tengo fiebre.
   Tome dos aspirinas y descanse.

5. **Diferencias de opinión. Si cuando Ud. se enferma sus familiares no están de acuerdo en lo que Ud. tiene que hacer, ¿cómo se lo dice Ud. al médico/a la médica? Cambie los verbos en paréntesis a la forma correcta.**

   Modelo: Mi abuela quería que caminara, pero mi
   mamá quiso que me __acostara__. (acostarse)

   1. Mamá quería que fuera con ella al médico, pero papá quiso que ella me __(1)__ al hospital. (llevar)
   2. Uno de mis tíos quería que me pusiera una curita, pero mi tía Nora quiso que __(2)__ al médico. (ir)
   3. Mi prima Nieves quería que me tomara una aspirina, pero mi primo Pepe dijo que me __(3)__ en la cama. (meterse)
   4. Cuando me torcí el tobillo, mamá quería que no lo moviera, pero papá quiso que me __(4)__ una radiografía. (hacer)
   5. Mamá quería que me lavara las manos, pero papá no quiso que me __(5)__ la herida. (mojar)

6. Cuando me caí, mamá quería que me pusieran unos puntos, pero papá quiso que me (6) sólo una venda. (poner)
7. Yo quería ir a un cirujano, pero papá quiso que (7) un poco. (esperar)
8. Mi abuela quería que caminara con muletas, pero mi abuelo quiso que (8) en una silla de ruedas. (estar)

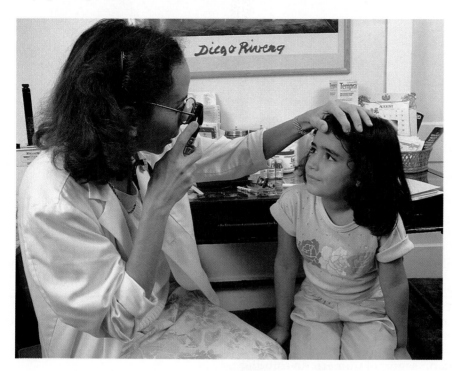

¿Le gustaría a Ud. practicar la medicina?

Vocabulario

la **alergia** allergy
el **asma** asthma
la **cirugía** surgery
el **consultorio** doctor's office, clinic
la **coriza** runny nose
el **dolor** pain, hurt, ache; *dolor de cabeza* headache
la **erupción de la piel** skin rash
el **estómago** stomach; *dolor de estómago* stomachache
la **fractura** fracture

la **garganta** throat; *dolor de garganta* sore throat
la **hoja clínica** medical record
el **imperio** empire
la **infección** infection
la **inflamación** inflamation, swelling
el **mareo** dizzy spell
la **muela** molar; *dolor de muelas* toothache
el **oído** ear; *dolor de oído* earache

la **operación** operation, surgery
las **paperas** mumps
la **presión** pressure; *la presión alta* high blood pressure
el **sarampión** measles
el **seguro** insurance
el **síntoma** symptom
la **tos** cough
la **vacuna** vaccination

¡La práctica hace al maestro!

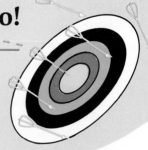

En parejas

A. Preparen una reunión entre dos médicos
    que al examinar a varios pacientes no se
    ponen de acuerdo. Usen sus propias ideas y sean imaginativos. Algunas
    sugerencias: gripe o pulmonía, un tobillo roto o torcido, un catarro o una alergia.
    Añadan detalles que expliquen su opinión.

    Modelo: Pues yo creo que es una herida profunda.
    No, hay un poco de sangre, pero es sólo un arañazo.

B. Imaginen cómo sería la vida si Uds. fueran otras personas y tuvieran ocupaciones
    muy diferentes. Intercambien ideas sobre lo que a Uds. les gustaría hacer.

    Modelo: Si yo fuera presidente trataría de evitar la contaminación de las aguas.

En grupos

C. El profesor de sicología quiere saber si los estudiantes de cuarto año tienen
    opiniones muy diferentes de los de segundo año. Les pide a sus estudiantes que
    le digan si quisieran ser diferentes de como son ahora y cómo les gustaría ser.
    Un/a estudiante anota las opiniones parecidas o que se repiten. Debe ordenarse
    el resultado según el número de estudiantes.

    Modelo: A (5) estudiantes les gustaría estar en mejor condición física.
    (4) estudiantes quisieran ser pelirrojos y tener unas cuantas pecas.

D. Uno/a de sus compañeros/as va al médico y éste le dice que ha arruinado su salud.
    Uds. no tienen información, pero quisieran adivinar cuál fue la combinación de
    causas. Usen el futuro perfecto, como en el modelo. Imagine tres posibilidades
    cada uno.

    Modelo: Habrá comido una dieta muy mal balanceada.

E. Otro/a estudiante, en cambio, cuando llegó el momento de las competencias
    deportivas, estaba en excelente forma. Sugieran, entre todos, una docena de cosas
    que seguramente esta persona había hecho correctamente.

    Modelo: Había hecho ejercicios todos los días.

A escribir

Suponga que Ud. recibe autorización para estar un día en un hospital, observando
todas las actividades de la institución. Las condiciones son que Ud. no podrá tocar
ningún instrumento médico, deberá estar siempre acompañado por un/una médico/
a y deberá escribir antes una carta explicando qué le interesaría observar. Escriba
ahora esa carta, incluyendo todo el vocabulario relacionado que haya aprendido.

La Plaza San Martín en Lima, Perú.

Introducción

Ricardo Palma (1833-1919) nació en Perú y se dedicó a hacer revivir el pasado de su país. Recreó con buen humor cuentos, leyendas, escenas de costumbres y creó así una nueva forma literaria de salvar el pasado, a la que dio el nombre de *tradición*. Entre 1872 y 1883 publicó seis series de *Tradiciones peruanas*, y continuó después con otras de títulos diferentes. En estas tradiciones recuenta desde la época de los incas hasta la época en que le tocó vivir. Investigó toda clase de documentos en busca de incidentes de color local. No le importó añadir detalles inventados si ellos contribuían a que la lectura fuera más agradable y divertida.

Preparación

Conteste las siguientes preguntas como preparación para la lectura.

1. ¿Es Ud. supersticioso/a? ¿Cree Ud. en adivinadores *(fortune tellers)*? ¿Cree Ud. que se puede leer el futuro en las cartas *(cards)*?
2. De una mirada rápida por la selección literaria, ¿cuántos nombres de partes del cuerpo puede Ud. encontrar?
3. Los siguientes cognados van a aparecer en la lectura: eco, esqueleto, cadete de artillería, pálida, cadáver. ¿Puede Ud. adivinar su significado?
4. ¿Puede Ud. encontrar cuatro cognados más después de una mirada rápida a la lectura?

De cómo eliminé a un rival: Ricardo Palma

Ella era una muchacha más linda que el arco iris° y me quería enormemente. Por mi parte ella estaba muy bien correspondida.° Ha pasado un cuarto de siglo, y el recuerdo despierta todavía en mí un eco indescriptible. La chica se llamaba... se llamaba.... ¡Qué memoria flaca° la mía! Después de haberla querido tanto, ahora lo peor es

°rainbow
°reciprocated

°thin

> *que no encuentro manera*
>
> *por más que la conciencia me remuerde,°*
>
> *de recordar su nombre, que era... que era....*
>
> *Ya lo diré después, cuando me acuerde.*

°is full of remorse

Ella había sido educada en un convento de monjas,° creía en visiones y era un poco supersticiosa. ¡Pobrecita! ¡Cuánto no me amaría que encontraba mis versos superiores a los de los poetas de moda!

°nuns

Debo decirles el nombre del amor mío:

> *Esperad a que me acuerde°... se llamaba...*
>
> *diera un millón por recordar ahora*
>
> *su nombre, que acababa en... que acababa...*
>
> *no sé bien si era en -ira o era en -ora.*

°I recall

Sin embargo, mis versos y yo teníamos un rival en Michito, que era un gato color de azabache° muy pizpireto° y remonono.° Después de perfumarlo con esencias, adornábalo° su preciosa dueña con un collarcito de tres cascabeles° de oro y teníalo siempre sobre sus rodillas. El gatito era un primor,° la verdad sea dicha.°

°jet black/ °vivacious/
°cutesy/ °decorated him
°little bells
°a thing of beauty/ °to
say the truth

Lo confieso,° llegó a inspirarme celos,° fue mi pesadilla.° Su dueña lo acariciaba° y lo mimaba° demasiado, y maldita la gracia que me hacía° eso de un beso al gato y otro a mí. El animalito parece que conocía el enojo que me inspiraba y más de una vez que, fastidiándome su ro ro ro,° quise apartarlo° de las rodillas de ella, me dio un horrible arañazo. Un día le di un puntapié° y ¡horror!, aquel día se nubló° el cielo de mis amores y vino la tormenta. Ella estaba tan enojada que tuve que traerle bizcochuelos° a Michito, pasarle la mano por el sedoso lomo° y, ¡Apolo me perdone!, hasta escribirle unos versos al gato. Decididamente, era un rival difícil de expulsar° del corazón de mi....

confess/ jealousy/ nightmare/ caressed/ spoiled/ I didn't like at all
purr/ send away
kicked him
became cloudy
biscuits
silky back

to expel

> *Me quisiera morir, ¡oh rabia!°, ¡oh mengua!°*
>
> *no hay tormento más grande para un hombre*
>
> *que no poder articular el nombre*
>
> *que se tiene en la punta de la lengua.*

rage/ dishonor

Pero como hay un dios protector de los amores, van Uds. a ver cómo logré eliminar a mi rival. Una noche leía ella el periódico y me llamó para enseñarme° un aviso.°

show me/ announcement

ADELAIDA ORILLASQUI
adivinadora°

fortune teller

— No sabré decirte, mi amor, lo que adivina esa señora, — le dije — pero me temo ha de ser una bruja.°

witch

— ¡Una bruja! Ay, yo quiero conocer a una bruja. Llévame a verla....

Una idea diabólica cruzó rápidamente por mi cerebro.° ¿No podría una bruja ayudarme a destronar° al gato?

brain
dethrone

— No tengo inconveniente, ángel mío, en llevarte, no precisamente donde esta Adelaida, que ha de ser una bruja carera° sino donde otra del oficio que, por cuatro o cinco duros° te leerá el futuro en las manos. Ella, la muy tonta, saltaba con infantil alegría. — ¡Qué bueno eres con tu...! — y pronunció su nombre, el cual, cosa del diablo, hace una hora que estoy tratando de recordar.

who overcharges
monetary unit

> *¿Echarán nuestros nombres en olvido*
>
> *lo mismo que los hombres, las mujeres?*
>
> *Si olvidan, como yo, los demás seres,°*
>
> *este mundo, lectora,° está perdido.*

human beings
reader (fem.)

Y llegó el domingo, y mi amada y yo fuimos a casa de la bruja. No estoy de humor para gastar tinta° describiendo la habitación. Imagínesela el lector. La bruja nos leyó la baraja,° la piedra imán° y la cebolla, en fin, todas las cosas propias de su profesión. Después nos pusimos a examinar el laboratorio. Había sapos° y culebras° en espíritu de vino, pájaros disecados,° aguas de colores y un esqueleto.° La lechuza,° el gato y el perro disecados no podían faltar, ni el murciélago° y la lagartija° en una olla.° Ella, fijándose en el felino, exclamó — Mira, mira, ¡qué parecido a Michito!

ink
cards/ magnet

toads/ small snakes
stuffed
skeleton/ owl
bat/ salamander/ pot

Eso era lo que esperaba la bruja para comenzar el ataque que habíamos acordado.° El corazón me palpitaba con tal violencia que parecía querer salirse del pecho.° De la habilidad con que la bruja alcanzara a dominar la imaginación de la joven, dependía la victoria o la derrota° de mi rival.

agreed

chest

defeat

— ¡¡Cómo, señorita!! –exclamó la adivinadora, asumiendo una admirable actitud de bruja — ¿Ud. tiene un gato? Si ama Ud. a este caballero, deshágase° de ese animal maldito.° ¡Ay!, por un gato me vino la desgracia° de toda mi vida. Oiga Ud. mi historia: yo era joven, y ese gato que ve Ud. era mi compañero y mi adoración. Pasaba el santo día sobre mis faldas y la noche sobre mi almohada. Por entonces me enamoré locamente de un cadete de artillería. La primera vez que el cadete quiso acercarse a mí, dio un grito horrible que nunca olvidaré. Mi gato le había saltado° encima y le había arañado toda la cara. Le quité el animal de encima y lo tiré por el balcón. Cuando comencé a lavar la cara de mi pobre amigo, vi que el gato le había sacado un ojo. Lo llevaron al hospital, pero como quedó ciego de ese ojo, lo separaron de la escuela de cadetes. Cada vez que por casualidad° nos encontrábamos en la calle, me llenaba de insultos y maldiciones. El gato murió del golpe, y yo lo hice disecar. ¡El pobrecito, me quería tanto! Si atacó a mi novio, fue porque estaba celoso de mi cariño por un hombre.... ¿No cree Ud., señorita, que me quería de veras? Y la vieja bruja acariciaba con la mano el esqueleto del maldito animal. Me acerqué a mi amada y la vi pálida° como un cadáver. Tomó mi brazo, temblorosa, me miró con ternura y dijo dulcemente: — Vámonos. Saqué media onza de oro y la puse, sonriendo de felicidad, en las manos de la bruja. ¡Ella me amaba! En su mirada acababa de leerlo. Ella sacrificaría° por mi amor lo único que le quedaba aún por sacrificar — el gato —; ella, cuyo nombre se ha borrado de la memoria de este mortal desagradecido.°

get rid of/ cursed
misfortune

jumped

by chance

pale

would sacrifice

ungrateful person

¡Ah!, ¡malvado!°, ¡malvado!   *wicked one*

Pero yo, ¿qué he de hacer si lo he olvidado?

No seré el primer hombre

que se olvidó de una mujer querida...

¡Dejad que a gritos al verdugo° llame!   *executioner*

¡Que me arranque a puñados° el cabello!   *by the handful*

¡Soy un infame, sí, soy un infame!°   *despicable person*

¡Ahórcame,° lectora; éste es mi cuello!   *Hang me!*

¿Y Michito?

Lo he regalado.

Aquella noche, cuando fui a casa de mi adorada, no encontré el gato en sus rodillas. —¿Y Michito? —le pregunté. Y ella, con una encantadora y celestial sonrisa, me contestó:

—Lo he regalado. He tenido miedo por tus ojos.

> "De cómo eliminé a un rival" (originalmente "De cómo desbanqué a un rival"), adaptado de *Tradiciones peruanas,* publicado en Madrid, por el gobierno de Perú (sin fecha).

¿Qué comprendió Ud.?

1. ¿Es joven la persona que cuenta esta historia? ¿Cómo lo sabe Ud.?
2. ¿Cómo se llaman los novios?
3. ¿Qué dos cosas le fastidian al narrador?
4. ¿Qué quiso hacer ella que le dio a él la idea de cómo resolver su problema?
5. ¿Qué hicieron entonces?
6. ¿Qué quería él?
7. ¿Quién era su rival?
8. ¿Por qué no fueron a ver a Adelaida Orillasqui?
9. ¿Qué hizo la bruja?
10. ¿Qué decidió hacer ella?

¡Sea preciso/a!

Las tres respuestas a las preguntas siguientes tienen algo de verdad, pero una de ellas es más exacta que las demás. Escoja la mejor respuesta. Tenga en cuenta no sólo lo que dice la historia sino también lo que se puede entender entre líneas.

1. ¿Cuál es el nombre de la muchacha?
   a. El narrador lo tiene en la punta de la lengua.
   b. Es seguro que no es Isabel.
   c. Según la historia, pudiera ser Palmira o Eleonora.

2. ¿Cómo era de carácter?
   a. Lo quería tanto a él que le gustaban sus versos.
   b. Creía en visiones y era un poco supersticiosa.
   c. Era más linda que el arco iris.
3. ¿Por qué estaba el narrador tan celoso de su rival?
   a. Porque ella era muy cariñosa con el gato.
   b. Porque el gato siempre estaba en las rodillas de ella.
   c. Porque ella lo perfumaba con esencias y lo adornaba con un collarcito.
4. ¿Cuál es el detalle más importante en que se parecen las dos historias, la que cuenta el narrador y la que cuenta la bruja?
   a. Los dos gatos son negros.
   b. Los dos novios reciben arañazos del gato.
   c. Los dos gatos siempre están en las faldas de sus dueñas.
5. ¿Cómo logra el narrador eliminar a su rival?
   a. Lleva a su novia a ver a una adivinadora.
   b. Se pone de acuerdo con una bruja para que le haga ese cuento a su novia.
   c. Le dice que Adelaida Orillasqui es muy carera.
6. ¿Cuál es el propósito de su plan?
   a. Tratar de probar que ella lo quiere más a él que al gato.
   b. Tratar de que ella le tenga miedo al gato.
   c. Que ella vea lo que puede pasar en el futuro.
7. ¿Por qué el autor se dirige al lector específicamente femenino?
   a. Para excusarse por haber olvidado el nombre de una mujer que lo quiso mucho.
   b. Porque dirige sus versos a una mujer.
   c. Para que vean cómo el hombre engaña a la mujer.
8. ¿Cuál es la ironía (irony) de la historia?
   a. La historia de la bruja no era verdad.
   b. Ella se sacrificó por él y él ni se acuerda de su nombre.
   c. Ella no sabía que él tenía un plan para engañarla.

Familia de palabras

Busque una palabra que Ud. conozca que sea de la misma familia de las palabras que siguen. Todas aparecen en esta lectura.

indescriptible	diabólica
remonono	carera
nubló	disecado
sedoso	desagradecido

A conversar

¿Es el novio de veras una buena persona? Mencione dos detalles de la historia que puedan justificar su opinión.

Capítulo 9

Muy de moda

- Describing in the past
- Expressing what is hypothetical
- Seeking and providing information in a store

- Relating two events in the past
- Comparing and expressing size
- Stating possession

- Expressing what is needed or expected
- Expressing uncertainty
- Describing how something was done

¡Si lo hubiera sabido!

Gabriela y Rosalía viven en San José, la capital de Costa Rica. Se conocieron el verano pasado cuando trabajaban juntas en el Mercado de Artesanía. A menudo° salen juntas de compras o van al cine y, además, conversan mucho por teléfono.

frequently

ROSALIA: Aló....
GABRIELA: ¿Rosalía? Hola, te habla Gabriela.
ROSALIA: Hola, Gaby, ¿qué hay de nuevo?

GABRIELA:	Nada nuevo. Bueno, lo único es que tengo un nuevo peinado° y estoy contentísima. El sábado me hice una permanente y me ha quedado preciosa. Todo el mundo me lo dice. Deja que° la veas.	hairdo Wait until
ROSALIA:	¡No me digas! Yo también quisiera tener el pelo rizado, ¿sabes? Me iba a hacer una permanente la semana pasada, pero tuve que terminar un informe para ecología. Dime, ¿te cortaste el pelo también?	
GABRIELA:	Un poquito, nada más.° Yo lo quería largo pero más corto delante, sobre la frente,° y sin raya° para dejarlo suelto.° Y así mismo me lo hicieron. Está perfecto.	Only a little forehead/ part (in hair)/ loose
ROSALIA:	¡Qué bueno! Así es como yo lo quiero. Ya estoy cansada del cerquillo° y de la melena° corta. Y tampoco me gusta el pelo tan corto como si fuera un muchacho. Ese corte° no me queda bien porque soy alta. Por eso me he estado dejando crecer el pelo, pero no soporto ponerme rolos.° Y tú, ¿adónde fuiste a hacerte la permanente?	bangs/ page boy (hair style)/ haircut hair rollers
GABRIELA:	Ay, ¡tuve una suerte! Imagínate que el salón de belleza° que está a doscientos metros de mis clases de baile tenía una oferta especial con muy buen descuento.° Sólo gasté 100 colones. Y no sólo eso, sino que trajeron a Alejandro, el Peluquero° de las Estrellas. Era un placer mirarlo trabajar mientras esperaba mi turno.	beauty parlor discount hairdresser
ROSALIA:	Ah, pues dame el número de teléfono de la peluquería, y ahora mismo pido una cita....	
GABRIELA:	¡Qué lástima, Rosalía! La oferta ya terminó la semana pasada.	
ROSALIA:	¡Ay, caramba! Si lo hubiera sabido, ¡habría ido contigo!	
GABRIELA:	No te desanimes.° Mantente alerta.° Las oportunidades sobran,° si sabes buscarlas. Además, tu pelo no es tan rebelde....	Don't get discouraged./ Keep your eyes open./ are more than enough
ROSALIA:	Tienes razón. No es para tanto.° Al fin y al cabo,° podría ser peor.	It's not a big deal./ After all

¿Qué comprendió Ud.?

1. ¿Quién llama a quién?
2. ¿Qué cuenta Gabriela?
3. ¿Cómo tenía el pelo Gabriela, lacio o rizado?
4. ¿Qué se hizo el sábado?
5. ¿Cómo quería Gabriela tener el pelo?
6. ¿Por qué no quería tenerlo con raya?
7. ¿Qué iba a hacer Rosalía la semana pasada, pero no lo hizo?
8. ¿Qué habría hecho Rosalía?

Hablando del pelo

La palabra **melena** equivale a *mane*, como en *lion's mane*. También se refiere a un corte de pelo que no es ni muy corto ni largo, por ejemplo, cuando el pelo va hasta las orejas o hasta los hombros, se puede llamar melena corta o larga. En cuanto al color del pelo, además de rubio, pelirrojo, blanco y negro, también hay canoso *(gray)* y castaño *(brown)*. Se puede decir **pelo negro y ojos negros** *(dark eyes)*. Aunque el pelo y los ojos sean del mismo color, se dice **ojos pardos**, y a veces ojos **color café**, pero se dice que el pelo es **castaño** o **de color castaño**. Una persona es **rubia** *(blond)*, **trigueña** *(brunette)* o **morena, pelirroja, canosa** o **de pelo blanco**.

Adiós a las rubias ceniza y al pelo natural

La moda es...
¡Iluminar el cabello!

¿Tenía Ud. cerquillo cuando era niño/a? (Fuengirola, España)

Charlando

1. ¿Se acuerda Ud. de cómo se les llama a las personas que son de Costa Rica?
2. ¿Cómo le gusta el pelo, lacio o rizado? ¿Y cómo lo tiene Ud.?
3. ¿Se ha hecho la permanente alguna vez?
4. ¿Tenía cerquillo cuando era niño/a?
5. ¿Le gusta el pelo corto o largo, o prefiere la melena?

Costa Rica

Cristóbal Colón llegó al territorio que hoy es Costa Rica en 1502, en su cuarto viaje a América. Cuando vio la vegetación exuberante en lo que hoy es Puerto Limón y los adornos de oro que llevaban los indígenas, le dio a esa tierra el nombre de Costa Rica. La colonización fue lenta. Como no había grandes riquezas minerales y el número de habitantes era reducido, no hubo esclavos. Esto creó una sociedad igualitaria en la que la tierra y el trabajo se distribuían por igual entre las familias. Hoy en día, casi tres millones de costarricenses, y muchos jubilados *(retirees)* de los Estados Unidos, disfrutan de una tradición democrática, de un país sin ejército desde 1948, y sin dictadores. Costa Rica es un modelo de cordialidad y estabilidad.

San José, Costa Rica.

1. Esperando turno en la barbería. Complete el párrafo siguiente.

La verdad es que odio ir a la _(1)_. Algunos amigos míos van frecuentemente a la peluquería para que les hagan los cortes de última _(2)_. Pero eso es todavía peor. Lo mejor es dejarse crecer el _(3)_ y no preocuparse por nada. Pero, entonces, ¿quién oye a mamá? A ella no le gusta que yo tenga el pelo _(4)_, especialmente por los costados, detrás de las _(5)_. Pero bueno, ya estoy aquí. Por lo menos puedo leer los chistes de esta revista mientras espero mi _(6)_ y me río un poco. Le voy a decir al barbero que me corte un poquito _(7)_ por detrás y que me haga la _(8)_ a la derecha. Si no me gusta, cuando llegue a casa me la quito.

The subjunctive form of *haber (haya)* is used in the sense of *there is/are*.

*No creo que **haya** tiempo.*	I don't think **there is** time.
*Iré cuando **haya** ofertas especiales.*	I'll go when **there are** special offers.

Haber is also used in compound tenses, as in the present perfect subjunctive.

*Llámame cuando **hayas terminado**.*	Call me when **you have finished**.
*Dudo que él **se haya olvidado**.*	I doubt (that) **he has forgotten**.
*No creo que **haya sido** fácil.*	I don't believe **it has been easy**.

Estructura

El pluscuamperfecto del subjuntivo

The pluperfect subjunctive is used in contrary-to-fact conditions in the past. Look at the following:

*¡Si lo **hubiera sabido**!*	If **I had known**!
*¡Si me **hubieras llamado**!*	If **you had called** me!
*Si Ud. **hubiera tenido** el dinero....*	If **you (Ud.) had had** the money....
*Si **hubiéramos querido** ir....*	If **we had wanted** to go....
*Si **hubieran ido**, te habrían visto.*	If **they/you (Uds.) had gone** they would have seen you.

¡Si lo hubieras visto!

The pluperfect subjunctive is used when the verb in the main clause is in the past but the action that is indicated by the pluperfect had (or had not) already occurred.

Deseaba que me **hubieras escrito.**	I wished you had written to me.
Temí que me **hubieras olvidado.**	I was afraid you had forgotten me.

Compare the following sentences:

No creo que ella **se corte** *el pelo.*	I don't believe she **would cut** her hair.
No creo que ella **se haya cortado** *el pelo.*	I don't believe she **has cut** her hair.
No creía/creí que **se hubiera cortado** *el pelo.*	I didn't believe she **had (already)** cut her hair.

The pluperfect is also used when the verb in the main clause is in the conditional.

Sería *mejor que* **hubieras estudiado.**	It would be better if you had studied.
Tendrías *el dinero si lo* **hubieras ahorrado.**	You would have the money if you had saved it.
Preferiría *que no me lo* **hubieras dicho.**	I would prefer that you had not told me.

2. ¿Dónde está la otra mitad? Busque la otra mitad de la oración en la columna de la derecha.

1. Te escribía los domingos aunque...
2. No estaba seguro de que...
3. Era importante que...
4. No pensaba que...
5. No podía creer que...
6. Yo esperaba que...
7. Me alegraba de que...

a. me hubieras oído.
b. la hubieras olvidado.
c. no me hubieras escrito.
d. hubieras ido antes que yo.
e. tú hubieras hecho eso.
f. hubieras pagado tus cuentas.
g. no hubieras ido.

Si hubieras ido al mercado, te habría visto. (Nariño, Colombia)

3. **Cuestión de lógica.** Suponiendo que una cosa hubiera sucedido, otra cosa habría pasado también como consecuencia lógica. Siga las indicaciones.

Modelo: tú/ ir   yo/ verte
Si hubieras ido, te habría visto.

1. tú/ escribir   yo/ contestar
2. tú/ ahorrar   tú/ tener dinero
3. tú/ estudiar   tú/ pasar el examen
4. tú/ escucharme   tú/ saberlo
5. yo/ poder   yo/ invitarte
6. yo/ querer   yo/ teñirme el pelo
7. yo/ apurarme   yo/ llegar a tiempo
8. yo/ tener hambre   yo/ comer

4. **¡Demasiado tarde!** Todo el mundo conoce a alguien que nunca piensa con anticipación y siempre se queja después. Busque exclamaciones basadas en las oraciones que siguen.

Modelo: No compré suficientes tarjetas.
¡Ay, si hubiera comprado suficientes tarjetas!

1. No fui a la biblioteca.
2. No encontré la tarea.
3. No vi a Rafael.
4. No traje el paraguas.
5. No compré los boletos.
6. No me puse las botas.
7. No dije la verdad.
8. Dejé el dinero en casa.
9. Perdí la llave.

5. **¿Qué habría hecho?** ¿Que habría hecho Ud. si se hubiera visto en las siguientes situaciones? ¿Cuál hubiera sido su decisión inteligente en cada caso?

> **Modelo:** Si hubiera olvidado el cumpleaños de un amigo....
> ...le habría enviado una tarjeta pidiéndole excusas y deseándole felicidades.

1. Si no hubiera estudiado para un examen....
2. Si hubiera ganado un premio de mil dólares....
3. Si no hubiera tenido con quien ir a una fiesta....
4. Si hubiera aumentado diez libras de peso....
5. Si se hubiera peleado con tu mejor amigo/a....
6. Si le hubieran dicho que era muy amable....

6. **Todo depende.** Invente Ud. cinco circunstancias posibles. Después pregunte a otro/a estudiante qué habría hecho si esas circunstancias hubieran ocurrido. Alterne después en dar respuestas a las preguntas de su compañero/a.

> **Modelo:** Si tu amigo hubiera llegado una hora tarde para salir contigo, ¿qué habrías hecho?

Hoy no es un día cualquiera para estas niñas en Valencia, España.

Estructura

Cualquiera

The word *cualquiera* can be used as an adjective or as a pronoun. It seems to follow its own rules:

- It ends in *-a*, but it is both masculine and feminine.

Dame una pluma cualquiera.	Give me **any** pen.
Dime un número cualquiera.	Tell me **a** number (**any number**).
Hoy no es un día cualquiera.	Today is not just **any** day.
Cualquiera diría que fuiste un tonto.	**Anyone** would say that you were a fool.

Este tren va a salir en
cualquier momento. (San José, Costa Rica)

- When it is applied to a person and is used after the noun, *cualquiera* means *without merit, undistinguished.*

  *Es un músico **cualquiera.***   He is **not a very distinguished** musician.

- When used before a noun, the final *-a* is omitted.

  *No me des **cualquier** excusa.*   Don't give me just any excuse.
  *Voy a comprar **cualquier** periódico.*   I am going to buy any paper.

- *Cualquier día* also means *"some day."*

  ***Cualquier día** me saco la lotería.*   **Some day** I'll win the lottery.

- *En cualquier momento* may have a number of meanings, including "whenever," "about to," "any time now" or "one of these days."

  *Termínalo en **cualquier momento** que tengas libre.*   Finish it **whenever** you have a free minute.
  *El tren va a salir en **cualquier momento.***   The train is **about to** leave (any minute now).

7. ¿Cualquier o cualquiera? Complete las siguientes oraciones.

> **Modelo:** No me sirve _cualquier_ sombrero.

1. Me pondré _(1)_ camisa.
2. Puedes aprender algo de _(2)_ persona.
3. Hoy es un día como otro _(3)_ .
4. No soy un hombre _(4)_ .
5. Un programador _(5)_ no sabría qué hacer.
6. _(6)_ peinado no me queda bien.
7. No me gusta ir a un peluquero _(7)_ .
8. Creo que _(8)_ día es bueno para empezar.
9. Tráeme _(9)_ ensalada.
10. No es una permanente _(10)_ . Es especial.

8. Pidiendo una cita. Prepare con otro/a estudiante un diálogo para presentar a la clase en el que uno/a pide cita en una peluquería o barbería. Indique lo que quiere hacerse (como, por ejemplo, lavarse la cabeza y cortarse el pelo), pregunte el precio y pida una cita para un día y una hora específica. Alterne con su compañero/a.

9. Un peinado nuevo. Suponga que Ud. tiene un peinado nuevo o quiere cambiar el peinado o el estilo del corte de pelo que tiene ahora. Prepare un diálogo con otro/a estudiante y cuéntele cómo es. Deje después que su compañero/a le cuente a Ud. cómo quiere cambiar su peinado, como por ejemplo, hacerse la permanente, cambiarse la raya o dejarse el cerquillo. Haga algunos comentarios expresando su opinión de lo que le dicen, como por ejemplo: "Creo que te quedaría bien", para que sea un diálogo verdadero.

Vocabulario

a menudo frequently, often
alerto,-a alert; *mantenerse alerta* to keep one's eyes open
el **cabo** end; *al fin y al cabo* after all, in the end
el **cerquillo** bangs
el **corte** haircut
dejar que to wait until
desanimarse to get discouraged

el **descuento** discount
la **frente** forehead
la **melena** page boy (hair style), mane
el **peinado** hairdo, style
el **peluquero, la peluquera** hairdresser
la **raya** part (in hair)
el **rolo** hair roller
el **salón de belleza** beauty parlor

sobrar to be more than enough
suelto,-a loose, free
tanto,-a enough; *No es para tanto.* It's not a big deal.
el **turno** turn
un poquito, nada más only a little

De compras en Panamá

Jaime, Nieves, Rogelio y Yolanda viven en Ciudad de Panamá. Como a tantos chicos del mundo, les gusta ir de compras. Un día se ponen de acuerdo para encontrarse después de hacer algunas compras en el centro comercial de la Plaza Paitilla. Quieren tomar unos refrescos, comer algo y pasar el rato charlando.

DEPENDIENTE: ¿En qué puedo servirlo?

JAIME: Dígame, ¿cuánto cuestan estas bufandas° violeta? *scarf*

DEPENDIENTE: Las bufandas moradas° y violeta son quince balboas,° *purple/ Panamanian currency/ large* pero tenemos otras con grandes rebajas° esta semana. *reductions/ raincoats* También tenemos unos impermeables° de excelente calidad, muy rebajados.° ¿Quisiera verlos? *reduced*

JAIME:	Bueno, ¿por qué no?	
DEPENDIENTE:	Sírvase acompañarme.°	*Please follow me.*
JAIME:	¿Tiene este mismo modelo en azul marino?°	*navy blue*
DEPENDIENTE:	Sí, señor. Y también en gris claro.°	*light*
JAIME:	Déjeme probar éste. Si me queda bien, me lo llevo.° Y esta bufanda también.	*I'll take it.*

NIEVES:	¿Puede decirme si tiene camisones° de algodón de color azul?	*nightgowns*
DEPENDIENTE:	Sí, tenemos unos adornados con lazos° blancos de cinta° y otro con encaje.° El del encaje tiene una bata de casa que le hace juego.°	*bows/ribbons* *lace* *matches*
NIEVES:	¿Cuánto valen?	
DEPENDIENTE:	Veintiocho balboas éste, y aquél, treinta y cinco. La bata vale cuarenta. ¿Cuál es su talla?°	*size*
NIEVES:	Deme el del encaje, sin la bata, en la talla mediana. ¿Tiene cambio para un billete° de cincuenta dólares?	*bill*
DEPENDIENTE:	Sí, señorita. Le traigo el cambio en seguida. ¿No quiere ver alguna otra cosa?	
NIEVES:	Bueno, sí. ¿Dónde están las pantimedias?°	*pantyhose*
DEPENDIENTE:	Al lado del ascensor, junto a la ropa interior.	
NIEVES:	Muchísimas gracias.	

YOLANDA: Hola, Rogelio. ¡Ay, estoy muerta de tanto caminar!

ROGELIO: ¿Por qué vienes con zapatos de tacones altos?° ¿Por qué no *high heels*
trajiste unos zapatos cómodos de tacones bajos o unas
sandalias?° Cualquier día, por seguir la moda, vas a caminar *sandals*
por ahí en zapatillas de ballet° en punta. *ballet slippers*

YOLANDA: Eres un exagerado. ¡Me he comprado un vestido precioso!
¿A que no adivinas de qué color? Te doy una pista: no
es de color entero.° *solid (single) color*

ROGELIO: ¿A cuadritos rojos y azules? ¿A rayas° verdes? *striped*

YOLANDA: No, no..., ¿te das por vencido?° *Do you give up?*

ROGELIO: ¡No! Entonces es estampado,° de todos los colores. *a print*

YOLANDA: Ah, ¡eres un genio! Oye, ¿qué hora tienes?

ROGELIO: Hora de reunirnos con Nieves y Jaime. ¡Vamos!

¿Qué comprendió Ud.?

1. ¿Qué van a hacer los chicos en la Plaza Paitilla antes de
   encontrarse?
2. ¿Están muy caros los impermeables?
3. ¿De qué color quiere Jaime el impermeable?
4. ¿Cuánto cuesta el camisón que compra Nieves?
5. ¿Qué camisón se lleva Nieves?
6. ¿Por qué está tan cansada Yolanda?
7. ¿Compró ella un vestido a cuadros?

LUCY SPORT

LIQUIDA COLECCION DE VERANO
A PRECIO DE FABRICA

ventas mayor y menor

1 Remera ₳ 6	2 x ₳ 10	
1 Pantalón o pollera ₳ 15	2 x ₳ 25	
1 Remera unisex ₳ 13	2 x ₳ 20	
1 vestido mini ₳ 20 ...	2 x ₳ 35	
1 Short o Mini ₳ 15	2 x ₳ 25	

variedad
precios increibles
moda calidad

COMENTELO!!

GAL. PROVINCIAL - locs. 19 y 2
HORARIO: 8 a 13 hs – 17 a 22 hs

30% DESCUENTO
GRANDES REBAJAS

DESCUENTOS
OFERTAS
ESPECIALES

VENTA DE PRIMAVERA

POR $1.00

APROVECHE
Compre el 1er. par por precio Reg. y llévese el 2do. por $1.00
De igual o menor precio.

Centro Comercial Altamesa
Tel. 793-2380
10:00A.M.-6:00P.M.
Martes a Sábado

Carteras 35% Desc.

Oferta válida de febrero 7 al 11

Pieles Calzado de Moda

Reg. $12.99 - $79.99

Charlando

1. ¿Le gusta a Ud. ir de compras solo/a? ¿Con quién va de compras?
2. ¿Espera Ud. por las rebajas para comprar lo que necesita?
3. ¿Compra Ud. ropa de algodón?
4. ¿Qué dos colores no le gustan?
5. Mencione una pieza de ropa suya que sea (a) a cuadros, (b) de color entero, (c) a rayas y (d) estampada.
6. ¿Cree Ud. que los chicos están menos interesados en la ropa que las chicas? ¿Por qué cree eso?

Panamá

Panamá tiene una larga historia. Cristóbal Colón llegó hasta Portobelo en su cuarto viaje. La ciudad de Panamá la Vieja fue fundada en 1521. Aunque quedan algunos edificios, la ciudad fue destruida por el pirata Henry Morgan en 1671. Otra ciudad colonial, Casco Viejo, fue construida entonces al oeste. En la parte moderna de la capital hay rascacielos de acero *(steel)* y cristal, y más de 140 bancos internacionales. Aunque el dólar es también moneda, la moneda panameña oficial es el balboa, cuyo nombre honra *(honor)* a Vasco Núñez de Balboa, quien en 1513 cruzó Panamá y descubrió el océano Pacífico al otro lado. Los tesoros que los españoles se llevaron de América del Sur pasaron por Panamá, desde el Pacífico hasta el Golfo de México, antes de llegar a los barcos que los llevarían a España, despertando la codicia *(greed)* de piratas y corsarios *(corsairs)*. Desde entonces Panamá ha sido siempre un centro de comercio mundial. Paralelo a esa ruta, en 1914 se abrió el canal de Panamá, que es una de las maravillas de ingeniería del mundo. Panamá tiene mucho más que ofrecer al turista. Bellas islas, como Contadora y Taboga, y el archipiélago de San Blas, con 365 islas, donde viven los muy interesantes indígenas cuna. En Panamá hay una gran variedad de deportes acuáticos, numerosas playas, un bosque tropical *(rain forest)* y hasta un volcán.

El archipiélago de San Blas.

Cruzando el canal de Panamá.

Luisa lleva un vestido estampado.

1. **En la Plaza Paitilla.** En este centro comercial hay muchas tiendas donde se vende una gran variedad de artículos. Describa lo que sucede, escogiendo la palabra o frase que mejor complete la idea.

   Modelo: Luisa lleva un vestido <u>estampado</u>.
   a. que hacen juego   b. cómoda   c. estampado

1. Elena busca una blusa con __(1)__ en el cuello.
   a. encaje   b. bata   c. moda
2. Eduardo cambia una chaqueta __(2)__ por una talla mayor.
   a. medida   b. pequeña   c. moda
3. Mónica quiere un sombrero negro con un __(3)__ de cinta violeta.
   a. lazo   b. color entero   c. abrigo
4. Raúl necesita unos pijamas, __(4)__ y unos calcetines.
   a. una blusa   b. ropa interior   c. un encaje
5. María Elena compra un vestido de seda __(5)__.
   a. impermeable b. a rayas   c. pañuelo
6. Alicia compra unos zapatos __(6)__.
   a. de ballet   b. de tacón alto   c. de balboas
7. ¿Puede enseñarme un impermeable de calidad pero __(7)__?
   a. estampado   b. rebajado   c. adornado
8. Quisiera probarme el __(8)__ y la bata que hacen juego.
   a. paraguas   b. cinturón   c. camisón
9. Por favor, tráigame uno en la __(9)__ mediana.
   a. grande   b. talla   c. última moda
10. Ayúdame a buscar una tela __(10)__ para una falda larga.
    a. bufanda   b. a cuadritos   c. pantimedia

El vestido de Adriana es
blanco y muy bonito.

Estructura

Los adjetivos y los colores

Some adjectives indicating colors agree in number, and if possible in gender, with the noun they modify. They can also take diminutive endings.

*La falda es **blanca.***	The skirt is **white.**
*Las blusas son **azules.***	The blouses are **blue.**
*Tenía puesto un vestidito **verdecito.***	She was wearing a little **green** dress.

When the color has a modifier, its gender and number do not change.

*La chaqueta es **azul marino.***	The jacket is **navy blue.**
*Los zapatos son **rojo vivo.***	The shoes are **bright red.**

When the color imitates nature (such as the color of a flower or a fruit), the phrase *(de) color (de)* is often used.

*Un vestido **de color rosa.***	A **pink** dress.
*Ella tiene ojos **color de miel.***	She has **honey-colored** eyes.

When the phrase *(de) color (de)* is omitted (but understood), the gender and number of the color do not change.

*No quiso los pantalones **lila.***	She did not want the **lilac** pants.
*Llevaba un camisón **violeta.***	She was wearing a **violet** nightgown.

A propósito

Otros colores

En el restaurante se puede pedir vino blanco o vino tinto *(red wine)*. Sin embargo, al color se le dice **rojo vino** (o **cordobán**): **Tengo una cartera rojo vino.** En cuanto al color café, en distintos países de América se usan palabras diferentes. En España se usa **pardo;** en América del Sur, **marrón;** en el Caribe, **carmelita.** Algunos colores vienen de flores y frutas y pueden usarse con la frase *color de* o sin ella: **Tiene labios color de cereza** o **Tiene labios rojo cereza.** Se dice que una cosa es **naranja,** aunque el color es **anaranjado/a.** Y se dice que es **rosa** *(pink)*, aunque el color es **rosado/a.** **Morado/a** *(purple)*, que en realidad viene de **mora** *(mulberry or blackberry)*, sólo tiene la forma terminada en *-ado/a, -ados/as.*

¿Qué colores le gusta a Ud. combinar?

2. **Combinaciones de colores. Diga qué colores le gusta combinar, usando la forma correcta del adjetivo.**

   Modelo: abrigo/ bufanda/ negro/ rosado
   Con el abrigo negro llevo una bufanda rosada.

   1. impermeable/ paraguas/ azul claro/ azul marino
   2. jeans/ camisa/ gris/ blanco
   3. falda/ suéter/ morado/ lila
   4. chaqueta/ cinturón/ negro/ rojo
   5. abrigo/ sombrero/ blanco/ violeta
   6. vestido/ zapatos/ estampado/ rojo vino
   7. chaqueta/ chaleco/ verde oscuro/ verde claro
   8. camisón/ bata de casa/ azul pálido/ azul marino
   9. sandalias/ cartera/ negro/ blanco
   10. camisa/ corbata/ a rayas/ color entero

3. **Y a Ud., ¿qué colores le gusta combinar? Con otro/a estudiante, diga qué ropa o qué colores le gusta combinar y qué colores no le gustan.**

   Modelo: ¿Le gusta combinar los calcetines con la corbata?
   ¿Y si la corbata es amarilla?

A propósito

Tallas y tamaños

Para comprar un suéter de su talla, Ud. puede escoger entre tres tamaños *(sizes)*: pequeño, mediano y grande. Para comprar un par de zapatos, el dependiente tiene que averiguar **qué número** o **qué tamaño calza Ud.** *(what size do you wear)*. Las tallas son diferentes de las de los Estados Unidos. Para encontrar su talla en zapatos, vestidos o trajes, pregunte en la tienda. En muchos países se usan las tallas europeas. Un zapato de hombre número 9½ puede ser número 43. Y un vestido de mujer talla 10 puede ser talla 40.

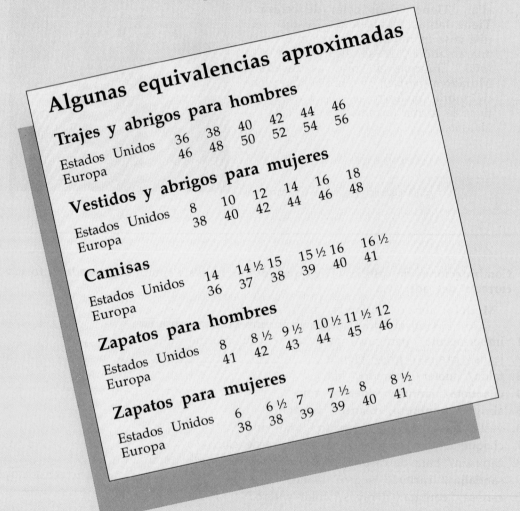

Algunas equivalencias aproximadas

Trajes y abrigos para hombres

Estados Unidos	36	38	40	42	44	46
Europa	46	48	50	52	54	56

Vestidos y abrigos para mujeres

Estados Unidos	8	10	12	14	16	18
Europa	38	40	42	44	46	48

Camisas

Estados Unidos	14	14 ½	15	15 ½	16	16 ½
Europa	36	37	38	39	40	41

Zapatos para hombres

Estados Unidos	8	8 ½	9 ½	10 ½	11 ½	12
Europa	41	42	43	44	45	46

Zapatos para mujeres

Estados Unidos	6	6 ½	7	7 ½	8	8 ½
Europa	38	38	39	39	40	41

Several suffixes may be added to nouns and names to indicate small size, or as terms of endearment.

-ito/a	un regalo ➡ un regalito	Rosa ➡ Rosita	
-ico/a	una chiquita ➡ una chiquitica	Roberto ➡ Robertico	
-cito/a	una flor ➡ una florcita	Carmen ➡ Carmencita	
-illo/a	una ventana ➡ una ventanilla	Juan ➡ Juanillo	

Sometimes the suffix *-illo/a* changes the meaning of a word.

zapato (shoe) ➡ *zapatilla* (slipper)
paso (pass) ➡ *pasillo* (hallway)
bolso (bag) ➡ *bolsillo* (pocket)
manteca (fat) ➡ *mantequilla* (butter)
bocado (mouthful) ➡ *bocadillo* (sandwich, snack)
manta (blanket) ➡ *mantilla* (headcover for women)
planta (sole of the foot) ➡ *plantilla* (insole, inside sole of a shoe)

Estructura

Los aumentativos

Several suffixes are added to nouns to indicate a large size:

-ón, -ona	*un zapato*	➡	*un zapatón*
-azo/a	*un perro*	➡	*un perrazo*
-ote/a	*un lazo*	➡	*un lazote*

Sometimes by adding one of these suffixes a feminine word becomes masculine and there is a slight difference in meaning.

una taza (a cup)	➡	*un tazón* (a bowl)
una silla (a chair)	➡	*un sillón* (an armchair)
una camisa (a shirt)	➡	*un camisón* (a nightshirt or nightgown)

4. **¿Grandote o chiquitito? Divida los siguientes nombres y escríbalos en dos columnas, grandes y chiquitos, añadiendo al lado la palabra original: rebajita, librazo, silloncito, chaquetón, collarcito, cuellito, muchachón, vestidillo, abrigote, gatico, orejonas.**

¿Cuál es su talla?

5. **De compras.** Con otro/a estudiante, prepare un diálogo para presentar en clase, en el cual Ud. va a comprar un artículo cualquiera de entre los siguientes, pero al fin el dependiente le vende otro de los ilustrados. Tome el diálogo de Jaime como modelo.

chaleco de lana

pañuelo de seda

cinturón de cuero

zapatillas de ballet

chaqueta impermeable

pijamas a rayas

pañuelito con encaje

medias de algodón

ropa interior

falda estampada con florecitas

NOSOTRAS Boutique

PRIMERA VENTA ANUAL
Todo el mes de febrero

20% - 50% DESCUENTO *

Precios Reg. $25 - $450
TALLAS 3 - 24
Ave. Winston Churchill #138
El Señorial. Tel. 751-5615
* Mercancía así marcada

6. **No quiero nada más, gracias.** Con otro/a estudiante, prepare un diálogo para presentar a la clase. El cliente compra algo y el vendedor insiste en que el cliente compre alguna cosa más. El cliente le dice que no y va a la caja. Paga en efectivo o con tarjeta de crédito. Recibe su cambio o firma su recibo y le da las gracias.

7. **Dígame dónde.** Con otro/a estudiante, prepare cuatro diálogos breves para presentar a la clase, en los cuales Ud. pide información sobre algunos almacenes, como por ejemplo, dónde quedan, a qué hora abren o cierran, qué días hay rebajas, cuáles empleados son amables o cuánto cuesta allí un pañuelo de seda o un paraguas, o si tienen tallas especiales para personas gruesas o altas.

Vocabulario

a rayas striped
el **balboa** Panamanian currency
el **billete** bill (money)
la **bufanda** scarf
el **camisón** nightgown
la **cinta** ribbon
claro,-a light
el **color entero** solid (single) color
darse por vencido to give up, to surrender

el **encaje** lace
estampado,-a print, printed
hacer juego to match
el **impermeable** raincoat
el **lazo** bow
llevarse to take with
marino,-a marine, of the sea; *azul marino* navy blue
morado,-a purple
las **pantimedias** pantyhose

la **rebaja** reduction, discount
rebajado,-a reduced
la **sandalia** sandal
servirse (ie, i) to serve oneself; *Sírvase.* Please help yourself.
el **tacón** heel (of shoe); *tacones altos* high heels
la **talla** size
violeta violet
la **zapatilla de ballet** ballet slippers

¡Qué bien te queda!

La sociedad venezolana es muy aficionada° a las fiestas formales, especialmente las clases sociales altas. Los muchachos de clase acomodada,° generalmente se visten de traje de etiqueta° y las muchachas de largo° para las fiestas, desde los quince o dieciséis años. Los muchachos a veces van a un sastre° para que les hagan un smoking° a la medida° y otras veces prefieren alquilarlo. Jorge y Gerardo deciden alquilar su smoking para la fiesta de cumpleaños de Georgina, la novia de Jorge, que va a celebrarse en un club caraqueño.°

fond
wealthy class
tuxedo/ full-length
evening dress/ tailor
dinner jacket/
custom-made

from Caracas

VENDEDOR:	*(a Jorge)* Este es un modelo de última moda, con chaleco blanco. El probador° está ahí a la izquierda. *(Volviéndose hacia Gerardo)* Déjeme tomarle las medidas.°
GERARDO:	No me gusta el chaleco blanco con solapa° y botones negros. Tampoco me gusta que el bolsillo° se vea tanto.
VENDEDOR:	Muy bien, le traeré uno más tradicional.
JORGE:	¿Qué les parece? ¿Cómo me queda?
GERARDO:	Los pantalones te quedan cortos. *(riéndose)* ¡Parece que vas a pescar!
JORGE:	¿Y qué tal lo demás? La verdad es que no me gusta mucho la corbata de lacito.
GERARDO:	La chaqueta te queda un poco apretada y las mangas° son tan largas que la camisa no se ve.
VENDEDOR:	Aquí tiene un modelo muy elegante, en su talla. Es el único que me queda.
JORGE:	Ahora me va a tocar reír a mí.
VENDEDOR:	Pruébese este otro. Está nuevo, acaba de llegar.
GERARDO:	¿Me puede traer otra camisa? Esta es muy estrecha° y el cuello° me aprieta un poco.
VENDEDOR:	En seguida. *(a Jorge)* Ah, ése sí que le queda perfecto. Muy elegante....
GERARDO:	Ese sí, Jorge. Luces muy bien en traje de etiqueta. ¿Y qué te parece el mío?
JORGE:	Deja ver.... Da la vuelta.... La chaqueta te queda un poquito ancha,° pero está bien. Pruébate este corbatín° blanco.
GERARDO:	Sí, tienes razón. Me queda cómoda y luce mucho mejor. Bueno, ¡al fin hemos resuelto el gran problema!
JORGE:	¿Me acompañas ahora a comprar el regalo de Georgina?

Right margin glosses:
dressing room
measurements
lapel
pocket
sleeves
narrow
collar
loose/ formal tie

¿Qué comprendió Ud.?

1. ¿Para qué necesitan Jorge y Gerardo vestirse de etiqueta?
2. ¿Dónde se prueban el smoking?
3. ¿De qué color son las solapas y los botones del chaleco de Gerardo?
4. ¿Cómo le quedan los pantalones a Jorge?
5. ¿Por qué se ríe Gerardo?
6. ¿Le queda bien la chaqueta a Jorge?
7. ¿Le queda ancha la camisa a Gerardo?
8. Y el cuello de la camisa, ¿le queda bien?

A propósito

Palabras que causan problemas

Hay palabras que causan problemas porque son cognados falsos o porque tienen varios significados. **Collar** es un cognado falso. Significa *necklace*, como en **collar de perlas**. **Cuello** significa *neck*, generalmente de persona, y también *collar*, como en *shirt collar*. Otra palabra que causa problemas es **volver** porque tiene varios significados y está relacionada con varias expresiones. Compare: **volver** *(to go or to come back)*, **volver a** *(to do again)*, **volverse hacia** *(to turn towards)*, **dar una vuelta** *(to go for a walk or ride)*, **dar la vuelta** *(to turn around, to come back)*, **dar vueltas** *(to turn, to rotate)*, **el vuelto** *(change from a larger bill)*.

¿Le gusta vestir con elegancia?

Charlando

1. ¿Le gustan las grandes fiestas o las fiestas informales? ¿Por qué?
2. Para Ud., ¿qué quiere decir "vestir con elegancia"?
3. ¿Le gusta llevar corbata/ tacones altos?
4. ¿Ha alquilado ropa alguna vez? ¿Cuándo?
5. ¿Qué ventajas tiene la ropa a la medida?
6. ¿Se ha puesto un smoking/ un vestido largo alguna vez? ¿Cuándo?
7. ¿Qué cree que es mejor, la ropa de última moda o la tradicional?

A propósito

Caracas, Venezuela

Venezuela está situada al norte de América del Sur, sobre el Mar Caribe. Caracas, la capital, está sólo a cuatro horas y media de vuelo desde Nueva York. Es una ciudad moderna, elegante, con casi cinco millones de habitantes. La arquitectura, los centros comerciales, las boutiques, los restaurantes internacionales y clubes nocturnos *(nightclubs)* muestran la influencia de los Estados Unidos y de los petrodólares *(wealth generated by the sale of oil)*. Pero es también una ciudad de contrastes, porque esa modernidad está rodeada por gran cantidad de viviendas pobres ubicadas en los cerros *(hills)* que miran hacia el sector moderno de la ciudad. El centro es la plaza Bolívar. Simón Bolívar, El Libertador, es el héroe nacional. Caracas tiene un clima ideal, a 3.000 pies de altura en los Andes. Una buena vista de la ciudad se obtiene desde el monte Avila, a 7.000 pies sobre el nivel del mar. Del otro lado de la montaña está la costa del Caribe.

Caracas, Venezuela.

The stressed possessive adjectives, which always follow nouns, can be used as possessive pronouns when they occur in place of a noun. Look at the following:

adjetivos	*pronombres*
*un amigo **mío***	*El gusto es **mío**.*
*el abrigo **tuyo***	*El **tuyo** es azul, pero el **mío** es negro.*
*la casa **suya***	*Esa casa es **suya** (de Ud., de él, de ella, de Uds., de ellos).*
*la fiesta **nuestra***	*La **nuestra** es la semana que viene.*
*los abrigos **vuestros***	*Aquí están **los vuestros**.*
*los libros **suyos***	*Esos libros no son **suyos** (de Ud., de él, de ella, de Uds., de ellos).*

Both possessive adjectives and possessive pronouns agree in gender and in number with the possessed item, not with the possessor.

*Esa **pluma** no es **tuya**.*	That pen is not yours.
*Este **lápiz** es **suyo**.*	This pencil is his/hers/yours (de Ud., de Uds., de ellos).

Possessive pronouns are generally preceded by a definite article. However, a definite article is not required after the verbs *ser* and *parecer*.

*El **mío** es azul, **el suyo** no.*	Mine is blue, hers is not.
*Los **tuyos** son elegantes.*	Yours are elegant.

but:

*El error parece (ser) **mío**.*	The error seems (to be) mine.
*Lo que es **mío**, es **tuyo**.*	Whatever is mine, is yours.

When a very clear distinction needs to be made, the article is used.

*¡Este no es **el mío**!*	This is not the one that belongs to me!
*Este es **el tuyo**.*	This one belongs to you.

1. **¡Qué confusión! Después de una fiesta, siempre hay confusión a la hora de irse. Complete las siguientes oraciones.**

   Modelo: ¿Dónde están mis botas? Estas botas no son _mías_ .

   1. No traje el paraguas. ¿Trajiste tú el _(1)_ ?
   2. El abrigo de Elena es rojo; éste no es el _(2)_ .
   3. Aquí está el de Juan, pero no encontramos los _(3)_ .
   4. ¿De quién es esta bufanda? No sé, no es _(4)_ .
   5. ¿Son estos guantes de Pepe? Sí, son los _(5)_ .
   6. Sólo faltan los de vosotros. ¿De qué color son los _(6)_ ?
   7. Tampoco encuentro los _(7)_ . Son azul marino.
   8. Raúl se llevó una chaqueta que no es la _(8)_ .
   9. Raúl, ¡ésa no es la _(9)_ ! Es la mía.

Más sufijos

Hay varios sufijos que ayudan a convertir adjetivos en nombres. He aquí algunos de ellos: *-ancia* (elegante ➡ elegancia), *-dad* (oscuro ➡ oscuridad), *-ez* (rápido ➡ rápidez), *-eza* (bello ➡ belleza) y *-ura* (loco ➡ locura).

¿Puede Ud. decir de qué adjetivos vienen los siguientes nombres?

naturaleza	blancura	importancia	distancia	delgadez	fortaleza
sequedad	anchura	formalidad	estrechez	novedad	bondad

Todos somos diferentes en este mundo.

2. **Todos somos diferentes.** Hay personas que hacen lo opuesto o prefieren hacer las cosas de manera diferente. Siga las indicaciones y use los pronombres posesivos correctos.

> **Modelo:** Yo no alquilo mi smoking. (Gerardo)
> Gerardo alquila el suyo.

1. A Georgina le gusta su vestido largo. (Lolita)
2. Rogelio nunca pierde los guantes. (yo)
3. A Pepe no le queda bien su traje nuevo. (tú)
4. Juan Carlos compra sus camisas de manga larga. (Enrique)
5. Gerardo prefiere sus camisas sin bolsillos. (Luis)
6. A Jorge no le importa que sus pantalones sean estrechos. (Carlos)
7. Todos se hicieron el traje a la medida. (Roberto)
8. La chaqueta me queda ancha (tú).
9. Los zapatos de Alicia son estrechos. (de nosotros)

3. **¿De quién es?** Con otro/a estudiante, prepare un diálogo tomando cinco objetos que Ud. tenga (como por ejemplo, lápiz, pluma, libro, cuaderno, dinero, corbata, suéter, zapato, cinturón, monedero) y pregúntele a él o a ella si es suyo/a. La otra persona debe contestar, usando un pronombre posesivo.

   Modelo: ¿Es tuyo este lápiz?
   No, el mío es negro.

Jorge y Gerardo van a la joyería

JORGE: ¿Me acompañas a comprar el regalo de Georgina?

GERARDO: Desde luego, chico, pero con tal de que° volvamos antes de las cinco. ¿Vas a comprarle el anillo° ya?   *provided*
    ring

JORGE: No, claro que no. Ya habrá tiempo para eso. No sé si regalarle una pulsera de oro, o quizá de plata, o un collar de perlas.

GERARDO: Oye, las cadenas,° con medallas° o sin medallas, están de última moda....   *chains/ medals*

JORGE: Sí, también pensé en una cadena, a menos que me vaya a costar mucho.

GERARDO: Bueno, ¿y sabes tú lo que vale un collar de perlas de verdad? Aunque estés muy enamorado° de ella..., te va a costar un ojo de la cara.   *in love*

JORGE: Chico, es que quiero darle la sorpresa y comprarle algo bonito sin que ella lo sepa.

GERARDO: Pues yo le voy a regalar a Lolita unos zarcillos° muy hermosos y no me costaron tanto.   *earrings*

JORGE: Sí, ya sé, veinte bolívares.... *(sonriéndose)* Yo te conozco. Pero tú sabes que a mí me gusta hacer las cosas bien o no las hago. Y Georgina y yo....

GERARDO: Sí, sí, ya veo que estás en camino de la iglesia. Lo extraño es que ¡no sé si lo siento por ti, tan joven para tener tanta responsabilidad, o si de veras me das envidia!

A propósito

Zarcillos y aretes

Zarcillos es la palabra usada en Venezuela para **aretes.** En Puerto Rico se les dice **pantallas** y en el Río de la Plata, **caravanas.** En España se les llama **pendientes** (generalmente largos), además de aretes y zarcillos. Según su forma, también pueden ser **aros** o **dormilonas.**

¿Qué comprendió Ud.?

1. ¿Qué piensa primero regalarle Jorge a su novia?
2. ¿Qué le sugiere Gerardo?
3. ¿Adónde van a ir?
4. ¿Qué vale un ojo de la cara?
5. ¿Qué quiere comprarle Jorge a Georgina?
6. ¿Qué va a regalarle Gerardo a su novia?
7. ¿Es un regalo caro?
8. ¿Cuál es la diferencia entre Jorge y Gerardo?
9. ¿Cuánto dice Jorge, bromeando, que Gerardo pagó por el regalo de Lolita?

Las flores son un buen regalo.

Charlando

1. ¿Le gusta a Ud. hacer buenos regalos?
2. ¿Qué regala Ud. con más frecuencia?
3. ¿Le compra flores Ud. alguna vez a una chica o a un chico?
4. ¿Hace regalos a menudo o prefiere ahorrar dinero?
5. ¿Con quién va Ud. de compras?
6. ¿Qué le regalan sus amigos?

A propósito

Palabras cariñosas

Entre amigos es común usar para afirmar, insistir o negar, en lugar del nombre de la persona con quien se habla, expresiones como **chico/a, muchacho/a.** Hay otras palabras que se usan de esta misma manera: **hombre, mujer, hijito/a** y **mi hijo/a.** Recuerde que en la familia también se usan **querido/a** *(dear)*, (mi) **cariño,** (mi) **amor** *(love)*, y (mi) **corazón** *(darling or honey)*.

Pues **chico,** lo siento.	*I'm sorry, pal.*
Claro que sí, **hombre.**	*But of course, buddy!*
No, **mujer,** no es verdad.	*No, my dear, it's not true.*
¡Qué va, **mi hija/ hija mía!**	*No way, (dear)!*
Sí, **(mi) cariño,** desde luego.	*Yes, love, of course.*
¿Adónde vas, **corazón**?	*Where are you going, darling?*

Hombre se usa también a veces como equivalente de **¡Caramba!**, especialmente en España: **¡Hombre,** se me olvidó! *(Gee, I forgot!)*

4. **El exigente.** Suponga que alguien que Ud. quiere mucho es muy exigente. Conteste con cariño que sí o que no a sus preguntas.

> **Modelo:** Corazón, ¿te acordaste de comprar leche?
> Sí, mi amor, aquí está.

1. ¿Me trajiste el periódico?
2. ¿Me vas a llevar al cine?
3. ¿Te comiste todo el helado?
4. Vas a ir conmigo, ¿verdad?
5. ¿Rompiste el espejo?
6. ¿Compraste los boletos?
7. ¿Le diste de comer al gato?
8. ¿Cerraste la puerta con llave?
9. ¿Pusiste la leche en el refrigerador?
10. ¿Te acordaste de llamar a tu tía?

Estructura

Más acerca del subjuntivo en cláusulas adverbiales

You may recall that the subjunctive is required after *a fin de que* (in order to, so that) and *para que* (in order that, so that). Three additional conjunctions that require the subjunctive are *a menos que* (unless), *con tal de que* (provided) and *sin que* (without). Look at the following:

Aunque llueve, iremos de compras.

A menos que tú vayas, yo no iré.	I won't go unless you go.
Vete si quieres, *con tal de que* vuelvas.	Go if you wish, provided you come back.
Quiero comprárselo *sin que* ella lo sepa.	I want to buy it for her without her knowing about it.

The conjunction *aunque* on the other hand, may be followed by the indicative or by the subjunctive, depending on the circumstances. For example, *aunque* requires the subjunctive when there is uncertainty whether an event will take place.

Aunque llueve, iré.	Even though it's raining, I'll go. (The speaker notes that it is raining now.)
Aunque llueva, iré.	Even if it rains, I'll go. Even though it might rain, I'll go. (The speaker is unsure whether it will rain.)

5. **Prométemelo. Imagine que su mejor amigo/a va a irse de viaje. Complete los mensajes siguientes.**

  Modelo: Que no pase una semana sin que me <u>escribas</u> .
    (escribir)

1. Aunque no <u>(1)</u> una carta larga, escríbeme. (ser)
2. Yo te escribiré con tal de que tú me <u>(2)</u> . (contestar)
3. Para que <u>(3)</u> la carta el sábado, te escribo hoy. (recibir)
4. ¿Te vas a acordar de mi cumpleaños sin que nadie te lo <u>(4)</u> ? (recordar)
5. A menos que tú me lo <u>(5)</u> , no se lo diré a nadie. (pedir)
6. Te escribo sólo una nota a fin de que te <u>(6)</u> a tiempo. (llegar)
7. Ya debes saberlo sin que yo te lo <u>(7)</u> . (decir)
8. Para que yo te <u>(8)</u> una foto mía, tú tienes que enviarme una tuya. (enviar)
9. Escríbeme esta noche, a menos que <u>(9)</u> mañana. (regresar)

Te lo diré con tal de
que no se lo digas a nadie.

6. **Cuestión de lógica.** **Usando la lógica,
complete las siguientes oraciones.**

    Modelo: Te lo diré con tal de que....
                Te lo diré con tal de que no se lo digas a nadie.

1. No me vestiré de etiqueta a menos que tú....
2. Lleva este corbatín para que....
3. Tienes que ir al sastre para que....
4. No puedes hacerte un traje sin que el sastre te....
5. Voy a llevarme éste aunque....
6. Pruébate el chaleco blanco a fin de que....
7. Se lo rebajo con tal de que....
8. Me lo llevo, a menos que....

En la joyería.

7. **En el probador.** Con otro/a estudiante, prepare el siguiente diálogo: Ud. se prueba una chaqueta que le queda ancha o estrecha, grande o pequeña, muy corta o muy larga. Ud. le pide otras al vendedor hasta que encuentre una que le quede bien.

8. **En la joyería.** Con otro/a estudiante, prepare un diálogo en el que Ud. es un vendedor o una vendedora tratando de convencer a un cliente para que compre un anillo de oro. El cliente pide primero unos aretes, después una medalla y luego, una pulsera de plata.

Vocabulario

acomodado,-a rich, wealthy
aficionado,-a fond
ancho,-a wide, loose
el **anillo** ring
el **bolsillo** pocket
la **cadena** chain
caraqueño,-a from Caracas, Venezuela
con tal (de) que provided that

el **corbatín** formal tie
el **cuello** collar
enamorado,-a in love
estrecho,-a narrow
la **etiqueta** ceremony, etiquette; *traje de etiqueta* tuxedo
largo,-a long; *(vestido) de largo* full-length evening dress

la **manga** sleeve
la **medalla** medal
la **medida** measurement; *a la medida* custom made
la **perla** pearl
el **probador** dressing room
el **sastre** tailor
el **smoking** dinner jacket
la **solapa** lapel
el **zarcillo** earring

¿Qué le regalamos a la abuela?

Nos encontramos ahora con unos chicos colombianos que están tratando de decidir qué comprarle a la abuela por su cumpleaños. Ellos han ahorrado algún dinero y la mamá les ha dado un poco más para que puedan comprar un regalo mejor.

TOMAS: Pues yo sugiero que le compremos una cartera y unos zapatos que hagan juego. Y si no nos gastamos° todo el dinero, ¿qué les parece si le compramos un monedero° o un perfume, y se lo ponemos dentro de la cartera?

°spend
°coin purse

LAURA: No es mala idea. Pero ella pasa la mayor parte del tiempo en casa y me gustaría regalarle algo para la casa.

DIEGO: Tú querrás decir algo para usar en la casa, ¿no? Porque yo quiero comprarle algo para ella, para su persona y su propio uso....

LAURA: Sí, desde luego. Bueno, entonces... a menos que tú, Tomás, no estés de acuerdo, vamos a pensar en algo que ella disfrute en casa, con nosotros.

TOMAS: A mí me parece muy bien. ¿Qué les parecería un camisón largo y una bata de casa elegante, una que ella no se compraría para no gastar tanto?

DIEGO: ¿Saben Uds. qué talla le queda bien?

LAURA: Creo que para vestidos usa la 34, la misma talla que mamá.

TOMAS: El año pasado yo le regalé un suéter de tamaño mediano y le sirvió.

DIEGO: Podríamos regalarle además unas zapatillas de casa, bien lindas. Laura, ¿sabes tú qué número calza?° *wears*

LAURA: No, no estoy segura, pero puedo averiguarlo. Podríamos comprarle unas zapatillas rosadas o azules, del mismo color de la bata, con un poco de tacón, como a ella le gustan. ¡Uds. saben lo presumida° que ella es! *very concerned about her personal appearance*

TOMAS: Aunque no quiero cambiar los planes de Uds., tal vez deberíamos comprarle algo para salir. Ella no está muy contenta de cumplir° los sesenta y va a parecerle que la estamos tratando como a una anciana.° *attain* *old woman*

LAURA: Pero, mira, eso es según el estilo de lo que compremos. Y yo me ocupo de eso.° No se preocupen, muchachos, le conseguiré algo muy elegante. Lo único que tienen que hacer es contribuir. ¡A menos que alguien quiera venir de compras conmigo! *I'll take care of that*

DIEGO: Caramba, ¿se acuerdan Uds. que el mes que viene es mi cumpleaños? Ya pueden empezar a pensar. ¡Qué alivio!° Entonces yo no tendré que hacer nada, ¡nada más que recibir los regalos! *relief*

¿Qué comprendió Ud.?

1. ¿Que sugiere Tomás primero?
2. ¿Qué más quiere comprar si no gastan todo el dinero?
3. ¿Por qué tiene Laura otra opinión?
4. ¿Qué deciden regalarle?
5. ¿De qué color?
6. ¿Cuál es su talla?
7. ¿Qué tamaño de suéter lleva?
8. ¿Qué número de zapatos calza?
9. ¿Cómo le gustan a la abuela los zapatos?

Charlando

1. ¿Cómo compran los regalos en su familia?
2. ¿Es difícil ponerse de acuerdo? ¿Por qué?
3. ¿Qué tipo de regalos son populares en su familia?
4. ¿Le gustan a Ud. los regalos permanentes, que quedan, o aquéllos que desaparecen, como unas flores o una invitación a bailar?
5. Si le regalan ropa, ¿a menudo tiene que ir a la tienda a cambiarla?

Colombia

Santa Fe de Bogotá, la capital, está ubicada a lo largo de una gran sabana, a 8.530 pies de altura sobre el nivel del mar, en la región central de la Cordillera de los Andes. Con más de cinco millones de habitantes, es hoy una gran ciudad donde abundan los contrastes y donde se combinan barrios coloniales de la herencia española, con elegantes y modernos edificios de apartamentos y de oficinas. Colombia es un país de buen ritmo de desarrollo económico y muchas riquezas naturales. Produce el café reputado como el más suave del mundo, su mayor producto de exportación, además de petróleo, carbón, esmeraldas, bananas y flores. Las principales ciudades del país y, a la vez, importantes centros de desarrollo son Medellín, Cali, Barranquilla y Cartagena. Esta última es considerada como uno de los más importantes lugares turísticos internacionales del área del Caribe.

En esta foto se ve el funicular en el cerro de Monserrate y al fondo se ve la ciudad de Santa Fe de Bogotá.

To answer the question *how?* referring to an action, an adverb is necessary. Add the suffix *-mente* to an adjective to make it into an adverb.

elegante ➡ *elegantemente amable* ➡ *amablemente natural* ➡ *naturalmente*

If the adjective has masculine and feminine forms (that is, if it does not end in *-e* or in a consonant), *-mente* is attached to the feminine form.

rápido ➡ *rápidamente cariñoso* ➡ *cariñosamente tonto* ➡ *tontamente*

Note that adjectives keep their accent marks when adding *-mente*.

fácilmente   últimamente   difícilmente   inútilmente

1. **Cuéntame cómo fue. Describa cómo Diego, Tomás y Laura decidieron qué regalo comprarle a la abuela. Escoja de la lista el adjetivo apropiado y añádale la terminación *-mente* para completar cada oración.**

largo	tímido	personal
cuidadoso	cómodo	calmado
alegre	separado	inteligente

Modelo: inteligente: Los chicos decidieron <u>inteligentemente</u>.

1. No tuvieron que discutir <u>(1)</u> .
2. Dejaron <u>(2)</u> que Laura comprara los regalos.
3. Los chicos no fueron <u>(3)</u> a comprarlos.
4. Ellos pensaron <u>(4)</u> en lo que iban a regalarle.
5. No expresaron sus opiniones <u>(5)</u> .
6. Todos hablaron <u>(6)</u> .
7. No querían hacerle regalos <u>(7)</u> .
8. Iban a celebrar el cumpleaños <u>(8)</u> .

Estructura

Infinitivos y participios

An infinitive preceded by a preposition is often used to answer the question "when" or "how."

*El niño se cayó **al cruzar** la calle.*   The child fell **(upon) crossing** the street.

*Ella salió **sin comer**.*   She left **without eating.**

*María siguió **hasta terminar**.*   María continued **until finishing.**

María siguió hasta terminar.

A present participle is often used to answer the question "how" or "what."

Juan llegó **corriendo**.   Juan came **running**.
Siguió **lloviendo** todo el día.   It continued **raining** all day.

Note that in Spanish when body position or condition is indicated, the past participle is used, and it agrees with the subject.

Ella lee el periódico **acostada**.   She reads the paper **lying down**.
Luis escribe **sentado** en el suelo.   Luis writes **sitting** on the floor.

2. **¿Cómo lo hace? Describa o explique las siguientes acciones con la palabra correcta.**

> **Modelo:** Nora me acabó de <u>pagar</u> el dinero.
>   a. pagado   b. pagar   c. pagando

1. El se fue sin <u>(1)</u> nada.
      a. comprar   b. comprando   c. comprado
2. Lola llegó a casa <u>(2)</u>.
      a. preocupando   b. preocupada   c. preocupar
3. Paco salió muy <u>(3)</u>.
      a. apurado   b. apurando   c. apurar
4. No haces nada con <u>(4)</u> por lo que has hecho.
      a. llorando   b. llorado   c. llorar
5. Piensa bien antes de <u>(5)</u>.
      a. decidir   b. decidido   c. decidiendo

6. Elena siempre trabaja _(6)_.
   a. cantado   b. cantar   c. cantando

7. Me gusta ver televisión _(7)_ en la cama.
   a. acostar   b. acostando   c. acostado

8. Marilú sólo piensa en _(8)_ dinero.
   a. gastado   b. gastar   c. gastando

9. Juan sigue _(9)_ en el anillo para Lucía.
   a. pensando   b. pensado   c. pensar

10. Me quedé estudiando _(10)_ en el suelo.
    a. sentado   b. sentar   c. sentando

3. **¿Cómo lo prefiere Ud. hacer? Diga cómo prefiere hacer las siguientes actividades. Alterne con otro/a estudiante en preguntar y contestar.**

     Modelos: estudiar/ oír la radio
               ¿Cómo (o dónde) te gusta estudiar?
               Me gusta estudiar oyendo la radio.

Me gusta estudiar oyendo la radio, acostado en la cama.

     ¿Cómo (o dónde) te gusta estudiar?
     Me gusta estudiar acostado/a en la cama.

1. comer/ sentar a la mesa
2. leer una revista/ esperar mi turno
3. limpiar mi cuarto/ cantar
4. pensar / acostar en el sofá
5. competir/ hacer un gran esfuerzo
6. divertirse/ bailar
7. esperar/ sentar cómodamente
8. ir de compras/ tener mucho dinero
9. correr/ dar vueltas al parque
10. invitar a tus amigos/ llamar por teléfono

¿Tienes algo para la tintorería?°

cleaner's

TERE: Bueno, me voy. ¿Tienen algo para la tintorería?

RITA: Ay, sí, un conjunto° verde de lana que quiero ponerme el   *woman's suit*
sábado. Déjame ir a buscarlo.

TERE: Y tú, Carlos, ¿no tienes nada?

CARLOS: Si me pudieras hacer el favor, tengo una gabardina° que   *waterproof coat*
manché° anoche con no sé qué.... Si me la llevas a la   *stained*
lavandería° y se la muestras, quizá puedan quitarle la   *laundry*
mancha.°   *spot*

TERE: Dámela, yo se lo diré. ¿Para cuándo la quieres?

CARLOS: Diles que me la tengan lista para el jueves. Mira, llévame a
la tintorería esta chompa° roja y este gabán° también, si   *sweater/ short coat*
puedes.

TERE: ¿Nada más?

RITA: Aquí está el conjunto de lana. Recógeme el vestido de tela
estampada, si no te importa. Este es el comprobante.°   *claim ticket*

TERE: No, ¡tanto me da!° Voy a ir de todas maneras.°   *it doesn't matter/ anyway*

CARLOS: Oye, ¿es verdad que el hermano de Carolina trabaja ahí
tiempo completo?°   *full time*

TERE: Sí, desde hace dos semanas. Quiere ahorrar dinero para irse
de viaje a una isla en el Caribe.

RITA: ¡Pues, caramba, no sabía que estabas tan bien informada!
Mira, dame el comprobante y recógeme el conjunto mañana,
que no estoy apurada, y así puedes volver otra vez....

TERE: Ay, Rita, ¡qué buena hermana eres!

¿Qué comprendió Ud.?

1. ¿Qué va a buscar Rita?
2. ¿Adónde lo va a llevar Tere?
3. Y Carlos, ¿no tiene nada para llevar a la lavandería?
4. ¿Qué le pide él?
5. ¿Para cuándo la quiere?
6. ¿Qué más le da Rita a Tere?
7. ¿Qué le pide a Tere?
8. ¿Por qué no le importa a Tere?

Charlando

1. ¿Para cuántas personas lleva Ud. ropa a la tintorería?
2. ¿Cuántas veces al mes lleva Ud. ropa a la tintorería?
3. ¿Ha perdido Ud. el comprobante alguna vez? ¿Qué pasó?
4. ¿Cuánto tiempo necesita su tintorería para tener algo listo?
5. ¿Su tintorería le quita manchas a la ropa?
6. ¿Conoce Ud. a las personas que trabajan en la tintorería o en la lavandería?

4. **En la tintorería.** Con otro/a estudiante, prepare un diálogo en el cual Ud. lleva un vestido o un traje a la tintorería, le dice al dependiente para cuándo lo necesita y le pide que le quite una mancha del bolsillo izquierdo.

5. **¡Ay, perdí el comprobante!** Imagine que Ud. perdió el comprobante y que va a la tintorería a recoger un vestido, una chaqueta y una camisa. Describa la ropa al dependiente para que él pueda encontrarla.

Vocabulario

el **alivio** relief
anciano,-a old; *el anciano* old man; *la anciana* old woman
calzar to wear (shoes)
la **chompa** sweater (South America)
completo,-a complete; *tiempo completo* full time
el **comprobante** claim ticket
el **conjunto** woman's suit

cumplir to attain; *cumplir años* to have a birthday
de todas maneras anyway
el **gabán** overcoat
la **gabardina** waterproof coat
gastar to spend
la **lavandería** laundry
la **mancha** spot, stain
manchado,-a stained
manchar to stain
el **monedero** coin purse

ocuparse de to take care of
el **perfume** perfume
presumido,-a very concerned about personal appearance, vain
la **tintorería** cleaner's
¡Tanto me da! It doesn't matter. I couldn't care less.

¡La práctica hace al maestro!

En parejas

A. Describan cómo se visten y cómo se peinan sus mejores amigos (o primos), preferiblemente que no sean de la misma escuela.

> **Modelo:** Felipe tiene el pelo corto y castaño. Siempre se pone jeans con camisas de manga corta.

B. Suponga que Ud. y su novio/a han tenido una pelea. Esta vez Ud. pone condiciones. Escoja cuatro condiciones que Ud. pondría, usando expresiones como *con tal que, a menos que, sin que* y *hasta que*.

> **Modelo:** No salgo contigo hasta que no me hayas pedido perdón o me hayas dado una excusa aceptable.

C. Durante esta discusión, traten de explicar su conducta como una reacción. Cada uno de Uds. debe dar tres excusas.

> **Modelo:** Si me hubieras llamado, no te habría tenido que esperar por media hora.

En grupos

D. En grupos de cuatro estudiantes, creen una conversación en la que dos hermanos/as van de compras con la mamá y el vendedor les trae algo que la mamá no aprueba. Sigan la conversación hasta llegar a una decisión, cualquiera que ésta sea. El modelo es sólo una sugerencia que no se debe copiar. Sea imaginativo/a.

> **Modelo:** El vendedor defiende su selección diciendo que es la última moda. Uno de los chicos decide probárselo. El otro (o la otra) cree que no le queda bien. La mamá dice que no es elegante.

E. Desfile de modas. Cinco estudiantes, actuando como diseñadores *(designers)* escogen cinco estudiantes para un desfile de modas. Con una pluma como si fuera un micrófono, describa cada uno la ropa que lleva el/la estudiante (que mientras tanto debe caminar despacio en frente de los demás).

> **Modelo:** Y aquí viene Gabriela con un suéter de manga corta, color violeta, y una falda negra. Lleva un collar de perlas y unos aretes que hacen juego. Calza unas sandalias negras, de tacón mediano, con un lazo en el frente.

A escribir

Imagine que es Navidad, y debajo del arbolito Ud. encuentra muchos regalos: ropa, joyas, y otros objetos tales como monederos, carteras, llaveros, perfumes, pañuelos, paraguas y corbatas. Escriba una composición diciendo primero, como introducción, dónde está o qué hora es. Describa después los regalos. Termine con una expresión que muestre su reacción emocional en ese momento.

La Alhambra, Granada.

Introducción

Don Juan Manuel (1282-1348) era un príncipe *(prince)*, sobrino del rey Alfonso el Sabio *(the Wise)*. Vivió en la corte y fue uno de los nobles más poderosos de su tiempo. Estuvo aliado *(was allied)* por un tiempo con el rey moro de Granada. Siguió la tradición española de su época de ser soldado *(soldier)* y poeta. Escribió en su lengua nativa, el español, en una época en la que muchas personas de cultura escribían todavía en latín. Los cuentos de *El conde Lucanor*, también llamado *Libro de Patronio*, tienen el propósito de enseñar al mismo tiempo que divertir. Por estos años los moros vivían en España y muchos de estos cuentos tienen influencia árabe. La estructura de los 51 cuentos del libro es uniforme: El conde Lucanor presenta una cuestión a su sabio consejero Patronio. Son lecciones morales, ejemplos de buen juicio que celebran el uso de la inteligencia. Es interesante anotar que uno de sus cuentos, el del joven "que se casó con una mujer muy fuerte y muy brava", es el mismo usado por William Shakespeare en *La fierecilla domada (Taming of the Shrew)*, unos 250 años más tarde.

Conteste las siguientes preguntas como preparación para la lectura.

1. ¿Le han querido vender algo alguna vez que fuera un engaño? Cuente la ocasión y diga si compró o no.
2. La base del engaño es generalmente un hecho que tenemos deseos de creer porque nos favorece de algún modo. Piense en dos de las razones más comunes de ese tipo como, por ejemplo, que vamos a ser más atractivos si fumamos los cigarrillos *X*.
3. De una mirada rápida a la lectura, busque unos versos que parezcan un proverbio.
4. Busque rápidamente diez palabras que tengan cognados en inglés.
5. Busque en la historia palabras de la misma familia que éstas que Ud. ya conoce.
6. ¿Por qué cree Ud. que la historia usa la forma de *vosotros*?

De lo que le sucedió a un rey con los burladores° que hicieron el paño:° Don Juan Manuel

tricksters/ fabric

El conde Lucanor hablaba con Patronio, su consejero,° y le dijo:

adviser

—Patronio, un hombre me ha venido a proponer una cosa muy importante y que dice me conviene mucho, pero me pide que no lo diga a ninguna persona aunque confíe mucho en ella y me encarece° tanto que guarde el secreto, que me asegura que si lo digo toda mi hacienda° y hasta mi vida estarán en peligro. Como sé que nadie os podrá decir nada sin que sepáis si es verdad o no, os ruego que me digáis lo que os parece de esto.

insists

estate

—Señor conde Lucanor —respondió Patronio—, para que veáis lo que, según mi parecer,° os conviene más, me gustaría que supiérais lo que le sucedió a un rey con tres burladores que fueron a verle.

opinion

El conde le preguntó qué le había pasado.

—Señor conde Lucanor —dijo Patronio—, tres burladores fueron a ver a un rey y le dijeron que eran maestros en hacer paños muy hermosos y que, especialmente hacían uno que sólo podía ser visto por aquel que fuera hijo del padre que todos consideraban que era su padre, pero que no podía verlo aquel que no lo fuera. Al rey le agradó mucho esto, pues pensó que por tal medio podría saber quiénes eran hijos de los que aparecían como sus padres y quiénes no, y de este modo aumentar sus bienes° ya que los moros no heredan° nada de su padre si no son verdaderamente sus hijos.

wealth

inherit

El rey mandó que les diesen una casa para hacer el paño.

Ellos le dijeron al rey que para que se viera que no le querían engañar que podía encerrarlos° en aquella casa hasta que el paño

lock them up

estuviese acabado. Esto también agradó mucho al rey, que los mandó encerrar en la casa después de haberles dado todo el oro, plata, seda y dinero que necesitaban para hacer el paño.

Ellos pusieron sus telares° y hacían como si se pasaran el tiempo tejiendo.° A los pocos días fue uno de ellos a decirle al rey que ya habían empezado a tejer el paño y que era el más hermoso del mundo; le dijo también al rey con qué dibujos y labores° lo estaban haciendo y le pidió que fuera a verlo, rogándole que fuese solo. Al rey le pareció muy bien todo ello.

Queriendo hacer antes la prueba° con otro, mandó el rey a uno de sus servidores para que viese el paño, pero sin pedirle que le dijera luego la verdad. Cuando el servidor vio a los tejedores° y oyó lo que decían del paño no se atrevió a decirle al rey que no lo había visto. Después mandó el rey a otro servidor quien también dijo que había visto el paño.

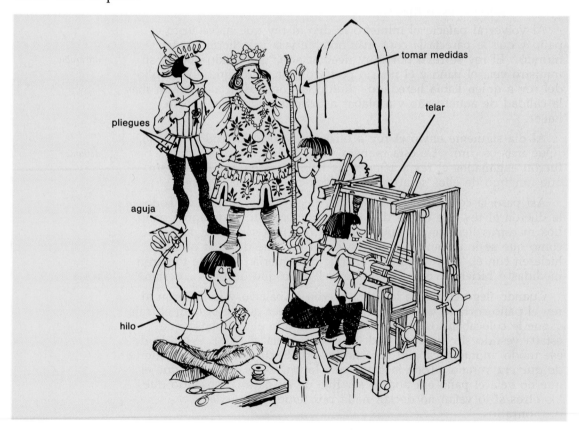

Como había oído decir a todos los que había enviado que habían visto el paño, fue el rey a verlo. Cuando entró en la casa vio que los tres maestros se movían como si tejieran y que le decían: "Ved esta labor. Mirad esta historia. Eso es tal dibujo, esto es tal color". Aunque los tres estaban de acuerdo en lo que decían la verdad es que no tejían nada. Cuando el rey vio que no tejían y que decían cómo era el paño que él no veía y que los otros habían visto se tuvo por muerto, porque creyó que esto le pasaba por no ser hijo del rey, su padre y que por eso no veía el paño, y temió que, si lo decía, perdería el reino. Por lo cual empezó a alabar° el paño y se fijó muy bien en cómo lo describían los tejedores. Cuando volvió al palacio refirió a sus cortesanos° lo bueno y hermoso que era aquel paño y aún les decía qué figuras° habían en él, pero él tenía una gran duda sobre si él sería hijo o no del rey su padre.

praise

courtiers
designs

A los dos o tres días envió el rey a un ministro° para que viera el paño. Antes de que fuera, el rey le contó las maravillas y las cosas que él había visto en el paño. El ministro fue a la casa donde estaban los tejedores.

government official

Cuando entró y vio a los maestros que tejían y que decían las cosas que había en el paño y que el rey las había visto, pensó que él no las veía por no ser hijo de aquel a quien tenía por padre y que si los demás lo llegaban a saber perdería la honra.° Por eso empezó a alabar el paño tanto o más que el rey.

honor

Al volver al palacio el ministro le dijo al rey que había visto el paño y que le parecía la cosa más notable y la más hermosa del mundo. El rey se tuvo por muy desgraciado,° pensando que, si su ministro veía el paño y él no, no podía dudar ya de que no era hijo del rey a quien había heredado. Entonces comenzó a alabar aún más la calidad de aquel paño y a alabar a los que tales cosas sabían hacer.

miserable

Al día siguiente envió el rey a otro ministro y sucedió lo mismo. ¿Qué más os diré? De esta manera y por temor a la deshonra° fueron engañados el rey y los demás habitantes de aquel país, sin que ninguno de ellos se atreviera a decir que no veía el paño.

dishonor

Así pasó la cosa adelante hasta que llegó una gran fiesta. Todos le dijeron al rey que el día de la fiesta debía vestirse de aquel paño. Los maestros llevaron el paño cubierto con una sábana y, haciendo como que se lo daban, le preguntaron al rey qué deseaba que le hiciesen con él. El rey les dijo el traje que quería. Ellos le tomaron medidas e hicieron como si cortaran el paño que después coserían.°

would sew

Cuando llegó el día de la fiesta fueron al palacio y le llevaron al rey el paño cortado y cosido. Le hicieron creer que le ponían el traje y que le colocaban los pliegues. De este modo el rey pensó que estaba vestido sin atreverse a decir que no veía el paño. Vestido de ese modo, montó a caballo para andar por la ciudad. Tuvo la suerte de que era verano. Toda la gente que lo miraba y que sabía que el que no veía el paño era por no ser hijo de su padre, pensando que los otros sí lo veían no decían nada por temor de quedar deshonrados.

Por eso todo el mundo ocultaba° lo que creía que era su secreto. Hasta que un negro que cuidaba el caballo del rey, y que no tenía honra que perder se acercó y le dijo:

hid

—Señor, a mí no me importa que me tengáis por hijo del padre que yo digo que es mi padre, o por hijo de otro; por eso os digo que o yo soy ciego o vos vais desnudo.°

naked

El rey empezó a insultarle, diciéndole que no veía el paño por no ser hijo de quien él creía que era su padre. Cuando lo dijo el negro, otro que lo oyó dijo lo mismo y así lo fueron diciendo todos, hasta que el rey y todos los demás perdieron el miedo a la verdad y entendieron el engaño que les habían hecho. Fueron a buscar a los tejedores y no los hallaron,° pues se habían ido con lo que habían recibido del rey por medio de este engaño.

didn't find

— Vos, señor conde Lucanor, pues ese hombre os pide que no sepa ninguno de aquellos en quienes vos confiáis lo que él os dice, estad seguro de que os quiere engañar, pues debéis comprender que él no tiene más motivos para desear vuestro provecho que los que han vivido con vos y han recibido muchos favores de vuestra mano, y por ello deben querer vuestro bien y servicio.

El conde tuvo este consejo por bueno, obró° según él y le fue muy bien. Y viendo don Juan que éste era buen ejemplo hizo estos versos que dicen así: acted

Al que te aconseja ocultar algo a tus amigos le gusta más engañarte que los higos.

higo

¿Qué comprendió Ud.?

1. ¿Quién es Patronio?
2. ¿Qué hace el conde antes de tomar una decisión?
3. ¿Qué hace Patronio entonces?
4. ¿Por qué lo hace?
5. ¿Qué dicen los maestros tejedores que hacen y quiénes son?
6. ¿Qué cualidad especial tiene el paño?
7. ¿Por qué es eso importante para el rey?
8. ¿Qué piensa el rey cuando no ve el paño?
9. ¿Por qué el ministro no le dice nada al rey?
10. ¿Cuál es la primera persona que le dice la verdad?

Asuntos de lenguaje

1. La terminación *-dor/-dora* indica *el que hace*. Diga tres palabras, mencionadas en la historia, que tengan esta terminación.
2. Hay tres palabras en el vocabulario de las que Ud. conoce otro significado. ¿Cuál es ese otro significado?
   hacienda   parecer   ministro
3. Busque sinónimos para las palabras siguientes:
   sucedió   encarece   (el) parecer   paño
   hermoso   historia   atreverse   sin ropa

A conversar

1. ¿Piensa Ud. que el consejo de Patronio al conde es bueno o no? ¿Por qué?
2. ¿Conocía Ud. ya esta historia en la literatura de otros países? ¿Qué diferencias hay?
3. Casi todas las personas tienen algún miedo secreto, de algo que probablemente no es verdad, pero que no les deja enfrentarse (*face*) con la realidad. ¿Puede pensar en dos casos de los más comunes? Piense en alguien que quiera venderle algo basándose en el miedo como, por ejemplo, los seguros de vida.

Capítulo 10

Mi futuro

- Writing a business letter
- Describing art
- Expressing points of view
- Expressing uncertainty

- Seeking and providing information about careers
- Describing and reporting in the past

- Discussing the future
- Expressing logical conclusions

Buscando trabajo

Se solicitan:°

¡Trabaje en el Museo Nacional del Prado!
Necesitamos dos jóvenes para la librería y
tienda de regalos durante todo el verano.
Requisitos:° Certificado de secundaria,
buena presencia,° buenos modales y buen
conocimiento de números.   Ofrecemos
entrenamiento.° Horario: de 10:00 a 6:00,
cinco días a la semana, incluyendo sábados.
Envíe historial personal° detallado° y foto al
Apartado Postal° 315, Madrid.

wanted

requirements
well groomed

training

résumé/ detailed
Post Office Box

VICENTE: ¿Qué te parece?

MICHELIN: ¡Fantástico! Tienes que escribir en seguida. Las condiciones
de trabajo en el museo no pueden ser mejores. Tendrías
oportunidad de practicar tu inglés y tu francés. Y quizás

pudieras clasificar las fotos de las obras maestras° de los *masterpieces*
grandes pintores° durante tu hora de almuerzo° y tratar de *painters/ lunch*
convencer al museo de que las use como tarjetas postales.
También podrías ir afuera y sacar fotos de turistas que no
hayan traído su cámara....

VICENTE: Sí, y uno de ellos será un millonario norteamericano con
quien voy a firmar un contrato para una agencia de
publicidad° y.... *advertising agency*

MICHELIN: Mira, más vale que vuelvas al mundo real. Debes escribir
una carta al museo hoy mismo.

VICENTE: Tú me vas a ayudar, ¿verdad?

MICHELIN: Desde luego. Mira, ahora mismo. No debes dejarlo para
luego. Estoy segura de que muchos jóvenes querrán trabajar
en el Prado.

VICENTE: Ya estoy listo. Aquí está el papel y el sobre.

MICHELIN: Bueno, empieza por poner la fecha arriba a la derecha. Más
abajo, a la izquierda, pones la dirección del destinatario° y *addressee*
dos líneas más abajo, el saludo.

VICENTE: Como no tengo papel de cartas° con membrete,° ¿dónde *stationery/ letter-*
pongo la dirección del remitente?° *head/ sender*

MICHELIN: Lo correcto es ponerla arriba a la derecha, antes de la fecha.

VICENTE: ¿Qué saludo crees que deba poner? "¿Estimados señores" o
"Muy señores míos?"

MICHELIN: Cualquiera de los dos. Y tienes que decir que estás
solicitando el empleo que anunciaron° en el periódico de *advertised*
hoy.

VICENTE: Tendré que decir algo de lo que yo sé hacer bien y algunas
de mis características personales, ¿no?

MICHELIN: Sí, claro. A ver, ¿qué puedes decir?

VICENTE: Que sé escribir a máquina o en el ordenador,° que soy *word processor*
excelente con los números, que soy puntual, responsable,
que tengo iniciativa y que me llevo bien con todo el mundo.
¿Qué te parece?

MICHELIN: Eso está muy bien. Pero vuelve a leer el anuncio. Tienes que
convencerles de que tú eres la persona ideal para la plaza
vacante.° Y no se te olvide poner tu número de teléfono. Si *vacancy*
lo pones al final, es más fácil que, en cuanto acaben de leer
tu carta, te llamen para la entrevista....

VICENTE: Mmmm... ¿"Muy atentamente" te parece bien para la
despedida?

MICHELIN: ¡Ah, sí! ¡Y no se te olvide *(sonriendo)* decirles que si no te dan
el empleo, van a perder la gran oportunidad de su vida,
porque como tú, ¡no hay otro en el mundo!

¿Le gustaría a Ud. trabajar
en el Museo del Prado?

¿Qué comprendió Ud.?

1. ¿Quién ofrece un empleo y quién va a solicitarlo?
2. ¿Por cuánto tiempo es el empleo?
3. ¿Es la experiencia uno de los requisitos para el trabajo?
4. ¿Cómo sabe Ud. que no se necesita experiencia?
5. Según el anuncio, ¿cree Ud. que una muchacha puede solicitar el trabajo?
6. ¿Cuántos días a la semana hay que trabajar?
7. Según el diálogo, ¿en qué está interesado Vicente?

Charlando

1. ¿Por qué (o por qué no) le gustaría a Ud. trabajar en un museo?
2. ¿Qué cambios tendría que hacer en su vida si trabajara los sábados?
3. ¿Cree Ud. que pedir buena presencia y buenos modales es una forma de discriminación?
4. ¿Cuál sería para Ud. la manera más fácil de buscar trabajo?
5. ¿Cuáles son sus mejores características personales?
6. ¿Ha trabajado alguna vez? ¿Dónde? ¿Qué tenía que hacer?
7. ¿Cómo consiguió el trabajo?
8. ¿Continúa Ud. trabajando en el mismo lugar?

1. **La carta.** Busque en la columna de la derecha a qué parte de una carta pertenecen las frases que están a la izquierda.

> **Modelo:** el nombre de quien escribe
> la firma

1. Calle Real 45
2. la dirección del remitente
3. Apartado Postal 89
4. Distinguidos señores
5. 1° de mayo de 19--
6. Muy atentamente
7. una nota después de la firma
8. Muy señores míos
9. la persona que firma la carta

a. la despedida
b. el saludo
c. la fecha
d. el membrete
e. la dirección
f. la posdata
g. el remitente
h. la firma

2. **La carta de Vicente.** Michelín ayuda a su hermano a escribir una carta solicitando empleo en el museo. Complete las palabras que faltan.

> Calle de Alcalá, 45 (2do piso izq.)
> Madrid,___(1)___.

Museo del Prado
Apartado Postal 315
Madrid

Muy señores _(2)_ :

En respuesta al _(3)_ que salió hoy en el _(4)_ *El País*, me apresuro a escribirles esta _(5)_ para solicitar un _(6)_ para el verano.

Estoy en el último año de secundaria y me _(7)_ el mes que viene. Puedo trabajar _(8)_ días a la semana _(9)_ sábados. Tengo todos los requisitos que _(10)_ piden y creo que _(11)_ hacer ese trabajo a toda satisfacción. Soy excelente con los _(12)_, soy _(13)_, responsable y tengo iniciativa, por lo que confío en _(14)_ puedan darme una entrevista tan pronto como les sea conveniente.

> Muy _(15)_,

> Vicente Ruiz

P.D. Mi número de _(16)_ es el 32-56-83.

3. **Carta de solicitud de empleo.** Imagine que Ud. contesta un anuncio clasificado en el que se pide una persona que sepa usar la computadora para hacer las nóminas (*payroll*) de una compañía de seguros de viaje. Usando la carta de Vicente como modelo, escriba una carta solicitando el trabajo. Diga algo de lo que Ud. sepa hacer bien y algunas de sus características personales.

El Museo del Prado

Desde su inauguración en 1819, el Museo Nacional del Prado, en Madrid, ha sido una verdadera galería del arte español y uno de los más importantes del mundo. Para su fundación fue decisiva la intervención de los reyes María Isabel y Fernando VII, aunque la reina no pudo verlo abierto pues murió un año antes de su apertura. Los 311 trabajos con que contaba al comienzo eran todos parte del patrimonio real, pero la adquisición de muchos otros permitió que en dos años esa cifra alcanzara a los 512 cuadros. Hoy, el Museo posee numerosos trabajos originales de Velázquez, El Greco y Picasso entre otros, y se ha constituido en un lugar de poderosa atracción turística.

En la Sala de Goya
en el Museo del Prado.

El Museo Nacional del Prado.

Ella siempre fotografía a niños y animales.

Estructura

Verbos que terminan en *-iar* y en *-uar*

Most verbs ending in *-iar* and *-uar* have regular endings.

*Ellos **anuncian** el empleo.*	They advertise the position.
*Ella **averigua** la verdad.*	She finds out the truth.

Some verbs ending in *-iar* and *-uar* break the diphthong and add an accent mark. This changes the pronunciation in the present indicative, the command form and the present subjunctive. All verbs ending in *-grafiar*, such as *fotografiar*, follow the same pattern.

*El día libre **varía**.*	The free day varies.
***Continúe** la lectura.*	Continue with the reading.
*Siempre **fotografío** a niños y animales.*	I always photograph children and animals.

Other verbs that follow this pattern include the following:

-iar		*-uar*	
enfriar (to cool)	*yo enfrío*	acentuar (to accent)	*yo acentúo*
criar (to raise)	*yo crío*	actuar (to act)	*yo actúo*
confiar (to trust)	*yo confío*	atenuar (to lessen)	*yo atenúo*
enviar (to send)	*yo envío*	evaluar (to value)	*yo evalúo*
esquiar (to ski)	*yo esquío*	graduar(se) (to graduate)	*me gradúo*
guiar (to guide)	*yo guío*	insinuar (to insinuate)	*yo insinúo*
vaciar (to empty)	*yo vacío*	situar (to locate)	*yo sitúo*

*Ellos quieren que él **envíe** una foto.*	They want him to send a photo.
*¿Cuándo te **gradúas**?*	When do you graduate?

Se ríen porque se gradúan esta semana.

Verbs that end in *-eír*, like *reírse* (to laugh) and *freír* (to fry), keep their orthographic accent.

*Ella **se ríe** cuando él **sonríe**.*　　　　She laughs when he smiles.
*Se **fríen** por cinco minutos.*　　　　　　Fry them for five minutes.

4. ¿Cómo se pronuncia? Complete las siguientes oraciones con la forma correctamente acentuada de los verbos indicados. Consulte la lista anterior.

　　Modelos: La lluvia <u>atenúa</u> el calor.　(atenuar)
　　　　　　　Yo no <u>envidio</u> tu situación.　(envidiar)

1. María no (1) esta palabra. (acentuar)
2. Luis (2) la basura (vaciar).
3. ¿Cuándo (3) María Elena? (graduarse)
4. Las respuestas (4) . (variar)
5. Dímelo cuando lo (5) . (averiguar)
6. Por eso yo (6) correctamente. (actuar)
7. A veces mi primo me fastidia pero yo (7) . (reírse)
8. Tú (8) las obras maestras. (fotografiar)
9. Esos niños (9) fuertes. (criarse)
10. La leche (10) rápidamente. (enfriarse)

Los pintores españoles

España ha producido grandes pintores. A través de los siglos, la pintura española ha sido objeto de admiración, desde las pinturas del hombre primitivo en las cuevas *(caves)* de Altamira o la maestría *(mastery)* de Velázquez, hasta el arte moderno de Picasso.

El Greco (1541-1614): Domenico Theotocopulos (más conocido como El Greco) nació en Grecia pero vivió en Toledo, España, y tuvo gran pasión por esa ciudad. Su estilo era muy personal, con figuras altas, delgadas y de ojos negros y expresivos que parecen tener vida todavía. Una de sus obras maestras es *Entierro del Conde de Orgaz*, que constituye una gran atracción turística de la ciudad de Toledo.

Francisco de Zurbarán, (1592-1664): Fue pintor de la corte del rey Felipe IV. A pesar de *(in spite of)* pintar santos para iglesias y conventos, presentó con gran sensualidad y detalle las sedas y los brocados *(brocade)*, los colores y los juegos de luz y sombra.

Estatua de Diego de Velázquez.
(Museo del Prado)

Diego de Velázquez de Silva (1599-1660): Quizás el pintor español más famoso de todos los tiempos. Entre sus cuadros más notables está *Las Meninas (the young attendants to the Infanta or princess)*. Es un retrato de la familia real. El cuadro combina varios puntos de vista desde los cuales se puede ver o imaginar lo que están mirando varios de los personajes del cuadro. Cualquier espectador del cuadro ocupa el mismo lugar que los reyes, cuya imagen aparece sólo en un espejo. Vemos al pintor pintando y el mundo a su alrededor. A sus espaldas, una puerta al fondo, como en tercera dimensión, se abre al mundo exterior. Es una verdadera obra maestra.

Francisco de Goya (1746-1828): Por la variedad de sus temas, Goya fue un gran innovador de la pintura europea. No le importó deformar la naturaleza *(nature)* para obtener la expresión deseada. Fue pintor de la corte y de escenas populares como la vendimia *(grape harvest)* y los toros.

Entierro del Conde de Orgaz.
El Greco. Iglesia de Santo Tomé.
(Toledo, España)

Visión de San Pedro Nolasco. Francisco de Zurbarán.
Museo Nacional del Prado. (Madrid, España)

Las Meninas. Diego de Velázquez de Silva.
Museo Nacional del Prado. (Madrid, España)

Los Fusilamientos de La Moncloa. Francisco de Goya.
Museo Nacional del Prado. (Madrid, España)

¿Qué comprendió Ud.?

1. ¿Qué hay en las cuevas de Altamira?
2. El pintor más famoso de Toledo no nació allí. ¿Dónde nació?
3. ¿Quién pintó *Entierro del Conde de Orgaz*?
4. ¿Cuál cuadro ofrece una escena desde varios puntos de vista?
5. Si Ud. mira el cuadro, ¿podría decir que el pintor está pintando al rey y a la reina?
6. ¿Cuáles dos pintores vivieron en la misma época?
7. ¿Qué pintó Francisco de Goya?
8. ¿Quién pintó con gran detalle las modas de la corte, las sedas y los brocados?

Admirando un cuadro de Goya en el Museo del Prado.

Charlando

1. ¿Hay algún museo de arte en su ciudad? ¿Ha ido Ud.?
2. ¿Conocía Ud. a alguno de estos pintores españoles? ¿A cuál? ¿Por qué?
3. ¿Qué clases de arte ha tomado Ud.?
4. ¿Qué tipo de fotos saca Ud., artísticas o sólo de familia?
5. ¿Ha hecho películas o videos alguna vez?
6. ¿Dibuja Ud. cuando habla por teléfono?

Repaso rápido: el subjuntivo con sujeto indefinido

The subjunctive is used to refer to an indefinite or unknown person or object. Look at the following:

*Preferimos **un amigo** que **tenga** buenos modales.*	We prefer a friend with good manners.
*Buscamos **un cocinero** que **haga** postres.*	We are looking for a cook who makes desserts.
*Queremos **algún estudiante** que **sepa** escribir a máquina.*	We want some student who knows how to type.

A propósito

Se solicita

Solicitar un empleo equivale a *"to apply for a job"*. Sin embargo, **Se solicita** equivale a *"We are looking for"* o *"Want (Ads)"*. Una **solicitud** es un pedido en general. Cuando se pide un trabajo, es el nombre de la planilla o formulario *(application blank)* que debe llenarse con datos personales. Una **solicitada** es un espacio comprado en un periódico para publicar una resolución o aclaración, generalmente por un grupo privado o una persona individual.

SE SOLICITA
COCINERO
ESPECIALISTA EN COMIDA CHINA
TRES AÑOS DE EXPERIENCIA
GRADUADO DE ESCUELA SUPERIOR

HORARIO:
Lunes a Viernes 10 AM-6 PM – Hora de almuerzo 2 P.M.-3 PM
Sueldo: $250.00 semanales

DEBERES:
Cocinar diferentes tipos de Comida China • Supervisar actividades de la cocina • Procesar órdenes para preparar comidas.

Favor de solicitar en persona al
Depto. del Trabajo,
Oficina de Empleos más cercana.
OFERTA #864770-0002

Solicitamos
REPRESENTANTES DE VENTA
para fina línea de muebles.
Para Información:
888-2298

5. **Anuncios clasificados.** Imagine que Ud. trabaja en la sección de anuncios clasificados de un periódico. Escriba los anuncios con los detalles dados.

   Modelo: fotógrafo/ trabajar los sábados
   Se solicita un fotógrafo que trabaje los sábados.

   1. artista/ pintar cuadros modernos
   2. peluquera/ saber hacer permanentes
   3. hombre/ tener buena presencia
   4. periodista/ hacer buenas entrevistas
   5. chico/ poder trabajar en equipo
   6. dependiente/ hablar con buenos modales
   7. fotógrafa/ sacar buenas fotos
   8. secretario/ poder escribir cartas
   9. vendedor/ tener coche
   10. joven/ saber hablar y escribir inglés y español

6. **Se solicita.** Con la ayuda de otro/a estudiante, escriba cuatro anuncios solicitando empleados. Añada algunos detalles imaginativos, como lugar, sueldo por semana, horario y cualidades personales. Trate de que uno de ellos sea cómico, como el modelo.

   Modelo: Se solicita jefe que se lleve bien con todo el mundo, para tres empleados que no saben qué hacer de lunes a viernes.

EMPLEOS

SOLICITO SECRETARIA EJECUTIVA CON EXCELENTE PRESENTACION Y CONOCIMIENTOS CONTABLES. SE OFRECE AMPLIO SUELDO Y PRESTACIONES. INTERESADAS CONCERTAR CITA A LOS TELEFONOS 19-01-21, 19-01-29. SR. GARCIA (288-20).

SOLICITO CHEFF con conocimientos en mariscos y parrilla y fría, céntrico restaurante Vameja, Gutenberg 101 local 38 Centro Las Plazas (043-18).

SOLICITO mesero buena presentación Domingo Díez 1482 Restaurante Tejana Solicitud (976-18).

NECESITO senora seria deseos trabajar, Fonda céntrica nueva. Citas 14-14-32 (990-18).

SOLICITO para lavar y planchar en casa con experiencia y referencias buenas presentarse, presentarse Galeana 43 Acapantzingo con Sra. Tina (894-18).

SOLICITO PEON CON REFERENCIAS. TEL. 15-65-63. SR. ANDRES. (1149-18).

SOLICITO DOS GALOPINAS PARA RESTAURANT CON EXPERIENCIAS INFORMES. 12-60-95. (071-19).

SE SOLICITA prensista Offset y dos aprendices, prenta Eugenia (286-20).

SOLICITO encargado 30 años mínimo secu... tiempo completo pref... con experiencia refe... ria Dinamo, maneje... comendaciones... presentarse con s... empleo de 12 a 2... los 501 esquina A... nica Doméstica. (...

SOLICITO persona masculina para aseo de 20 a 30 años recomendaciones recientes, presentarse de 12 a 2 p.m. Morelos 501 esquina Arista Mecánica Doméstica.

EL UNIVERSAL
Compañía Periodística Nacional, S. A.
SOLICITA
SECRETARIA
EJECUTIVA ESPAÑOL

REQUISITOS:
* Excelente presentación
* Estudios comerciales
* De 25 a 30 años
* Fotografía reciente (indispensable)
* Experiencia mínima un año
* Taquigrafía

OFRECEMOS:
* Sueldo según aptitudes
* Prestaciones superiores a las de la ley
* Buen ambiente de trabajo

Interesadas acudir a BUCARELI NUMERO 8, 2o. piso, de 10:00 a 13:00 horas. Subgerencia de Recursos Humanos. Inútil presentarse sin llenar los requisitos

7. **Otro puesto vacante.** El museo tiene otro puesto vacante. Necesitan un guía en español. Como requisito para la solicitud, hay que describir un cuadro. Para llenar ese requisito, haga una descripción de cualquiera de los cuadros en esta lección. Comience por decir el nombre del cuadro, el nombre del pintor y cuándo vivió. Después describa en detalle el cuadro que le parezca más interesante. Termine dando su opinión sobre el cuadro.

Interior del Museo del Prado.

Vocabulario

acentuar to accentuate
actuar to act
el **almuerzo** lunch
anunciar to advertise
el **Apartado Postal** Post
    Office Box
atenuar to lessen, to
    diminish, to attenuate
criar to raise
el **destinatario, la**
    destinataria addressee
detallado,-a detailed
enfriar to cool
el **entrenamiento** training
evaluar to evaluate

graduarse to graduate
guiar to guide
el **historial** background;
    historial personal résumé
la **iniciativa** initiative
insinuar to insinuate
maestro,-a master, main;
    obra maestra masterpiece
el **membrete** letterhead
millonario,-a millionaire
la **obra** work; *obra maestra*
    masterpiece
el **ordenador** word processor
el **papel de cartas** stationery
el **pintor, la pintora** painter

la **presencia** presence; *buena*
    presencia well-groomed
la **publicidad** publicity; *la*
    agencia de publicidad
    advertising agency
puntual punctual, on time
el **requisito** requirement
solicitar to ask for, to
    apply; *se solicitan*
    wanted
vacante vacant; *plaza*
    vacante vacancy
vaciar to empty
variar to vary

¡Yo quiero ser director de cine!

Vicente

Alicia

Lorenzo

Francisco

Adriana

Vicente Estévez:

Yo quiero ser director de cine. Yo quisiera poder imaginar una historia y pensar dónde va a ocurrir y cómo serán los personajes. Me fascina la idea de poder decidir cuál será su mundo y cómo van a expresar sus sentimientos,° su carácter y sus problemas por medio de imágenes y de   *feelings* palabras. Desde que era niño me gustaba la fotografía. Me encantaba poder ver en una foto, capturado para siempre, un momento de la realidad. Pero siempre estaba atado° a la realidad. Me gusta más crear mundos diferentes en mi imaginación, dar alas a mi fantasía° y hacer que tomen vida en la pantalla. Quiero hacer una película.

tied
fantasy

Lorenzo Montemayor:

Yo quiero ser el productor de la película de Vicente. Siempre tengo éxito en los negocios. Veo las posibilidades, reconozco el talento donde lo hay. Y me gusta poner mi dinero a trabajar. Prefiero trabajar por mi propia cuenta.° Si puedo ganar suficiente dinero, prefiero trabajar media jornada.° Pero cuando hago lo que me gusta, no me parece que estoy trabajando.

to be self-employed
part time

Adriana Miranda:

Yo quisiera ser la diseñadora de modas° de la película de Vicente. Hubo un tiempo, hace varios años, en que yo creía que iba a ser veterinaria. ¡Qué locura! Cuando mi gata blanca se enfermó, me dio un ataque de nervios y en seguida me di cuenta de que eso era un disparate. Quiero crear vestidos bellos y elegantes. Ahora estudio historia de la moda y me gusta crear la ilusión de épocas pasadas° con todos sus detalles.

fashion designer

old times

Francisco Menéndez de Palma:

Yo todavía no sé qué quiero hacer. Estoy estudiando informática y espero ayudar a Vicente a estimar° los gastos, hacer las nóminas° y ver que haya suficiente dinero para terminar la película dentro del presupuesto° que tenemos. También me gustaría abrir mi propio negocio. Quisiera tener una fábrica de galletitas. Tengo una receta de galletas de chocolate, secreto de familia, que vale un millón. Podría experimentar° un poco y añadir otros sabores. Para empezar no hace falta gran inversión° de capital° sino de trabajo. Veremos.

make an estimate/
payroll
budget

experiment
investment/ funds

Alicia Maura:

Yo soy la novia de Vicente. El sueña con ser director de cine. Juntos escribimos el guión° para una película que él quiere hacer. Creo que tengo talento y no le tengo miedo al fracaso.° Mi problema es que si siempre trabajo con Vicente, nunca tendré una carrera propia, siempre seré algo así como su asistente. Podemos trabajar juntos muy bien y nos divertimos mucho, pero me pregunto si no sería mejor para los dos, y especialmente para mí, tener mi propia carrera independiente. Y eso significaría que tendríamos que estar separados de vez en cuando. ¡Qué dilema!

script
failure

Mario Moreno, llamado *Cantinflas*, fue un famoso actor cómico del cine mexicano.

¿Qué comprendió Ud.?

1. ¿Qué le gustaba a Vicente desde que era niño?
2. ¿Por qué dejó la fotografía?
3. ¿Qué le gusta hacer ahora?
4. ¿Cuál es el talento de Lorenzo?
5. ¿Qué le gusta hacer con su dinero?
6. ¿Qué creía Adriana que ella iba a ser?
7. ¿Cómo puede ella recrear épocas pasadas?
8. ¿Cómo se describe Alicia a sí misma?

Charlando

1. ¿Prefiere Ud. ver películas del mundo real o de un mundo diferente del suyo?
2. Si Ud. tuviera capital para invertir, ¿lo invertiría en el cine o en una fábrica de galletitas?
3. ¿Estaría Ud. preparado para hacer una gran inversión de trabajo? ¿Cuántas horas trabajaría?
4. ¿Cree Ud. que sería mejor o peor para Vicente y Alicia que ella tuviera una carrera independiente?
5. ¿Es el dilema de Alicia más común a la mujer que al hombre? ¿Por qué?

1. **A conversar. A la hora de escoger una carrera, ¿qué hay que considerar? En grupos de tres, escojan una carrera para analizar. Repasen los siguientes tópicos con otro/a estudiante, haciendo preguntas por cada tópico y dando su opinión.**

    Modelo: la carrera de abogado
        a. tiempo necesario para aprender o estudiar
        b. cualidades personales que son requisitos de la carrera u oficio
        c. oportunidades de trabajo en esa carrera u oficio.

Los jóvenes y el trabajo

En los países hispánicos la gente joven generalmente no trabaja. Hay varias razones para ello. Por una parte, las escuelas tienen muchas materias. Cuando los estudiantes llegan a casa, tienen muchas tareas. Como no pueden ganar dinero, muchas veces los padres, o algún familar cercano, hacen grandes sacrificios para que los jóvenes estudien una carrera o aprendan un oficio. Por otra parte, el desempleo *(unemployment)* es tan grande, que los trabajos que hay son para las personas mayores *(adults)* con responsabilidades de familia. Los jóvenes tienen muchas menos oportunidades y a veces sólo consiguen trabajar en el negocio de algún familiar o amigo de la familia.

En los países hispánicos, la mayoría de jóvenes no trabajan mientras estudian, pero hay excepciones.

Estudiantes de la Universidad de las Américas.
(Cholula de Rivadabia, México)

Repaso rápido: pretérito e imperfecto

The preterite is used to report single, completed events in the past. The imperfect is used to describe conditions and on-going circumstances or events when narrating a series of related events in the past.

Era tarde y hacía un viento frío.	It was late and there was a cold wind.
Subí a mi cuarto y me acosté.	I went up to my room and went to bed.
Soñé que había alguien en mi cuarto.	I dreamed that there was someone in my room.
Quería decirme algo.	He wanted to tell me something.
Tenía los ojos grandes, llevaba una capa negra y parecía loco.	He had large eyes, was wearing a black cape and he seemed crazy.
Entonces me desperté.	Then I woke up.

Actions that were habitual require the imperfect.

Iba al cine los domingos.	I used to go to the movies on Sundays.

The imperfect is also used to describe past conditions or on-going actions that have no stated beginning or end.

Pepe vivía en Loma Linda.	Pepe was living in Loma Linda.
Iba a ser director de cine.	I was going to be a film director.

2. **La estrella de cine.** Vicente está buscando una futura estrella de cine para su película. Entrevistó a tres chicas muy diferentes y le cuenta a Alicia cómo eran. Complete las oraciones, utilizando el imperfecto del verbo indicado.

La primera chica:

La chica más alta 1. *(parecer)* la más inteligente. 2. *(Estar)* un poco nerviosa y 3. *(hablar)* en voz baja. Sólo 4. *(tener)* un poco de maquillaje y 5. *(usar)* un pañuelo de seda rosa sobre los hombros, con un vestido negro y el contraste 6. *(ser)* interesante.

La segunda chica:

La chica rubia 7. *(arreglarse)* el pelo constantemente. Esto 8. *(ponerme)* de mal humor. 9. *(Ir)* a decirle que el pelo no 10. *(importar)* tanto, pero si se lo 11. *(decir)*, ella 12. *(poder)* levantarse e irse.

La tercera chica:

La chica del pelo color castaño se 13. *(echar)* a reír por cualquier cosa. 14. *(Tener)* unos ojos grandes que 15. *(cambiar)* de expresión fácilmente. 16. *(Poder)* llorar y reír al mismo tiempo.

El cine español

El director de cine español más famoso ha sido Luis Buñuel, aunque hizo la mayoría de sus películas fuera de España. En los últimos años el cine español ha participado con honores en numerosos festivales internacionales. Las películas de Carlos Saura, varias de ellas con Geraldine Chaplin, la hija del famoso Charlie Chaplin, atrajeron la atención del gran público. Uno de sus mayores éxitos fue *Cría cuervos (Go Raise Crows)*, que obtuvo el premio especial del jurado *(jury)* en el festival de Cannes. Más tarde, Saura filmó *Bodas de sangre (Blood wedding)*, basada en la obra *(work)* de Federico García Lorca. A esta combinación de drama, música y baile le siguieron otras dos películas notables, *Carmen* y *El amor brujo*. Estas películas han tenido tanto éxito que en muchos lugares de los Estados Unidos pueden conseguirse en forma de videocasetes.

Luis Buñuel, era un famoso
director del cine español.

Era una mañana de sol,...

3. **El escenario** *(scenario).* **Imagine una escena cualquiera de la película de Vicente. Describa la hora del día, la estación del año, y qué tiempo hacía.**

   Modelo: Era una mañana de sol, uno de esos días brillantes en que el mundo parece sonreír. Creo que era junio, pero quizás era mayo, pues todavía estábamos en primavera. No hacía ni frío ni calor. Eran ya las doce del día cuando....

4. **La sorpresa.** **El productor quiere mejorar el guión de Vicente y Alicia en las siguientes situaciones. Complete la idea con un suceso que nadie espere, aunque no sea extraordinario.**

   Modelo: La cantante dormía cuando de pronto....
   La cantante dormía cuando de pronto sonó el teléfono.

   1. Hablaba por teléfono cuando....
   2. Tenía mucho miedo cuando....
   3. Pensaba que era mejor irse de la ciudad cuando....
   4. Estaba haciendo las maletas cuando....
   5. Había un silencio total cuando....
   6. Oía que alguien se acercaba cuando....
   7. Quería gritar pero no podía cuando....
   8. Estaba a punto de desmayarse cuando....

Un día como otro cualquiera.
(San Sebastián, España)

Hablaba por teléfono cuando....

5. **Un día como otro cualquiera.** Durante varias semanas Alicia trabajó intensamente siguiendo la misma rutina. No pasaba nada diferente. Siguiendo las indicaciones, diga qué ocurrió todos los días.

   Modelo: levantarse temprano durante la semana
   Se levantaba temprano durante la semana.

1. bañarse y vestirse rápidamente
2. esperar a Vicente
3. Vicente/ venir a buscarla
4. ir juntos a la escuela
5. almorzar con su amiga Araceli
6. hacer práctica de laboratorio
7. reunirse con Vicente
8. comer los dos algo en la cafetería
9. planear algunas escenas del guión
10. escribir el diálogo juntos

Algunos pintores españoles modernos

En nuestro siglo los pintores españoles han estado también entre los más famosos del mundo. Los siguientes son algunos de los más importantes:

Pablo Ruiz Picasso (1881-1973): Picasso revolucionó la pintura de su tiempo, así como también la escultura y la cerámica. Fragmentó a veces la figura humana y, como si pudiera verla desde distintos puntos de vista a la misma vez, combinó las partes a su capricho *(at whim)*. Muchos de sus cuadros son notables, entre ellos están *Los tres músicos, Les demoiselles d'Avignon* y *Guernica*. Puede decirse que la obra de Picasso es una constante exploración de nuevas posibilidades.

Joan Miró (1893-1983): La imaginación de Miró cuando pintaba no tenía límites, como la de un niño juguetón *(playful)*. Sus cuadros son de colores vivos y sus figuras, aun después de leer los títulos, apenas se pueden adivinar. Su estilo se ha hecho más famoso que ningún cuadro en particular. Muchas personas ven en él un encanto *(charm)* inexplicable.

Salvador Dalí (1904-1989):   La perfección de su técnica le hubiera permitido ser realista. Sus cuadros tienen a veces gran luminosidad y transparencia y a la vez presentan una realidad totalmente física en su detalle. Prefirió, sin embargo, el mundo de la imaginación. No es éste un mundo de sueños, es más bien un mundo de pesadillas *(nightmares)* que parece contrastar con una aspiración espiritual nunca alcanzada. Dalí ha escogido ser un original cuya obra siempre sorprende.

¿Qué comprendió Ud.?

1. ¿Cuál es el apellido paterno de Picasso?
2. ¿Qué hizo Picasso con la figura humana?
3. ¿Qué pintor español revolucionó también la escultura?
4. ¿Cómo son los cuadros de Miró?
5. ¿Es Salvador Dalí un pintor realista?
6. ¿En cuál de estos tres pintores es más difícil reconocer la figura humana?

Charlando

1. ¿Le molesta a Ud. ver un cuadro en el que una persona tiene una parte del cuerpo en otro lugar?
2. ¿Cree Ud. que hay alguna ventaja en experimentar con las formas y los colores? ¿Cuál?
3. De estos tres pintores modernos, ¿cuál le gusta más? ¿Por qué?
4. ¿Y cuál le gusta menos?
5. ¿Cuál prefiere Ud., el arte tradicional o el arte moderno?

Los tres músicos de Pablo Picasso. (1921, summer. 79 x 87 3/4 inches, oil on canvas. Collection, The Museum of Modern Art, New York. Mrs. Simon Guggenheim Fund.)

El símbolo agnóstico de Salvador Dalí. (1932. 21 3/8 x 25 5/8 inches. Philadelphia Museum of Art, The Walter Arensberg Collection.)

Repaso rápido: de femenino a masculino

Feminine nouns that begin with a stressed *a* require a masculine article when they are singular, and a feminine article when they are plural: *el agua* ➡ *las aguas*. Words that begin with *ha* follow this pattern because the *h* is silent: *el hambre*. However, when an adjective precedes the noun the article does not change to the masculine form. Look at the following:

El águila blanca voló a los árboles.   The white eagle flew to the trees.
La rápida águila desapareció.   The fast eagle disappeared.

Other words that follow this pattern include *el ala* (wing), *el ama* (housekeeper), *el arte* (art) and *el hacha* (ax). Adjectives that begin with a stressed *a* do not require a change of article.

Abrieron la ancha puerta.   They opened the wide door.

---

6. **¿El o la? Complete las oraciones siguientes con el artículo correcto, sea singular o plural.**

   Modelo: <u>El</u> agua está fría.

   1. El director le preguntó a (1) actriz.
   2. El héroe acabó con (2) hambre.
   3. El asesino escogió (3) hacha.
   4. (4) aguas del río subieron hasta las casas.
   5. ¿Quién se comió (5) ala de pollo?
   6. (6) hambre que tengo no me deja dormir.
   7. Me gustan (7) artes plásticas.
   8. (8) fuerte águila se perdió entre las nubes.
   9. Creo que tenía (9) alas negras.
   10. A Pepín le interesa (10) arte español.

7. **Una película. Trabaje con otro/a estudiante. Escriba cada uno algunas notas sobre una película que haya visto recientemente, de manera que pueda contarla en ocho o diez oraciones. Dígale a su compañero/a qué pasó en la película que Ud. vio y pídale que le cuente una película que él/ella haya visto.**

8. **Un sueño. Cuente Ud. algún sueño que haya tenido recientemente. Cuente una pesadilla si lo prefiere. No olvide usar el pretérito y el imperfecto, según sea necesario.**

El agua estaba fría.

9. ¿Qué palabra está fuera de lugar?

Modelo: a. necesitar / b. hacer falta / (c. soñar)

1. a. veterinario — b. sabor — c. diseñador
2. a. locura — b. disparate — c. receta
3. a. personajes — b. sentimientos — c. personas
4. a. galletita — b. fábrica — c. negocio
5. a. nómina — b. presupuesto — c. secreto
6. a. propio — b. de otro — c. atado
7. a. empleo — b. inversión — c. capital
8. a. media jornada — b. por mi cuenta — c. guión
9. a. éxito — b. época — c. fracaso
10. a. película — b. cuadro — c. agua

Vocabulario

atado,-a tied
el **capital** capital, funds
el **carácter** character, personality
el **dilema** dilemma, problem
el **diseñador, la diseñadora** designer
las **épocas pasadas** old times
estimar to make an estimate

experimentar to experiment, to try, to learn by practice
la **fantasía** fantasy
el **fracaso** failure
el **guión** script
la **inversión** investment
la **jornada** workday, journey; *media jornada* part time
la **nómina** payroll

el **presupuesto** budget
el **sentimiento** feeling
trabajar por (mi) cuenta propia to be self-employed
el **veterinario, la veterinaria** veterinarian

La entrevista

Falta un mes escaso° para la finalización° de las clases. Juan Carlos y Nicolás   barely/ end
comienzan a buscar trabajo. No tienen una idea clara de lo que quieren hacer,
así que van a dejar que el destino decida por ellos. Contestaron tres anuncios
clasificados en el periódico y hoy Juan Carlos tiene una entrevista con el
gerente, el señor Dávila. Es una fábrica de muebles de oficina.

JUAN CARLOS:	Muy buenos días, soy Juan Carlos del Valle.
GERENTE:	Ah, sí, cómo no.... Pase, joven. Tome asiento. Su carta
	es muy atrayente.° ¿Cómo supo Ud. que teníamos una *attractive*
	plaza vacante?
JUAN CARLOS:	Leí su anuncio en el periódico.

GERENTE:	Bien, ¿dónde adquirió° su experiencia como vendedor? ¿Ha sido agente viajero?°	*obtained* *traveling salesman*
JUAN CARLOS:	Trabajé el verano pasado en el comercio° de mi tío.	*store, business*
GERENTE:	¿Qué clase de comercio? ¿Una casa distribuidora?°	*distributor*
JUAN CARLOS:	No, una compañía de seguros.	
GERENTE:	¿Y por qué no trabaja para ellos ahora?	
JUAN CARLOS:	Tienen demasiado personal° por ahora. Durante el verano, yo estaba como suplente° de los empleados que tomaban vacaciones. Además, quisiera hacer carrera independiente.	*staff* *substitute*
GERENTE:	¿Y piensa seguir estudiando?	
JUAN CARLOS:	No, por ahora no. Prefiero trabajar, ganar dinero y aprender en el trabajo, en la calle....	
GERENTE:	¡Estupendo! Ud. es la persona que necesitamos. Queremos a alguien que crezca con nosotros con los años. Hemos tenido varios jóvenes que empezaron en el verano y cuando empiezan las clases, retornan° a la universidad. Aunque estudien por las noches, se quedan, por lo general, menos de un año. Preferimos darle nosotros el entrenamiento que Ud. necesite. El puesto° es suyo.	*return* *position*

¿Qué comprendió Ud.?

1. ¿Cuánto falta para que terminen las clases?
2. ¿Qué están haciendo Juan Carlos y Nicolás?
3. ¿Qué quieren hacer?
4. ¿Cómo van a decidirlo?
5. ¿Qué hacen primero?
6. ¿Para qué tipo de trabajo entrevistan a Juan Carlos?
7. ¿Por qué dice Juan Carlos que no va a seguir estudiando?
8. ¿Cuál es la reacción del gerente?

Charlando

1. ¿Qué piensa hacer Ud. inmediatamente después de que se gradúe?
2. ¿Cómo piensa adquirir un oficio o carrera?
3. Cuando una decisión es difícil, ¿cree que es una buena idea dejársela al destino?
4. ¿Es Ud. fatalista o cree que en cierta manera puede controlar su vida?
5. ¿Ha trabajado con familiares o parientes? ¿En qué tipo de trabajo?

Ella quiere que cantes.

Estructura

Resumen del subjuntivo

The present tense subjunctive for most verbs can be formed by following this pattern: Drop the *-o* from the *yo* form of the present tense indicative of the verb. Then add the endings *-e, -es, -e, -emos, -éis* or *-en* for *-ar* verbs; add *-a, -as, -a, -amos, -áis* or *-an* for *-er/-ir* verbs. Stem changes, irregularities and orthographic changes that occur in the present tense indicative are required in the present subjunctive.

*Ella quiere que **cantes**.*	She wants you to sing.
*Necesitan que yo **venga** mañana.*	They need me to come tomorrow.
*Espero que Uds. **continúen** sus estudios.*	I hope you continue your studies.

The following verbs have irregular present subjunctive forms: *estar (esté), saber (sepa), haber (haya), ser (sea), ir (vaya), ver (vea).*

*No creo que **sea** difícil.*	I don't think it will be difficult.
*Mamá quiere que **vaya**.*	My mother wants me to go.

The subjunctive is most often used in sentences having two different subjects and two different verbs. The action of the subjunctive verb has not occurred yet, and may or may not occur.

> **subject 1 + indicative verb + que + subject 2 + subjunctive verb**

The most common uses of the subjunctive indicate volition, desire and advice.

Quiero *que llegues temprano.*	**I want** you to arrive early.
Espero *que me llamen pronto.*	**I hcpe** they call me soon.
*Te **sugiero** que solicites esa plaza.*	**I suggest** you apply for that position.

Mamá quiere que yo estudie antes de salir con mis amigas.

1. **¡Qué difícil es complacer a todo el mundo!** Combine las palabras de cada columna para formar oraciones completas, usando el presente del subjuntivo.

   Modelo: Mamá/ querer/ yo/ estudiar
   Mamá quiere que yo estudie.

1. Elena	desear	Luis	trabajar
2. la profesora	insistir en	el empleado	solicitar trabajo
3. el gerente	pedir	los chicos	llegar temprano
4. la periodista	sugerir	tú	tocar el piano
5. el dueño	preferir	Ana y Luis	empezar a jugar
6. el turista	necesitar	el equipo	contribuir
7. la jefa	esperar	el suplente	reconocer la verdad
8. el remitente	mandar	Nicolás	tomar asiento
9. el modisto	recomendar	el ayudante	escribir un cheque

Dile a José que me llame, por favor.

Estructura

Resumen del subjuntivo (continuación)

The subjunctive may be used in a number of additional situations, as follows:

- as an indirect command

  Que hable Juan. — Let Juan talk.
  Dile a José que me llame. — Tell José to call me.

- as a quote of a direct command

  Ve sin mí. — Go without me.
  ***Dice** que yo vaya sin ella/ él.* — She/ He says I (should) go without her/ him.

- with verbs indicating preference and liking

  ***Prefiero** que él no lo sepa.* — I prefer that he doesn't know.
  *A Luis le **encanta** que cantes.* — Luis loves it when you sing.

- with verbs of emotion, such as *sentir, esperar, molestar, complacer, agradar, tener miedo de* and *alegrarse de*

  ***Siento** que estés enfermo.* — I am sorry that you're sick.
  ***Espero** que ganes.* — I hope you win.

- with verbs of doubt

  ***No creo** que consiga el trabajo.* — I don't think he will get the job.
  ***Dudan** que haya fiesta.* — They doubt there will be a party.

- with impersonal expressions

*Es **urgente** que la llames.*	It's urgent that you call her.
*Es **importante** que hagas planes.*	It's important that you make plans.

- with expressions such as *ojalá (que)*, and sometimes with *tal vez, quizás* and *quizá* to indicate uncertainty

***Ojalá** que haga buen tiempo.*	I hope the weather is good.
***Tal vez** compita el sábado.*	Maybe I'll compete Saturday.

- with words such as *cuando, como* and *donde,* when there is uncertainty about the future

*Estaré aquí **cuando** tú regreses.*	I'll be here when you come back.
*Lo haré **como** y **donde** tú quieras.*	I'll do it how and where you want.

- with expressions such as *dondequiera, quienquiera, cualquiera/ cualesquiera* and *lo que* (when meaning "whatever")

*Te buscaré **dondequiera** que estés.*	I'll look for you wherever you might be.
*Puedes decir **lo que** quieras.*	You can say whatever you want.

- with the word *aunque* when there is uncertainty about the facts

*Te escribiré **aunque** no me escribas.*	I'll write to you even if you don't write to me.
*Dímelo **aunque** no sea verdad.*	Tell me even if it's not true.

- with expressions such as *antes (de) que, después (de) que, en cuanto, hasta que, mientras que* and *tan pronto como* when they indicate uncertainty about when an action may or may not take place

*Me quedaré **mientras** llueva.*	I'll stay while it rains.
*Llámame **tan pronto** como puedas.*	Call me as soon as you can.

- with phrases indicating intention or purpose in which an action may or may not happen

*Te lo digo **para que** lo sepas.*	I tell you so that you know.
*La compraremos **a fin de que** él la use.*	We'll buy it so that he can use it.

- with clauses that describe what is indefinite or hypothetical

*No tengo **ninguna camisa** que sea verde.*	I have no shirt that is green.
*Ella quiere **un perro** que no ladre.*	She wants a dog that doesn't bark.

- with clauses that describe somebody who may not exist, as in classified ads

*Necesitamos **un secretario** que sepa traducir.*	We need a secretary who knows how to translate.

2. **La jefa de Raquel.** Todos conocemos a personas que son difíciles, pero la jefa de Raquel no lo es. Diga por qué, completando las respuestas según las indicaciones.

> **Modelo:** ¿Qué le gusta? (Raquel llega temprano.)
> Le gusta que Raquel llegue temprano.

1. ¿Qué le molesta? (Luis fuma de vez en cuando.)
2. ¿Qué le agrada? (Todos obedecemos sus órdenes.)
3. ¿En qué insiste? (Teo trabaja con cuidado.)
4. ¿Qué le enoja? (Eva habla mucho.)
5. ¿Qué le encanta? (Los clientes están satisfechos.)
6. ¿Qué le complace? (Los empleados tienen buenos modales.)
7. ¿Qué la pone contenta? (Usamos la cabeza.)
8. ¿Qué le fascina? (Hacemos lo imposible.)

3. **Yo nunca creo nada. Lo dudo todo.** Ponga en duda las siguientes oraciones, utilizando *No creo que* o *Dudo que.* Siga el modelo.

> **Modelo:** Va a llover
> No creo/Dudo que vaya a llover.

1. Nicolás tiene una entrevista hoy.
2. Vicente hace una película.
3. Nora siempre lee el periódico.
4. Jorge ve los anuncios clasificados.
5. Juan Carlos busca trabajo.
6. Raquel prepara el presupuesto.
7. Marieta quiere comprar un gato.
8. Cheo siempre olvida mi cumpleaños.
9. Leonor adquiere experiencia.

4. **El informe oficial.** Las recomendaciones en los negocios y en los informes oficiales son a veces impersonales. Complete las siguientes oraciones de manera lógica, usando el subjuntivo.

> **Modelo:** Es necesario que....
> Es necesario que aumentemos las ventas.

1. Es importante que....
2. Es preciso que....
3. Es dudoso que....
4. Es estupendo que....
5. Es posible que....
6. Es difícil que....
7. Es mejor que....
8. Es una lástima que....
9. Es incierto que....
10. Es imperativo que....

5. ¿Cuándo será? Complete las siguientes oraciones estableciendo cuándo ocurrirán las acciones indicadas. Siga las indicaciones.

> **Modelo:** Te lo doy tan pronto como ella *(terminarlo)*.
> Te lo doy tan pronto como ella lo termine.

1. Te escribo en cuanto yo *(recibirlo)*.
2. ¿Quieres la revista después de que yo *(leer)*?
3. Contesta el anuncio antes de que ellos *(colocar)* a otro empleado.
4. Haz la solicitud en cuanto tú *(saber)* la dirección.
5. Cierra el sobre tan pronto como tú *(acabar de)* escribir la carta.
6. Envíalo por correo aunque *(ser)* un poco tarde.
7. Escribe el remitente para que ellas te *(contestar)*.
8. Mejor llama por teléfono aunque ella no *(llamar)*.
9. Le recomiendo que estudie a fin de que *(poder)* conseguir un trabajo mejor.
10. Tendré mucho más dinero cuando yo *(trabajar)* en la compañía de seguros.

La entrevista de Nicolás

Nicolás también consigue que lo entrevisten para un empleo. Contestó un anuncio para un trabajo general de oficina en una firma° de arquitectos. El jefe de personal lo recibe con una sonrisa y le da° la mano.

    company

    shakes

EL JEFE:	Venga conmigo a mi despacho,° por favor.
NICOLAS:	Sí, señor.
EL JEFE:	¿Cuántos años me dijo que tenía Ud.?
NICOLAS:	Diecinueve, señor.
EL JEFE:	¿Qué va a estudiar?

    office

NICOLAS: Nada, por el momento. Me gradúo el mes que viene.

EL JEFE: ¿Le interesa alguna carrera en particular?

NICOLAS: No estoy seguro todavía....

EL JEFE: Quizá deba saber que la compañía tiene un plan de estudios sin costo alguno para los empleados que lleven más de seis meses trabajando. ¿Le interesa la arquitectura?

NICOLAS: Bueno, sí, desde luego. Por eso contesté el anuncio de Uds.

EL JEFE: Ya tendrá tiempo para pensarlo. Es una gran oportunidad. También tenemos otros beneficios:° un plan de ahorros° para *benefits/ savings* los empleados que lleven más de un año, y seguro médico desde el primer día en que empiece a trabajar. Los aumentos de sueldo° son considerados cada año. Sírvase llenar una *salary* planilla° de solicitud de empleo. Le avisaremos dentro de *blank form* una semana, pues tenemos varios candidatos.

¿Qué comprendió Ud.?

1. ¿Qué tipo de trabajo le ofrecen a Nicolás?
2. ¿Quién le hace la entrevista?
3. ¿Qué clase de compañía es?
4. ¿En dónde tiene lugar la entrevista?
5. ¿Qué beneficios ofrece la compañía?
6. ¿Cuánto tiempo tendría que esperar para el plan de estudios?
7. ¿Cuándo podría empezar el plan de ahorros?
8. ¿Qué tiene que llenar Nicolás?
9. ¿Cuándo le avisarán si le dan el trabajo o no?

Charlando

1. ¿Qué diferencias ve Ud. entre los dos trabajos, el de Nicolás y el de Juan Carlos?
2. ¿Pueden los beneficios de una compañía cambiar su vida?
3. ¿Cree Ud. que Juan Carlos debe dejar que el destino decida por él?
4. ¿Qué haría Ud. si fuera Juan Carlos?
5. ¿Qué averiguaría Ud. antes de aceptar un trabajo?
6. Los beneficios equivalen a un sueldo mayor. ¿Qué beneficio cree Ud. que es mejor?
7. ¿Por qué es bueno tener una carrera específica?

6. **Entrevista con el jefe de personal. Imagine que Ud. es el jefe de personal. Entreviste a otro/a estudiante que solicita una plaza en su compañía. Use la entrevista de Nicolás como modelo.**

La arquitectura española

La cultura hispánica, no sólo en América Latina sino también en España, es una mezcla de muchos elementos y de ahí su riqueza *(richness)* y su fuerza. Los turistas se sorprenden ante la belleza de la arquitectura española. De la invasión romana en los primeros siglos de nuestra era quedan ejemplos de gran belleza, como el acueducto de Segovia. Del arte medieval quedan las murallas *(city walls)* de la ciudad de Avila, del siglo XI, y los numerosos castillos. De la ocupación árabe, que duró casi ocho siglos, esperan todavía al turista lugares fantásticos como el palacio de La Alhambra y la mezquita *(mosque)* de Córdoba. La arquitectura de España hace del país un museo viviente. Así ha sido declarada la ciudad de Toledo, perfectamente bien conservada, incluyendo las sinagogas de *El Tránsito* y de *Santa María la Blanca*, que datan de antes de 1492. En Barcelona, puede admirarse la obra de un arquitecto sin rival, Antonio Gaudí (1852-1926).

El Palacio Episcopal de Antonio Gaudí.
(Astorga, España)

7. **Mi futuro trabajo.** Converse con otro/a estudiante sobre cómo va Ud. a conseguir trabajo y qué cree que es importante averiguar. Haga un plan en cinco pasos.

8. **Pronóstico.** Imagine cómo será su vida dentro de diez años, con respecto a su trabajo. Intercambie opiniones con otro/a estudiante. ¿Sabe Ud. a qué oficio o profesión se dedicará? ¿Cuáles serán sus responsabilidades?

Vocabulario

adquirir to obtain
los **ahorros** savings
atrayente attractive
el **aumento** increase
el **beneficio** benefit
el **candidato, la candidata** candidate
el **comercio** store, business
dar la mano to shake hands

el **despacho** office
distribuidor,-a distributor
escaso,-a scarce, scanty, barely
la **finalización** end
la **firma** company (business)
el **personal** staff, personnel
la **planilla** blank form
el **puesto** position, job
retornar to return

el **sueldo** salary
el **suplente, la suplente** substitute
viajero,-a traveler; *el agente viajero, la agente viajera* traveling salesperson

El mundo del futuro

Nos ha tocado vivir en un momento fascinante de la historia del mundo. Los adelantos° tecnológicos son tantos y tan variados,° y los cambios tan rápidos, que no tenemos tiempo de darnos cuenta de lo que está ocurriendo. La revolución industrial cambió la organización de nuestra sociedad, de nuestras ciudades. Los inventos° de la luz eléctrica y del automóvil cambiaron nuestro estilo de vida. En nuestra era los grandes cambios están ocurriendo en los medios de comunicación.° De periódicos locales, pasamos a periódicos nacionales. Con la radio y la radiotelegrafía, las noticias viajaron con rapidez° inmediata. Al inventarse el cine, nos aficionamos° a ver imágenes que pronto hablaron. Por primera vez en la historia pudimos ver ciudades lejanas sin estar allí, además de oír otros acentos, otros idiomas. Con la televisión, las grabadoras de cinta° y las antenas parabólicas,° podemos no sólo enterarnos de las noticias, sino verlas en nuestros hogares en el momento en que están ocurriendo — una tormenta, una huelga, un terremoto, una guerra o cualquier otra cosa. Con la videocasetera podemos revivir momentos del pasado y traer la historia al presente, como también disfrutar de lo mejor del cine de nuestros abuelos, de hace cincuenta años. Pero esta información que recibimos es pública. Ahora, con el desarrollo° de las computadoras domésticas° y de las máquinas fax, podemos recibir y generar° información de tipo personal y enviarla alrededor del mundo. ¿Cómo se afectarán° nuestras vidas, nuestros sistemas de trabajo, nuestras oportunidades, nuestra capacidad° de digerir° tanta información para poder aprovecharla?° ¿Nos llevará nuestra fascinación por la imagen a una mejor visión de la totalidad,° o a una fácil manipulación del pueblo para cualquier propósito?° ¿O a una mejor comprensión entre los países y, por lo tanto, a la paz? ¿Ha pensado Ud. en estas cosas alguna vez? Las posibilidades para el futuro de la juventud actual, que pronto ocupará una posición activa en los destinos del mundo, parecen no tener límites. No hay duda de que nos ha tocado vivir en una época fascinante.

advances/ different

inventions

mass media

speed
became fond of

tape recorders/ TV dishes

development/ pertaining to the home/ generate/ be affected
ability
digest/ take advantage of/ complete picture purpose

¿Qué comprendió Ud.?

1. ¿Qué cambió la organización de nuestras ciudades?
2. ¿Cuáles dos inventos de este siglo han cambiado nuestro estilo de vida?
3. ¿Qué adelantos están cambiando nuestra época?
4. ¿Cómo recibíamos antes las noticias?
5. ¿Qué invento nos permitió ver ciudades lejanas sin estar allí?
6. ¿Qué nos permite el videocasete?
7. ¿Cómo podemos generar información de tipo personal y enviarla alrededor del mundo?

Charlando

¿Cuáles adelantos tecnológicos
han cambiado su vida?

1. De los adelantos tecnológicos mencionados en la lectura, ¿cuál le parece más importante?
2. ¿Cuál de ellos ha cambiado algo en su vida?
3. ¿Cómo se entera Ud. de las noticias?
4. ¿Qué tipo de noticias lee Ud. en el periódico?
5. ¿Tiene Ud. idea de cómo es otra ciudad o país que Ud. ha visto sólo en el cine o en la televisión? ¿Qué ciudad o país?
6. ¿Ve Ud. a veces noticias en español en su televisor?
7. ¿Le gusta ver películas hechas antes de que Ud. naciera?
8. ¿Ha aprendido Ud. a usar la computadora? ¿Por qué?

La ciencia ilumina nuestras vidas.

El trabajo y las investigaciones
de Thomas Alva Edison
iluminaron el progreso
de la humanidad.

Usted también puede investigar,
experimentar y con su trabajo
iluminar el progreso del país.

EL TRABAJO:
LA MEJOR ARMA
PARA LUCHAR POR LA PAZ

Coltejer

La Unión Europea

La Comunidad Económica Europea ha cambiado de nombre para convertirse en lo que hoy se conoce como la Unión Europea (UE). Se mantiene así como el mercado individual más grande del mundo. Al igual que la antigua comunidad, la nueva unión promueve el comercio global entre sus doce países miembros, entre los cuales se cuenta España. Con la Unión Europea se han eliminado la mayoría de barreras económicas para la importación y exportación de bienes y servicios entre sus países miembros, también como las barreras en el desplazamiento de sus habitantes de una nación a otra. Los ciudadanos de estas naciones pueden viajar a cualquier país miembro sin tener que usar pasaportes y sin tener que pagar impuestos por productos adquiridos en cualquiera de los países de la unión. Para los próximos años se contempla la creación de una única moneda europea con el propósito de facilitar aún más el comercio de la región. ¿Qué se puede pronosticar para el futuro con esta dinámica? Muy probablemente la creación de un mercado global, que unificará no sólo a los mercados, pero también a los habitantes de todos los países del mundo. ¿Qué piensa Ud.?

Estructura

El imperfecto del subjuntivo: un poco más

The imperfect subjunctive is used in the dependent clause when the verb in the independent clause is in the past (preterite or imperfect) or in the conditional.

Te lo **dije** para que lo **supieras**.	I told you so that you would know.
Quería que **vinieras** a casa.	I wanted you to come home.
Iría si **hiciera** buen tiempo.	I would go if we had good weather.

The imperfect subjunctive is used with *quisiera* and *me gustaría que*.

Quisiera que Juan me **invitara**.	I would like Juan to invite me.
Me gustaría que **fueras**.	I would like you to go.

It is also used in contrary-to-fact *si* clauses.

Si lo **vendieras**, lo **compraría**.	If you sold it, I would buy it.
Si **estudiara**, **aprendería**.	If he studied, he would learn.

The imperfect subjunctive is always required after *como si* (as if).

El habla **como si supiera**.	He speaks as if he knew.
Lo cuidaré **como si fuera** mío.	I will take care of it as if it were mine.
El la miró **como si** no la **conociera**.	He looked at her as if he didn't know her.

The imperfect can be formed by replacing the *-ron* of a preterite tense verb with *-ra, -ras, -ra, -ramos, -rais, -ran* or *-se, -ses, -se, -semos, -seis, -sen,* and by adding an accent mark to the third-to-the-last syllable of the *nosotros,-as* form of the verb. Look at the following:

el imperfecto del subjuntivo			
hablar	**comer**	**tener**	**ser**
hablara/ hablase	comiera/ comiese	tuviera/ tuviese	fuera/ fuese
hablaras	comieras	tuvieras	fueras
hablara	comiera	tuviera	fuera
habláramos	comiéramos	tuviéramos	fuéramos
hablarais	comierais	tuvierais	fuerais
hablaran	comieran	tuvieran	fueran

Stem changes for *-ir* verbs (*o* ➡ *u, e* ➡ *i*) and irregularities that appear in the preterite occur in the imperfect subjunctive.

Ella no quería que me durmiera. — She did not want me to fall asleep.
No creí que él dijera que no. — I did't believe he would say no.
Si hubiera tiempo, iría. — If there were time, I would go.

The endings *-ara, -iera* are used more often in Spanish America. The endings *-ase, -ese,* are used more often in Spain.

Ella prefirió que yo hablara/ hablase en español. — She preferred that I talk in Spanish.

1. **¡Qué fácil sería todo! Para que el mundo sea perfecto, siempre falta un detalle. Señale algunas cosas que Ud. podría hacer, siguiendo las indicaciones.**

Si tuviera dinero, viajaría.

Modelo: tener dinero/ viajar
Si tuviera dinero, viajaría.

1. solicitar el puesto/ conseguirlo
2. buscar el lente de contacto/ encontrarlo
3. no llover/ ir
4. tener hambre/ comer
5. trabajar/ ganar dinero
6. querer/ ser famoso/a
7. ser tú/ terminar el trabajo
8. estar cansado/ dormir
9. caerse/ levantarse
10. saberlo/ decirlo

2. **Dos en una.** Conecte las dos oraciones por medio de las palabras en paréntesis.

> **Modelo:** Iba a gastar el dinero. / Se terminó. (hasta que)
> Iba a gastar el dinero hasta que se terminara.

1. Mi tía estaba preocupada. / Me dieron el puesto. (antes de que)
2. Ella quería. / Yo encontré trabajo. (que)
3. Dije que me quedaría. / Son las siete. (hasta que)
4. El insistió. / No me fui. (que)
5. Prometí que la llamaría. / Julia llegó a casa. (en cuanto)
6. Envié la carta. / La recibieron hoy. (para que)
7. Yo llegué. / Elenita llegó. (antes de que)
8. Lo traje. / Lo viste. (para que)
9. Lo repitió varias veces. / Yo lo aprendí. (a fin de que)
10. Te dije que te avisaría. / Lo supe. (tan pronto como)

Repaso rápido: tiempos perfectos del subjuntivo

Do you remember how to form *el pretérito perfecto del subjuntivo*?

haya + participio pasado

*Espero que ya **hayan llegado**.* — I hope they have already arrived.
*Voy cuando todo **haya terminado**.* — I'll go when everything has finished.

Do you remember how to form *el pluscuamperfecto del subjuntivo*?

hubiera/hubiese + participio pasado

*No creí que **hubiera nevado**.* — I didn't believe it had snowed.
*Si **hubiera sido** jueves, ella habría ido.* — If it had been a Thursday, she would have gone.

The *si* clause, indicating a condition contrary to fact in the past, is usually paired with a clause in the conditional, indicating probability or inclination.

Si pudiera, iría. — If I could, I would go.
Si quisiera, aprendería. — If I wanted to, I would learn.

Compare the following:

Espero que hayan llamado.	I hope they have called.
Esperaba que hubieran llamado.	I was hoping they had called.
Esperaba que llamaran.	I hoped that they would call. I expected them to call.
Espero que llamen.	I hope (that) they (will) call. I expect them to call.

3. **Si hubiera sido ahora....** ¿Qué habría pasado si Cristóbal Colón hubiera vivido en nuestros días, con todos los adelantos modernos? ¿Habría descubierto un nuevo continente desconocido para nosotros? ¿Qué habría sucedido? Para las condiciones siguientes, encuentre la conclusión lógica en la columna de la derecha.

> **Modelo:** Si se hubiera encontrado con una tormenta....
> Si se hubiera encontrado con una tormenta, habría llamado por radio pidiendo ayuda.

1. Si hubiera descubierto un nuevo continente...
2. Si hubiera encontrado una isla...
3. Si hubiera visto a unos indígenas...
4. Si hubiera hablado con un indígena...
5. Si hubiera observado animales extraños...
6. Si hubiera llegado a una ciudad inca...
7. Si hubiera descubierto unas pirámides mayas...
8. Si hubiera encontrado oro...
9. Si todo esto hubiera sido verdad y no un sueño...

a. habría grabado la conversación.
b. habría hecho un video.
c. habría llamado a la reina por teléfono.
d. habría pedido que enviaran reporteros.
e. habría mandado un mapa por la máquina fax.
f. habría sacado una foto para los periódicos.
g. habría hecho una encuesta entre los habitantes.
h. habría averiguado el precio en el mercado mundial.
i. habría escrito su diario en una computadora.

4. **La verdad es que....** Lo que le pasó a Colón fue que en Europa no creyeron lo que él les contaba. Señale qué no creyeron, siguiendo las indicaciones.

> **Modelo:** descubrir nuevas tierras
> No creyeron que hubiera descubierto nuevas tierras.

1. comer frutas desconocidas
2. ver lindas playas
3. encontrar hermosos bosques
4. comerciar con indígenas amables
5. perder uno de sus botes
6. fabricar un castillo en una isla
7. dejar algunos de sus hombres allí
8. hacer un mapa verdadero

5. **Volver a encontrarse.** Suponga que tiene Ud. un amigo que se haya ido de viaje o que tenga un trabajo nuevo y hace tiempo que Uds. no conversan. Busque siete cosas que Ud. le pediría a él que le contara. Use *Cuéntame..., Háblame de..., Descríbeme..., Explícame..., Dime....*

> **Modelo:** Háblame de algo que hayas hecho.

Si hubiera encontrado una isla
en la costa atlántica de Costa Rica.

Si hubiera observado animales extraños....
(Monteverde, Costa Rica)

Vocabulario

activo,-a active
el **adelanto** advance,
   progress
afectar to affect
aficionarse to be fond of
la **antena** antenna; *antena
   parabólica* parabolic
   antenna, T.V. dish
   antenna
aprovechar to take
   advantage of
la **capacidad** ability

la **cinta** tape; *grabadora de
   cinta* tape recorder
la **comprensión**
   comprehension, under-
   standing
el **desarrollo** development
digerir (ie, i) to digest
doméstico,-a pertaining to
   the home, domestic
la **fascinación** fascination,
   enchantment
generar to generate

el **invento** invention
los **medios de comunicación**
   mass media
ocupar to occupy, to hold
el **propósito** purpose
la **rapidez** speed
tecnológico,-a
   technological
la **totalidad** totality,
   complete picture
variado,-a different, varied
la **visión** view, vision

¡La práctica hace al maestro!

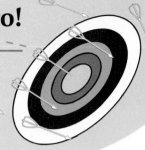

En parejas

A. Intercambien opiniones acerca de dónde les gustaría trabajar, añadiendo las horas, el sueldo, en qué ciudad, etc.

> **Modelo:** A mí me gustaría ser novelista y escribir guiones para hacer películas de mis novelas. Así viajaría....

B. Discutan las razones por las cuales una compañía debería darles a Uds., en lugar de a otras personas, las dos plazas vacantes que tiene. ¿Cuáles serían sus mejores calificaciones y cualidades personales como empleados? ¿Qué harían Uds. por la compañía si les dieran los puestos?

> **Modelo:** Si me dieran el empleo, yo haría un buen trabajo.
> Aprendería todo lo que pudiera y, si fuera necesario, estudiaría....

C. Si alguno de Uds. ha trabajado medio tiempo o en el verano, cuente sus experiencias. Diga cómo consiguió el trabajo, qué hacía y por cuánto tiempo trabajó. ¿Volvería a trabajar allí o buscaría otro lugar? ¿Qué es lo que haría diferente? Después, cambien los papeles. Si no ha trabajado, invente los detalles.

D. Tomando de modelo la entrevista de Juan Carlos y el gerente en la lección 39, preparen una entrevista similar para presentar a la clase.

En grupos

E. De la página de anuncios clasificados solicitando empleados, corten una sección para cada grupo. Lean los anuncios y escojan el que más les atraiga. Cada estudiante entonces escribirá una carta corta en respuesta a ese anuncio solicitando el trabajo y pidiendo una entrevista. Ayúdense unos a los otros para completar la carta con las frases necesarias.

F. Analicen la influencia de la tecnología en la vida moderna. ¿Podrían Uds. vivir por un tiempo sin electricidad, por ejemplo? ¿Cómo lo harían? ¿Cómo sería la vida diaria si no hubiera televisión, estéreos, refrigeradores, etc.? Usen expresiones como *si no hubiera, si no tuviéramos, si no pudiera,* y añadan lo que harían, usando el condicional: *Haría....*

> **Modelo:** Si no hubiera televisión, hablaría más con mi familia.

A escribir

Piense en su futuro dentro de tres, cinco, diez y veinte años y trate de escribir cómo será. ¿Qué estará haciendo entonces? ¿Qué problemas habrá tenido y qué otros obstáculos tendrá en el futuro? Explique sus ideas.

Ignacio Aldecoa era un observador objetivo de la
sociedad española. (San Sebastián, España)

Introducción

Ignacio Aldecoa nació en Vitoria, España, en 1925. Se le considera como uno de los escritores españoles más interesantes. Murió muy joven y en plena madurez *(maturity)* creadora en Madrid en 1969. Su obra, cuatro novelas largas y cerca de setenta cuentos, es suficiente para ubicarlo *(place him)* entre los grandes narradores contemporáneos.

Su profunda experiencia de la gente y de las tierras de España la fue convirtiendo en materia de arte con gran objetividad y deseo de comprensión de las formas de vida del país. El autor se sitúa entre sus personajes y los diferentes medios en que éstos viven y toma el papel de un observador objetivo. Por eso, en sus obras vibran personajes humanos, bien conocidos y ciertos. En estilo rico y elaborado, con una técnica realista, pero sin olvidar la nota poética, con una prosa rica, presenta al lector segmentos de la sociedad española.

Dos corazones y una sombra presenta el cuadro *(picture)* de las vidas de dos hermanas ya maduras pero aún solteras, que al comentar *(while discussing)* la próxima boda de una amiga, no pueden evitar mirar hacia sus propias vidas y sentirse frustradas *(disappointed)*. Por eso van hacia el pasado buscando explicaciones para un presente que parece no cambiará sus futuros. La rutina del presente y el vacío del futuro parecen ser sus sentimientos, según indica la frase final "Mañana era una palabra agradable y sucia".

Conteste las siguientes preguntas como preparación para la lectura.

1. Según el título *Dos corazones y una sombra* ¿qué tipo de texto es el del cuento? ¿Romántico? ¿Policial? ¿Ambos?

2. ¿Cree Ud. que las ideas modernas sobre el matrimonio son diferentes de las que se tenían antes? Si han cambiado, ¿en qué han cambiado?

3. ¿Piensa que permanecer soltera es para la mujer más difícil que para el hombre permanecer soltero? ¿Es esa idea dominante en la sociedad actual? ¿Por qué?

4. De una lectura rápida ¿cuántos personajes hay en el cuento y qué relación hay entre ellos?

Dos corazones y una sombra: Ignacio Aldecoa

Por la mañana se habían enterado de la noticia: María se iba a casar en los primeros días de junio. A la hora de comer hablaron de ello. Y hablaron mientras tomaban café; y más tarde, a las cuatro, cuando entraba por el balcón la luz de la primavera. Fue Luisa la que interrumpió la conversación sobre el matrimonio de María cuando se ausentó para fregar la vajilla° de la comida, porque era miércoles y alternaban las faenas° de la casa.

do the dishes
chores

Carmen hubiera querido abrir el balcón de par en par,° pero tuvo miedo al viento norte de abril; un miedo como una vieja costumbre. Esperó a que terminara su hermana de fregar. Con los brazos cruzados, permaneció con el oído vigilante al último rumor de la cocina.

completely open

— Me asustas — dijo Carmen.

Luisa se sentó en un sillón frente a su hermana. Y hablaron del matrimonio de María, que había cumplido cuarenta y tres años el quince de enero y se había conservado bien° hasta el principio del invierno.

*she looked good for
her age*

— ¿Enciendo la luz? — preguntó Luisa.

— Sí; y cierra las puertaventanas.°

shutters

Sigilosamente° anduvo por la habitación. Unos segundos de oscuridad y de silencio. Después, la lámpara llenó de luz la habitación, que hacía sombras en los rincones y bajo los muebles. Volvieron a hablar de María, la amiga que durante algunos meses de la guerra — exactamente cinco — tuvo un novio que era oficial del ejército,° y que como no era de la ciudad, desapareció, sin que se hubiera vuelto a saber de él. Se decían cosas que no eran creíbles,° aunque tal vez, aunque no, puesto que María...; porque se hubiera sabido, o no se hubiera sabido; pero de todas maneras, el novio con el que se iba a casar no era tonto, y en el café, en la oficina, en la

silently

army
believable

calle, en los vestíbulos° de los cines o del teatro, a la entrada y salida   *lobbies*
del partido de fútbol dominical, después de la misa de doce, hubiera
tenido ocasión de enterarse.

Llamaron a la puerta. Carmen y Luisa se levantaron sobresaltadas.°   *startled*

— ¿Quién será?

— ¿Vas tú?

— Vete tú.

— Ya sabes.

— ¿Esperabas a alguien?

— No.

Luisa salió al pasillo. Fue encendiendo luces. Al llegar a la puerta
comprobó que todo estaba en orden, que en el perchero colgaba una
gabardina de hombre, que sobre el sillón renacimiento° estaba un   *Renaissance style*
sombrero negro de hombre, que en el cubo de los paraguas había dos
bastones° y un paraguas de hombre.   *canes*

— ¿Quién es? — preguntó.

La respuesta nada decía y la luz de la escalera estaba apagada.

— Servidor.

— ¿Qué quiere usted?

¿Señoritas Luisa y Carmen Fernández? Un paquete. Abrió la
puerta lentamente. Frente a ella estaba un mozo veinteañero° que   *in his twenties*
sonreía, mientras le ofrecía con las dos manos el paquete.

— Tenga usted y buenas tardes — dijo el mozo.

— Muchas gracias y buenas tardes.

Luisa cerró la puerta.

— ¿Quién era? — preguntó Carmen.

— Un chico con este paquete.

— ¡Hija, qué susto! No me acostumbraré nunca.

— Ni yo. En cuanto oigo llamar me sobresalto.

— Allí nunca tuve miedo, pero aquí en Madrid....

— Además, en estas casas tan grandes, como una no conoce a
nadie.... Parece ropa o algo así.

— Y están sucediendo cosas todos los días. ¿Has leído lo de hoy?

— No.... Esto es ropa; ya te lo decía yo.

Terminó de abrir el paquete. Eran dos combinaciones° negras.   *lingerie*

— Son muy finas--dijo Carmen.

— ¿Cuál es la más grande? Mídelas.

— No es necesario. Se ve a ojo.°   *by sight*

— Esa es la tuya.

cubo paraguas bastones gabardina perchero

— ¿Quieres dejarla encima de mi cama? — dijo Carmen.

Luisa salió de la habitación, pero no hubo silencio y espera. Carmen hablaba de María y su boda.

— Muchas veces pienso que hemos hecho mal en venirnos a Madrid. Nos debíamos de haber quedado allí. Allí todo es más fácil, y aunque nosotras..., bueno, ¡quién sabe!, todavía hay tiempo.

La voz de Luisa llegaba lejana y confusa porque su tono era bajo.

— Allí hemos vivido cuarenta años, ¿y qué? ¿Te has casado tú, me he casado yo, di? ¿Hemos vivido alguna vez normalmente?

— Sí, pero ya ves María.°   *but look at Mary*

— El que una tenga suerte no quiere decir que nosotras la fuéramos a tener. Desde que murió papá todo ha ido mal, y no había otro remedio° que venirse a Madrid.   *recourse*

— Es que allí parece como si una estuviese más protegida.

— Tonterías. Allí todo eran obligaciones que jamás pudimos cumplir. Estamos bien en Madrid, o por lo menos mejor que allí. ¿Que María se casa? Y a ti ¿qué?°   *So what?*

Cuando Luisa entró en la habitación se hizo un silencio. Luego dijo:

— ¿Qué prepararé de cena?

— Bueno. Aún es pronto.°   *early*

No volvieron a hablar de María ni de su boda. Hablaron de gentes de la pequeña ciudad. Hablaron de veinte años atrás. Y hablaron de la casa que tenían cuando vivía papá. Y de los hombres que conocieron jóvenes y que ya tenían familia numerosa. Hablaron hasta que sonó el teléfono, que no les sobresaltaba. Luisa atendió° el teléfono, y cuando volvió a la habitación dijo: *answered*

— Es Jaime, que viene a cenar.

— Me lo figuraba.°   *I figured as much.*

Las dos hermanas dejaron la habitación y fueron a la cocina.

Era una cocina muy pequeña y muy limpia.

— ¿Querrá ir al cine?

— Las de los cines cercanos las hemos visto todas.

— Entonces jugaremos a las cartas,° ¿te parece?   *cards*

— Bien.

No volvieron a hablar de la pequeña ciudad. Hablaron de Jaime, del puesto que tenía, de lo fuerte y alto que era y de lo bien conservado que estaba para su edad. Hablaron del verano y de que, tal vez, podrían ir a una playa de Levante y de que sería una tristeza quedarse en Madrid. Cuando llamaron a la puerta, Carmen, que estaba ayudando a su hermana, salió a abrir. Era Jaime.

Luisa pensó que después de cenar en la pequeña habitación

donde pasaban las tardes, que después de gastar alguna broma° a
Jaime, ella los dejaría solos y se iría a su habitación e intentaría
leer una novela y no lo lograría. Y probablemente se dormiría
muy tarde, con un sueño desazonado.° No era su día. Oyó las
pisadas° de Jaime, que arrastraba° los zapatos por donde ella
andaba con pasos sigilosos.

to tease

*restless/ steps
dragged*

—Buenas noches, Luisita — dijo Jaime cariñosamente —
Mañana...

Mañana era una palabra agradable y sucia para la señorita Luisa.

¿Qué comprendió Ud.?

1. ¿Por qué Luisa interrumpió la conversación?
2. Carmen no quiso abrir el balcón. ¿Por qué?
3. ¿Por qué desapareció el antiguo novio de María?
4. ¿Quién golpeó la puerta y para qué?
5. ¿Qué había dentro del paquete?
6. Carmen dice "todavía hay tiempo". ¿A qué se refiere?
7. ¿Por qué habían venido las hermanas a Madrid?
8. ¿Quién llamó por teléfono y para decir qué?
9. ¿Qué piensan hacer con Jaime?
10. ¿Para cuál de las hermanas es Jaime una posibilidad de futuro?

A conversar

1. ¿Está Ud. de acuerdo con la idea de *normalidad* que tienen las hermanas en el cuento?
2. ¿Cree Ud. que es posible encontrar la mentalidad de los personajes en España todavía, o en algún otro país?
3. ¿Qué emoción o ideas le produjo leer el cuento? Trate de describir sus reacciones frente a los personajes y a la atmósfera en que viven.

A escribir

Escriba un resumen de la lectura *Dos corazones y una sombra*. Describa los personajes principales y el lugar donde se desarrolla el cuento.

Appendices

Appendix A

Grammar Review

Definite articles

	Singular	Plural
Masculine	el	los
Feminine	la	las

Indefinite articles

	Singular	Plural
Masculine	un	unos
Feminine	una	unas

Adjective/noun agreement

	Singular	Plural
Masculine	El chico es alto.	Los chicos son altos.
Feminine	La chica es alta.	Las chicas son altas.

Pronouns

Singular	Subject	Direct object	Indirect object	Object of preposition	Reflexive	Reflexive object of preposition
1st person	yo	me	me	mí	me	mí
2nd person	tú	te	te	ti	te	ti
	Ud.	lo/la	le	Ud.	se	sí
3rd person	él	lo	le	él	se	sí
	ella	la	le	ella	se	sí
Plural						
1st person	nosotros	nos	nos	nosotros	nos	nosotros
	nosotras	nos	nos	nosotras	nos	nosotras
2nd person	vosotros	os	os	vosotros	os	vosotros
	vosotras	os	os	vosotras	os	vosotras
	Uds.	los/las	les	Uds.	se	sí
3rd person	ellos	los	les	ellos	se	sí
	ellas	las	les	ellas	se	sí

Demonstrative pronouns

Singular		Plural		
Masculine	**Feminine**	**Masculine**	**Feminine**	**Neuter forms**
éste	ésta	éstos	éstas	esto
ése	ésa	ésos	ésas	eso
aquél	aquélla	aquéllos	aquéllas	aquello

Relative pronouns

que	who, whom, which, that
quien	who
quienes	who
a quien	whom
a quienes	whom
cuyo, -a	whose
el que, la que	who, which
el cual, la cual	who, which
lo que	what, that which

Possessive pronouns

Singular	Singular form	Plural form
1st person	el mío la mía	los míos las mías
2nd person	el tuyo la tuya	los tuyos las tuyas
3rd person	el suyo la suya	los suyos las suyas

Plural	Singular form	Plural form
1st person	el nuestro la nuestra	los nuestros las nuestras
2nd person	el vuestro la vuestra	los vuestros las vuestras
3rd person	el suyo la suya	los suyos las suyas

Interrogatives

qué	what
cómo	how
dónde	where
cuándo	when
cuánto, -a, -os, -as	how much, how many
cuál/cuáles	which (one)
quién/quiénes	who, whom
por qué	why
para qué	why, what for

Demonstrative adjectives

Singular		Plural	
Masculine	Feminine	Masculine	Feminine
este	esta	estos	estas
ese	esa	esos	esas
aquel	aquella	aquellos	aquellas

Possessive adjectives: short form

Singular	Singular nouns	Plural nouns
1st person	mi hermano mi hermana	mis hermanos mis hermanas
2nd person	tu hermano tu hermana	tus hermanos tus hermanas
3rd person	su hermano su hermana	sus hermanos sus hermanas
Plural	**Singular nouns**	**Plural nouns**
1st person	nuestro hermano nuestra hermana	nuestros hermanos nuestras hermanas
2nd person	vuestro hermano vuestra hermana	vuestros hermanos vuestras hermanas
3rd person	su hermano su hermana	sus hermanos sus hermanas

Possessive adjectives: long form

Singular	Singular nouns	Plural nouns
1st person	un amigo mío una amiga mía	unos amigos míos unas amigas mías
2nd person	un amigo tuyo una amiga tuya	unos amigos tuyos unas amigas tuyas
3rd person	un amigo suyo una amiga suya	unos amigos suyos unas amigas suyas
Plural	**Singular nouns**	**Plural nouns**
1st person	un amigo nuestro una amiga nuestra	unos amigos nuestros unas amigas nuestras
2nd person	un amigo vuestro una amiga vuestra	unos amigos vuestros unas amigas vuestras
3rd person	un amigo suyo una amiga suya	unos amigos suyos unas amigas suyas

Appendix B

Verbs

Present tense (indicative)

Regular present tense		
hablar *(to speak, to talk)*	hablo hablas habla	hablamos habláis hablan
comer *(to eat)*	como comes come	comemos coméis comen
escribir *(to write)*	escribo escribes escribe	escribimos escribís escriben

Present tense of reflexive verbs (indicative)

lavarse *(to wash oneself)*	me lavo te lavas se lava	nos lavamos os laváis se lavan

Preterite tense (indicative)

hablar *(to speak)*	hablé hablaste habló	hablamos hablasteis hablaron
comer *(to eat)*	comí comiste comió	comimos comisteis comieron
escribir *(to write)*	escribí escribiste escribió	escribimos escribisteis escribieron

Imperfect tense (indicative)

hablar (to speak)	hablaba	hablábamos
	hablabas	hablabais
	hablaba	hablaban
comer (to eat)	comía	comíamos
	comías	comíais
	comía	comían
escribir (to write)	escribía	escribíamos
	escribías	escribíais
	escribía	escribían

Future tense (indicative)

hablar (to speak)	hablaré	hablaremos
	hablarás	hablaréis
	hablará	hablarán
comer (to eat)	comeré	comeremos
	comerás	comeréis
	comerá	comerán
escribir (to write)	escribiré	escribiremos
	escribirás	escribiréis
	escribirá	escribirán

Conditional tense (indicative)

hablar (to speak)	hablaría	hablaríamos
	hablarías	hablaríais
	hablaría	hablarían
comer (to eat)	comería	comeríamos
	comerías	comeríais
	comería	comerían
escribir (to write)	escribiría	escribiríamos
	escribirías	escribirías
	escribiría	escribirían

Present participle

The present participle is formed by replacing the *-ar* of the infinitive with *-ando* and the *-er* or *-ir* with *-iendo*.

hablar	hablando
comer	comiendo
vivir	viviendo

Progressive tenses

The present participle is used with the verbs *estar, continuar, seguir, andar* and some other motion verbs to produce the progressive tenses. They are reserved for recounting actions that are or were in progress at the time in question.

Present tense of stem-changing verbs

Stem-changing verbs are identified in this book by the presence of vowels in parentheses after the infinitive. If these verbs end in *-ar* or *-er*, they have only one change. If they end in *-ir*, they have two changes. The stem-change of *-ar* and *-er* verbs and the first stem-change of *-ir* verbs occur in all forms of the present tense, except *nosotros* and *vosotros*.

cerrar *(ie)* *(to close)*	e ➡ ie	cierro	cerramos
		cierras	cerráis
		cierra	cierran

Verbs like **cerrar**: apretar *(to tighten)*, atravesar *(to cross)*, calentar *(to heat)*, comenzar *(to begin)*, despertar *(to wake up)*, despertarse *(to awaken)*, empezar *(to begin)*, encerrar *(to lock up)*, negar *(to deny)*, nevar *(to snow)*, pensar *(to think)*, quebrar *(to break)*, recomendar *(to recommend)*, regar *(to water)*, sentarse *(to sit down)*, temblar *(to tremble)*, tropezar *(to trip)*

contar *(ue)* *(to tell)*	o ➡ ue	cuento	contamos
		cuentas	contáis
		cuenta	cuentan

Verbs like **contar**: acordar *(to agree)*, acordarse *(to remember)*, acostar *(to put to bed)*, acostarse *(to lie down)*, almorzar *(to have lunch)*, colgar *(to hang up)*, costar *(to cost)*, demostrar *(to demonstrate)*, encontrar *(to find, to meet someone)*, mostrar *(to show)*, probar *(to taste, to try)*, recordar *(to remember)*, rogar *(to beg)*, soltar *(to loosen)* sonar *(to ring, to sound)*, soñar *(to dream)*, volar *(to fly)*, volcar *(to spill, to turn upside down)*

jugar *(ue)* *(to play)*	u ➡ ue	juego	jugamos
		juegas	jugáis
		juega	juegan

perder *(ie)* *(to lose)*	e ➡ ie	pierdo	perdemos
		pierdes	perdéis
		pierde	pierden

Verbs like **perder**: defender *(to defend)*, descender *(to descend, to go down)*, encender *(to turn on)*, entender *(to understand)*, extender *(to extend)*, tender *(to spread out)*

volver *(ue)* *(to return)*	o ➡ ue	vuelvo vuelves vuelve	volvemos volvéis vuelven

Verbs like **volver**: devolver *(to return something)*, doler *(to hurt)*, llover *(to rain)*, morder *(to bite)*, mover *(to move)*, resolver *(to solve)*, soler *(to be used to)*, torcer *(to twist)*

pedir *(i, i)* *(to ask for)*	e ➡ i	pido pides pide	pedimos pedís piden

Verbs like **pedir**: conseguir *(to obtain)*, despedirse *(to say good-bye)*, elegir *(to choose, to elect)*, medir *(to measure)*, perseguir *(to pursue)*, repetir *(to repeat)*, seguir *(to follow)*, vestirse *(to get dressed)*

sentir *(ie, i)* *(to feel)*	e ➡ ie	siento sientes siente	sentimos sentís sienten

Verbs like **sentir**: advertir *(to warn)*, arrepentirse *(to regret)*, convertir *(to convert)*, convertirse *(to become)*, divertirse *(to have fun)*, herir *(to wound)*, invertir *(to invest)*, mentir *(to lie)*, preferir *(to prefer)*, requerir *(to require)*, sugerir *(to suggest)*

dormir *(ue, u)* *(to sleep)*	o ➡ ue	duermo duermes duerme	dormimos dormís duermen

Another verb like **dormir**: morir *(to die)*

Present participle of stem-changing verbs

Stem-changing verbs that end in *-ir* use the second stem change in the present participle.

dormir *(ue, u)*	durmiendo
seguir *(i,i)*	siguiendo
sentir *(ie, i)*	sintiendo

Preterite tense of stem-changing verbs

Stem-changing verbs that end in *-ar* and *-er* are regular in the preterite tense. That is, they do not require a spelling change, and they use the regular preterite endings.

pensar *(ie)*		volver *(ue)*	
pensé	pensamos	volví	volvimos
pensaste	pensasteis	volviste	volvisteis
pensó	pensaron	volvió	volvieron

Stem-changing verbs ending in -*ir* change their third-person forms in the preterite tense, but they still require the regular preterite endings.

sentir *(ie, i)*	
sentí	sentimos
sentiste	sentisteis
sintió	sintieron

dormirse *(ue, u)*	
me dormí	nos dormimos
te dormiste	os dormisteis
se durmió	se durmieron

Regular command forms

	Affirmative		Negative
-*ar* verbs	habla	(tú)	no hables
	hablad	(vosotros)	no habléis
	hable Ud.	(Ud.)	no hable Ud.
	hablen Uds.	(Uds.)	no hablen Uds.
	hablemos	(nosotros)	no hablemos
-*er* verbs	come	(tú)	no comas
	comed	(vosotros)	no comáis
	coma Ud.	(Ud.)	no coma Ud.
	coman Uds.	(Uds.)	no coman Uds.
	comamos	(nosotros)	no comamos
-*ir* verbs	escribe	(tú)	no escribas
	escribid	(vosotros)	no escribáis
	escriba Ud.	(Ud.)	no escriba Ud.
	escriban Uds.	(Uds.)	no escriban Uds.
	escribamos	(nosotros)	no escribamos

Commands of stem-changing verbs

The stem change also occurs in *tú, Ud.* and *Uds.* commands, and the second change of *-ir* stem-changing verbs occurs in the *nosotros* command and in the negative *vosotros* command, as well.

cerrar	cierra	(tú)	no cierres
	cerrad	(vosotros)	no cerréis
	cierre Ud.	(Ud.)	no cierre Ud.
	cierren Uds.	(Uds.)	no cierren Uds.
	cerremos	(nosotros)	no cerremos
volver	vuelve	(tú)	no vuelvas
	volved	(vosotros)	no volváis
	vuelva Ud.	(Ud.)	no vuelva Ud.
	vuelvan Uds.	(Uds.)	no vuelvan Uds.
	volvamos	(nosotros)	no volvamos
dormir	duerme	(tú)	no duermas
	dormid	(vosotros)	no durmáis
	duerma Ud.	(Ud.)	no duerma Ud.
	duerman Uds.	(Uds.)	no duerman Uds.
	durmamos	(nosotros)	no durmamos

Past participle

The past participle is formed by replacing the *-ar* of the infinite with *-ado* and the *-er* or *-ir* with *-ido*.

hablar	hablado
comer	comido
vivir	vivido

Irregular past participles

abrir	abierto
cubrir	cubierto
decir	dicho
escribir	escrito
hacer	hecho
morir	muerto
poner	puesto
romper	roto
volver	vuelto
ver	visto

Present perfect tense (indicative)

The present perfect tense is formed by combining the present tense of *haber* and the past participle of a verb.

hablar *(to speak)*	he hablado has hablado ha hablado		hemos hablado habéis hablado han hablado
comer *(to eat)*	he comido has comido ha comido		hemos comido habéis comido han comido
vivir *(to live)*	he vivido has vivido ha vivido		hemos vivido habéis vivido han vivido

Pluperfect tense (indicative)

hablar	había hablado habías hablado había hablado	habíamos hablado habíais hablado habían hablado

Preterite perfect tense (indicative)

hablar	hube hablado hubiste hablado hubo hablado	hubimos hablado hubisteis hablado hubieron hablado

Future perfect tense (indicative)

hablar	habré hablado habrás hablado habrá hablado	habremos hablado habréis hablado habrán hablado

Conditional perfect tense (indicative)

hablar	habría hablado habrías hablado había hablado	habríamos hablado habríais hablado habrían hablado

Present tense (subjunctive)

hablar *(to speak)*	hable hables hable	hablemos habléis hablen
comer *(to eat)*	coma comas coma	comamos comáis coman
escribir *(to write)*	escriba escribas escriba	escribamos escribáis escriban

Imperfect tense (subjunctive)

hablar *(to speak)*	hablara (hablase) hablaras (hablases) hablara (hablase)	habláramos (hablásemos) hablarais (hablaseis) hablaran (hablasen)
comer *(to eat)*	comiera (comiese) comieras (comieses) comiera (comiese)	comiéramos (comiésemos) comierais (comieseis) comieran (comiesen)
escribir *(to write)*	escribiera (escribiese) escribieras (escribieses) escribiera (escribiese)	escribiéramos (escribiésemos) escribierais (escribieseis) escribieran (escribiesen)

Present perfect tense (subjunctive)

hablar	haya hablado hayas hablado haya hablado	hayamos hablado hayáis hablado hayan hablado

Pluperfect tense (subjunctive)

hablar	hubiera (hubiese) hablado hubieras (hubieses) hablado hubiera (hubiese) hablado	hubiéramos (hubiésemos) hablado hubierais (hubieseis) hablado hubieran (hubiesen) hablado

Verbs with irregular forms

The following charts provide irregular forms of some frequently used Spanish verbs.

abrir *(to open)*	
past participle	abierto
Similar to:	cubrir *(to cover)*, descubrir *(to discover)*

actuar *(to act)*	
present	actúo, actúas, actúa, actuamos, actuáis, actúan
present subjunctive	actúe, actúes, actúe, actuemos, actuéis, actúen
Similar to:	continuar *(to continue)*, graduarse *(to graduate)*

adquirir *(to acquire)*	
present	adquiero, adquieres, adquiere, adquirimos, adquirís, adquieren

andar *(to walk, to ride)*	
preterite	anduve, anduviste, anduvo, anduvimos, anduvisteis, anduvieron

buscar *(to look for)*	
preterite	busqué, buscaste, buscó, buscamos, buscasteis, buscaron
present subjunctive	busque, busques, busque, busquemos, busquéis, busquen
Similar to:	acercarse *(to get close, to approach)*, arrancar *(to start a motor)*, colocar *(to place)*, criticar *(to criticize)*, chocar *(to crash)*, equivocarse *(to make a mistake)*, explicar *(to explain)*, marcar *(to score a point)*, pescar *(to fish)*, platicar *(to chat)*, practicar *(to practice)*, sacar *(to take out)*, tocar *(to touch, to play an instrument)*

caber *(to fit into, to have room for)*

present	quepo, cabes, cabe, cabemos, cabéis, caben
preterite	cupe, cupiste, cupo, cupimos, cupisteis, cupieron
future	cabré, cabrás, cabrá, cabremos, cabréis, cabrán
present subjunctive	quepa, quepas, quepa, quepamos, quepáis, quepan

caer *(to fall)*

present	caigo, caes, cae, caemos, caéis, caen
preterite	caí, caíste, cayó, caímos, caísteis, cayeron
present participle	cayendo
present subjunctive	caiga, caigas, caiga, caigamos, caigáis, caigan
past participle	caído

conocer *(to know)*

present	conozco, conoces, conoce, conocemos, conocéis, conocen
present subjunctive	conozca, conozcas, conozca, conozcamos, conozcáis, conozcan
Similar to:	agradecer *(to thank)*, aparecer *(to appear)*, complacer *(to please)*, crecer *(to grow, to increase)*, desaparecer *(to disappear)*, merecer *(to deserve)*, nacer *(to be born)*, obedecer *(to obey)*, ofrecer *(to offer)*, permanecer *(to remain)*, pertenecer *(to pertain)*, reconocer *(to recognize)*

construir *(to build)*

present	construyo, construyes, construye, construimos, construís, construyen
preterite	construí, construiste, construyó, construimos, construisteis, construyeron
present participle	construyendo
present subjunctive	construya, construyas, construya, construyamos, construyáis, construyan
Similar to:	destruir *(to destroy)*, distribuir *(to distribute)*, huir *(to flee)*

convencer *(to convince)*	
present	convenzo, convences, convence, convencemos, convencéis, convencen
present subjunctive	convenza, convenzas, convenza, convenzamos, convenzáis, convenzan
Similar to:	vencer *(to win, to expire)*

cubrir *(to cover)*	
past participle	cubierto
Similar to:	abrir *(to open)*, descubrir *(to discover)*

dar *(to give)*	
present	doy, das, da, damos, dais, dan
preterite	di, diste, dio, dimos, disteis, dieron
present subjuctive	dé, des, dé, demos, deis, den

decir *(to say, to tell)*	
present	digo, dices, dice, decimos, decís, dicen
preterite	dije, dijiste, dijo, dijimos, dijisteis, dijeron
present participle	diciendo
command	di (tú)
future	diré, dirás, dirá, diremos, diréis, dirán
present subjunctive	diga, digas, diga, digamos, digáis, digan
past participle	dicho
Similar to:	predecir *(to predict)*

dirigir *(to direct)*	
present	dirijo, diriges, dirige, dirigimos, dirigís, dirigen
present subjuctive	dirija, dirijas, dirija, dirijamos, dirijáis, dirijan
Similar to:	corregir *(to correct)*, elegir *(to elect)*, exigir *(to demand)*, fingir *(to pretend)*

distinguir *(to distinguish)*	
present	distingo, distingues, distingue, distinguimos, distinguís, distinguen
present subjunctive	distinga, distingas, distinga, distingamos, distingáis, distingan
Similar to:	conseguir *(to obtain)*, perseguir *(to pursue)*, seguir *(to follow)*

empezar *(to begin)*	
present	empiezo, empiezas, empieza, empezamos, empezáis, empiezan
present subjunctive	empiece, empieces, empiece, empecemos, empecéis, empiecen
Similar to:	alcanzar *(to reach)*, almorzar *(to eat lunch)*, alzar *(to raise)*, amenazar *(to threaten)*, analizar *(to analyze)*, aterrizar *(to land)*, avanzar *(to advance)*, comenzar *(to begin)*, cruzar *(to cross)*, gozar *(to enjoy)*, realizar *(to attain, to bring about)*, tropezar *(to stumble, to trip)*, utilizar *(to use)*

enviar *(to send)*	
present	envío, envías, envía, enviamos, enviáis, envían
present subjunctive	envíe, envíes, envíe, enviemos, enviéis, envíen
Similar to:	confiar *(to trust)*, desafiar *(to challenge)*, esquiar *(to ski)*, vaciar *(to empty)*, variar *(to vary)*

escribir *(to write)*	
past participle	escrito
Similar to:	describir *(to describe)*

escoger *(to choose)*	
present	escojo, escoges, escoge, escogemos, escogéis, escogen
Similar to:	coger *(to pick)*, proteger *(to protect)*, recoger *(to pick up)*

estar *(to be)*	
present	estoy, estás, está, estamos, estáis, están
preterite	estuve, estuviste, estuvo, estuvimos, estuvisteis, estuvieron
present subjunctive	esté, estés, esté, estemos, estéis, estén

haber *(to have)*	
present	he, has, ha, hemos, habéis, han
preterite	hube, hubiste, hubo, hubimos, hubisteis, hubieron
future	habré, habrás, habrá, habremos, habréis, habrán
present subjunctive	haya, hayas, haya, hayamos, hayáis, hayan

hacer *(to do, to make)*	
present	hago, haces, hace, hacemos, hacéis, hacen
preterite	hice, hiciste, hizo, hicimos, hicisteis, hicieron
command	haz (tú)
future	haré, harás, hará, haremos, haréis, harán
present subjunctive	haga, hagas, haga, hagamos, hagáis, hagan
past participle	hecho
Similar to:	satisfacer *(to satisfy)*, deshacer *(to undo)*

ir *(to go)*	
present	voy, vas, va, vamos, vais, van
preterite	fui, fuiste, fue, fuimos, fuisteis, fueron
imperfect	iba, ibas, iba, íbamos, ibais, iban
present participle	yendo
command	ve (tú)
present subjunctive	vaya, vayas, vaya, vayamos, vayáis, vayan

leer *(to read)*	
preterite	leí, leíste, leyó, leímos, leísteis, leyeron
present participle	leyendo
past participle	leído
Similar to:	creer *(to believe)*

llegar *(to arrive)*	
preterite	llegué, llegaste, llegó, llegamos, llegasteis, llegaron
present subjunctive	llegue, llegues, llegue, lleguemos, lleguéis, lleguen
Similar to:	agregar *(to add)*, apagar *(to turn off)*, asegurar *(to fasten securely)*, colgar *(to hang up)*, despegar *(to take off)*, entregar *(to hand in)*, jugar *(to play)*, negar *(to deny)*, pagar *(to pay for)*, pegar *(to hit)*, regar *(to water)*, rogar *(to beg)*, tragar *(to swallow)*

morir *(to die)*	
past participle	muerto

oír *(to hear)*	
present	oigo, oyes, oye, oímos, oís, oyen
preterite	oí, oíste, oyó, oímos, oísteis, oyeron
present participle	oyendo
present subjunctive	oiga, oigas, oiga, oigamos, oigáis, oigan
past participle	oído

poder *(to be able)*	
present	puedo, puedes, puede, podemos, podéis, pueden
preterite	pude, pudiste, pudo, pudimos, pudisteis, pudieron
present participle	pudiendo
future	podré, podrás, podrá, podremos, podréis, podrán
present subjunctive	pueda, puedas, pueda, podamos, podáis, puedan

poner *(to put, to place, to set)*	
present	pongo, pones, pone, ponemos, ponéis, ponen
preterite	puse, pusiste, puso, pusimos, pusisteis, pusieron
command	pon (tú)
future	pondré, pondrás, pondrá, pondremos, pondréis, pondrán
present subjunctive	ponga, pongas, ponga, pongamos, pongáis, pongan
past participle	puesto
Similiar to:	componer *(to fix)*, oponerse a *(to oppose)*, proponer *(to propose)*, suponer *(to suppose)*

producir *(to produce)*	
present	produzco, produces, produce, producimos, producís, producen
preterite	produje, produjiste, produjo, produjimos, produjisteis, produjeron
present subjunctive	produzca, produzcas, produzca, produzcamos, produzcáis, produzcan
Similar to:	conducir *(to drive)*, traducir *(to translate)*

proteger *(to protect)*	
present	protejo, proteges, protege, protegemos, protegéis, protegen
present subjunctive	proteja, protejas, proteja, protejamos, protejáis, protejan

querer *(to wish, to want, to love)*	
present	quiero, quieres, quiere, queremos, queréis, quieren
preterite	quise, quisiste, quiso, quisimos, quisisteis, quisieron
future	querré, querrás, querrá, querremos, querréis, querrán
present subjunctive	quiera, quieras, quiera, querramos, querráis, quieran

reír *(to laugh)*	
present	río, ríes, ríe, reímos, reís, ríen
preterite	reí, reíste, rió, reímos, reísteis, rieron
present participle	riendo
present subjunctive	ría, rías, ría, ríamos, riáis, rían
Similar to:	freír *(to fry)*, sonreír *(to smile)*

romper *(to break)*	
past participle	roto

saber *(to know, to know how)*	
present	sé, sabes, sabe, sabemos, sabéis, saben
preterite	supe, supiste, supo, supimos, supisteis, supieron
future	sabré, sabrás, sabrá, sabremos, sabréis, sabrán
present subjunctive	sepa, sepas, sepa, sepamos, sepáis, sepan

salir *(to leave)*	
present	salgo, sales, sale, salimos, salís, salen
command	sal (tú)
future	saldré, saldrás, saldrá, saldremos, saldréis, saldrán
present subjunctive	salga, salgas, salga, salgamos, salgáis, salgan

seguir *(to follow)*	
present	sigo, sigues, sigue, seguimos, seguís, siguen
present subjunctive	siga, sigas, siga, sigamos, sigáis, sigan

ser *(to be)*	
present	soy, eres, es, somos, sois, son
preterite	fui, fuiste, fue, fuimos, fuisteis, fueron
imperfect	era, eras, era, éramos, erais, eran
command	sé (tú)
present subjunctive	sea, seas, sea, seamos, seáis, sean

tener *(to have)*	
present	tengo, tienes, tiene, tenemos, tenéis, tienen
preterite	tuve, tuviste, tuvo, tuvimos, tuvisteis, tuvieron
command	ten (tú)
future	tendré, tendrás, tendrá, tendremos, tendréis, tendrán
present subjunctive	tenga, tengas, tenga, tengamos, tengáis, tengan
Similar to:	contener *(to contain)*, detener *(to stop)*, mantener *(to maintain)*, obtener *(to obtain)*

torcer *(to twist)*	
present	tuerzo, tuerces, tuerce, torcemos, torcéis, tuercen
present subjunctive	tuerza, tuerzas, tuerza, torzamos, torzáis, tuerzan

traer *(to bring)*	
present	traigo, traes, trae, traemos, traéis, traen
preterite	traje, trajiste, trajo, trajimos, trajisteis, trajeron
present participle	trayendo
present subjunctive	traiga, traigas, traiga, traigamos, traigáis, traigan
past participle	traído
Similar to:	atraer *(to attract)*

valer *(to be worth)*	
present	valgo, vales, vale, valemos, valéis, valen
preterite	valí, valiste, valió, valimos, valisteis, valieron
future	valdré, valdrás, valdrá, valdremos, valdréis, valdrán
present subjunctive	valga, valgas, valga, valgamos, valgáis, valgan

venir *(to come)*	
present	vengo, vienes, viene, venimos, venís, vienen
preterite	vine, viniste, vino, vinimos, vinisteis, vinieron
present participle	viniendo
command	ven (tú)
future	vendré, vendrás, vendrá, vendremos, vendréis, vendrán
present subjunctive	venga, vengas, venga, vengamos, vengáis, vengan
Similar to:	convenir *(to suit, to agree)*

ver *(to see)*	
present	veo, ves, ve, vemos, veis, ven
preterite	vi, viste, vio, vimos, visteis, vieron
imperfect	veía, veías, veía, veíamos, veíais, veían
present subjunctive	vea, veas, vea, veamos, veáis, vean
past participle	visto

volver *(to return)*	
past participle	vuelto
Similar to:	devolver *(to return something)*, resolver *(to solve)*

Appendix C

Numbers

Ordinal numbers

1—primero,-a (primer)	6—sexto,-a
2—segundo,-a	7—séptimo,-a
3—tercero,-a (tercer)	8—octavo,-a
4—cuarto,-a	9—noveno,-a
5—quinto,-a	10—décimo,-a

Cardinal numbers 0-1.000

0—cero	25—veinticinco
1—uno	26—veintiséis
2—dos	27—veintisiete
3—tres	28—veintiocho
4—cuatro	29—veintinueve
5—cinco	30—treinta
6—seis	31—treinta y uno
7—siete	32—treinta y dos
8—ocho	33—treinta y tres, etc.
9—nueve	40—cuarenta
10—diez	50—cincuenta
11—once	60—sesenta
12—doce	70—setenta
13—trece	80—ochenta
14—catorce	90—noventa
15—quince	100—cien/ciento
16—dieciséis	200—doscientos,-as
17—diecisiete	300—trescientos,-as
18—dieciocho	400—cuatrocientos,-as
19—diecinueve	500—quinientos,-as
20—veinte	600—seiscientos,-as
21—veintiuno	700—setecientos,-as
22—veintidós	800—ochocientos,-as
23—veintitrés	900—novecientos,-as
24—veinticuatro	1.000—mil

Appendix D

Syllabification

Spanish vowels may be weak or strong. The vowels *a, e* and *o* are strong, whereas *i* (and sometimes *y*) and *u* are weak. The combination of one weak and one strong vowel or of two weak vowels produces a diphthong, two vowels pronounced as one.

A word in Spanish has as many syllables as it has vowels or diphthongs.

> al gu nas
> cie lo
> pa la bra

A single consonant (including *ch, ll, rr*) between two vowels accompanies the second vowel and begins a syllable.

> a mi ga
> fa vo ri to
> so cial

Two consonants are divided, the first going with the previous vowel and the second going with the following vowel.

> an tes
> quin ce
> ter mi nar

A consonant plus *l* or *r* is inseparable except for *rl, sl* and *sr*.

    ma dre
    pa la bra
    ta ble ro
    Car los
    is la

If three consonants occur together, the last, or any inseparable combination, accompanies the following vowel to begin a syllable.

    mien tras
    som bre ro
    trans por te

Prefixes should remain intact.

    des ves tir se

Appendix E

Accentuation

Words that end in *a, e, i, o, u, n* or *s* are pronounced with the major stress on the next-to-the-last syllable. No accent mark is needed to show this emphasis.

    octubre
    refresco
    señora

Words that end in any consonant except *n* or *s* are pronounced with the major stress on the last syllable. No accent mark is needed to show this emphasis.

    escribir
    papel
    reloj

Words that are not pronounced according to the above two rules must have a written accent mark.

    acuático
    atención
    después
    lápiz

An accent mark may be necessary to distinguish identical words with different meanings.

    dé/de
    qué/que
    sí/si
    sólo/solo

An accent mark is used to divide a diphthong into two separate syllables.

    día
    frío
    hacía

Vocabulary Spanish/English

All active words introduced in *Somos así 3* appear in this end vocabulary. The number following an entry indicates the lesson in which an item is first actively used. Additional words and expressions are included for reference. Obvious cognates and expressions that occur as passive vocabulary for recognition only have been excluded from this end vocabulary.

Abbreviations

f. feminine
m. masculine
pl. plural
pp. past participle
s. singular

A

a to, at, in; *a bordo de* on board, aboard; *a cada rato* frequently *14*; *a cargo de* in charge of; *a eso de* at about (time); *a fin de que* in order to, so that; *a la medida* custom-made *35*; *a mano* by hand; *a mediados de* in the middle of *21*; *a menudo* frequently, often *33*; *a menos que* unless *27*; *a pie* on foot; *a principio de* at the beginning *6*; *a punto de* about to, on the verge of *24*; *¡A que no lo sabes!* I bet you don't know! *30*; *a que (sí/no)* I'll bet (yes/no); *a rayas* striped *34*; *a tiempo* on time; *a veces* at times; *a tientas* in the dark, uncertainly, at random
abajo down, lower, downstairs
el **abanico** fan
el **abecedario** alphabet

abierto,-a open, opened
el **abogado, la abogada** lawyer
abordar to board
el **abrazo** embrace
el **abrelatas** can opener *26*
abreviado,-a abbreviated
el **abrigo** coat
abril April
abrir to open; *pp. abierto*; *abrir con llave* to unlock *23*
abrocharse to fasten
absurdo,-a absurd *16*
la **abuela** grandmother
el **abuelo** grandfather; *pl. los abuelos* grandparents
aburrido,-a boring, bored *2*
aburrir to bore
aburrirse to get bored *5*
acá here
acabar to finish; *acabar de (+ infinitive)* to have just (done something)
el **accidente** accident *13*
la **acción** action
el **aceite** oil
la **aceituna** olive *25*
el **acelerador** gas pedal,

accelerator *17*
acelerar to speed up, to accelerate *17*
el **acento** accent
acentuar to accentuate *37*
aceptar to accept
la **acera** sidewalk
acerca de about
acercar, acercarse a to approach, to draw near
el **acero** steel
acertar to manage, to conjecture right, to be right by chance
ácido,-a acid, sour *13*
aclarar to clarify *10*
acomodado,-a rich, wealthy, convenient *35*
el **acomodador, la acomodadora** usher *4*
el **acompañamiento** accompaniment
acompañar to accompany
acondicionado,-a conditioned
aconsejar to advise
el **acontecimiento** happening
acordar (ue) to agree; *hacer acordar de* to remind

acordarse (ue) to remember, to recall, to recollect 5
acorralado,-a cornered
acostado,-a lying down
acostar (ue) to put to bed, to lie down
acostarse (ue) to go to bed
acostumbrado,-a accustomed
acostumbrarse to become accustomed to, to get used to
la **actividad** activity
activo,-a active 40
la **actriz** actress
actual present, current 1
la **actualidad** present time
actualmente currently, nowadays
actuar to act 37
acuático,-a aquatic, pertaining to water
el **acuerdo** agreement; *de acuerdo* agreed; *ponerse de acuerdo* to come to an agreement 14
el **acusado, la acusada** accused, defendant 15
adaptar to adapt
adecuado,-a adequate
adelantado,-a early, advanced; *por adelantado* in advance 23
adelantarse to be early, to be ahead of time 22
adelante straight ahead
el **adelanto** advance, progress 40
además besides; *además de* besides, in addition to
adentro inside, within
el **aderezo** (salad) dressing
la **adición** addition, bill
adiós good-bye
la **adivinanza** riddle, guess
adivinar to guess 3
admirar to admire
adonde (to) where
¿adónde? (to) where?
adornar to decorate
el **adorno** decoration
adquirir to purchase, to obtain 39
la **aduana** customs house
la **advertencia** warning
advertir (ie, i) to warn 1
aéreo,-a aerial
el **aeropuerto** airport
afectar to affect 40
el **afecto** affection
afeitar to shave

afeitarse to shave oneself
aficionado,-a fond; *ser aficionado, -a a* to be fond of 35
el **aficionado, la aficionada** fan, amateur
aficionarse to become fond of 40
afirmativamente affirmatively, positively
afirmativo,-a affirmative, positive
afuera outside
las **a fueras** suburbs
agitado,-a agitated, upset 30
agosto August
agotado,-a worn out
agradable nice, pleasant, agreeable
agradar to please
agradecer to thank, to appreciate 10; *¡Cuánto te lo agradezco!* I really appreciate it!
agradecido,-a grateful 9; *Muy agradecido,-a.* Many thanks. 9
agregar to add
agrícola agricultural
el **agua** *f.* water
el **aguacate** avocado
el **aguacero** strong rain shower 22
el **aguafiestas, la aguafiestas** kill-joy 19
aguantar to bear, to stand
ah oh, ah
ahí there 1; *Te veo por ahí.* I'll see you around. 1; *Ahí mismo.* Right there. 6
el **ahijado, la ahijada** godchild 9
ahora now; *ahora mismo* right now
ahorrar to save 21
los **ahorros** savings 39
ahumado,-a smoked 28
el **aire** air; *aire acondicionado* air conditioning; *al aire libre* outdoors
aislado,-a isolated
el **ajedrez** chess
el **ají picante** chili pepper
el **ajo** garlic
al to the...; *al (+ infinitive)* on, when, at, upon (doing something); *al extranjero* overseas, abroad 20

el **ala** *f.* wing 26
el **alba** dawn
el **albañil** mason, construction worker
la **alberca** swimming pool
el **albergue** hostel
alcanzar to bring, to reach 5
alcohólico,-a alcoholic 30
alegrarse (de) to be glad, to be happy to, to become happy
alegre glad, happy
la **alegría** joy
alemán, alemana German
Alemania Germany
la **alergia** allergy 32
alerta alert; *mantenerse alerta* to keep one's eyes open 33
la **alfombra** rug
algo something, somewhat
el **algodón** cotton
alguien someone, somebody
algún form of *alguno* before a masculine singular noun
alguno,-a some
el **alimento** food 27
el **alivio** relief 36
allá there, over there
allí there
el **alma** *f.* soul, spirit
el **almacén** department store, warehouse, grocery store
la **almeja** clam
la **almendra** almond 28
la **almohada** pillow 23
almorzar (ue) to eat lunch
el **almuerzo** lunch 37
aló hello (on the phone)
alojarse to lodge
alquilar to rent
alrededor de around
alternar to alternate
alto,-a tall, high; *alta mar* deep sea; *alto* stop
los **altos** upstairs
el **alumbrado** light
alumbrar to light up
el **alumno, la alumna** student 14
alzar to raise, to lift; *alzar los hombros* to shrug
el **ama (de llaves)** housekeeper
amable kind, nice
el **amanecer** dawn, *al amanecer* at dawn
amargo,-a bitter 28
amarillento,-a yellowish

amarillo,-a yellow

la **ambición** ambition 14

el **ambiente** ambience, atmosphere

ambos,-as both 9

la **América del Norte** North America

la **América Central** Central America

la **América del Sur** South America

americano,-a American, United States citizen

el **amigo, la amiga** friend; *amigo/a por correspondencia* pen pal

la **amistad** friendship

el **amo** master, owner 13

el **amor** love

el **amparo** asylum, protection, refuge

anaranjado,-a orange (color)

ancho,-a wide, loose 35

anciano,-a old; *el anciano* old man; *la anciana* old woman 36

andar to walk

el **andén** platform at a train station 24

anglosajón, anglosajona Anglo-Saxon

el **anillo** ring, engagement ring 35

animado,-a animated; *dibujo animado* animated cartoon 4

el **animal** animal; *animal de peluche* stuffed animal

animar to encourage

anoche last night

el **anochecer** dark, dusk

anotar to note, to take notes

ante before

anteanoche night before last

anteayer day before yesterday

la **antena** antenna; *antena parabólica* parabolic antenna, TV dish antenna 40

antepenúltimo,-a second from the end

anterior preceding, previous, before, former 25

antes beforehand; *antes de* before; *antes (de) que* before (followed by subject and verb)

la **anticipación** anticipation, well ahead of time; *con (time) de anticipación* in advance 23

anticipar to anticipate, to look forward to

antigüedad antiquity

antiguo,-a ancient, old, former

las **Antillas** Antilles, West Indies

antipático,-a unpleasant, unfriendly 2

el **antojo** craving, sudden desire; *tener antojo* to have a whim, desire 19

el **anuario** yearbook

anunciar to announce, to advertise 37

el **anuncio** announcement, advertisement; *anuncios clasificados* classified ads

añadir to add

el **año** year; *tener...años* to be...years old

apagar to turn off (an appliance) 4, to muffle, to extinguish

el **aparador** cupboard, china cabinet, counter

el **aparato** telephone, apparatus, appliance, machine 12

aparecer to appear 1

la **apariencia** appearance 30

el **Apartado Postal** Post Office Box 37

apartar to part, separate, to divide

apartarse to go away from

aparte de apart from 10

el **apellido** surname, last name, family name 1

apenado,-a sad

apenas barely, scarcely

el **apetito** appetite

el **apio** celery

aplastar to flatten, to smash

el **apodo** nickname 1

apostar (ue) to bet

aprender to learn

apresado,-a imprisoned

apresurado,-a in a hurry

apretado,-a tight-fitting

apretar (ie) to compress, to tighten, to be too tight; *apretar el paso* to quicken the pace

la **aprobación** approval 30

aprobar (ue) to approve

apropiado,-a appropriate

aprovechar to take advantage of, to make good use of 40

aprovecharse (de) to be useful, to progress, to take advantage (of)

aproximadamente approximately

apuntar to aim, to write down 13

apurarse to hurry (up)

el **apuro** haste 25

aquel, aquella that (far away)

aquél, aquélla that (one)

aquello that

aquellos, aquellas those (far away)

aquéllos, aquéllas those (ones)

aquí here

árabe Arabian

el **arañazo** scratch 29

arbitrario,-a arbitrary

el **árbitro** umpire

el **árbol** tree

el **arco** arch

arduo,-a hard, difficult

el **área** *f.* area

la **arena** sand

el **arenal** sandy ground

el **arete** earring

argentino,-a Argentinean

el **argumento** plot 4

el **arma** weapon, arm

el **armario** cupboard

el **arpa** *f.* harp

arqueológico,-a archaeological

el **arqueólogo, la arqueóloga** archaeologist

el **arquitecto, la arquitecta** architect 9

arquitectónico,-a architectural

arrancar to force out, to remove, to take away

arreglar to arrange

el **arreglo** arrangement

arrepentirse (ie, i) to repent, to regret 21

arriba up, upper, upstairs; *arriba de* above

arrodillarse to kneel

arrojar to throw away

el **arroyo** brook

el **arroz** rice

arruinar to ruin 27

el **arte** *f.* art

el **artefacto** artifact

la **artesanía** artisanship, handicrafts

el **artesano, la artesana** artisan

el **asa** *f.* handle

el **asador** roaster (oven), grill, restaurant 21

asar to roast, broil, grill, barbecue 25

el **ascensor** elevator 23

asegurar to assure, to insure; *asegurarse* to assure oneself, to be certain, to double-check el **asesinato** assassination, murder 15

el **asesino, la asesina** assassin, murderer 15

así thus, so, that way; *así, así* so, so; *así como* as well as

el **asiento** seat

la **asignatura** subject (of academic study) 6

asimismo likewise, precisely

asistir a to attend

el **asma** asthma 32

asociado,-a associated

asociar to associate

asomarse to look out, to look from, to look over

el **aspecto** aspect, appearance

la **aspiración** aspiration

la **aspiradora** vacuum cleaner 8

la **aspirina** aspirin 31

asumir to assume

el **asunto** matter 13

asustarse to get scared, to become afraid 29

atacar to attack 16

atado,-a tied 38

la **atención** attention; *prestar atención* to pay attention

atentamente sincerely (in a letter), attentively

atenuar to lessen, to attenuate, to diminish 37

aterrizar to land (airplane)

el **ático** attic

el **atleta, la atleta** athlete 2

atlético,-a athletic

el **atletismo** track

atraer to attract

atrás behind, in the back 7

atrasado,-a backward 16

atravesar (ie) to go across 23

atrayente attractive 39

atreverse to dare 21

el **auditorio** auditorium

aumentar to increase 11

el **aumento** increase 39

aún (aun) even, yet

aunque although, even if

la **ausencia** absence

el **autobús** bus

el **automóvil** automobile, car 17

autónomo,-a autonomous (self-governing)

la **autopista** freeway, highway, tollway, speedway 18

el **auxilio** help 29; *¡Auxilio!* Help! 29

avanzado,-a advanced 14

avanzar to advance, to go forward

el **ave** *f.* fowl, bird 28

la **avenida** avenue

la **aventura** adventure

averiguar to find out, to inquire, to investigate 11

el **avión** airplane

avisar to warn, to notify

el **aviso** warning

ayer yesterday

la **ayuda** help

el **ayudante, la ayudante** helper

ayudar to help

la **azafata** stewardess

la **azotea** flat roof

azteca pertaining to the Aztec Indians

el **azúcar** sugar

la **azucarera** sugar bowl

azul blue

B

el **bacalao** cod 25

el **bachiller, la bachiller** person who has completed the requirements for the *bachillerato*

el **bachillerato** bachelor's degree, high school diploma

la **bahía** bay

bailar to dance

la **bailarina** ballerina, female dancer 14

el **baile** dance

la **bajada** decrease, fall 30

bajar to lower, to descend; *bajar de* to get out (vehicle); *bajar de peso* to lose weight 30

bajo,-a short (not tall), low

los **bajos** downstairs

la **bala** bullet

balancear to balance 30

el **balazo** gunshot 15

el **balboa** Panamanian currency 34

el **balcón** balcony 4

la **baldosa** tile

el **baloncesto** basketball

el **banco** bank, bench

la **banda** musical band

la **bandera** flag

bañar to bathe; *bañarse* to bathe, to take a bath, to take a shower

la **bañera** bathtub 23

el **baño** bath, bathroom

barato,-a cheap, inexpensive

la **barba** beard 3

la **barbería** barbershop 18

el **barco, la barca** ship, boat

barrer to sweep 8

el **barrio** section of city, neighborhood

barroco,-a baroque

basado,-a based

el **básquetbol** basketball

el **basquetbolista, la basquebolista** basketball player 2

bastante enough, quite, rather

la **basura** garbage 8

la **bata** robe, bathrobe

la **batidora** beater 26

batir to beat 26

el **baúl** trunk

el **bautizo** baptism

el **bazar** bazaar, market

el **bebé** baby

beber to drink

la **bebida** beverage

la **beca** scholarship 14

el **béisbol** baseball

el **beisbolista, la beisbolista** baseball player

la **Bella Durmiente** Sleeping Beauty

la **belleza** beauty 2

el **beneficio** benefit 39

besar to kiss

el **beso** kiss

la **biblioteca** library

el **bibliotecario, la bibliotecaria** librarian

la **bicicleta** bicycle

bien well

la **bienvenida** welcome

bienvenido,-a welcome

el **bigote** moustache 3

bilingüe bilingual

el **billete** ticket, bill (money) 34

la **billetera** wallet, billfold

la **biología** biology

la **bisabuela** great-grandmother

el **bisabuelo** great-grandfather

el **bistec** beefsteak 28

blanco,-a white

el **blanco** target; *dar en el blanco* to hit the target

la **blancura** whiteness

blando,-a soft, bland

la **blusa** blouse 20

la **boca** mouth

la **bocacalle** street intersection, place where a block begins *18*

el **bocadillo** sandwich, snack

el **bocado** mouthful

bocarriba face up

la **boda** wedding *9*

la **bola** ball

el **boletín** bulletin *22*

el **boleto** ticket

el **bolígrafo** ballpoint *6*

boliviano,-a Bolivian

la **bolsa** bag, sack

el **bolsillo** pocket *35*

el **bombero, la bombera** firefighter *18*

la **bondad** goodness, kindness, courteousness; *tengan la bondad de* be kind enough to *23*

bonito,-a pretty

bordado,-a embroidered *20*

bordeado,-a bordered *24*

bordo aboard; *a bordo de* on board, aboard

borrar to erase *6*

el **bosque** forest

la **bota** boot

el **bote** boat

la **botella** bottle *28*

el **botón** button

el **botones** bellboy

el **boxeo** boxing

brasileño,-a Brazilian

bravo,-a fierce

el **brazo** arm

breve brief

brillante brilliant

brillar to shine

la **broma** joke

bromear to joke *28*

el **bronce** bronze

broncearse to tan

bruscamente abruptly

bucear to (scuba) dive

el **buceo** scuba diving

buen form of *bueno* (before a masculine singular noun)

bueno,-a good, well, okay, hello (telephone greeting in Mexico); *Buenos días.* Good morning.; *¡Ya está bueno de tanta formalidad!* Enough formality! *1*; *el buen rato* good time *24*

la **bufanda** scarf *34*

el **bullicio** bustle, noise

burlarse to make fun of

el **burro, la burra** donkey

buscar to look for

el **buzón** mailbox *20*

 C

el **caballero** gentleman *9*

el **caballo** horse

el **cabello** hair

caber to fit into

la **cabeza** head

la **cabina** cabin, cockpit (of a plane); *cabina telefónica* telephone booth *12*

el **cabo** end; *al fin y al cabo* after all, in the end *33*

el **cabrito** baby goat

la **cacerola** pan *26*

el **cacharro** jalopy, old wreck, old car, earthen pot

cada each

la **cadena** chain *35*

caer to fall; *caerse* to fall down, *caerle a uno* to be becoming to one, to fit; *caerse la comunicación* to cut off communication

el **café** coffee, cafe; *de color café* brown

la **caída** fall *30*

caído,-a fallen

la **caja** box, cashier's cage; *caja de seguridad* safe

el **cajero, la cajera** cashier

la **calabaza** pumpkin, squash *25*

el **calamar** squid

la **calamidad** calamity *22*

el **calcetín** sock

calcular to calculate

el **cálculo** calculus

el **calendario** calendar

calentar (ie) to heat

la **calidad** quality

cálido,-a warm

caliente hot

calmadamente calmly, quietly *27*

calmarse to calm down

el **calor** heat; *Hace calor.* It's hot.

calvo,-a bald *2*

la **calzada** paved road *18*

calzar to wear shoes *36*

callado,-a quiet *19*

callarse to be quiet, to be still, to hush

la **calle** street

el **callejón** alley *18*; *callejón sin salida* blind alley *18*

la **cama** bed; *sofá-cama* sofa-sleeper; *ropa de cama* bed linen

la **cámara** camera

el **camarero, la camarera** food server

el **camarón** shrimp

el **camastro** lounge chair

cambiar to change, to exchange

el **cambio** change; *en cambio* on the other hand *26*

el **camello** camel

caminar to walk; *caminar a tientas* to grope in the dark

el **camino** road; *camino de* on the way to

el **camión** truck, bus (Mexico)

el **camionero** truck driver, bus driver (Mexico)

la **camisa** shirt

el **camisón** nightgown *34*

el **campeonato** championship

el **campesino, la campesina** farmer, peasant, person who lives and works in the countryside

el **campo** countryside, field, country, (golf) course; *pista y campo* track and field

canadiense Canadian *16*

el **canal** canal, channel

las **canas** gray hair; *dejarse las canas* to let one's hair turn gray *3*

la **cancelación** cancellation *21*

la **cancha** court (tennis), stadium, sports field

la **canción** song

el **candidato, la candidata** candidate *39*

el **cangrejo** crab

cansado,-a tired

el **cantante, la cantante** singer

cantar to sing

la **cantidad** quantity, amount

la **capacidad** capacity, ability *40*

el **capital** capital, funds *38*

la **capital** capital (city)

el **capitán, la capitana** captain *27*

el **capítulo** chapter *6*

el **capricho** whim

capturado,-a captured

la **cara** face; *Cara Cortada* Scarface (character in movie)

el **carácter** character, personality, important person *38*

la **característica** characteristic

característicamente characteristically

¡Caramba! Wow!

caraqueño,-a from Caracas, capital of Venezuela *35*

¡Caray! Darn it!, Gosh!

el **carbón** coal, charcoal

la **cárcel** jail *13*

el **cardo** thistle

cargar to charge, to load

el **cariño** affection; *cariño* honey (term of endearment) *26*

cariñosamente affectionately

cariñoso,-a affectionate *2*

el **carmín** crimson

el **carnaval** carnival

carne meat, flesh; carne de res beef; *carne a la parrilla* charbroiled meat

el **carnet** identification document; *carnet de conducir* driver's license

la **carnicería** meat market

caro,-a expensive

el **carpintero, la carpintera** carpenter

la **carrera** race, run (baseball), track, career

la **carretera** highway

el **carril** traffic lane *17*

el **carro** car

la **carta** letter

la **cartelera** billboard, entertainment section of a newspaper *15*

el **cartelón** poster, billboard

la **cartera** handbag, purse *24*

el **cartero, la cartera** mail carrier *2*

el **cartón** cartoon

la **casa** house; *casa de huéspedes* guest house

casado,-a married

casarse to get married *5*

cascanueces The Nutcracker (ballet)

la **cáscara** shell, peel *26*

el **casete (el cassette)** cassette, audiocassette, videocassette

casi almost

el **caso** case; *hacer caso a* to pay attention to

castaño,-a dark brown (hair) *3*

la **castañuela** castanet (musical instrument)

el **castellano** Spanish

el **castillo** castle

casualmente casually, by coincidence, accidently

el **catalán** Catalan (language)

el **catarro** head cold *31*

la **catástrofe** catastrophe

la **catedral** cathedral

católico,-a Catholic

catorce fourteen

la **causa** cause; *a causa de* because of

la **cebolla** onion

la **ceja** eyebrow

celebrar to celebrate

la **cena** supper

cenar to eat supper

el **centro** center, downtown; *centro comercial* shopping center

cepillarse to brush

el **cepillo** brush; *cepillo de dientes* toothbrush *5*

la **cerámica** ceramics

la **cerca** fence

cerca nearby; *cerca de* near

cercano,-a nearby

el **cerdo** pork, pig

la **cereza** cherry *25*

cero zero

el **cerquillo** bangs *33*

cerrado,-a closed

la **cerradura** lock *24*

cerrar (ie) to close

certificado,-a certified *20*

la **cerveza** beer *28*

el **césped** lawn

el **chaleco** vest

el **champú** shampoo *5*

la **chaqueta** jacket

charlar to chat *8*

el **cheque** check

chequear to check

¡chévere! well!, great!

la **chica** girl

el **chicle** chewing gum *11*

el **chico** boy

el **chile** chili (hot) pepper *28*

chileno,-a Chilean

la **chimenea** fireplace, chimney

chino,-a Chinese

el **chisme** gossip

chismoso,-a gossipy *2*

el **chiste** joke

chistoso,-a funny

el **chofer** driver

la **chompa** sweater (South America) *36*

el **choque** collision *13*, shock

el **chorizo** sausage

chorrear to outpour, to drip

la **chuleta** chop; *chuleta de puerco* pork chop *25*

el **chupe** chowder *28*

ciego,-a blind *2*

el **cielo** sky, heaven; *mi cielo* honey, sweetheart (term of endearment) *12*

cien one hundred

la **ciencia** science

la **ciencia-ficción** science fiction *4*

científico,-a scientific *16*

ciento one hundred (when followed by another number)

cierto,-a true, certain; *por cierto* certainly, surely

el **cilindro** cylinder

cinco five

cincuenta fifty

el **cine** movie theater

la **cinta** ribbon, tape *34*; *grabadora de cinta* tape recorder *40*

el **cinturón** belt; *cinturón de seguridad* seat belt

el **circo** circus *20*

el **círculo** circle

la **circunstancia** circumstance

la **ciruela** plum

la **cirugía** surgery *32*

el **cirujano, la cirujana** surgeon *29*

la **cita** date, appointment

la **ciudad** city

el **ciudadano, la ciudadana** citizen

civil civil *1*; *estado civil* marital status *1*

la **civilización** civilization

civilizado,-a civilized

la **clara** egg white *26*

la **claridad** clarity

clarificar to clarify

claro,-a clear, light in color *34*; *claro que sí* of course

la **clase** class, type

clásico,-a classic

clasificado,-a classified; *anuncios clasificados* classified ads *15*

clasificar to classify *15*

la **cláusula** clause
el **cliente, la cliente** customer
el **clima** climate
el **cobro** charge; *cobro revertido* collect call *12*
   cocer (ue) to cook, to stew
   cocido,-a cooked, boiled
la **cocina** kitchen, cuisine
   cocinar to cook *25*
el **cocinero, la cocinera** cook
el **coco** coconut *25*
el **coctel** cocktail
el **coche** car
el **coche comedor** dining car *24*; *coche cama* sleeping car in a train *24*
el **código** code, area code *12*
el **codo** elbow *27*
   coexistente coexisting
   coger to grab, to catch, to take, to seize
el **cognado** cognate; *cognado falso* false cognate
el **cojín** cushion
la **col** cabbage
la **colcha** bed cover *23*
el **colchón** mattress *23*
el **colegio** school
   colgado,-a hanging *8*
   colgar (ue) to hang up *12*
la **coliflor** cauliflower *25*
la **colina** hill
   colocar to place *27*
   colombiano,-a Colombian
   Colón (Christopher) Columbus (fifteenth-century explorer)
el **color** color; *el color entero* solid (single) color *34*
la **columna** column
el **columpio** swing
el **collar** necklace
la **coma** comma
el **combate** battle
   combinar to combine
la **comedia** comedy, play
el **comedor** dining room
   comenzar (ie) to begin
   comer to eat; *comerse* to eat up; *comerse las uñas* to bite one's nails *11*
el **comerciante, la comerciante** business person *2*
el **comercio** store, business *39*
   cometer to commit, to make, to do; *cometer errores* to

make mistakes *17*
   cómico,-a comical, funny *4*; *historietas cómicas* comics
la **comida** food, dinner
la **comisaría de policía** police station *18*
la **comisión** commission
   como as, like, since; *como sí* as if; *como Ud. mande* as you wish; *como quieras* as you like
   cómo how; *¿Cómo se dice?* How do you say...?; *¿Cómo se escribe?* How do you spell...?; *¡Cómo no!* Of course! (expression used to contradict a negative statement) *16*
la **cómoda** chest-of-drawers
la **comodidad** comfort
   cómodo,-a comfortable
el **compadrazgo** relationship established between a child's parents and godparents
el **compadre, la compadre** relationship between parents and godparents of a child
el **compañero, la compañera** companion, classmate, friend
la **compañía** company, business firm
la **comparación** comparison *13*
   comparar to compare
el **compartimiento** compartment
   compartir to share
la **competencia** competition
   competir (i) to compete *7*
   complacer to please
el **complemento** complement; *complemento directo* direct object; *complemento indirecto* indirect object
   completamente completely
   completar to complete
   completo,-a complete; *tiempo completo* full time *36*
   complicado,-a complicated
el **complimento** compliment
el **componente** component
   comportarse to behave *27*
la **compra** purchase; *de compras* shopping
el **comprobante** claim ticket *36*
el **comprador, la compradora** purchaser
   comprar to buy
   comprender to understand,

to comprise
la **comprensión** comprehension, understanding *40*
   comprobar to verify, to check, to prove
   comprometerse to become engaged, to make a commitment *9*
el **compromiso** engagement, commitment *9*
la **computadora** computer *6*
   común common, usual, habitual, general, customary
la **comunicación** communication *10*
   comunicado,-a connected, in touch
   comunicar to communicate, to connect; *comunicarse* to communicate
   comúnmente commonly
   con with; *con tal (de) que* provided that *35*
el **concierto** concert
la **concordancia** agreement (grammatical)
   condescender to be complacent, to condescend
   conducir to conduct, to drive, to direct
   confiar to trust, to confide, to hope *22*
la **confirmación** confirmation, guarantee *21*
   confirmar to confirm
el **conflicto** conflict
   conformarse to resign oneself
   conforme a according to
   confundido,-a confused *16*
   confundir to confuse
   confuso,-a confused, confusing
   congelado,-a frozen *26*
la **conjetura** conjecture
el **conjunto** musical group, band, woman's suit *36*
   conmemorar to commemorate
   conmigo with me
   conocer to know, to be acquainted with, to be familiar with, to meet
   conocido,-a known, well-known; *más conocido,-a como* better known as
el **conocimiento** consciousness, knowledge; *perder el conocimiento* to lose consciousness *31*

la **conquista** conquest
conseguir (i, i) to obtain
el **consejo** advice
la **consecuencia** consequence
considerar to consider
consigo with himself, with
herself, with yourself *(Ud.)*,
with oneself, with themselves,
with yourselves
consistir (en) to consist (of)
la **consonante** consonant
constantemente constantly
construir to build
el **consuelo** consolation
el **consultorio** doctor's office,
consulting room, clinic *32*
consumir to consume
el **contacto** contact; *lentes de
contacto* contact lenses
la **contaminación** pollution;
contaminación ambiental
air pollution
contaminado,-a contaminated,
polluted *16*
contaminar to pollute
contar (ue) to count, to tell;
contar con to count on
contemporáneo,-a contemporary,
contemporaneous
contener to contain
el **contenido** content *27*
contento,-a glad, happy, pleased *3*
contestar to answer
contigo with you
el **continente** continent
continuado,-a continued
continuar to continue
continuo,-a continuous
contra against *29*
la **contracción** contraction
contrario,-a contrary, opposite
la **contraseña** ticket stub, baggage
check
el **contraste** contrast
la **contribución** contribution *14*
contribuir to contribute
controlado,-a controlled
convencer to convince
convenir to be fitting, to agree
conversar to chat, to converse
convertir (ie, i) to convert, to
transform; *convertirse* to
become, to convert
cooperar to cooperate *10*
copiar to copy

coquetear to flirt
el **corazón** heart
la **corbata** necktie
el **corbatín** formal tie *35*
el **cordero** lamb *25*
el **cordón** cord *8*
la **coriza** runny nose *32*
el **coro** chorus, choir
correcto,-a correct
el **corredor** corridor, hallway
corregir (i, i) to correct
el **correo** mail; *correo corriente*
regular mail *20*; *correo aéreo*
air mail
correr to run
la **correspondencia** correspondence;
amigo/amiga por correspondencia
pen pal
corresponder to correspond
correspondiente corresponding
la **corrida (de toros)** bullfight
corriente current, common,
general, regular *20*; *correo
corriente* regular mail *20*
la **corriente** stream, flow
cortado,-a cut, sliced; *Cara
Cortada* Scarface (character in
movie) *29*
cortar to cut; *cortarse la
comunicación* to cut off
communication
el **corte** haircut *33*
la **corte** court
la **cortesía** courtesy
la **cortina** curtain *8*
corto,-a short (not long)
la **cosa** thing
la **cosecha** crop, harvest
cosmopolita cosmopolitan
la **costa** coast; *a costa de* at the
cost of
costar (ue) to cost
costarricense Costa Rican
la **costilla** rib
el **costo** cost; *al costo de* at the
cost of
la **costumbre** custom
la **costura** sewing
crear to create
creativo,-a creative
crecer to grow *7*
el **crédito** credit
creer to believe, to trust, to think
la **crema** cream
la **criada** maid

criar to raise *37*
la **criatura** creature
el **crimen** murder, assassination,
crime *13*
cristalino,-a crystal-clear
cristiano,-a Christian
la **croqueta** croquette *25*
el **cruce** intersection; *cruce de
líneas* crossed wires (on
telephone) *12*
el **crucigrama** crossword puzzle *15*
crudo,-a raw *25*
cruzar to cross
el **cuaderno** notebook *6*
la **cuadra** (city) block
cuadrado,-a square
la **cuadrilla** bullfighter's squad
el **cuadro** picture, painting
cual which
¿cuál? which one?
¿cuáles? which ones?
la **cualidad** quality, virtue,
characteristic
cualquier form of *cualquiera*
(before a noun)
cualquiera any at all
cuando when
¿cuándo? when?
cuanto: en cuanto as soon as
possible; *en cuanto a* with
regard to; *unos cuantos* a few
**¡cuánto!: ¡Cuánto te lo
agradezco!** I really appreciate
it! *10*
¿cuánto? how much?
¿cuántos? how many?
cuarenta forty
el **cuarteto** quartet
el **cuarto** room
cuarto,-a one-quarter, fourth
cuatro four
cuatrocientos,-as four hundred
cubano,-a Cuban
los **cubiertos** silverware
cubrir to cover; *pp. cubierto*
covered; *cubierto,-a (de)*
covered (with) *10*
la **cuchara** soupspoon, tablespoon
la **cucharadita** teaspoonful
la **cucharita** teaspoon
el **cuchillo** knife
el **cuello** neck, collar *35*
la **cuenta** account, bill, check; *tener
en cuenta* to bear in mind
el **cuentista, la cuentista**

storyteller, storywriter

el **cuento** story

el **cuero** leather

el **cuerpo** body

la **cuestión** matter, issue

el **cuidado** care; *tener cuidado* to be careful; *¡Cuidado!* Watch out!

cuidadoso,-a careful

cuidar (de) to take care (of), to look after, to watch

la **culpa** blame

cultivar to cultivate 10

culto,-a cultured, well-read

la **cultura** culture

el **cumpleaños** birthday

el **cumplido** compliment

cumplir to attain, to do one's duty, to accomplish; *cumplir años* to have a birthday 36

la **cuñada** sister-in-law 9

el **cuñado** brother-in-law 9

la **curiosidad** curiosity 11

curioso,-a curious 14

la **curita** small adhesive bandage 31

el **curso** course

la **curva** curve

cuyo,-a whose

D

la **dama** lady; *dama de honor* bridesmaid 9

la **danza** folk dance

dar to give; *dar a* to open onto, to face; *dar una película* to show a movie 4; *dar un paseo* to take a walk/ride; *darle igual a uno* to be the same to someone; *dar vueltas* to turn 17; *dar la mano* to shake hands 39; *dar marcha atrás* to back up; *dar una vuelta* to take a trip; *dar la vuelta* to turn around; *dar vergüenza* to embarrass 11; *darse cuenta de* to realize 11; *darse un golpe* to bump, to hit oneself 29; *darse por vencido* to give up, to surrender 34

el **dato** datum; *pl. los datos* data, information

de of; *¿De parte de quién?* Who's calling? 9; *de todas maneras* anyway 36; *de pie* standing; *de repente* suddenly, all of a

sudden; *de pronto* suddenly 10; *de segunda mano* secondhand, used 18; *de veras* really, truly

debajo de under, underneath, below 8; *para debajo* underneath

deber to owe, ought; *deber de* ought to

decepcionar to disappoint 19

decidido,-a determined, decided 22

decidir to decide; *decidirse* to make up one's mind

décimo,-a tenth

decir to say, to tell; *es decir* that is; *se dice* it is said, one says; *¡No me diga!* You don't say!; *Me dicen....*They call me.... 1; *pp. dicho* said, told

decorado,-a decorated

decorar to decorate 8

dedicado,-a dedicated

dedicar to dedicate, to devote

el **dedo** finger; *dedo del pie* toe

deducir to deduce

defender (ie) to defend

el **defensor** defender

definido,-a definite

dejar to leave behind, to allow, to let; *dejarse las canas* to let one's hair turn gray; *dejar recado* to leave a message; *dejar de* to stop; *¡No dejes de escribir!* Don't fail to write!, Don't stop writing! 11; *dejar que* to wait until 33

del of the, from the

delante de in front of

delantero,-a forward

delgado,-a thin, slim

delicado,-a delicate

delicioso,-a delicious

demandar to demand, to request

lo **demás** the rest; *los/ las demás* the others

demasiado too; *demasiado,-a* too much, too many

la **demora** delay 22

demorar to take (up time), to be late, to delay 22

demostrar (ue) to demonstrate

demostrativo,-a demonstrative

el **dentista, la dentista** dentist

dentro de within, inside of

el **departamento** department, apartment

depender (de) to depend (on)

el **dependiente, la dependiente** clerk

el **deporte** sport

deportivo,-a sportive

depositar to deposit, to put 12

derecho,-a right, straight ahead; *a la derecha* to the right

el **derecho** law

derretido,-a melted 28

desafiar to challenge

desagradable disagreeable, unpleasant 11

desanimarse to get discouraged 33

desaparecer to disappear

el **desarrollo** development 40

el **desastre** disaster

desayunar (se) to eat breakfast

el **desayuno** breakfast

descalzo,-a barefoot

descansar to rest, to relax

la **descarga** discharge

descender (ie) to descend

descolgar (ue) to take (a telephone receiver) off the hook 12

descompuesto,-a out-of-order, broken, not working

desconocer to fail to remember 21

desconocido,-a unknown

descontar (ue) to discount

describir to describe

la **descripción** description

descubrir to discover

el **descuento** discount 33

descuidar to neglect, to overlook

desde from, since; *desde que* since (followed by subject and verb); *desde luego* of course 28

el **desdén** disdain, contempt

desear to desire 19

el **deseo** desire, wish

desesperado,-a desperate 8

el **desfile** parade

deshacer to undo, to destroy, to untie 10

deshecho,-a undone, destroyed

desierto,-a deserted

desigual unequal, uneven

desilusionado,-a disappointed

desmayarse to faint 31

desobedecer to disobey

desocupar to vacate 23; *desocuparse* to become vacant, to be free 23

el **desodorante** deodorant

desordenado,-a disordered

despacio slow(ly)

el **despacho** office 39

la **despedida** closing (of a letter), farewell; *despedida de soltera* bridal shower 9

despedirse (i, i) de to take leave of, to say good-bye, to greet

despegar to take off (airplane)

despeinar to disarrange the hair

el **despertador** alarm clock 8

despertar (ie) to awaken (someone else); *despertarse* to wake up

desprenderse to move away, to get loose

después afterwards

después de after; *después (de) que* after (followed by subject and verb)

desteñido,-a faded

el **destinatario, la destinataria** addressee 37

el **destino** destiny, fate, destination

la **destreza** skill, expertise

destruir to destroy 11

el **desván** attic, loft 7

la **desventaja** disadvantage 8

desvestirse (i, i) to get undressed

detallado,-a detailed 37

el **detalle** detail

detener to stop, to detain

determinar to determine

detrás behind; *detrás de* behind, at the back of 6

devolver (ue) to return (something) 8

el **día** day; *Buenos días.* Good day., Good morning.

el **diablo** devil

el **dialecto** dialect

el **diamante** diamond

el **diario** diary 6

diario,-a daily 6

el **dibujante** illustrator

dibujar to draw, to sketch

el **dibujo** sketch, sketching; *el dibujo animado* cartoon 4

diciembre December

el **dictado** dictation 6

la **dicha** happiness, good fortune

dicho said, told; *el dicho* saying

el **diente** tooth, clove (garlic); *pasta de dientes* toothpaste 5

la **diéresis** dieresis (two dots above

a letter to indicate that the letter should be pronounced)

la **dieta** diet; *ponerse a dieta* to go on a diet

diez ten

la **diferencia** difference; *a diferencia de* unlike

diferenciar to differentiate

diferente different, various

difícil difficult

digerir (ie, i) to digest 40

el **dije** charm (for a bracelet)

el **dilema** dilemma, problem 38

diligente diligent, hardworking

la **dimensión** dimension

el **diminutivo** diminutive

la **dinamita** dynamite 16

el **dinero** money

el **dios** god; *Dios* God

la **diosa** goddess

el **diptongo** diphthong

la **dirección** direction, address

directo,-a direct

dirigir to direct, to drive, to guide, to lead; *dirigirse* to direct oneself, to go

el **discado directo** direct-dialed phone call 12

discar to dial a phone; *tono de discar* dial tone 12

el **disco** phonograph record

la **discoteca** record store, discotheque

discreto,-a prudent, discreet 21

disculpar to excuse, to pardon

la **discusión** argument 19

discutir to discuss, to argue

el **diseñador, la diseñadora** designer 38

el **diseño** design

disfrutar to enjoy 21

disgustar to cause to dislike, to displease, to disgust 4

disminuir to decrease, to diminish, to lessen 17

disparar to shoot

el **disparate** nonsense, blunder 16

disponible available 23

la **distancia** distance; *larga distancia* long distance 12

distinguido,-a distinguished 9

distinguir to distinguish

distinto,-a distinct, different

distribuidor,-a distributor 39

la **diversión** fun; *parque de*

atracciones amusement park

divertido,-a fun

divertir (ie, i) to amuse 24; *divertirse* to have a good time, to have fun

dividido,-a divided

doblado,-a dubbed (recording), folded, bent

doblar to dub (recording) 4, to fold 27, to turn (driving), to bend 17

doce twelve

la **docena** dozen

el **doctor, la doctora** doctor

el **documental** documentary 4

el **documento** document

doler (ue) to ache, to hurt 29

el **dolor** pain, hurt, ache; *dolor de cabeza* headache 32

doméstico,-a pertaining to the home, domestic 40

el **domicilio** address 1

el **domingo** Sunday

dominical occurring on Sunday 15; *suplemento dominical* Sunday supplement 15

dominicano,-a Dominican (from Dominican Republic)

don title of respect used before a man's first name

donde where

¿dónde? where?

dondequiera wherever

doña title of respect used before a woman's first name

dormir (ue, u) to sleep; *dormirse* to fall asleep, to go to sleep

el **dormitorio** bedroom

dos two

doscientos,-as two hundred

el **drama** drama, play

la **ducha** shower (bath)

ducharse to take a shower

la **duda** doubt

dudar to doubt

dudoso,-a doubtful

el **dueño, la dueña** owner

dulce sweet

el **dulce** piece of candy

la **dulcería** candy shop 18

durante during, while

durar to last 22

el **durazno** peach

duro,-a hard, tough

E

e and (used before a word beginning with *i* or *hi*)

la **ecología** ecology *6*

la **economía** economy

económico,-a economic, inexpensive

el **ecuador** equator

ecuatoriano,-a Ecuadorian

echar to throw, to throw out, to expel; *echar de menos* to miss; *echar a...* to start...; *echarse a perder* to become spoiled *29*; *echarse a reír* burst out laughing *16*

la **edad** age

el **edificio** building

el **editorial** editorial *15*

educado,-a educated, well-mannered, courteous

educar to educate *11*

el **efectivo** cash; *en efectivo* cash in hand *23*

el **efecto** effect; *en efecto* in fact

eficiente efficient

egoísta selfish *2*

el **ejemplo** example; *por ejemplo* for example

el **ejercicio** exercise

ejercitarse to make oneself skillful by practice

el **el** the *m., s.*

él he, him

la **electricidad** electricity

la **electrónica** electronics

elegir (i, i) to elect, to choose

eliminar to eliminate *13*

ella she, her

ellos, ellas they, them

el **embajador, la embajadora** ambassador *21*

embarcar to set sail, to get on board

embargo: sin embargo nevertheless, however

el **embarque** shipment; *tarjeta de embarque* boarding pass *22*

el **embotellamiento** bottleneck, traffic jam

la **emergencia** emergency; *sala de emergencias* emergency room *31*

la **eminencia** prominence, eminence

la **emoción** emotion, excitement

emocionado,-a excited

emocionalmente emotionally

emocionante exciting

empapado,-a soaked

el **empate** tie (score)

empedrado,-a cobbled; *calle empedrada* cobblestone street

empezar (ie) to begin

el **empleado, la empleada** employee

el **empleo** job

la **empresa** business, company

empujar to push

en in, on, at; *en cambio* in return, in exchange, on the other hand *26*; *en cuanto* as soon as; *en polvo* powdered *30*; *en seguida* right away; *en serio* seriously; *en vez de* instead of *16*

enamorado,-a in love *35*

enamorarse to fall in love *9*

el **encaje** lace *34*

encaminarse to get a start, to show the way

encantar to enchant, to delight

encargar to give an assignment, to request

encender (ie) to light, to turn on (appliance)

encendido,-a fiery, aflame

encerrado,-a locked up *19*

encerrar (ie) to enclose, to lock up

encima de above, over

encontrar (ue) to find, to encounter

encontrarse (ue) to meet; *encontrarse en* to be in, to meet at; *encontrarse con* to meet (someone) *24*

la **encuesta** poll

el **enemigo, la enemiga** enemy

enero January

enfadado,-a angry *10*

enfadar to anger, to vex, to make angry *24*; *enfadarse* to get angry *5*

el **énfasis** emphasis

enfermarse to get sick *5*

la **enfermedad** sickness, illness *16*

el **enfermero, la enfermera** nurse

enfermo,-a sick, ill

enfrente opposite, across *6*

enfriar to cool *37*

engañar to trick, to deceive

engordar to get fat, to make fat

enojado,-a mad, angry *15*; *estar enojado,-a* to be angry *15*

enojar to annoy, to make someone angry *24*

enojarse to get mad *15*

enorme huge, enormous

enrollado,-a rolled *28*

la **ensalada** salad

el **ensayo** rehearsal, essay *14*

enseguida (en seguida) immediately, at once, right away

enseñar to teach, to show

entender (ie) to understand *4*

el **entendimiento** understanding

enterarse to find out, to become aware, to learn about *19*

entero,-a entire; *color entero* solid (single) color *34*

enterrar to bury

el **entierro** burial

entonces then

la **entrada** entrance, ticket

entrar (en) to enter; *entrar...* (+ indirect object pronoun) to become...; *entrar hambre* to become hungry; *entrar sueño* to become sleepy *24*

entre among, between

entrecerrar to half-close

la **entrega** delivery *20*; *entrega especial* special delivery *20*

entregar to hand in, to hand over

el **entremés** appetizer

el **entrenamiento** training *37*

entretanto meanwhile

el **entretenimiento** entertainment

la **entrevista** interview

entrevistar to interview *1*

entusiasmar to enthuse, to excite; *entusiasmarse* to become enthusiastic *19*

el **entusiasmo** enthusiasm

entusiasta enthusiastic

enviar to send

envidiar to envy

envolver (ue) to wrap up

la **época** epoch, period of time; *las épocas pasadas* old times *38*

el **equipaje** luggage

el **equipo** team

equivalente equivalent

equivaler to equal

equivocado,-a wrong; *estar equivocado,-a* to be mistaken, to be wrong *12*

equivocarse to make a mistake

la **erupción de la piel** skin rash *32*

la **escala** stopover

la **escalera** stairs, stairway, ladder

el **escalón** step (of a stairway) *23*

el **escaparate** show window (of a store)

escaparse to escape

la **escapatoria** escape, route

escaso,-a scarce, scanty, barely, small, limited *39*

la **escena** scene *38*

escoger to choose, to select

escolar related to school

escribir to write; *máquina de escribir* typewriter

escrito,-a written

el **escritor, la escritora** writer

el **escritorio** desk

la **escritura** writing style *27*

escuchar to listen (to)

la **escuela** school

ese, esa that (nearby)

ése, ésa that (one)

la **esencia** essence, fragrance

el **esfuerzo** force, effort

el **esmalte** enamel *5*; *esmalte de uñas* nail polish *5*

eso that

esos, esas those (nearby)

ésos, ésas those (ones)

el **espacio** space; *espacio en blanco* blank space

la **espalda** back (part of the body)

espantar to chase away, to frighten, to terrify

España Spain

español, española Spanish (citizen)

el **español** Spanish (language)

la **especia** spice *28*

especial special

la **especialidad** specialty

la **especialización** specialization, major (subject)

especialmente especially

específico,-a specific

el **espectáculo** show

el **espectador** spectator

el **espejo** mirror *5*

la **esperanza** hope

esperar to wait (for), to hope (for), to expect

la **espina** fish bone, spine *27*

la **espinaca** spinach *25*

el **esposo, la esposa** spouse *9*; *esposos* husband and wife

el **esquí** ski *29*; *el esquí* skiing; *el esquí acuático* waterskiing

esquiar to ski *29*

la **esquina** corner, street corner, outside corner

establecer to establish

la **estación** season, station; *estación del ferrocarril* train station *24*

el **estacionamiento** parking space or lot, the act of parking *17*

estacionar to park

la **estadía** stay *25*

el **estadio** stadium, sports arena

el **estado** state; *el estado civil* marital status

el **estado** state; *Estados Unidos* United States

estadounidense something or someone from the United States

estampado,-a print, printed *34*

la **estampilla** stamp *20*

la **estancia** stay *23*, farm, ranch (Argentina, Uruguay)

el **estante** bookcase, shelf *8*

estar to be

la **estatua** statue

la **estatura** height *3*

este, esta this

éste, ésta this (one)

el **este** east

el **estilo** style

estimado,-a esteemed, dear

estimar to appreciate, to make an estimate *38*

el **estimulante** stimulant *30*

esto this

el **estómago** stomach; *dolor de estómago* stomachache *32*

estos, estas these

éstos, éstas these (ones)

estrecho,-a narrow *35*

la **estrella** star

el **estribillo** refrain

la **estructura** structure

el **estudiante, la estudiante** student

estudiar to study

el **estudio** study

estudioso,-a studious *3*

la **estufa** stove

estupendo,-a wonderful, stupendous, great *6*

estúpido,-a stupid

la **etiqueta** label *30*; ceremony, etiquette; *traje de etiqueta* tuxedo *35*

evaluar to evaluate *37*

el **evento** event

evidente evident, obvious

evitar to avoid *19*

evocar to evoke, to bring to mind

el **ex-alumno, la ex-alumna** alumnus, former student *14*

exactamente exactly

exagerar to exaggerate

examinar to examine

excepto except

el **exceso** excess *17*; *exceso de velocidad* speeding

exclamar to exclaim

exclusivamente exclusively

la **excursión** excursion, outing

la **excusa** excuse

la **exhibición** exhibition, exhibit, show

exigente demanding

exigir to demand *19*

el **exilio** exile

la **existencia** existence

existir to exist

el **éxito** success

exótico,-a exotic

la **experiencia** experience

experimentar to experiment, to try, to learn by practice *38*

experto,-a expert

explicar to explain

explorar to explore

la **explosión** explosion *13*

expresar to express

expresarse to express oneself *11*

exquisito,-a scrumptious, exquisite

expulsar drive away, expel

extenderse (ie) to extend

la **extensión** extension, extent

extenso,-a extensive

extranjero,-a foreign

el **extranjero** overseas, abroad, foreign countries *20*

extrañar to miss

extraño,-a strange *16*

extraordinario,-a extraordinary

F

la **fábrica** factory
la **fábula** fable
fácil easy
la **facilidad** facility, easiness
fácilmente easily
la **facultad** school (of a university)
la **falda** skirt
falso,-a false; *cognado falso*
  false cognate (word that
  appears similar in two
  languages but has different
  meanings in each language)
la **falta** fault, absence, lack 7;
  hacer falta to need, to be
  lacking, to be missing 7
faltar to need, to be lacking,
  to lack, to be absent; *me*
  falta(n).... I need.... 5;
  faltar a to miss 6
la **fama** reputation, fame, glory
la **familia** family
el **familiar** relative (pertaining
  to the family) 2
la **familiaridad** familiarity
famoso,-a famous
el **fanfarrón, la fanfarrona**
  person who boasts or brags
la **fantasía** fantasy 38
fantástico,-a fantastic, great
el **farmacéutico, la farmacéutica**
  pharmacist
la **farmacia** pharmacy
fascinante fascinating
fascinar to fascinate
la **fascinación** fascination,
  enchantment 40
fastidiar to tease, to bother,
  to annoy 4
fatalista fatalist 39
el **favor** favor; *favor de* (+ infinitive)
  please (do something)
favorito,-a favorite
la **fe** faith
febrero February
la **fecha** date (of the month)
la **felicidad** happiness
felicitar to congratulate 20
feliz happy; *pl. felices*
feo,-a ugly, unpleasant
la **feria** fair
feroz fierce, ferocious; *pl. feroces*
la **ferretería** hardware store 18

el **ferrocarril** train 24
festejar to celebrate
la **ficción** fiction
el **fideo** noodle 28
la **fiebre** fever 31
la **fiesta** party, celebration, holiday
fijarse (en) to notice, to look at,
  to imagine
fijo,-a fixed
la **fila** row, line
el **filete** steak
la **filosofía** philosophy
el **filósofo, la filósofa** philosopher
el **fin** end; *fin de semana* weekend; *a*
  fin de que so that; *en fin* in
  short; *por fin, al fin* finally
final final
la **finalización** end 39
finalizar to finalize
finalmente finally
las **finanzas** business section
  (newspaper), finances 15
la **finca** farm
fingir to pretend
la **firma** signature 1; *la firma*
  company (business) 39
firmar to sign
firme firm
la **física** physics
físicamente physically
flamenco,-a flamenco (dance)
el **flan** custard
la **flauta** flute
flojo,-a loose-fitting, lazy
la **flor** flower
florecer to blossom
la **florería** flower shop, florist
fofo,-a flabby 30
folklórico,-a folkloric, regional
el **folleto** pamphlet, folder
la **fonda** guest house
los **fondos** funds
la **forma** form, shape; *mantenerse en*
  forma to keep in shape
la **formalidad** formality; *¡Ya está*
  bueno de tanta formalidad!
  Enough formality!
formar to form
la **fortuna** fortune
el **fósforo** match
la **foto** photograph
la **fotografía** photograph
fotografiar to photograph
el **fotógrafo, la fotógrafa**
  photographer

el **fracaso** failure 38
la **fractura** fracture 32
francamente frankly 11
francés, francesa French
franco,-a sincere, frank
el **franqueo** postage 20
la **frecuencia** frequency
frecuente frequent
frecuentemente frequently
freír (i, i) to fry
el **freno** brake
el **frente** front side
la **frente** forehead 33
frente a faced with, facing
la **fresa** strawberry
el **fresco** coolness; *Hace fresco.*
  It's chilly.
fresco,-a fresh 1
el **frijol** bean 25
el **frío** cold; *Hace frío.* It's cold.
  frito,-a fried 28; *papas fritas*
  french fries 28
la **frontera** frontier, border
frotar to rub
el **fruto** useful product of one's
  labors, fruit
la **fruta** fruit
la **frutería** fruit store
el **fuego** fire; *fuegos artificiales*
  fireworks
la **fuente** fountain, source, platter
fuerte strong, hard
la **fuerza** force, emphasis
fumar to smoke
la **función** function, show
funcionar to work 12
fundar to found, to establish
el **funicular** cable car
furioso,-a furious 5
furtivo,-a furtive
el **fútbol** soccer
el **futuro** future

G

el **gabán** overcoat 36
la **gabardina** waterproof coat 36
la **galletita** cookie 30
la **gallina** hen
el **gallo** rooster; *misa de gallo*
  midnight mass
las **ganas** desire; *de buena gana*
  willingly; *tener ganas de* to
  feel like

la **ganancia** earnings, profit
ganar to win, to earn, to beat;
ganarse la vida to earn a living;
No hay quien te gane. No one
can beat you.
el **garaje** garage
el **garbanzo** chick peas *25*
la **garganta** throat; *dolor de garganta*
sore throat *32*
la **gasolina** gasoline *17*
la **gasolinera** gas station, service
station *17*
gastar to spend, to waste *36*
el **gasto** expense
el **gato, la gata** cat
el **gemelo, la gemela** twin *3*
genealógico,-a genealogical
generalmente generally
generar to generate *40*
el **género** gender
generoso,-a generous
la **gente** people
la **geografía** geography
geográfico,-a geographic
geométrico,-a geometrical
el **gerente, la gerente** manager
el **gerundio** gerund, present
participle
el **gesto** gesture *21*
la **gimnasia** gym, gymnastics
el **gimnasio** gym, gymnasium *7*
la **gira** tour
el **giro** draft; *giro postal* money
order *20*
el **gitano, la gitana** gypsy
el **globo** globe, balloon
la **glorieta** traffic circle *17*
el **gobernador** governor
el **gobierno** government
el **golf** golf
la **golosina** tidbit, something to
eat (goodie)
el **golpe** bump, hit; *darse un golpe* to
bump oneself *29*
golpear to hit, to strike, to
knock (at a door)
gordo,-a fat
gótico,-a Gothic
gozar de to enjoy
la **grabadora** tape recorder,
cassette recorder
grabar to record *14*
gracias thanks, thank you;
¡Mil gracias! Many thanks! *10*
el **grado** grade

el **graduado, la graduada**
graduate *14*
graduarse to graduate *37*
la **gramática** grammar
el **gramo** gram
gran great
la **granada** pomegranate *25*
grande big, large
la **grandeza** grandeur
la **grasa** fat *30*
grato,-a pleasing, pleasant
grave serious *31*
griego,-a Greek
el **grifo** faucet, waterspout
la **gripe** flu *31*
gris gray
grisáceo,-a grayish, gray
(in color)
gritar to shout *11*
el **grito** shout, cheer
el **grupo** group
el **guante** glove
guapo,-a handsome, good-
looking, pretty
el **guardabarros** fender (of a car)
guardar to keep
guatemalteco,-a Guatemalan
la **guerra** war *13*
el **guía, la guía** guide
la **guía** guidebook; *guía de teléfonos*
telephone directory *12*
guiar to guide, to drive, to
conduct *37*
el **guión** script *38*
el **guisante** pea
la **guitarra** guitar
el **guitarrista, la guitarrista**
guitar player, guitarist *2*
gustar to be pleasing
el **gusto** pleasure; *con muy buen
gusto* tastefully; *¡Mucho gusto!*
I'm pleased to meet you!;
¡Tanto gusto! So pleased to
meet you!; *¡Qué gusto!*
What a pleasure!

H

haber to have (auxiliary verb);
haber de to be (supposed) to;
había there was, there were
la **habichuela** green bean
la **habitación** room
el **habitante, la habitante**
inhabitant

el **habla** *f.* speech
hablar to speak, to talk
hace ago
hacer to do; to make; *¡Qué se
va a hacer!* What choice do I
have?, What am I going to do?,
What can I do? *1*; *hacer una
ofensa* to offend *3*; *hacer caso a*
to pay attention to; *hacer un
papel* to play a role; *hacer una
pregunta* to ask a question;
hacer falta to be lacking, to
need, to be missing; *hacer
juego* to match *34*; *hacerse*
to become, to get, to be *5*;
hacerse el remilgoso to nitpick;
hacerse tarde to be late *5*, to get
late *7*; *hacer pasar* to let in, to
let pass *31*
el **hacha** *f.* ax, hatchet
hacia toward; *hacia atrás* back,
backwards
hallar to find
la **hamaca** hammock
el **hambre** *f.* hunger; *tener hambre* to
be hungry
la **hamburguesa** hamburger *2*
la **harina** flour *26*
harto,-a full
hasta until, even; *Hasta luego.*
See you later.; *Hasta mañana.*
See you tomorrow.; *Hasta
pronto.* See you soon.; *Hasta
que....* Until.... (followed by
subject and verb)
hay there is, there are; *hay que*
it is necessary, one must;
No hay de qué. You are welcome.
hecho done, made
el **helado** ice cream
el **hemisferio** hemisphere
la **herida** wound *29*
herido,-a hurt, wounded *13*
herir (ie, i) to hurt, to wound
la **hermana** sister
el **hermano** brother
hermoso,-a beautiful
la **hermosura** beauty
el **héroe** hero
hervir (ie, i) to boil
el **hielo** ice
la **hierba** grass
el **hígado** liver *28*
el **higo** fig
la **hija** daughter

el **hijo** son
el **himno** hymn
hispánico,-a Hispanic
hispano,-a Hispanic
hispanoamericano,-a Spanish American
hispanohablante Spanish-speaking
la **historia** history, story; *historia universal* world history 6
el **historiador, la historiadora** historian
el **historial** background; *historial personal* résumé 37
históricamente historically
histórico,-a historic
la **historieta** short story, short tale 15; *historietas cómicas* comics 15
el **hockey** hockey
el **hogar** home; *sección del hogar* home section
la **hoja clínica** medical record 32
la **hoja** leaf, sheet (of paper)
la **hoja** husk (of corn) 28
el **hombre** man; *¡Hombre!* Man!, Gee!
el **hombro** shoulder
hondo,-a deep, profound
hondureño,-a Honduran
el **honor** honor; *en honor de* in honor of; *dama de honor* bridesmaid 9
la **hora** hour, time; *¿Qué hora es?* What time is it?
el **horario** timetable, schedule
el **horno** oven 26
el **horóscopo** horoscope 15
la **hospitalidad** hospitality
hoy today
hubo there was, there were
la **huelga** strike 13
el **hueso** bone 26
el **huevo** egg
huir to flee, to escape
humano,-a human
la **humedad** dampness, moisture humidity 22
humedecer to wet, to moisten
húmedo,-a damp, humid 22
el **humo** smoke 16
el **humor** mood
el **humorista, la humorista** humorist
humorístico humorous

la **ida** departure; *de ida y vuelta* round-trip
la **idea** idea
identificar to identify
el **idioma** language
la **iglesia** church
la **ignorancia** ignorance
ignorar to not know, to disregard
igual equal, the same
igualmente my pleasure, equally, the same (for me) 1
iluminar to illuminate
ilustrado,-a illustrated 27
la **imagen** image, figure
la **imaginación** imagination
imaginar to imagine 10; *imaginarse* to imagine
imperativo,-a imperative
el **imperio** empire 32
el **impermeable** raincoat 34
la **importancia** importance
importar to matter, to be important, to import
la **impresión** impression
imprevisto,-a unexpected
improviso,-a unexpected; *de improviso* unexpectedly
el **impuesto** tax; *impuesto de venta* sales tax
el **incendio** fire 13
el **incidente** incident
incierto,-a uncertain
inclinar to lean, to incline
incluir to include
inclusive including
incompleto,-a incomplete
la **incredulidad** incredulity
increíble incredible 14
inculto,-a uneducated, uncultured, ignorant 16
indefinido,-a indefinite
la **indicación** indication, note, clue
indicado,-a indicated
indicar to indicate, to point out
indígena indigenous, native Indian
indio,-a Indian
indirecto,-a indirect
la **industria** industry
industrial industrial
infantil childish 11
la **infección** infection 32

el **infinitivo** infinitive
la **inflamación** inflammation, swelling 32
la **influencia** influence
la **información** information
informado informed 11
informar to inform
la **informática** computer science 6
el **informe** report, (piece of) information
la **ingeniería** engineering
el **ingeniero, la ingeniera** engineer
Inglaterra England
inglés, inglesa English
el **ingrediente** ingredient
inhalar to inhale 16
la **iniciativa** initiative 37
inmediato,-a immediate
inmenso,-a immense
inmortalizado,-a immortalized
inolvidable unforgettable
el **insecto** insect
insinuar to insinuate 37
insistir (en) to insist (on)
inspeccionar to inspect
instructivo,-a instructional, educational 27
el **instrumento** instrument
la **inteligencia** intelligence
inteligente intelligent
intensamente intensely
intentar to intend, to try, to attempt
intercambiar to exchange, to interchange
el **interés** interest
interesante interesting
interesar to interest
interrogar to question, to interrogate
interrogativo,-a interrogative
íntimamente intimately
íntimo,-a intimate
la **intriga** intrigue
introducir to introduce
inútil useless 14
inválido,-a invalid
inventar to invent 7
el **invento** invention 40
la **inversión** investment 38
invertir (ie, i) to invest
el **invierno** winter
la **invitación** invitation 9
el **invitado, la invitada** guest

invitar to invite

la **inyección** injection, shot; *poner una inyección* to give an injection *31*

ir to go; *ir a* (+ infinitive) to be going to (do something); *ir de compras* to go shopping; *irse* to go away, to leave

la **isla** island

el **itinerario** itinerary

la **izquierda** left; *a la izquierda* to the left

J

el **jabón** soap *5*

jactarse to brag

jamás never *6*

el **jamón** ham

japonés, japonesa Japanese

el **jardín** garden; *jardín zoológico* zoo

el **jardinero, la jardinera** gardener

la **jarra** pitcher, jar

la **jaula** cage *19*

el **jefe, la jefa** boss, chief

la **jerarquía** hierarchy

el **jeroglífico** hieroglyphics

la **jornada** workday, journey; *media jornada* part time *38*

el **joven, la joven** young person

la **joya** jewel

la **joyería** jewelry, jewelry store

jubilado,-a retired person

judío,-a Jewish

el **juego** game, set; *juego mecánico* amusement park ride

el **jueves** Thursday

el **juez, la juez** judge *15*

el **jugador, la jugadora** player, gambler

jugar (ue) to play (a game), to gamble

el **jugo** juice

el **juicio** trial *15*, judgment, wisdom

julio July

junio June

junto a next to

juntos,-as together

la **juventud** youth *10*

K

el **kilómetro** kilometer

L

la the *f., s.,* her, it, you *(Ud.)*

el **labio** lip; *lápiz de labios* lipstick *5*

la **labor** assignment, work, job

lacio,-a straight (hair) *3*

el **lado** side; *lado a lado* side by side; *al lado de* next to

ladrar to bark

el **ladrillo** brick

el **ladrón** thief, burglar *13*

el **lago** lake

la **lámpara** lamp, chandelier

la **lana** wool

la **lancha** motorboat

la **langosta** lobster

la **lanzada** strike (with a lance)

lanzar to throw

el **lápiz** pencil; *lápiz de labios* lipstick; *pl. lápices*

largo,-a long; *(vestido) de largo* full-length evening dress *35*; *larga distancia* long distance *12*

las the *f., pl.,* them, you *(Uds.)*

la **lástima** shame, pity; *¡Qué lástima!* What a shame!, Too bad!

la **lata** tin can

el **latín** Latin

latinoamericano,-a Latin American

latir to beat

el **lavabo** washbasin

el **lavadero** laundry room

la **lavadora** washer *7*

la **lavandería** laundry *36*

lavar to wash; *lavarse* to wash oneself

el **lazo** bow *34*

le to him, to her, to it, to you *(Ud.)*

la **lección** lesson

la **lectura** reading

la **leche** milk

la **lechería** milk store, dairy store

lechero,-a dairy

la **lechuga** lettuce

leer to read

la **legumbre** vegetable

leído,-a read

lejano,-a distant

lejos far away; *lejos de* far from

la **lengua** language, tongue

el **lenguaje** language

la **lenteja** lentil *25*

los **lentes** eyeglasses *3*; *lentes de contacto* contact lenses *5*

lento,-a slow

el **león** lion

les to them, to you *(Uds.)*

la **letra** letter (of alphabet), lyrics (of a song); *letra bastardilla* italics

el **letrerito** subtitle

el **letrero** sign *18*

levantar to raise, to lift; *levantar pesas* to lift weights *30*; *levantarse* to get up

la **ley** law

la **leyenda** legend

la **liberación** liberation

la **libertad** liberty, freedom

la **libra** pound *20*

libre free

la **librería** bookstore

el **libro** book

la **licencia** license *17*

el **liceo** high school

ligero,-a light (weight), quick (speed)

la **lima** lime

limitado,-a limited

limitar to limit; *limitarse* to limit oneself

el **límite** limit

el **limón** lemon, lime

el **limpiaparabrisas** windshield wiper

limpiar to clean *8*

limpio,-a clean

lindo,-a pretty

la **línea** line; *linea ocupada* busy signal (telephone)

liso,-a smooth

listo,-a ready, clever, smart; *ser listo/a* to be smart; *estar listo/a* to be ready

la **literatura** literature

la **llama** flame

la **llamada, el llamado** call

llamar to call; *llamarse* to be called, to be named

la **llanta** tire

la **llave** key; *cerrar (ie) con llave* to lock

llegar to arrive; *llegar a ser* to become

llenar to fill 8

lleno,-a full

llevar to take, to carry, to wear

llevarse to carry, to take away, to take with 34; *llevarse bien* to get along well 9; *llevarse mal* to be on bad terms 9

llorar to cry 10

llover (ue) to rain

la **lluvia** rain

lluvioso,-a rainy

lo him, it, you (*Ud.*); *lo que* what, that which

loco,-a crazy

la **locura** madness 26

el **logicial** computer software 6

lógico,-a logical

lograr to gain, to obtain, to succeed, to manage, to bring about 10

el **lomo** back (of an animal)

los the *m., pl.*, them, you (*Uds.*)

la **lotería** lottery

lucir to look 10; *¡Qué bien luces!* How good you look! 10

la **lucha** fight, struggle, battle; *lucha libre* wrestling

luchar to struggle, to fight

luego then, later; *Hasta luego.* See you later.; *luego que* as soon as

el **lugar** place; *tener lugar* to take place

el **lujo** luxury

la **luna** moon

el **lunes** Monday

la **luz** light; *pl. luces*

M

los **macarrones** macaroni 28

el **machete** machete, large knife

la **madera** wood

la **madrastra** stepmother 9

la **madre** mother; *madre patria* mother-country

madrileño,-a from Madrid

la **madrina** godmother 3

la **madrugada** dawn

madrugar the act of rising early

in the morning

maduro,-a ripe, mature 25

el **maestro, la maestra** teacher; *maestro,-a* master; *obra maestra* masterpiece

magnífico,-a great, magnificent

el **maíz** corn

mal form of *malo* (before a masculine singular noun)

el **malentendido** misunderstanding 21

la **maleta** suitcase

el **maletín** overnight bag, handbag, small suitcase

malo,-a bad

la **mamá** mother, mom

la **mancha** spot, stain 36

manchado,-a stained, spotted, speckled 36

manchar to stain 36

mandar to order, to send

el **mandato** command

manejar to drive, to manage

la **manera** manner, way; *de alguna manera* in some way; *de ninguna manera* no way; *de cualquier manera* anyway

la **manga** sleeve 35

la **mano** hand; *a mano* by hand; *de segunda mano* used

manso,-a meek

el **mantel** tablecloth

mantener to maintain; *mantenerse* to maintain, to stay 16; *mantenerse en forma* to keep in shape 16

la **mantequilla** butter

la **manzana** apple, city block

mañana tomorrow; *Hasta mañana.* See you tomorrow.; *mañana por la mañana* tomorrow morning; *mañana por la noche* tomorrow evening; *mañana por la tarde* tomorrow afternoon

la **mañana** morning

mañoso,-a tricky

el **mapa** map

maquillarse to put on makeup

la **máquina** machine 5; *máquina de escribir* typewriter 6; *máquina de afeitar* razor, shaver 5

la **maquinaria** hardware, machinery 6

el **mar** sea; *el mar Caribe* Caribbean Sea

la **maravilla** marvel; *¡Eres una maravilla!* You're so wonderful!

maravilloso,-a marvelous, fantastic

marcar to mark, to dial (telephone)

la **marcha atrás** reverse gear 17; *poner la marcha atrás* to use reverse gear 17

marchar to march; *marcharse* to leave

el **mareo** dizzy spell 32

el **marido** husband

marino,-a marine, of the sea; *azul marino* navy blue 34

el **marisco** seafood

marítimo,-a maritime, related to the sea

el **martes** Tuesday

marzo March

más more, most; *más conocido,-a como* better known as 1; *más que* more than; *más de* more than (before a number); *más vale* it's better

la **masa** dough

mascar to chew 11; *mascar chicle* to chew gum 11

la **máscara** mask, false appearance

masticar to chew 27

la **mata** shrub 7

el **matador** bullfighter

matar to kill 13

la **materia** subject (school), material

materialista materialistic

materno,-a maternal

la **matrícula** registration fee

matrimonial matrimonial; *cama matrimonial* full-size bed 23

el **matrimonio** marriage, wedding

máximo,-a maximum

mayo May

la **mayonesa** mayonnaise

mayor older, oldest, great, greatest; *persona mayor* grownup, adult

la **mayoría** majority

me me, to me, myself

la **mecánica** mechanics

el **mecánico, la mecánica** mechanic

mecánico,-a mechanical 16

la **mecanografía** typewriting

el **mecanógrafo, la mecanógrafa** typist 6

la **medalla** medal *35*
la **media** stocking
mediados de in the middle of *21*
mediano,-a medium *3*
la **medianoche** midnight
la **medicina** medicine
médico,-a medical
el **médico, la médica** doctor, physician
la **medida** measurement *35*; *a la medida* custom-made *35*
medio,-a half; *en medio de* in the midst
el **medio** means *21*; *medios de comunicación de masa* mass media *40*
el **mediodía** noon
medir (i, i) to measure, to count *14*
mejor better, best
mejorar to improve *16*
la **melena** pageboy (haircut style), mane *33*
el **melocotón** peach *25*
la **melodía** melody
el **melón** cantaloupe
el **membrete** letterhead *37*
mencionado,-a mentioned
mencionar to mention
menor younger, youngest
menos minus, less; *por lo menos* at least; *menos mal que* at least *24*
mentir (ie, i) to lie *24*
la **mentira** lie
mentiroso,-a lying, untruthful, deceptive *2*
el **menú** menu, meal-of-the-day (Spain)
el **mercado** market
la **mercancía** merchandise
merecer to deserve *1*
la **merienda** snacktime, snack
el **mes** month
la **mesa** table
el **mesero, la mesera** food server
la **mesita** small table, tray-table (airplane)
el **mesón** inn
el **metate** grinding board
meter to place, to put; *meterse* to go into, to jump in; *meterse en la cabeza* to have a fixed idea *29*
el **metro** meter (distance), subway
mezclar to mix

mi my
mí me
el **miedo** fear; *tener miedo de* to be afraid of
miedoso,-a afraid, fearful
la **miel** honey *12*
el **miembro** member
mientras while; *mientras (que)* while; *mientras tanto* meanwhile *11*
el **miércoles** Wednesday
mil one thousand
la **milla** mile
el **millón** million
millonario,-a millionaire *37*
el **minidrama** skit
mínimo,-a minimum
la **minoría** minority
el **minuto** minute
mío,-a of mine
mirar to look at, to watch
el **misionero, la misionera** missionary
mismo,-a same; *sí mismo/a* himself, herself, yourself, themselves, yourselves; *ahí mismo* right there
el **misterio** mystery
la **mitad** half *8*
mixto,-a mixed, coeducational
la **moda** fashion, style *16*; *estar de moda* to be in fashion
los **modales** manners *27*; *tener buenos modales* to have good manners
el **modelo** model
moderno,-a modern
el **modo** mode, method, form, manner, way *13*; *de todos modos* anyway *13*
mojado,-a wet, soaked *17*
mojarse to get wet *31*
moler (ue) to grind
molestar to annoy, to bother; *No me molesta.* I don't mind it.
molesto,-a annoyed *12*
el **molino** mill; *molino de viento* windmill
el **momento** moment; *un momentito* just a moment
la **moneda** coin, money
el **monedero** coin purse *36*
el **mono, la mona** monkey
mono,-a cute *3*
la **montaña** mountain

montar to mount; *montar a caballo* to ride horseback
el **monte** mountain
morado,-a purple *34*
morder (ue) to bite
moreno,-a brunet, brunette, dark-haired
morir (ue, u) to die
moro,-a Moorish
morisco,-a Moorish
el **mosaico** mosaic
la **mostaza** mustard
el **mostrador** counter, showcase
mostrar (ue) to show
el **motivo** motive, motif
la **moto(cicleta)** motorcycle, motorbike
moverse (ue) to move *27*
el **movimiento** movement
el **mozo** boy, porter, bellboy, waiter
la **muchacha** girl, young woman
el **muchacho** boy, young man *7*
mucho,-a much, very; *¡Mucho gusto!* I'm very pleased to meet you!
mudarse to move to another home or country *1*
el **mueble** piece of furniture
la **mueblería** furniture store
la **muela** molar; *dolor de muelas* toothache *32*
la **muerte** death
el **muerto, la muerta** dead person
la **mujer** woman, wife
la **muleta** crutch *29*, cape (in bullfight)
la **multa** fine *17*
mundial worldwide, universal *22*
el **mundo** world
la **muñeca** wrist, doll
la **muralla** wall *21*
el **muro** exterior wall
el **músculo** muscle *30*
el **museo** museum
la **música** music
musical musical *4*
el **músico, la música** musician *2*
el **muslo** thigh *26*
muy very

N

nacer to be born
el **nacimiento** birth, Christmas

crèche

la **nación** nation

la **nacionalidad** nationality

nada nothing; *no tener nada que ver* to have no relation; *de nada, por nada* you are welcome

nadar to swim

nadie no one, nobody

la **naranja** orange

la **nariz** nose

el **narrador** narrator

la **natación** swimming

nativo,-a native

natural natural, native

la **naturaleza** nature

naturalmente naturally

la **Navidad** Christmas

necesariamente necessarily

necesario,-a necessary

la **necesidad** necessity

necesitar to need

negar (ie) to deny 22

el **negocio** business; *hombre/mujer de negocios* businessman/businesswoman

negro,-a black

el **nervio** nerve

nervioso,-a nervous 5

nevar (ie) to snow

nicaragüense Nicaraguan

la **niebla** fog 22

la **nieta** granddaughter

el **nieto** grandson; *pl. los nietos* grandchildren 9

la **nieve** snow

ni neither; *ni...ni* neither...nor

ningún form of *ninguno* (before a masculine singular noun)

ninguno,-a not any, no, none

el **niño, la niña** child

el **nivel** level

no no, not; *¡No hay quien te gane!* No one can beat you!; *¡No les hagas caso!* Don't mind them!; *¡No me diga!* You don't say!; *¡No paras en casa!* You're never home! 7

el **noble** nobleman

la **noche** night; *Buenas noches.* Good evening., Good night.

la **Nochebuena** Christmas Eve

nombrar to name, to nominate, to appoint 13

el **nombre** name, noun

la **nómina** payroll 38

el **norte** north

norteamericano,-a North American

nos us, to us, ourselves

nosotros,-as we, us

la **nota** note, grade (A, B, C)

notar to note, to notice

la **noticia** news item, notice, information, note 13; *noticias* news 13; *noticias internacionales* foreign news 15

el **noticiero** newscast 13

novecientos,-as nine hundred

novelesco,-a novelistic

el **novelista, la novelista** novelist

noveno,-a ninth

noventa ninety

la **novia** girlfriend, fiancée, bride

noviembre November

el **novio** boyfriend, fiancé, groom

la **nube** cloud 22

nublado,-a cloudy

la **nuera** daughter-in-law 9

nuestro,-a our

nueve nine

nuevo,-a new; *de nuevo* again 7

el **número** number

nunca never

O

o or; *o...o* either...or

o sea... that is to say... 16

obedecer to obey 1

la **obra** work, construction, labor; *obra maestra* masterpiece 37

el **obrero, la obrera** worker

observar to observe, to watch

obtener to obtain

obvio,-a obvious

el **océano** ocean

octavo,-a eighth

octubre October

ocupado,-a occupied, busy

ocupar to occupy, to hold 40

ocuparse de to take care of 36

ocurrir to occur, to happen; *ocurrirse* to occur to someone 27

ochenta eighty

ocho eight

ochocientos,-as eight hundred

el **oeste** west

ofender to offend 10

la **ofensa** offense; *hacer una ofensa* to offend

la **oferta** offer; *de oferta* on sale, on special

el **oficial** official, officer

la **oficina** office

el **oficinista, la oficinista** clerk, office worker

el **oficio** trade, profession

ofrecer to offer

oído heard

el **oído** ear, sense of hearing; *dolor de oído* earache 32

oír to hear

ojalá would that, if only, I hope

el **ojo** eye

la **ola** wave

la **oliva** olive

olvidar to forget; *Se me olvida.* I forget.

omitir to omit

once eleven

la **operación** operation, surgery, action 32

el **operador, la operadora** operator 12

opinar to give an opinion, to form an opinion 19, to think

la **oportunidad** opportunity

la **óptica** optician's shop 18

el **optimista, la optimista** optimist

optimista optimistic

opuesto,-a opposite

la **oración** sentence

el **orden** order (arrangement)

la **orden** order

ordenado,-a in order, neat 8

el **ordenador** word processor 37

ordenar to order

ordinariamente usually, commonly

ordinario,-a ordinary

la **oreja** ear

organizar to organize

el **orgullo** pride

orgulloso,-a proud, haughty, stuck-up 3

oriental oriental, from the East

el **origen** origin

originalmente originally

originarse to originate

la **orilla** river edge

el **oro** gold
la **orquesta** orchestra, band
ortográfico,-a orthographic (dealing with spelling)
os you, to you, yourselves
oscurecer(se) to darken
oscuro,-a dark
el **ostión** oyster
el **otoño** fall, autumn
otra vez again, another time
otro,-a other, another
la **oveja** sheep

P

el **pabellón** pavilion
la **paciencia** patience 17
el paciente, la paciente patient, sick person 31
el **Pacífico** Pacific Ocean
el **padrastro** stepfather 9
el **padre** father; *pl. los padres* parents
el **padrino** godfather 3; *pl. padrinos* godparents 3
la **paella** typical Spanish dish with rice, vegetables, meat, seafood
pagar to pay (for)
la **página** page
el **país** country, nation
el **pájaro** bird
la **palabra** word; *procesador de palabras* word processor
el **palacio** palace; *Palacio Municipal* City Hall
la **palangana** basin
la **palma** palm tree
la **paloma** pigeon, dove; *las palomitas de maíz* popcorn 4
el **pan** bread; *pan dulce* sweet roll
la **panadería** bakery
el **panadero, la panadera** baker 2
panameño,-a Panamanian
el **panorama** panorama, view
el **pantalón** pants
la **pantalla** screen (movie, television)
la **pantera** panther
las **pantimedias** pantyhose 34
la **pantufla** (bedroom) slipper
el **pañuelo** handkerchief
el **papá** father, dad; *Papá Noel* Santa Claus
la **papa** potato; *las papas fritas*

french fries 28
la **papaya** papaya (a tropical fruit)
el **papel** paper; *hacer el papel* to play the role
el **papel de cartas** stationery 37
la **papelería** stationery store
las **paperas** mumps 32
el **paquete** package, parcel 20
el **par** pair, a couple of
para for, in order to; *para que* so that, in order that; *¿para qué?* for what?, why?; *para debajo* underneath
el **parabrisas** windshield
el **paracaídas** parachute
el **paracaidista, la paracaidista** parachutist
la **parada** stop
el **parador** inn
el **paraguas** umbrella 22
paraguayo,-a Paraguayan
parar to stop; *¡No paras en casa!* You're never home! 7
pardo,-a brown 3
parecer to seem; *parecerse (a)* to resemble 5
parecido,-a resembling, like, similar in appearance
la **pared** interior wall
la **pareja** couple
el **parentesco** familiar relationship
el **paréntesis** parenthesis
el **pariente, la pariente** relative
el **párpado** eyelid
el **parque** park
el **párrafo** paragraph 6
la **parrilla** grill; *a la parrilla* grilled, charbroiled 28
la **parroquia** parish
la **parte** part; *¿De parte de quién?* Who's calling?; *por otra parte* on the other hand 16
participar to participate
el **participio** participle
el **partido** game, athletic contest
partir to leave, to cut
la **pasa** raisin
pasado,-a past, last; *pasado mañana* day after tomorrow
el **pasaje** fare 21; *pasaje de primera clase* first-class fare
el **pasajero, la pasajera** passenger
el **pasaporte** passport
pasar to pass, to spend time,

to happen; *pasar la aspiradora* to vacuum 8; *hacer pasar* to let someone in 31
el **pasatiempo** pastime
la **Pascua** Easter
pasear(se) to take a walk/ride
el **paseo** walk, ride, boulevard; *dar un paseo* to take a walk/ride
el **pasillo** hallway 7
pasivo,-a passive
el **paso** step, pass, pace, passage, narrow entrance; *apretar el paso* to quicken the pace
la **pasta** paste, dip, pasta 28; *pasta de dientes* toothpaste 5
la **pasta** pasta 28
el **pastel** cake, pastry
pastel pastel (color)
la **pastelería** pastry shop
la **pastilla** pill 31
la **pata** paw (of animal), leg (of furniture)
la **patata** potato
paterno,-a paternal
el **patinaje** skating; *patinaje sobre hielo* iceskating; *patinaje sobre ruedas* rollerskating
patinar to skate 19
el **patio** courtyard, patio, yard, orchestra (section of a theater) 4; *patio de atrás* backyard 7
la **patria** native country, native land
patrocinar to sponsor
el **patrón** pattern; *el patrón, la patrona* patron (saint), boss
la **patrulla** patrol 29
el **pavo** turkey
el **payaso** clown
la **paz** peace
el **peaje** toll 17
el **peatón** pedestrian
la **peca** freckle
el **pecho** chest
pecoso,-a freckled, having freckles 1
la **pechuga** chicken breast 26
el **pedacito** small bit 26
pedir (i, i) to ask for, to request, to order
la **pedrada** stone thrown to hit something
el **peinado** hairstyle, hairdo 33
peinar to comb (someone else's hair); *peinarse* to comb one's hair
el **peine** comb 5

pelar to peel
la pelea fight
pelear to fight 7
la película film, motion picture
el peligro danger 29
peligroso,-a dangerous
pelirrojo,-a redhead
el pellejo skin (of animal) 26
el pelo hair
la pelota ball
la peluquería hairstylist's shop, hairdresser 18
el peluquero, la peluquera hairdresser 33
la pena pain, trouble; *darle pena a uno* to make one sad; *¡Qué pena!* What a shame!
el pensamiento thought
pensar (ie) to think, to intend; *pensar en* to think of
penúltimo,-a next to the last
peor worse, worst
el pepino cucumber
pequeño,-a little, small
la pera pear
el perchero hanger 8
percibir to perceive, to comprehend
perder (ie) to miss 22, to lose; *perder cuidado* not to worry; *perder el conocimiento* to lose consciousness 31; *perderse* to get lost 18
perdón excuse me, pardon me
el peregrino, la peregrina pilgrim 16
el perejil parsley
perezoso,-a lazy
perfectamente perfectly
el perfume perfume
el periódico newspaper
el periodista, la periodista reporter, journalist
el período period
la perla pearl 35
permanecer to remain, to last, to stay 24
la permanente permanent wave (pertaining to hair) 30
el permiso permission, permit
permitir to permit
pero but
perpetuo,-a perpetual, everlasting
el perro, la perra dog

perseguir (i, i) to pursue
la persona person; *persona mayor* grownup, adult 9
el personaje character (in a play, movie, etc.)
el personal staff, personnel 39
la personalidad personality
pertenecer to belong 1
peruano,-a Peruvian
la pesa weight; *levantar pesas* to lift weights 30
pesado,-a spoilsport, dull, heavy, fat, sluggish, obnoxious, tedious, tiresome 2
pesar to weigh 20
la pesca fishing
el pescado fish (out of water)
pescar to fish
el pesimista, la pesimista pessimist, pessimistic
el peso weight, unit of money in some countries
la pestaña eyelash
el pez fish (in the water)
el pianista, la pianista pianist, piano player
picante spicy, hot
picar to chop
pícaro,-a mischievous
el pico peak
el pie foot; *a pie* on foot; *de pie* standing
la piedra rock, gemstone, stone
la piel skin
la pierna leg
la pieza room, piece, piece of work, play (theater)
los pijamas pajamas
el pimentero pepper shaker
la pimienta pepper (seasoning)
el pimiento pepper (vegetable), pimiento
el pingüino penguin
pintar to paint 7
pintarse to apply makeup (to oneself) 5
el pintor, la pintora painter 37
pintoresco,-a picturesque
la pintura painting, paint
la piña pineapple
la piñata piñata
la pirámide pyramid
pisar to step on 17
la piscina swimming pool
el piso floor, story (of a building)

la pista (dance) floor, (ice) rink, clue; *pista y campo* track and field
la pista ski slope, trail 29
la pizarra chalkboard
placentero,-a pleasant, pleasing
el placer pleasure
el plan plan; *plan de seguros* insurance plan 32
la plana text; *primera plana* front page (of a newspaper) 15
planchar to iron 8
planear to plan
la planilla blank form 39
el plano map, plan 18
la planta plant, sole of the foot, floor; *planta baja* streetlevel floor, ground floor; *planta alta* upper floor 7
la plata silver
el plátano banana 26, plantain
platicar to chat
el platillo small plate, saucer
el plato plate, dish
la playa beach
la plaza plaza, public square
el pliegue fold, pleat
la pluma pen, feather
el pluscuamperfecto pluperfect
la población population, small town, village
pobre poor, unfortunate
poco,-a little (quantity); *poco a poco* little by little
poder (ue) to be able, can; *no poder más* to be exhausted
poderoso,-a powerful
podrido,-a rotten 25
la poesía poetry
el poeta, la poeta poet
la policía police force, policewoman
el policía policeman
policiaca police related 4; *película policiaca* police film, detective film 4
la política politics 15
políticamente politically
político,-a political
el polvo dust 17, powder; *en polvo* powdered 30
el pollo chicken
el pomelo grapefruit 25
poner to put, to place, to set, to tune in, to turn on (an

appliance) 4; *poner la marcha atrás* to back up 17; *poner la inyección* to give an injection 31

ponerse to put on (clothing), to become; *ponerse a dieta* to go on a diet; *ponerse de acuerdo* to come to an agreement 14

la **popularidad** popularity

por for, through, by; *por adelantado* in advance 23; *por eso* therefore, that's why; *por favor* please; *por fin* finally; *por lo menos* at least; *por nada* you're welcome; *¿por qué?* why?; *por último* finally 10; *Te veo por ahí.* I'll see you around.

la **porción** portion 27

porque because

el **portatraje** suite bag (luggage)

el **portero** doorman, goalie (sports)

la **portezuela** door (of a car)

portugués, portuguesa Portuguese

la **posada** inn, celebration of Christmas in Mexico

la **posdata (P.D.)** postscript (P.S.)

posesivo,-a possessive

la **posibilidad** possibility

positivo,-a positive

posponer to postpone 10

el **postre** dessert

potable potable, safe for drinking

la **práctica** practice

practicar to practice, to rehearse

práctico,-a practical

precedido,-a preceded

el **precio** price

precioso,-a beautiful, precious

preciso,-a precise, necessary

la **preferencia** preference

preferido,-a preferred 6

preferir (ie, i) to prefer

el **prefijo** prefix

la **pregunta** question

preguntar to ask (a question); *preguntarse* to wonder

el **premio** prize

la **prenda** garment

el **prendedor** brooch

preocupado,-a worried 14

preocupar to worry 24; *preocuparse* to get worried

preparar to prepare

el **preparativo** preparation 25

preparatorio,-a preparatory

preposicional prepositional

prescribir to prescribe 30

la **presencia** presence; *buena presencia* well-groomed 37

presentar to introduce, to present

el **presente** present time

presente present, in attendance

la **presidencia** presidency

el **presidente, la presidenta** president

la **presión** pressure; *presión alta* high blood pressure 32

prestar to lend; *prestar atención* to pay attention

presumido,-a very concerned about personal appearance, vain 36

el **presupuesto** budget 38

el **pretérito** past tense, preterite tense

prever to foresee

primario,-a primary

la **primavera** springtime

primer form of *primero* (before a masculine singular noun)

primero,-a first; *primera plana* front page of a newspaper 15; *de primera clase* first class 21

primitivo,-a primitive

el **primo, la prima** cousin

principal main, principal

principalmente mainly

el **principio** beginning; *a principios de* at the beginning of

la **prisa** haste; *tener prisa* to be in a hurry; *de prisa* quickly, hastily

la **prisión** prison

privado,-a private

el **privilegio** privilege 15

la **probabilidad** probability

probablemente probably

el **probador** dressing room 35

probar (ue) to try, to prove, to taste; *probarse* to try on

el **problema** problem

el **procesador** processor 6; *procesador de palabras* word processor 6

la **procesión** procession

producir to produce

el **producto** product

el **profesor, la profesora** teacher, professor

profundo,-a deep 31

el **programa** program

la **programación (de informática)** (computer) programming 6

el **programador, la programadora** programmer

programar to program 6

progresivo,-a progressive

prohibir to forbid, to prohibit, to interdict 19

prolongar to prolong

prometer to promise

el **pronombre** pronoun

el **pronóstico** forecast 15; *pronóstico del tiempo* weather forecast

pronto soon, quickly, early; *de pronto* suddenly; *Hasta pronto.* See you soon.

pronunciar to pronounce

la **propina** tip, gratuity

propio,-a own

proponer to propose

el **propósito** purpose; *a propósito* by the way

la **prosperidad** prosperity

proteger to protect

protestar to protest

el **provecho** benefit, profit; *¡Buen provecho!* Enjoy your meal!

el **proverbio** proverb

la **provincia** province

próximo,-a next

el **proyector** projector

publicar to publish

la **publicidad** publicity; *agencia de publicidad* advertising agency 37

público,-a public

el **público** public, audience

pudrirse to become rotten, to spoil 25

el **pueblo** town, people

puede que sí maybe 13

el **puente** bridge

el **puerco** pig, pork

la **puerta** door

el **puerto** port

puertorriqueño,-a Puerto Rican

pues thus, well (pause in speech)

el **puesto** stand, stall, position, job 39

puesto placed, put, set; *puesto*

que since, because
el **pulmón** lung *31*
la **pulmonía** pneumonia *31*
el **pulpo** octopus
la **pulsera** bracelet
la **punta** spike, point, tip *16*
el **punto** stitch *31*
puntual punctual, on time *37*
el **pupitre** student desk
puro,-a pure

Q

que that; *que viene* next
¿qué? *¿Qué hora es?* What time is it?; *¿Qué le parece?* What do you think? *4*; *¿Qué tal?* How?, How are things?, What's up?; *¿Qué tiempo hace?* What's the weather like?
¡qué! how...! what a...!; *¡Qué se va a hacer!* What choice do I have?, What am I going to do?, What can I do? *1*; *¡Qué va!* No way! (mild expression of disgust)
quebrar (ie) to break
quedar to be left, to remain; *quedar en* to agree to, to agree on, to be located *18*; *quedarle a uno* to fit, to be becoming; *quedarse* to remain, to stay; *quedarse con* to keep *20*
el **quehacer** task, duty
quejarse to complain *5*
quemar to burn; *quemarse* to get burned
querer to wish, to want, to love; *no querer* to refuse
querido,-a dear, beloved
el **queso** cheese
¿quién? who?; *pl. ¿quiénes?*
quienquiera whoever
quieto,-a quiet, motionless
la **química** chemistry
quince fifteen
la **quinceañera** girl who is fifteen years old
quinientos,-as five hundred
quinto,-a fifth
el **quiosco** kiosk, newsstand
quitar to remove
quitarse to take off (clothing)
quizá(s) perhaps, maybe

R

el **rábano** radish
el **rabo** tail
el **radio, la radio** radio
la **radiodifusión** radio broadcast
la **radiografía** X-ray *29*
la **radiotelegrafía** radiotelegraphy (sending messages by radio waves)
la **raíz** root; *pl. raíces*
la **rama** branch
el **ramito** small bouquet
la **rapidez** speed *40*
rápido,-a fast *3*
la **raqueta** racquet
el **rascacielos** skyscraper *18*
el **Rastro** flea market in Spain
el **rato** short while; *a cada rato* all the time, frequently *14*; *buen rato* good time; *largo rato* a good while, quite a while *14*
el **ratón** mouse
la **raya** stripe, part (in hair) *33*
rayado,-a scratched, striped
el **rayo** thunderbolt
la **razón** reason; *tener razón* to be right
reaccionar to react
real real, actual, royal
la **realidad** reality; *en realidad* actually, in fact
realista realistic *19*
realmente actually, really
reanudar to renew
la **rebaja** reduction, discount *34*
rebajado,-a reduced *34*
rebelde rebellious *14*
el **recado** message *12*; *dejar recado* to leave a message *12*
la **recepción** reception
la **receta** recipe, prescription *31*
recetar to prescribe (medication) *31*
recibir to receive
el **recibo** receipt
reciente recent
recíproco,-a reciprocal, mutual
reclamar to claim
recoger to pick up, to collect, to gather *22*
recomendar (ie) to recommend
reconocer to recognize *1*

recontar (ue) to recount, to relate, to tell again
recordar (ue) to remember, to remind
el **recorte** cutting, clipping, outline, profile *15*; *recorte de periódico* newspaper clipping *15*
el **recreo** break of activity, pause, recreation
el **recuerdo** memory, souvenir
la **red** net
reducir to reduce *14*
reescribir rewrite
referirse (ie, i) to refer
reflejar to reflect
reflexivo,-a reflexive
el **refrán** proverb, saying
el **refresco** refreshment, soft drink, soda
la **refresquería** soft drink store
el **refrigerador** refrigerator
refrito,-a refried *28*
regalar to give (as a gift)
el **regalo** gift
regañar to scold *24*
regar (ie) to water, to sprinkle, to irrigate *7*
regatear to bargain, to haggle
el **régimen** regime, diet plan *30*
el **registro** register *23*
la **regla** rule *21*
el **reglamento** rule
regresar to return, to go back
regular regular, average
la **reina** queen
reír (i, i) to laugh; *echar a reír* to burst out laughing; *reírse* to laugh; *reírse de* to laugh at, to make fun of
la **reja** wrought-iron window grill, wrought-iron fence
la **relación** relation, relationship
relacionar to relate
el **relámpago** lightning *22*
el **relato** story, report
la **religión** religion
religioso,-a religious
relleno,-a stuffed, filled *28*
el **reloj** watch, clock
la **relojería** watchmaker's shop *18*
remar to row (boat)
el **remedio** remedy, solution
remilgoso,-a overly delicate; *hacerse el remilgoso* to nitpick

el **remitente, la remitente** sender 20

remoto,-a remote

el **repaso** review

repetir (i, i) to repeat

replicar to reply

el **reportaje** report, interview 15

reportar to report 15

el **reporte** report

el **reportero, la reportera** reporter

representar to represent

requerir (ie, i) to require

el **requisito** requirement 37

la **resaca** undertow

resbaloso,-a slippery

la **reserva** reservation 21

la **reservación** reservation

reservar to reserve 21

el **resfriado** cold 31

resistir to resist

resolver (ue) to decide, to solve, to resolve 10

el **respaldo** seat back, chair back

respectivamente respectively

el **respecto** relation, proportion; *con respecto a* in relation to

respetar to respect

el **respeto** respect

la **respiración** respiration, breathing

respirar to breathe 31

el **resplandor** glare

responder to respond, to answer

la **responsabilidad** responsibility, liability 11

la **respuesta** answer

la **resta** subtraction

el **restaurante** restaurant

el **resto** rest, remainder

el **restorán** restaurant

resuelto,-a resolved, determined

el **resultado** result

resultar to result, to turn out

el **resumen** summary, résumé

retornar (a) to return 39

retrasado,-a delayed 22

el **retraso** delay 22

el **retrato** portrait, picture 2

la **reunión** meeting, reunion, get-together

reunir to gather together

reunirse to get together

revelar to reveal, to develop film

reventar (ie) to burst 24

la **reverencia** reverence, bow

revisar to check, to inspect

la **revista** magazine

revolver (ue) to scramble 10

revuelto,-a messy

el **rey** king

rezar to pray

rico,-a rich, tasty

ridículo,-a ridiculous

la **rienda** rein; *a rienda suelta* free rein

la **rifa** raffle

el **rincón** corner

el **río** river

rizado,-a curly 3

robar to rob 13

el **robo** robbery

rodeado,-a (de) surrounded (by), encircled

rodear to surround

la **rodilla** knee

rogar (ue) to beg 19

rojizo,-a reddish

rojo,-a red

el **rolo** hair roller 33

romance romance

romántico,-a romantic 27

romper to break

ronco,-a hoarse

la **ropa** clothing, clothes; *ropa interior* underwear; *ropa de cama* bed linen 8

el **ropero** closet, locker

rosado,-a pink

la **rosca** ring, something in the shape of a ring

roto,-a broken, torn

rozar to scrape, to touch lightly, to graze

el **rubí** ruby

rubio,-a blond

la **rueda** wheel

el **rugido** roar

rugir to roar

el **ruido** noise 12

la **ruina** ruin

el **rumor** rumor

ruso,-a Russian

S

el **sábado** Saturday

la **sábana** sheet 23

el **saber** knowledge

saber to know, to know how, to find out

la **sabiduría** wisdom

el **sabor** flavor

sabroso,-a tasty, savory

sacar to extract, to find out, to remove, to take out, to deduce, to infer 16, to take out 7, to stick out 31; *sacar que* to get the idea; *sacar una fotografía* to take a picture 19; *Saque la lengua.* Stick your tongue out. 31

el **sacerdote** priest

el **saco** suitcoat

el **sacrificio** sacrifice

la **sal** salt

la **sala** living-room, large room; *sala de espera* waiting room 31

salado,-a salty 28

la **salchicha** sausage

el **salero** salt shaker

la **salida** exit, way out 1

salir to go out, to leave, to come out

el **salón** large room; *salón de belleza* beauty parlor 33

la **salsa** salsa (music), sauce; *salsa de tomate* ketchup

saltar to jump, to leap

el **salto** leap, waterfall

la **salud** health 29

saludar to greet

el **saludo** greeting

salvadoreño,-a Salvadorian

salvaje wild (animals)

salvar to rescue, to save 13

la **sandalia** sandal 34

la **sandía** watermelon 25

la **sangre** blood 29

el **santo, la santa** saint

el **sarampión** measles 32

la **sartén** pan, frying pan

el **sastre** tailor 35

satisfacer to satisfy

satisfecho,-a satisfied, pleased, confident 17

se himself, herself, itself, yourself (formal), themselves, yourselves

sea be it; *o sea* that is (to say) 16; *sea como sea* by all means, no matter what, whatever happens 22

el **secador** hairdryer 5

la **secadora** dryer 7

secar to dry; *secarse* to dry (oneself) 5

la **sección** section; *sección del hogar* home section

seco,-a dry; *detenerse en seco* to stop dead (in one's tracks)

el **secretario, la secretaria** secretary

secundario,-a secondary, subordinate; *escuela secundaria* secondary school, high school; *de secundaria, en secundaria* in secondary school

la **sed** thirst; *tener sed* to be thirsty

la **seda** silk

seguir (i, i) to follow, to continue, to go on, to keep on, to pursue

según according to

segundo,-a second

seguramente surely, certainly, securely

la **seguridad** security; *caja de seguridad* safe

seguro,-a sure, certain, safe

el **seguro** insurance *32*

seis six

seiscientos,-as six hundred

seleccionar to select

el **sello** stamp; *sello de aprobación* stamp of approval

la **selva** jungle

el **semáforo** traffic light *17*

la **semana** week

semejante similar

el **semestre** semester *39*

semi-precioso,-a semiprecious

la **semilla** pit, seed *26*

sencillo,-a simple, one-way, single *23*

la **senda** path

sensacionalista sensationalistic *13*

sentado,-a seated

sentar (ie) to seat; *sentarse* to sit down

el **sentido** sense, meaning

el **sentimiento** feeling *38*

sentir (ie, i) to feel, to feel sorry, to regret; *sentirse* to feel *31*

la **señal** sign, signal

señalado,-a signaled, set

señalar to signal, to make known; *señalar para* to set a date *9*

las **señas** name and address *23*

el **señor** gentleman, sir, Mr.

la **señora** lady, madame, Mrs.

la **señorita** young lady, Miss

separar to separate

septiembre September

séptimo,-a seventh

ser to be

la **serenidad** serenity

la **serie** series

serio,-a serious; *en serio* seriously

la **serpiente** snake

el **servicio** service; *servicio al cuarto* room service

el **servidor, la servidora** servant

la **servilleta** napkin

servir (i, i) to serve; *¿En qué puedo servirle?* May I help you?; *servirle a uno* to fit someone *30*; *servirse* to serve oneself; *Sírvase.* Please. Help yourself. *34*

sesenta sixty

setecientos,-as seven hundred

setenta seventy

sexto,-a sixth

si if

sí yes; *(por sí mismo)* himself, herself, itself, yourself, themselves, yourselves; *puede que sí* maybe

la **sicología** psychology

siempre always

la **sierra** mountain

la **siesta** afternoon hours for going home to eat and rest

siete seven

sigiloso,-a silent

el **siglo** century

el **significado** meaning

significar to mean

siguiente following

la **sílaba** syllable

el **silencio** silence

silencioso,-a silent

silenciosamente quietly

la **silla** chair; *silla de ruedas* wheelchair *29*

el **sillón** armchair, easy chair

silvestre wild

el **símbolo** symbol

simpático,-a nice, kind

sin without; *sin embargo* nevertheless, however

sincero,-a sincere

el **sinfín** endless number

singular singular; *singularísimo* very peculiar

sino but (on the contrary), although, even though

el **sinónimo** synonym

el **síntoma** symptom *32*

el **sistema** system

situado,-a located

situar to locate, to place

el **smoking** tuxedo, dinner jacket *35*

sobrar to be more than enough *33*

sobre on, upon, over, above, about; *sobre todo* above all, especially

el **sobre** envelope *20*

el **sobrecargo, la sobrecargo** cabin attendant

la **sobrina** niece

el **sobrino** nephew

sociable friendly, sociable *2*

social social; *vida social* society pages *15*

la **sociedad** society

socorrer to save

el **socorro** help, aid, assistance *29*; *¡Socorro!* Help! *29*

el **sofá** sofa *7*; *sofá-cama* sofa-sleeper

el **sol** sun

solamente only

la **solapa** lapel *35*

la **solemnidad** solemnity

soler (ue) to be accustomed to, to be used to

solicitar to ask for, to apply *1*; *se solicitan* "wanted" *37*

la **solicitud** application *1*

solo,-a alone, solo

sólo only

soltar (ue) to untie, to loosen, to let free

soltero,-a single, not married *1*; *despedida de soltera* bridal shower *9*

la **solución** solution *10*

la **sombra** shade, shadow

el **sombrero** hat

sonar (ue) to sound, to ring (bell)

el **sonido** sound

sonreír (i, i) to smile; *sonreírse* to smile *5*

sonriente smiling

la **sonrisa** smile *23*

soñar (ue) to dream; *soñar despierto,-a* to daydream

la **sopa** soup

soplar to blow

soportar to stand, to tolerate, to endure *11*

sordo,-a deaf *2*

sorprendente surprising, amazing

sorprender to surprise 24

la **sorpresa** surprise

el **sorteo** drawing (in a lottery)

el **sótano** basement

Sr. abbreviation for *señor*

Sra. abbreviation for *señora*

Srta. abbreviation for *señorita*

su his, her, its, your (*Ud.*), their, your (*Uds.*)

suave smooth, suave

la **subida** increase, rise 30

subir (a) to climb, to go up, to get on

el **subjuntivo** subjunctive

submarino,-a undersea

el **subtítulo** subtitle 4

el **suburbio** suburb

suceder to happen, to occur, to take place 15

el **suceso** event, incident, happening

sucio,-a dirty

el **sudor** sweat, perspiration

la **suegra** mother-in-law

el **suegro** father-in-law; *los suegros* parents-in-law 9

el **sueldo** salary 39

el **suelo** floor 8

suelto,-a loose, free 33

el **sueño** dream; *tener sueño* to be sleepy

la **suerte** luck; *tener suerte* to be lucky

suficiente sufficient 7

sufrir to suffer

la **sugerencia** suggestion

sugerir (ie, i) to suggest 11

suizo,-a Swiss 28

sujetar to grip, to hold

el **sujeto** subject

la **suma** addition

el **suplemento** supplement 15; *suplemento dominical* Sunday supplement 15

el **suplente, la suplente** substitute 39

suplicar to beg, to beseech 19

suplir to supply

suponer to suppose, to *surmise* 3; *pp. supuesto: por supuesto* of course

el **sur** south

el **surtido** assortment, supply

el **sustantivo** noun

la **sustracción** subtraction

suyo,-a of his, of hers, of its, of yours, of theirs

T

el **tabaco** tobacco

la **tabla** board

el **tablero** bulletin board

el **tacón** heel (of shoe) 34; *tacones altos* high heels

tal such; *tal como* such as; *tal vez* perhaps 1; *¿Qué tal?* How...?, How are things?, What's up?

el **talento** talent

talentoso,-a talented 3

la **talla** size 34

el **tamaño** size

también also, too

el **tambor** drum

tampoco neither

tan so; *tan pronto como sea posible* as soon as possible 21

el **tanque** tank 17

tanto,-a enough, so much; *No es para tanto.* It's not a big deal. 33; *Tanto gusto.* So glad to meet you.; *¡Tanto me da!* It doesn't matter!, I couldn't care less! 36

la **taquigrafía** shorthand

la **taquilla** ticket office, box office

tardar en to delay in, to take time to (do something)

tarde late; *hacerse tarde* to be late, to get late

la **tarde** afternoon, evening; *Buenas tardes.* Good afternoon., Good evening.

la **tarea** task, homework

la **tarifa** fare, rate 21

la **tarjeta** card

el **taxi** taxi

el **taxista, la taxista** taxi-driver

la **taza** cup

te you, to you, yourself

el **té** tea

el **teatro** theater

tecnológico,-a technological 40

el **techo** roof, ceiling

la **teja** roof tile

el **tejado** roof made of tiles

el **tejido** woven goods, fabric

la **tela** fabric

la **tele** television, TV 2

telefónico,-a related to the telephone; *cabina telefónica* telephone booth 12

el **telefonista, la telefonista** operator (telephone)

el **teléfono** telephone; *guía de teléfonos* telephone directory

la **telenovela** soap opera

la **telepatía** telepathy 16

la **televisión** television

el **televisor** television set

el **tema** theme

temblar (ie) to tremble

tembloroso,-a shivering

el **temor** fear 22

templado,-a temperate

el **templo** temple, church

la **temporada** season, time of year

temprano early

tender (ie) to spread out

tenderse (ie) to lie (down)

el **tenedor** fork

tener to have; *tener antojo* to have a craving (for something) 19; *tener que* to have to (do something); *tener que ver con* to be related, to have to do with 16; *tener ganas de* to feel like

el **tenista, la tenista** tennis player 2

la **tensión** stress 30

tenso,-a tense

teñir (i, i) to dye 16

tercer form of *tercero* (before a masculine singular noun)

tercero,-a third

el **tercio** one-third

la **terminación** ending

la **terminal** terminal; *terminal de autobuses* bus depot

terminar to finish, to end

el **término** term; *término medio* medium

la **ternera** veal

la **ternura** tenderness

la **terraza** terrace 7

el **terremoto** earthquake 13

el **terror** terror, horror 2

la **tertulia** social gathering

el **testigo, la testigo** witness 15

ti you

la **tía** aunt

tibio,-a luke-warm, tepid

el **tiempo** time, weather; *a tiempo*

on time; *mucho tiempo* long time; *Hace buen tiempo.* It's nice out.; *Hace mal tiempo.* The weather's bad.; *¿Qué tiempo hace?* What's the weather like?; *pronóstico del tiempo* weather forecast 15; *tiempo completo* full time 36

la **tienda** store, shop

la **tierra** land, earth, soil

el **tigre** tiger

la **tijera** scissors 5

el **timbre** ring, door bell 12

tímido,-a shy 2

el **timón** steering wheel (Caribbean)

tinto,-a tinted, colored; *vino tinto* red wine 28

la **tintorería** cleaner's 36

el **tío** uncle

típico,-a typical

el **tipo** type, guy

la **tira** strip, band, list, long narrow stripe; *tira cómica* comic strip

tirar to throw 8, to cast, to toss, to attract, to draw toward, to shoot, to discharge (a firearm) 14; *tirar de* to pull

el **tiro** shot

el **título** title

la **tiza** chalk

la **toalla** towel 5

el **tobillo** ankle 29

el **tobogán** toboggan, slide

el **tocadiscos** record player, phonograph

el **tocador** dresser (furniture)

tocar to touch, to play (a musical instrument, radio), to ring; *tocar el timbre* to ring the bell; *tocarle a uno* to be someone's turn 5

el **tocino** bacon

todavía still; *todavía no* not yet

todo,-a all, everything; *de todos modos* anyway

la **tolerancia** tolerance

tomar to take, to drink

el **tomate** tomato

el **tono** tone, sound; *tono de discar* dial tone 12

la **tontería** foolishness, foolish thing 11

tonto,-a silly, foolish 2

torcer (ue) to twist

torcido,-a crooked, twisted 29

la **tormenta** storm 13

el **tormento** torment, pain, anguish

el **tornero, la tornera** turner, lathe operator

el **toro** bull

la **toronja** grapefruit

la **torre** tower

el **torso** torso, trunk (part of body)

la **tortilla** corn cake (Mexico), omelette (Spain)

la **tortuga** turtle

la **tos** cough 32

tosco,-a rough

toser to cough 31

la **tostada** tostada (Mexican food), toasted slice of bread

tostado,-a toasted

la **tostadora** toaster 26

la **totalidad** totality, complete picture 40

totalmente totally

el **trabajador, la trabajadora** worker

trabajar to work; *trabajar por* (pronoun) *propia cuenta, trabajar por cuenta propia* to be self-employed 38

el **trabajo** work

la **traducción** translation

traducir to translate

traer to bring

el **tráfico** traffic

tragar to swallow, to devour 18; *Se los ha tragado la tierra.* The earth has swallowed them up. 18

el **traje** suit (of clothes); *traje de baño* bathing suit

el **trampolín** trampoline, diving board

tranquilo,-a calm

transbordar to make a transfer 24

el **tránsito** traffic; *señales de tránsito* traffic signals 17

el **transporte** transportation

el **tranvía** streetcar

el **trapo** rag

tratar to try, to treat; *tratar de* to try to (do something)

trece thirteen

treinta thirty

el **tren** train, streetcar (Mexico)

tres three

trescientos,-as three hundred

la **tribu** tribe

el **trineo** sleigh, sled

la **tripulación** crew

triste sad 3

la **tristeza** sadness, sorrow

el **trofeo** trophy

la **trompeta** trumpet

tropezar (ie) to stumble, to run into, to trip; *a tropezones* stumbling

el **trueno** thunder 22

tu your

tú you

la **túnica** tunic, surgeon's gown, long wide gown 31

el **turista, la turista** tourist

el **turno** turn, shift 33

tutearse to address each other as *tú* in a familiar way 1

tuyo of yours

U

ubicar to place, to locate 35

Ud. you (abbreviation of *usted*)

Uds. you (abbreviation of *ustedes*)

últimamente lately, finally, in the end

último,-a last, latest; *por último* finally 10

un poquito, nada más only a little 33

un,-a a, an, one

único,-a unique, only

unido,-a united, linked, closely knit

unir to connect, to link

universal universal; *historia universal* world history

universitario,-a related to the university

uno one

unos, unas some, a few

la **uña** fingernail, toenail 5; *comerse las uñas* to bite one's nails 11; *esmalte de uñas* nail polish 5

la **urbanidad** social manners

uruguayo,-a Uruguayan

usar to use, to wear

el **uso** use

usted you *s.*

ustedes you *pl.*

útil useful

utilizar to use, to utilize

la **uva** grape

V

las **vacaciones** vacation
  vacante vacant; *plaza vacante* vacancy 37
  vaciar to empty 37
  vacío,-a empty 17, vacuum, emptiness
la **vacuna** vaccination 32
el **vagón** train car, wagon 24
  vale all right, okay (Spain) 1; buddy (Venezuela)
  valer to be worth, to be valued at; *más vale* it's better
  valiente brave, courageous
la **valija** suitcase
  valioso,-a valuable
el **vapor** steam 25; *al vapor* steamed 25
el **vaquero** cowboy 4; *de vaqueros* western (movie) 4
la **vara** rod
  variado,-a different, varied 40
  variar to vary 37
la **variedad** variety
  varios,-as various, several
el **vaso** drinking glass
  vaya: ¡Vaya...! What a...!
el **vecino, la vecina** neighbor
el **vehículo** vehicle
  veinte twenty
la **vela** sail, candle; *bote de vela* sailboat
la **velocidad** speed; *exceso de velocidad* speeding
  vencer to win over, to expire (check out time)
la **venda** bandage 31
el **vendedor, la vendedora** vendor, salesperson
  vender to sell
  venezolano,-a Venezuelan
  venir to come
la **venta** sale; *en venta* on sale, for sale; *impuesto de venta* sales tax
la **ventaja** advantage; *sacar ventaja de* to take advantage of
la **ventana** window
la **ventanilla** sales window, ticket window, small window (car, plane) 20
  ver to see; *A ver.* Let's see.; *Te veo por ahí.* I'll see you around.; *tener que ver con...* to have to do with...
el **verano** summer

la **verdad** truth; *¿Verdad?* Isn't it true?
  verdadero,-a true, authentic
  verde green; *fruta verde* fresh, unripened or immature fruit 25
la **verdulería** vegetable store
la **verdura** green, leafy vegetable
la **vereda** sidewalk, path 18
la **vergüenza** shame, shyness; *dar vergüenza* to embarrass
el **verso** poem, verse
el **vestíbulo** entry hall, lobby
  vestido,-a (de) dressed (in)
  vestirse (i, i) to dress oneself, to get dressed
el **veterinario, la veterinaria** veterinarian
la **vez** time; *pl. veces; a la vez* at the same time; *a veces* at times 1; *de vez en cuando* from time to time, occasionally; *en vez de* instead of 16; *tal vez* perhaps
la **vía** street, roadway, way, track; *una sola vía* one way street 17; *doble vía* two-way street
  viajar to travel
el **viaje** trip; *hacer un viaje* to make a trip
  viajero,-a traveler; *el agente viajero, la agente viajera* traveling sales representative 39
  vibrar to vibrate
el **vicio** fraud, vice, defect, corruption
la **vida** life; *la vida social (del periódico)* society pages 15
la **video-casetera** videocassette recorder
el **videocasete** videocassette
la **videocinta** videocassette
la **vidriera** display window
  viejo,-a old
el **viento** wind; *Hace viento.* It's windy.
el **viernes** Friday
el **vinagre** vinegar
el **vino** wine 28; *vino tinto* red wine 28
la **violencia** violence 16
  violeta violet 34
la **virtud** virtue
la **visa** visa
la **visión** view, vision 40
la **visita** visit
el **visitante, la visitante** visitor

  visitar to visit
la **vista** view, landscape
la **viuda** widow 9
el **viudo** widower
  vivir to live
  ¡viva! yeah!, long live...
  vivo,-a lively, alive, vivid, sharp, clever
la **vocal** vowel
el **volante** steering wheel, leaflet
  volar (ue) to fly
  volcar (ue) to overturn, to spill, to turn upside down 27
el **volibol** volleyball
  volver (ue) to return, to go back; *volver a* to do (something) again
  volverse (ue) to turn around
el **vómito** vomiting, vomit
  vosotros, vosotras you *pl.*
la **voz** voice; *pl. voces; en voz alta* aloud
el **vuelo** flight
la **vuelta** return; *dar la vuelta* to turn around; *dar una vuelta* to take a walk; *dar vuelta* to turn; *de vuelta* on the way back; *viaje de ida y vuelta* round-trip
  vuestro,-a your (informal)
  vulgar common, vulgar 11

W

el **W.C.** toilet

Y

  y and
  ya already; *ya lo creo* yes, indeed
la **yema** yolk 26
el **yerno** son-in-law 9
el **yeso** plaster, cast 29
  yo I

Z

la **zanahoria** carrot
la **zapatería** shoe store
la **zapatilla de ballet** ballet slipper 34; *zapatillas de punta* toe shoes 14
el **zapato** shoe
el **zarcillo** earring 35
la **zona postal** zip code 20
el **zoológico** zoo

Vocabulary English/Spanish

A

a, an un,-a
abbreviated abreviado,-a
ability la capacidad 40
able capaz; to be able to poder
aboard a bordo de
about acerca de, sobre; about to a punto de 24
above arriba de, encima de, sobre; above all sobre todo
abroad el extranjero 20
abruptly bruscamente
absence la ausencia, la falta
absurd absurdo,-a 16
to accelerate acelerar 17
accelerator el acelerador 17
accent el acento
to accentuate acentuar 37
to accept aceptar
accident el accidente 13
accidently casualmente
accompaniment el acompañamiento
to accompany acompañar
to accomplish cumplir
according to según, conforme a
account la cuenta
ache el dolor; to ache doler (ue)
acid ácido,-a
acrobat el acróbata, la acróbata
across enfrente 6
to act actuar 37
active activo,-a 40
actually en realidad
to adapt adaptar; adapted adaptado,-a
to add añadir, agregar
address la dirección, el domicilio 1
addressee el destinatario, la destinataria 27
adequate adecuado,-a
adhesive bandage la curita 31
adjective el adjetivo
administration la administración

to admire admirar
adult el adulto, persona mayor 9
advance el adelanto; to advance avanzar
advantage la ventaja
adventure la aventura
adverb el adverbio
to advertise anunciar 37
advertisement el anuncio; advertising agency la agencia de publicidad 37
advice el consejo
to advise aconsejar
aerial aéreo,-a
to affect afectar 40
affection el cariño
affectionate cariñoso,-a 2
affirmative afirmativo,-a
afraid miedoso,-a
African africano,-a
after tras, detrás de, después de; after (followed by subject and verb) después (de) que; after all al fin y al cabo; afterwards después; the day after el diá siguiente
afternoon tarde; Good afternoon. Buenas tardes.
again otra vez, de nuevo 7
against contra 29
age la edad
agency la agencia; advertising agency la agencia de publicidad 37
agent el agente, la agente
agitated agitado,-a
ago hace (time)
to agree quedar en, estar de acuerdo, acordar; to agree to, to agree on quedar en
agreeable agradable
agreed de acuerdo
agreement el acuerdo, la concordancia
agriculture la agricultura; agricultural agrícola
ah ¡ah!, ¡ay!
to aim apuntar
air el aire; air conditioning el

aire acondicionado; air polution la contaminación ambiental
air mail correo aéreo
airplane el avión
airport el aeropuerto
alarm clock el despertador 8
album el álbum
alcoholic alcohólico,-a 30
alert alerta
algebra el álgebra f.
Alhambra la Alhambra (Spain)
alive vivo,-a
all todo,-a; all-in-all total; all the time a cada rato; all right está bien, vale; all of a sudden de repente
allergy la alergia 32
alley el callejón 18; blind alley callejón sin salida 18
to allow dejar, permitir
almond la almendra 28
almost casi
alone solo,-a
aloud en voz alta
alphabet el abecedario, el alfabeto
already ya
also también
to alternate alternar
although aunque
alumnus el ex-alumno, la ex-alumna
always siempre
amateur el aficionado, la aficionada
amazing sorprendente
ambassador el embajador, la embajadora 21
ambience el ambiente
ambition la ambición 14
American americano,-a, el americano, la americana
among entre
amount la cantidad
to amuse divertir (ie, i) 24
ancient antiguo,-a
and y, e (used before a word beginning with i or hi)
angel el ángel

to **anger** enfadar, enojar

Anglo-Saxon anglosajón, anglosajona

angry enfadado,-a *15*

anguish la angustia

animal el animal

animated animado,-a; *animated cartoon* el dibujo animado *4*

ankle el tobillo *29*

to **announce** anunciar

announcement el anuncio

to **annoy** enojar, molestar, fastidiar *4*; *annoyed* molesto,-a *12*

another otro,-a

answer la respuesta; *to answer* contestar, responder

antenna la antena; *parabolic antenna* antena parabólica

to **anticipate** anticipar

anticipation la anticipación

antiguity antigüedad

any cualquier, cualquiera; *anyway* de todas maneras *36*, de todos modos *13*

apart from aparte de *10*

apartment el apartamento, el departamento, el piso *(Spain)*

apparatus el aparato

to **appear** aparecer *1*

appearance la apariencia, el aspecto *30*

appetite el apetito

appetizer el entremés

apple la manzana

appliance el aparato doméstico

application la solicitud *1*

to **apply** solicitar *1*; *to apply makeup (to oneself)* pintarse *5*

appointment la cita

to **appreciate** agradecer, estimar *10*; *I really appreciate it!* ¡Cuánto te lo agradezco! *10*

to **approach** acercarse a, aproximarse

appropriate apropiado,-a

approval la aprobación *30*

approximately aproximadamente

April abril

aquatic acuático,-a

Arabian árabe

arbitrary arbitrario,-a

arch el arco

archaeological arqueológico,-a

archaeologist el arqueólogo, la arqueóloga

architect el arquitecto, la arquitecta *9*

architectural arquitectónico,-a;

architecture la arquitectura

area el área *f.*; *area code* el código de área *12*

Argentinean argentino,-a

to **argue** discutir

argument la discusión *19*

arm el brazo, el arma *f.*

around alrededor de

to **arrange** arreglar

arrangement el arreglo

to **arrive** llegar

article el artículo

artifact el artefacto

artificial artificial

artisanship la artesanía

artist el artista, la artista

as como; *as if* como si; *as soon as* luego que, en cuanto, tan pronto como; *as well as* así como; *as soon as possible* tan pronto como sea posible *21*

to **ask** preguntar; *to ask a question* hacer una pregunta; *to ask for* pedir (i, i), solicitar

aspect el aspecto

aspiration la aspiración

aspirin la aspirina *31*

assassin el asesino, la asesina

assassination el asesinato, el crimen *13*

assignment la labor

to **associate** asociar

assortment el surtido

to **assume** asumir

to **assure** asegurar

asthma el asma *f. 32*

asylum el amparo

at a, en; *at about (time)* a eso de; *at least* por lo menos, menos mal que *24*; *at once* en seguida; *at the beginning* a principio de *6*; *at the same time* a la vez; *at times* a veces *1*

athlete el atleta, la atleta *2*

athletic atlético,-a

atmosphere el ambiente, la atmósfera

to **attack** atacar *16*

to **attain** cumplir

to **attempt** intentar

to **attend** asistir a

attendant la dama de honor *cabin attendant* el sobrecargo, la sobrecargo

attention la atención

to **attenuate** atenuar

attic el ático,-a, el desván *7*

to **attract** atraer

attractive atrayente *39*

audience el público

auditorium el auditorio

August agosto

aunt la tía

automatic automático,-a

automobile el automóvil

autonomous autónomo,-a

autumn el otoño

available disponible *23*

avenue la avenida

average regular

avocado el aguacate

to **avoid** evitar *19*

to **awaken** despertar (ie)

ax el hacha *f.*

Aztec azteca

B

baby el bebé

back hacia atrás; *back (part of the body)* la espalda; *back (of animal)* el lomo; *to back up* poner la marcha atrás, dar marcha atrás *17*

background el historial

backward atrasado,-a *16*;

backwards hacia atrás

backyard patio de atrás *7*

bacon el tocino

bad mal, malo,-a

baker el panadero, la panadera *2*

bakery la panadería

to **balance** balancear *30*

balcony el balcón *4*

bald calvo,-a *2*

ball la bola, la pelota

ballerina la bailarina

ballet el ballet; *ballet slipper* la zapatilla de ballet *34*

balloon el globo

ballpoint el bolígrafo *6*

banana la banana, el plátano *26*

band la banda, el grupo *(musical)*, la tira

bandage la venda *31*

bangs el cerquillo 33
bank el banco
baptism el bautizo
barbecue asar 25
barber shop la barbería 18
barefoot descalzo,-a
barely escaso,-a 39
to **bargain** regatear
to **bark** ladrar
baroque barroco,-a
base la base
baseball el béisbol; *baseball player* el beisbolista, la beisbolista
based basado,-a
basement el sótano
basic básico,-a
basketball el baloncesto, el básquetbol; *basketball player* el basquetbolista, la basquetbolista 2
bath el baño; *bathroom* el baño; *bathtub* la tina, la bañera 23; *bathrobe* la bata
to **bathe** bañarse; *bathing suit* el traje de baño
battle el combate
bay la bahía
to **be** estar, ser; *be (tú command)* sé; *to be (supposed) to* haber de; *to be able* poder; *being able* pudiendo; *to be acquainted with* conocer; *to be becoming* quedarle a uno, caerle a uno, sentarle (ie) a uno; *to be born* nacer; *to be called, to be named* llamarse; *to be careful* tener cuidado; *to be exhausted* no poder más; *to be fitting* convenir; *to be found* encontrarse (ue); *to be glad* alegrarse (de); *to be hungry* tener hambre; *to be important* importar; *to be in a hurry* tener prisa; *be it* sea; *to be lacking* faltar; *to be left* quedar; *to be mistaken* equivocarse; *to be pleasing* gustar; *to be quiet* callarse; *to be right* tener razón; *to be the same to someone* darle igual a uno; *to be thirsty* tener sed; *to be worth* valer; *to be...years old* tener...años; *to be fond of* ser aficionado,-a a 35; *to be right by chance* acertar; *to be late* demorar; *to be complacent*

condescender; *to be found* encontrarse (ue); *to be self-employed* trabajar por (*possessive pronoun*) propia cuenta, trabajar por cuenta propia 38; *to be someone's turn* tocarle a uno 5; *to be related* tener que ver con; *to be more than enough* sobrar 33; *to be in* encontrarse en; *to be lacking, to be missing* hacer falta 7; *to be absent* faltar; *to be in fashion* estar de moda; *to be free* desocuparse 23; *to be mistaken* estar equivocado,-a 12; *to be late* hacerse tarde 5; *to be early, to be ahead of time* adelantarse 23; *to be embarrassed* tener vergüenza 11; *to be angry* estar enojado,-a 15
beach la playa
bean el frijol 25
to **bear** aguantar; *to bear in mind* tener en cuenta
bear el oso, la osa
beard la barba 3
to **beat** latir, batir 26
beater la batidora 26
beautiful hermoso,-a, precioso,-a
beauty la hermosura, la belleza 2; *beauty parlor* salón de belleza 33
because porque; *because of* a causa de
to **become** llegar a ser, ponerse, hacerse, convertirse en (ie, i); *to become (+ indirect object)* entrar...; *to become afraid* asustarse 29; *to become aware* enterarse; *to become engaged* comprometerse; *to become enthusiastic* entusiasmarse 19; *to become fond of* aficionarse 40; *to become hungry* entrar (+ indirect object pronoun) hambre; *to become rotten* pudrirse; *to become sleepy* entrar sueño 24; *to become spoiled* echarse a perder 29; *to become vacant* desocuparse
bed la cama; *bed linen* la ropa de cama 8; *bed cover* la colcha 23

bedroom el dormitorio
beef la carne de res
beefsteak el bistec 28
beer la cerveza 28
before antes de, anterior; *before (followed by subject and verb)* antes (de) que
beforehand antes
to **beg** rogar (ue), suplicar 19
to **begin** comenzar (ie); empezar (ie); *beginning* el principio, el comienzo; *at the beginning of* a principios de 6
to **behave** comportarse 27
behind atrás, detrás (de) 6
to **believe** creer
bellboy el botones, el mozo
to **belong** pertenecer 1
beloved querido,-a
below debajo de 8
belt el cinturón
to **bend** doblar 17
benefit el provecho, el beneficio 39
bent doblado,-a
to **beseech** suplicar 19
besides además, además de
best mejor
to **bet** apostar (ue); *I bet you don't know!* ¡A que no lo sabes! 30; *I'll bet (yes/no)* a que (sí/no)
better mejor; *its better* más vale; *better known as* más conocido,-a como 1
between entre
beverage la bebida
bicycle la bicicleta
big grande
bilingual bilingüe
bill (money) el billete 34
billboard la cartelera, el cartelón
billfold la billetera
biology la biología
bird el pájaro, el ave 28
birth el nacimiento; *birthday* el cumpleaños
to **bite** morder (ue); *to bite one's nails* comerse las uñas 11
bitter amargo,-a 28
black negro,-a
blame la culpa
bland blando,-a
blank form la solicitud, la planilla 39
blind ciego,-a 2
blond rubio,-a

blood la sangre 29

to blossom florecer

blouse la blusa 20

to blow soplar

blue azul

blunder el disparate 16

to board abordar; *boarding pass* tarjeta de embarque 22

board la tabla

boat el bote; *motor boat* la lancha

body el cuerpo

to boil hervir (ie, i); *boiled* hervido,-a

Bolivian boliviano,-a

bone el hueso 26

book el libro; *book store* la librería

bookcase el estante

boot la bota

border la frontera

bordered bordeado,-a 24

bored aburrido,-a

boring aburrido,-a, aburridor,-a

boss el jefe, la jefa

both ambos,-as 9

to bother molestar, fastidiar; *It doesn't bother me.* No me molesta 4

bottle la botella 28; *bottleneck* el embotellamiento de tránsito

bow la reverencia, el lazo 34

box la caja; *box office* la taquilla

boxing el boxeo

boy el chico, el mozo, el muchacho; *boyfriend* el novio

bracelet la pulsera

to brag jactarse

brake el freno

branch la rama

Brazilian brasileño,-a

bread el pan

to break romper

breakfast el desayuno

to breathe respirar 31; *breathing* la respiración

brick el ladrillo

bride la novia; *bridal shower* despedida de soltera 9; *bridesmaid* dama de honor 9

bridge el puente

brief breve; *in brief* en breve

bright inteligente, listo

brilliant brillante

to bring traer, alcanzar; *to bring to mind* evocar; *to bring about* lograr 10

broil asar

broken roto,-a

bronze el bronce

brooch el prendedor

brook el arroyo

brother el hermano; *brother-in-law* el cuñado 9

to brown dorar

brown pardo,-a 3, (*color*) café

brunet, brunette moreno,-a

to brush cepillarse; *brush* el cepillo; *toothbrush* cepillo de dientes 5

buddy (*Venezuela*) vale

budget el presupuesto 38

to build construir

building el edificio

bull el toro; *bullfight* la corrida (de toros); *bullfighter* el matador; *bullfighter's squad* la cuadrilla

bulletin el boletín 22; *bulletin board* el tablero

to bump darse un golpe

burglar el ladrón 13

burial el entierro

to burn quemar

to burst reventar (ie) 24; *burst out laughing* echarse a reír 16

to bury enterrar

bus autobús, el bus, la guagua (*Caribbean islands*); el camión (*Mexico*)

business el comercio, la empresa, los negocios 39; *business deal* el negocio; *businessman* el hombre de negocios; *businesswoman* la mujer de negocios; *business person* el comerciante, la comerciante 2; *business section (newspaper)* las finanzas

bustle el bullicio

busy ocupado,-a

but pero; *but (on the contrary)* sino

butcher shop la carnicería

butter la mantequilla

butterfly la mariposa

button el botón

to buy comprar

by por; *by the way* a propósito; *by all means* sea como sea;

by coincidence casualmente; *by hand* a mano

C

cabbage la col

cabin la cabina, la cabaña

cable car el funicular

cage la jaula 19

cake el pastel, la torta

calamity la calamidad 22

to calculate calcular

calculus el cálculo

calendar el calendario

to call llamar; *call* la llamada, el llamado; *collect call* llamada de cobro revertido 12

to calm down calmarse; *calm* tranquilo,-a

camel el camello

camera la cámara fotográfica

can poder, la lata; *can opener* el abrelatas 26

Canadian canadiense

canal el canal

cancellation la cancelación 21

candidate el candidato, la candidata 39

candle la vela

candy el dulce, la golosina; *candy shop* la dulcería 18

canteloupe el melón

cape la capa

capital (*city*) la capital, (*funds*) el capital

captain el capitán, la capitana 27

captured capturado,-a

car el carro, el coche, el auto, el automóvil 17

card la tarjeta

care el cuidado; *I couldn't care less!* ¡Tanto me da! 36

career la carrera

careful cuidadoso,-a

Caribbean (*Sea*) el (mar) Caribe

carnival el carnaval

carpenter el carpintero

carport la cochera

carrot la zanahoria

to carry llevar

cartoon el cartón; *cartoon* el dibujo animado 4

case el caso

cash el efectivo; *cash in hand* en efectivo 23; *cashier* el cajero, la cajera; *cashier's cage* la caja

cassette el cassette; *videocassette recorder* la video-casetera; *cassette recorder* la grabadora

cast el yeso *29*

to **cast** tirar

castle el castillo

casually casualmente, informalmente

cat el gato, la gata

Catalan (*language*) el catalán

to **catch** coger

category la categoría

cauliflower la coliflor *25*

cause la causa

ceiling el techo

to **celebrate** celebrar, festejar

celebration la celebración, la fiesta

celery el apio

center el centro

central central; *Central America* América Central

century el siglo

ceramics la cerámica

cereal el cereal

ceremony la ceremonia

certain seguro,-a, cierto,-a

certified certificado,-a *20*

chain la cadena *35*

chair la silla; *armchair* el sillón; *chair back* el respaldo

chalk la tiza

chalkboard la pizarra

to **challenge** desafiar

championship el campeonato

to **change** cambiar; *change* el cambio

channel el canal

chapter el capítulo *6*

character el carácter, el personaje (*in a play, etc.*)

characteristic la característica, la cualidad

charade la charada

charbroiled a la parrilla *28*

charcoal el carbón

to **charge** cargar, cobrar; *charge* el cobro

charm (*for a bracelet*) el dije, el encanto

to **chase away** espantar

to **chat** charlar *8*

cheap barato,-a

to **check** chequear, revisar, comprobar; *check* el cheque;

baggage check la contraseña

checked a cuadritos

cheer el grito

cheese el queso

chemistry la química

cherry la cereza *25*

chess el ajedrez; *game of chess* el juego de ajedrez

chest (*of drawers*) la cómoda

chest el pecho

to **chew** mascar, masticar *11*; *to chew gum* mascar chicle *11*

chicken el pollo

chief el jefe, la jefa

child el niño, la niña

childish infantil *11*

Chilean chileno,-a

chimney la chimenea

Chinese chino,-a

chocolate el chocolate

choir el coro

to **choose** escoger, elegir

to **chop** picar

chop la chuleta

chorus el coro

chowder el chupe *28*

Christmas la Navidad; *Christmas carol* el villancico; *Christmas celebration in Mexico* la posada; *Christmas Eve* la Nochebuena

church la iglesia, el templo

circle el círculo

circular circular

circumstance la circunstancia

circus el circo *20*

citizen el ciudadano, la ciudadana

city la ciudad; *city block* la cuadra; *City Hall* Palacio Municipal

civil civil

civilization la civilización; *civilized* civilizado,-a

to **claim** reclamar; *claim ticket* el comprobante *36*

clam la almeja

to **clarify** aclarar *10*

class la clase

classic clásico,-a

to **classify** clasificar *15*; *classified* clasificado,-a; *classified ads* anuncios clasificados

clause la cláusula

clean limpio,-a; *to clean* limpiar *8*

cleaner's la tintorería *26*

clear claro,-a

clerk el dependiente, la dependiente

climate el clima

to **climb** subir

clinic el consultorio *32*

clipping el recorte

clock el reloj

to **close** cerrar (ie)

closet el ropero

closing (*of a letter*) la despedida

clothes la ropa

clothing la ropa

cloud la nube *22*

cloudy nublado,-a

clove (*garlic*) el diente de ajo

clown el payaso

club el club

clue la pista, la indicación

coal el carbón

coast la costa

coat el abrigo

cocktail el coctel

cocoa el chocolate

coconut el coco *25*

cod el bacalao *25*

code el código; *zip code* código postal; *area code* el código de área *12*

coeducational mixto,-a

coexisting coexistente

coffee el café; *coffee shop* la cafetería

cognate el cognado;

coin la moneda; *coin purse* el monedero *36*

cold el frío, el resfriado *31*; *It's cold.* Hace frío.

collar el cuello *35*

to **collect** recoger

collection la colección

collision el choque *13*

Colombian colombiano,-a

colony la colonia

colored tinto,-a

column la columna

to **comb** peinar, peinarse

to **combine** combinar

to **come** venir; *come* (*tú command*) ven; *to come out* salir; *to come to an agreement* ponerse de acuerdo *14*

comedy la comedia

comfort la comodidad

comfortable cómodo,-a

comic strip tira cómica; *comics* historietas cómicas *15*

comical cómico,-a

comma la coma
command el mandato
to commemorate conmemorar
commercial comercial
commission la comisión
to commit cometer
commitment el compromiso 9
common común, corriente;
    commonly comúnmente
to communicate comunicar
communication la
    comunicación 10
companion el compañero, la
    compañera
company la compañía,
    (business) la empresa, la
    firma 39
comparative comparativo,-a
to compare comparar
comparison la comparación 13
compartment el
    compartimiento
to compete competir (i, i) 7
competition la competencia
to complain quejarse 5
complement el complemento
to complete completar; complete
    completo,-a; complete picture
    la totalidad 40
complicated complicado,-a
compliment el cumplimiento,
    el cumplido
component el componente
composition la composición
to comprehend comprender
comprehension la
    comprensión
to compress apretar
to comprise comprender
computer la computadora 6;
    (computer) programming la
    programación (de
    informática) 6; computer
    software logical 6; computer
    science la informática 6
concert el concierto
to condescend condescender
condition la condición
conditional tense el
    condicional
conditioned acondicionado,-a
to conduct conducir
to confide confiar
to confirm confirmar
conflict el conflicto
to confuse confundir; confused
    confuso,-a, confundido,-a 16
to congratulate felicitar 20

conjecture la conjetura; to
    conjecture right acertar
to connect conectar, unir
to conquer conquistar, vencer
consciousness el conocimiento
consequence la consecuencia
to consider considerar
to consist (of) consistir (en)
consolation el consuelo
consonant la consonante
constantly constantemente
construction la construcción,
    la obra; construction worker
    el albañil
to consume consumir
contact el contacto; contact
    lenses lentes de contacto
to contain contener
to contaminate contaminar
content el contenido 27
contest el concurso, el
    certamen
continent el continente
to continue continuar, seguir
    (i, i)
contraction la contracción
contrast el contraste
to contribute contribuir;
    contribution la
    contribución 14
control el control
convenient acomodado,-a 35
to converse conversar;
    conversation la conversación
to convert convertir (ie,i),
    convertirse (ie,i)
convertible el convertible
to convince convencer
to cook cocinar 25; cook el
    cocinero, la cocinera
cooked cocido,-a
to cool enfriar 37
coolness el frescor; It's chilly.
    Hace fresco.
to cooperate cooperar 10
cooperation la cooperación
to copy copiar
cord el cordón 8
corn el elote (Central America,
    Mexico), el maíz
corner la esquina (exterior), el
    rincón (interior)
cornered acorralado,-a
correct correcto,-a; to correct
    corregir (i, i)
to correspond corresponder
correspondence la correspon-
    dencia 3

corresponding
    correspondiente
corridor el corredor
corruption la corrupción, el
    vicio 4
cosmopolitan cosmopolitan
to cost costar (ue); cost el costo 5;
    at the cost of al costo de
Costa Rican costarricense
cotton el algodón
to cough toser 31; cough la tos 32
to count contar (ue), medir (i, i)
    14; to count on contar
    (ue) con
counter el aparador, el
    mostrador
country el campo, el país
    (nation)
couple la pareja; a couple of un
    par de
course el curso
court (tennis) la cancha
courteous educado,-a
courteousness la bondad; be
    kind enough to tenga la
    bondad de 23
courtyard el patio
cousin el primo, la prima
to cover cubrir; covered (with)
    cubierto,-a (de) 10
cow la vaca; cowboy el
    vaquero
crab el cangrejo
craving el antojo
crazy loco,-a
cream la crema
to create crear
creative creativo,-a
creature la criatura
credit el crédito
crew la tripulación
crooked torcido,-a
crop la cosecha
croquette la croqueta 25
to cross cruzar
crossed wires (on telephone)
    cruce de líneas 12
crossword puzzle el
    crucigrama 15
cruel cruel
crutch la muleta 29
crystalline cristalino,-a
Cuban cubano,-a
cucumber el pepino
cueca (Chilean dance) la cueca
to cultivate cultivar 10
culture la cultura
cultured culto,-a

cumbia (*Colombian dance*) la cumbia

cup la taza

cupboard el aparador, el armario

curiosity la curiosidad 11

curious curioso,-a 14

curly rizado,-a 3

current actual, corriente 1

curtain la cortina 8

curve la curva

cushion el cojín

custard el flan

custom la costumbre

custom-made a la medida 35

customary común

customer el cliente, la cliente

customs (*office*) la aduana

to cut cortar, partir; *cut* cortado,-a

cute mono,-a 3

cutting el recorte

cylinder el cilindro

D

dad el papá

daily diario,-a 6

dairy lechero,-a; *dairy store* la lechería

damp húmedo,-a

dampness la humedad

to dance bailar; *dance* el baile; *dance floor* la pista de baile; *dancer* el bailarín, la bailarina 14

dangerous peligroso,-a

to dare atreverse 21

dark oscuro,-a; *to darken* oscurecer(se); *dark brown (hair)* castaño,-a 3; *dark-haired* moreno,-a

darkness la oscuridad

darn it! ¡caray!

dart el dardo

data los datos

date la cita; *date (of the month)* la fecha

datum (*information*) el dato

daughter la hija

daughter-in-law la nuera 9

dawn el alba, el amanecer; *at dawn* al amanecer

day el día; *day after tomorrow* pasado mañana; *day before yesterday* anteayer

to daydream soñar (ue)

despierto,-a

dead muerto,-a

deaf sordo,-a 2

dear estimado,-a, querido,-a

to deceive engañar

December diciembre

to decide decidir, resolver (ue); *decided* decidido,-a 22

to decorate adornar, decorar 8; *decorated* decorado,-a

decoration el adorno, la decoración

to decrease disminuir; *decrease* la bajada, la disminución

to dedicate dedicar

to deduce deducir

deep profundo,-a 31

defect el vicio

defendant el acusado, la acusada 15

defender el defensor

definite definido,-a

delay el retraso, la demora 22; *delayed* retrasado,-a 22; *to delay* demorar, tardar 22

delicate delicado,-a

delicious delicioso,-a

to delight encantar

delivery la entrega 20

to demand demandar, exigir 19; *demanding* exigente

demonstrative demostrativo,-a

dentist el dentista, la dentista

to deny negar (ie) 22

deodorant el desodorante

department el departamento; *department store* el almacén

departure la ida

to depend (*on*) depender (de)

to deposit depositar

to descend bajar

to describe describir

deserted desierto,-a

to deserve merecer 1

design el diseño

designer el diseñador, la diseñadora 38

desire el deseo, las ganas, el antojo 19; *to desire* desear 19

desk (*student*) el pupitre, el escritorio

desperate desesperado,-a 8

dessert el postre

destination el destino

destiny el destino

to destroy destruir 11, deshacer 10

detail el detalle; *detailed* detallado,-a 37

to detain detener

detective el detective; *detective film* la película policiaca 4

to determine determinar; *determined* decidido,-a, resuelto,-a

to develop (*film*) revelar

development el desarrollo 40

to devour tragar 18

dexterity la destreza

dial tone tono de discar 12; *to dial a phone* discar, marcar un número de teléfono

dialect el dialecto

diamond el diamante

diary el diario 6

dictation el dictado 6

to die morirse (ue, u)

died muerto

diet la dieta 5; *diet plan* el régimen 30

difference la diferencia

different diferente, distinto,-a, variado,-a

to differentiate diferenciar

difficult difícil

to digest digerir (ie,i) 40

dilemma el dilema

diligent diligente

dimension la dimensión

to diminish atenuar, disminuir 37

diminutive diminutivo

to dine cenar; *dining room* el comedor; *dining car* el coche comedor 24

dinner la comida, la cena; *dinner jacket* el smoking 35

diphthong el diptongo

to direct dirigir; *to direct oneself* dirigirse

direct directo,-a

direct object complemento directo

direct-dialed phone call el discado directo 12

direction la dirección, la instrucción

dirty sucio,-a

disadvantage la desventaja 8

disagreeable desagradable

to disappear desaparecer

to disappoint decepcionar 19; *disappointed* desilusionado,-a, defraudado,-a

to disarrange (*the hair*) despeinar

disaster el desastre

to **discharge** *(a firearm)* tirar *14;* *discharge* la descarga

discotheque la discoteca

discount el descuento *33,* la rebaja *34*

to **discover** descubrir

discreet discreto,-a *21*

to **discuss** comentar, analizar, discutir

to **disgust** disgustar *4*

dish el plato

display window la vidriera

to **displease** disgustar

disposition la disposición

distance la distancia

distant lejano,-a

distinct distinto,-a

distinguished distinguido,-a *9*

distributor distribuidor,-a *39*

to **dive** zambullirse; *diving board* el trampolín

to **divide** dividir, apartar

division la división

dizzy el mareo *32*

to **do** hacer, cometer; *to do (something) again* volver (ue) a; *do (tú command)* haz; *to do one's duty* cumplir

doctor el doctor, la doctora, el médico, la médica; *doctor's office (consulting room)* el consultorio

document el documento

documentary el documental *4*

dog el perro, la perra

doll la muñeca

domestic doméstico,-a *40*

Dominican *(from Dominican Republic)* dominicano,-a

done hecho

donkey el burro, la burra

door la puerta; *door (of a car)* la portezuela; *door bell* el timbre *12; doorman* el portero

double doble; *double bed* cama matrimonial *23*

to **doubt** dudar; *doubt* la duda

doubtful dudoso,-a

dough la masa

down abajo

downstairs los bajos

downtown el centro de la ciudad

dozen la docena

drama el drama

to **draw toward** tirar

drawing *(in a lottery)* el sorteo

dream el sueño; *to dream* soñar (ue)

dress el vestido; *to dress oneself* vestirse (i, i); *dressed (in)* vestido,-a (de)

dresser *(furniture)* el tocador

dressing room el probador *35*

to **drink** beber, tomar

to **drip** chorrear

to **drive** conducir, manejar, dirigir; *to drive away* expulsar

driver el chofer

driveway la cochera

drum el tambor

to **dry** secar; *(oneself)* secarse *5; dry* seco,-a

dryer el secador *5,* la secadora *7*

to **dub** *(recording)* doblar *4*

dull pesado,-a

during durante

dusk el anochecer

dust el polvo *17*

duty el quehacer, el deber

dwarf el ananito, la enanita

to **dye** teñir (i) *16*

dynamite la dinamita *16*

each cada

ear la oreja, el oído; *earache* dolor de oído *32*

early temprano, pronto, adelantado,-a

to **earn** ganar; *to earn a living* ganarse la vida

earnings la ganancia

earring el arete, el zarcillo *35*

earth la tierra

earthquake el terremoto *13*

ease la facilidad

east el este

Easter la Pascua

eastern oriental

easy fácil

to **eat** comer; *to eat breakfast* desayunar, desayunarse; *to eat lunch* almorzar (ue); *to eat supper* cenar; *to eat up* comerse

ecology la ecología *6*

economy la economía

Ecuadorian ecuatoriano,-a

editorial el (la) editorial *15*

to **educate** educar *11;*

educational instructivo,-a *27*

effect el efecto

effort el esfuerzo

egg el huevo; *egg white* la clara *26*

eight ocho

eight hundred ochocientos,-as

eighth octavo,-a

eighty ochenta

either...or o...o

elbow el codo *27*

electricity la electricidad

electronics la electrónica

elegant elegante

elephant el elefante

elevator el ascensor *23*

eleven once

to **eliminate** eliminar *13*

to **embarrass** dar vergüenza

embrace el abrazo

embroidered bordado,-a *20*

emergency la emergencia; *emergency room* sala de emergencias *31*

eminence la eminencia

emotion la emoción

emphasis el énfasis

empire el imperio *32*

employee el empleado, la empleada

emptiness el vacío, la vaciedad

to **empty** vaciar *37; empty* vacío,-, vacante *17*

enamel el esmalte *5*

to **enchant** encantar

enchantment el encanto, la fascinación *40*

to **encounter** encontrar (ue)

to **encourage** animar

to **end** terminar; *end* el fin, la finalización *39; ending* la terminación

endless *(number)* el sinfín

enemy el enemigo, la enemiga

engagement el compromiso; *engagement ring* el anillo de compromiso *35*

engineer el ingeniero, la ingeniera; *engineering* la ingeniería

England Inglaterra

English inglés

to **enjoy** gozar de, disfrutar *21; Enjoy your meal!* ¡Buen provecho!

enough bastante, tanto,-a; *Enough formality!* ¡Ya está bueno de tanta formalidad!

to **enter** entrar (en)

entertainment el entretenimiento; *entertainment section (of a newspaper)* la cartelera 15

to **enthuse** entusiasmar(se)

entire entero,-a

entrance la entrada

envelope el sobre 20

to **envy** envidiar

epoch la época

equal igual

Equator el ecuador

equivalent equivalente

to **erase** borrar 6

to **escape** escaparse, huir

especially especialmente, sobre todo

essay el ensayo 14

to **establish** establecer

esteemed estimado,-a

etiquette la etiqueta

Europe Europa

to **evaluate** evaluar 37

even aun, aún, hasta; *even if* aunque; *even though* aun cuando

evening la tarde

event el evento

everlasting perpetuo,-a

everything todo

evident evidente

to **evoke** evocar

exactly exactamente

to **exaggerate** exagerar

to **examine** examinar

example el ejemplo; *for example* por ejemplo

excellent excelente

except excepto

excess el exceso 17

to **exchange** cambiar, intercambiar

to **excite** entusiasmar; *excited* emocionado,-a; *excitement* la emoción ; *exciting* emocionante

to **exclaim** exclamar

exclusively exclusivamente

excursion la excursión

excuse la excusa; *to excuse* disculpar; *Excuse me.* Discúlpeme

exercise el ejercicio

exhausted exhausto-a, muy cansado-a, gastado,-a; *to be exhausted* no poder más

to **exhibit** exhibir; *exhibit, exhibition* la exhibición

exile el exilio

to **exist** existir

existence la existencia 16

exit la salida

exotic exótico,-a

to **expel** expulsar, echar

expense el gasto

expensive caro,-a

experience la experiencia

to **experiment** experimentar

expert experto,-a

to **explain** explicar

to **explore** explorar

explosion la explosión 13

to **express** expresar; *to express oneself* expresarse 11

expression la expresión

exquisite exquisito,-a

to **extend** extender (ie)

extensive extenso,-a

extent la extensión

exterior el exterior

to **extinguish** apagar 4

to **extract** sacar

extracurricular extracurricular

extraordinary extraordinario,-a

eye el ojo; *eyebrow* la ceja; *eyeglasses* los lentes; *eyelash* la pestaña; *eyelid* el párpado

F

fabric la tela

face la cara; *to face* enfrentar, dar la cara; *faced* with frente a; *facing* frente a

factory la fábrica

faded desteñido,-a

to **fail** olvidar, fallar; *to fail to remember* desconocer 21

failure el fracaso 38

to **faint** desmayarse 31

fair la feria

faith la fe

to **fall** caer, caerse; *to fall asleep* dormirse (ue, u); *to fall in love* enamorarse 9; *fallen* caído,-a

fall el otoño, la caída 30

false falso,-a; *false cognate (word that appears similar in two languages but has different meanings in each language)* cognado falso

fame la fama

familiar familiar; *familiarity* la familiaridad

family la familia; *family name* el apellido 1; *family relationship* el parentesco

famous famoso,-a

fan el aficionado, la aficionada

fantastic fantástico,-a, maravilloso,-a

fantasy la fantasía 38

far lejos; *far from* lejos de; *far away* lejos

fare la tarifa, el pasaje 21

farewell la despedida

farm la finca, la estancia (Argentina, Uruguay)

to **fascinate** fascinar; *fascinating* fascinante

fashion la moda

fast rápido,-a 3

to **fasten** abrocharse

fat gordo,-a

fatalist fatalista 39

father el padre, el papá

father-in-law el suegro

faucet el grifo

fault la falta

favor el favor

favorite favorito,-a

fear el temor, el miedo 22; *to be afraid of* tener miedo de; *fearful* miedoso,-a

feather la pluma

February febrero

federal federal

to **feel** sentir, sentirse (ie, i) 31; *to feel like* tener ganas de; *to feel (sorry)* sentir (ie, i)

feeling el sentimiento 38

fence el cerco, la cerca

fender el guardabarros

ferocious feroz, *pl.* feroces

to **fête** festejar

fever la fiebre 31

few pocos,-as, unos cuantos,-as, algunos,-as

fiancé el novio; *fiancée* la novia

fiction la ficción

field el campo

fierce bravo,-a

fifteen quince

fifth quinto,-a

fifty cincuenta

fig el higo
figure la imagen
filled relleno,-a *28*
film la película
to **finalize** finalizar
finally por fin, finalmente, por último *10*
finances las finanzas *15*
to **find** encontrar (ue); *to find out* saber, averiguar, enterarse
fine la multa *17*
finger el dedo de la mano
fingernail la uña
to **finish** acabar, terminar
fire el fuego, el incendio *13*; *fireplace* la chimenea; *fireworks* fuegos artificiales; *fire fighter* el bombero, la bombera *18*
first primer, primero,-a; *first class* de primera clase *21*
to **fish** pescar; *fish* el pescado (*out of water*), el pez (*in the water*); *fish bone* la espina; *fishing* la pesca
to **fit** caerle a uno, quedarle a uno, sentarle (ie) a uno *30*; *to fit into* caber
five hundred quinientos,-as
five cinco
flabby fofo,-a *30*
flag la bandera
to **flatten** aplastar
flavor el sabor
to **flee** huir
flesh la carne
flight el vuelo
to **flirt** coquetear
floor el suelo *8*, el piso, la planta; *floor tile* la baldosa; *ground floor* la planta baja
flow la corriente
flower la flor; *flower shop* la florería
flute la flauta
to **fly** volar (ue)
fog la niebla *22*
to **fold** doblar *27*
folder el folleto
folkloric folklórico,-a; *folk dance* la danza
to **follow** seguir (i, i)
following siguiente
fond aficionado,-a
food la comida; *food server* el mesero, la mesera, el camarero, la camarera
foolishness la tontería *11*

foot el pie; *on foot* a pie
for para, por; *for example* por ejemplo; *for sale* en venta
to **forbid** prohibir
to **force** (*out*) arrancar
force la fuerza
forecast el pronóstico *15*
forehead la frente *33*
foreign extranjero,-a; *foreign news* noticias internacionales *15*; *foreign countries* el extranjero *20*
forest el bosque
to **forget** olvidar
fork el tenedor
to **form** formar; *form* la forma, el modo
formal formal; *formal tie* el corbatín *35*; *to form an opinion* opinar *19*
former anterior *25*; *former student* el ex-alumno, la ex-alumna *14*
fort, fortress la fortaleza
fortune la fortuna
forty cuarenta
forward delantero,-a
to **found** fundar
fountain la fuente
four hundred cuatrocientos,-as
four cuatro
flour la harina *26*
fourteen catorce
fowl el ave
fracture la fractura *32*
France Francia
frankly francamente *11*
free libre, gratis, suelto,-a *33*
freedom la libertad
freeway la autopista
French francés, francesa
french fries las papas fritas *28*
frequent frecuente; *frequently* frecuentemente, a cada rato *14*, a menudo *33*
fresh fresco,-a *1*
Friday el viernes
fried frito,-a *28*
friend el amigo, la amiga
friendly sociable
friendship la amistad
to **frighten** espantar, asustar
from de, desde; *from the* del, desde el
front side el frente
frontier la frontera

frozen congelado,-a *26*
fruit el fruto, la fruta; *fruit store* la frutería
to **fry** freír (i, i)
full lleno,-a; *full time* tiempo completo *36*; *full-length evening dress* (vestido) de largo *35*
fun divertido,-a
function la función
funds los fondos, el capital *38*
funny chistoso,-a
furious furioso,-a *5*
furniture el mueble; *furniture store* la mueblería
furtive furtivo,-a
future el futuro

G

to **gain** ganar, lograr
game el juego, el partido
garage el garage, el garaje
garbage la basura *8*
garden el jardín; *gardener* el jardinero, la jardinera
garlic el ajo
garment la prenda
gas pedal el acelerador
to **gather** recoger *22*
Gee! ¡Hombre!
gender el género
general general, corriente, común
generally generalmente
generous generoso,-a
gentleman el señor, el caballero *9*
geographic geográfico,-a
geography la geografía
German alemán, alemana
Germany Alemania
to **get** obtener; *to get burned* quemarse; *to get on* subir a; *to get together* reunirse; *to get undressed* desvestirse (i, i); *get undressed* desvístase *31*; *to get up* levantarse; *to get wet* mojarse; *to get angry* enfadarse *5*; *to get sick* enfermarse *5*; *to get the idea* sacar que; *to get late* hacerse tarde *7*; *to get discouraged* desanimarse *33*; *to get loose* desprenderse; *to get scared* asustarse; *to get mad* enojarse *15*; *to get bored*

aburrirse 5; *to get out
(vehicle)* bajar de; *to get
married* casarse 5
gift el regalo
giraffe la jirafa
girl la chica, la muchacha; *girl
celebrating her fifteenth birthday* la quinceañera; *girlfriend* la novia
to **give** dar; *to give (as a gift)*
regalar; *to give an injection*
poner una inyección 31; *to
give an opinion* opinar; *to
give up* darse por vencido
given dado,-a
glad contento,-a
glare el resplandor
glass el vaso, el vidrio
globe el globo
glory la gloria
glove el guante
to **go** ir; *go (tú command)* ve; *to go
away* irse; *to go back*
regresar; volver (ue); *to go
forward* avanzar; *to go on*
seguir (i, i); *go out (tú command)* sal; *to go out* salir; *to
go shopping* ir de compras;
to go to bed acostarse (ue); *to
go up* subir; *to be going to (do
something)* ir a (+ *infinitive*);
to go on a diet ponerse a
dieta; *to go away from*
apartarse; *to go across*
atravesar 23; *to go into*
meterse
goal el objetivo
god el dios; *God* Dios
godchild el ahijado, la
ahijada 9
goddess la diosa
godfather el padrino
godmother la madrina 3
godparents padrinos 3
gold el oro
golf el golf; *golf course* el
campo de golf
good buen; bueno,-a; *Good
day.* Buenos días.; *good
fortune* la dicha; *Good morning.* Buenos días.; *Good-bye.*
Adiós.; *good-looking* guapo,
-a; *good time* buen rato
goodie la golosina
goodness la bondad
gosh! ¡caray!
gossip el chisme
gossipy chismoso,-a 2

government el gobierno
gown *(surgeon's)* la túnica 31
to **grab** coger
grade la nota
gram el gramo
grammar la gramática
grandchildren los nietos 9;
granddaughter la nieta;
grandson el nieto
grandeur la grandeza
grandparents los abuelos;
grandmother la abuela;
grandfather el abuelo
grape la uva
grapefruit la toronja, el
pomelo 25
grass la hierba
grateful agradecido,-a 9
gray gris
to **graze** rozar
great fantástico,-a, mayor,
estupendo,-a 6; *great!*
¡chévere!
great-grandfather el bisabuelo
great-grandmother la
bisabuela
greatest el mayor, el mejor
Greek griego,-a
green verde; *green bean* la
habichuela (verde)
to **greet** saludar
greeting el saludo
grill asar; *grill* la parrilla;
grilled a la parrilla; *grill
restaurant* el asador 21
to **grind** moler (ue); *grinding
board* el metate
to **grip** sujetar
grocery store el almacén
groom el novio
ground la tierra; *ground floor*
la planta baja
group el grupo
to **grow** crecer 7
grown up persona mayor
guarantee la garantía, la
confirmación 21
to **guess** adivinar 3; *guess* la
adivinanza
guest el invitado, la invitada
guide el guía, la guía
guidebook la guía
guitar la guitarra
gum el chicle 11
gun shot el balazo 15
guy el muchacho, el tipo
gym la gimnasia, el gimnasio
gypsy el gitano, la gitana

H

habitual común
hair el pelo, el cabello; *hair
stylist's shop* la peluquería
18; *hair roller* el rolo 33;
haircut el corte de pelo 33;
hairdresser el peluquero, la
peluquera 33; *hairdryer* el
secador 5; *gray hair* las
canas
half el medio, la mitad 8
hallway el corredor, el
pasillo 7
ham el jamón
hamburger la hamburguesa 2
hammock la hamaca
hand la mano; *to hand in*
entregar; *to hand over*
entregar; *by hand* a mano; *on
the other hand* por otra parte
16, en cambio 26
handbag la cartera
handkerchief el pañuelo
handle el asa
handsome guapo,-a, bonita,
buen mozo
to **hang up** colgar (ue) 12
hanger el perchero 8
hanging colgado,-a 8
to **happen** ocurrir, pasar, suceder
happening el acontecimiento,
el suceso
happiness la felicidad
happy feliz (*pl.* felices), alegre,
contento,-a
hard duro,-a; *hard-working*
diligente, muy trabajador
hardware la maquinaria; *hardware store* la ferretería 18
harp el arpa f.
harvest la cosecha
haste la prisa, el apuro 25; *to
be in a hurry* tener prisa
hat el sombrero; *hat shop* la
sombrerería
hatchet el hacha
haughty orgulloso,-a
to **have** tener; *have (tú command)*
ten; *to have a good time*
divertirse (ie, i); *to have just
(done something)* acabar de +
infinitive; *to have to (do
something)* tener que hacer
algo 16; *to have no relation*
no tener nada que ver con;

to have a craving (for something), to have a whim tener antojo 19; to have a birthday cumplir años 36; to have a fixed idea meterse en la cabeza 29

he él

head la cabeza; *headache* dolor de cabeza 32; *head cold* el catarro 31

headlight el faro

health la salud 29

to **hear** oír

heart el corazón

to **heat** calentar (ie); *heat* el calor

heaven el cielo

heavy pesado,-a

heel *(of shoe)* el tacón 34; *high heels* tacones altos

height la estatura 3

hello (greeting *on the phone*) aló, a ver (*Colombia*), bueno (*Mexico*), diga (*Spain*), dígame (*Spain*)

help la ayuda, el auxilio 29; *Help!* ¡Auxilio!, ¡Socorro! 29; *May I help you?* ¿En qué puedo servirle?; *Help yourself.* Sírvase. 34

to **help** ayudar; *May I help you?* ¿En qué puedo servirle?; *Help yourself.* Sírvase. 34

helper el ayudante, la ayudante

hemisphere el hemisferio

hen la gallina

her su, sus, la, le, ella, suyo, suya, suyos, suyas

here aquí, acá

hero el héroe

herself se, sí (misma)

hey! ¡oye!

hi! ¡hola!

hieroglyphics el jeroglífico

high alto,-a; superior; *high school* el liceo, la escuela secundaria; *high school diploma* el bachillerato

highway la carretera, la autopista

hill la colina

him lo, le, él

himself se, sí (mismo)

his su, sus, suyo, suya, suyos, suyas

Hispanic hispánico,-a, hispano,-a

historian el historiador, la historiadora

historic histórico,-a

history la historia

to **hit** darse un golpe 29; *to hit the target* dar en el blanco

hoarse ronco,-a

to **hold** sujetar, ocupar 40

holiday la fiesta

home el hogar; *home section* sección del hogar; *pertaining to the home* doméstico,-a

homework la tarea

Honduran hondureño,-a

honey la miel 12; *honey (term of endearment)* cariño 26, mi cielo

honor el honor; *in honor of* en honor de

to **hope** confiar 22; *to hope (for)* esperar; *I hope...* Ojalá...

horn *(automobile)* el claxon; *(animal)* el cuerno

horoscope el horóscopo 15

horror el terror 2

hors d'oeuvre la tapa (*Spain*), el entremés

horse el caballo

hospitality la hospitalidad

hostel el albergue

hot caliente

hotel el hotel

hour la hora

house la casa

how! ¡qué!; *how?* ¿cómo?, ¿qué?, ¿qué tal?; *How are things?* ¿Qué tal?; *How do you say...?* ¿Cómo se dice...?; *How do you spell...?* ¿Cómo se escribe...?; *how many?* ¿cuántos?; *how much?* ¿cuánto?

however sin embargo

human humano,-a

humid húmedo,-a

humidity la humedad 22

humorist el humorista, la humorista

humorous humorístico

hunger el hambre *f.*; *to be hungry* tener hambre

to **hurry** *(up)* apurarse

to **hurt** herir (ie, i), doler (ue) 29; *hurt* herido,-a; *I hurt myself.* Me di un golpe. 39

husband el esposo, el marido; *husband and wife* esposos

to **hush** callarse

husk (of corn) la hoja 28

hymn el himno

I yo

ice el hielo; *ice cream* el helado; *ice rink* la pista de patinaje sobre hielo; *ice-cream parlor* la heladería

idea la idea

to **identify** identificar

if si

ignorance la ignorancia

ignorant ignorante, inculto,-a 16

iguana la iguana

ill enfermo,-a

illness la enfermedad 16

to **illuminate** iluminar

illustrated ilustrado,-a 27

image la imagen

to **imagine** imaginar 10, imaginarse

imagination la imaginación

immature *(fruit)* fruta verde 25

immediate inmediato,-a; *immediately* en seguida

immense inmenso,-a

immortalized inmortalizado,-a

imperative imperativo,-a

imperfect imperfecto,-a

impersonal impersonal

to **import** importar

importance la importancia

important importante

impossible imposible

impression la impresión

imprisoned apresado,-a

in en; *in addition to* además de; *in charge of* a cargo de; *in fact* en efecto, en realidad; *in front of* delante de; *in order that* para que; *in order to* para, a fin de que; *in short* en fin; *in the end* al fin y al cabo 33; *in secondary school* en secundaria; *in advance* por adelantado 22, con (*time*) de anticipación 32; *in order* ordenado,-a; *in return, in exchange* en cambio; *in the end* últimamente; *in relation to* con respecto a; *in a hurry* apresurado,-a; *in the dark* a tientas; *in honor of* en honor de; *in the middle of* a mediados de 21; *in love*

enamorado,-a; *in the back*
atrás *7*
incident el incidente
to **incline** inclinar
to **include** incluir; *including*
inclusive
incomplete incompleto,-a
to **increase** aumentar *11; increase*
el aumento *39*
incredible increíble *14*
indefinite indefinido,-a
independence la
independencia
independent independiente
Indian indio,-a, indígena
to **indicate** indicar
indirect indirecto,-a
indirect object complemento
indirecto
industrial industrial
inexpensive barato,-a,
económico
infection la infección *32*
to **infer** inferir
infinitive el infinitivo
inflamation la inflamación
influence la influencia
to **inform** informar
informal informal
information la información, el
dato, la noticia
ingredient el ingrediente
inhabitant el habitante, la
habitante
to **inhale** inhalar *16*
initiative la iniciativa *37*
injection la inyección
inn el parador, la posada, el
mesón
innumerable innumerable
to **inquire** averiguar
insect el insecto
inside adentro; *inside (of)*
dentro (de)
to **insinuate** insinuar *37*
to **insist** *(on)* insistir (en)
to **inspect** revisar, inspeccionar
instead of en vez de *16*
institution la institución
instruction la instrucción
instructional instructivo,-a
instrument el instrumento
insurance el seguro *32*
intelligence la inteligencia
intelligent inteligente
to **intend** intentar, proponerse
hacer algo
to **interchange** intercambiar

interest el interés; *to interest*
el interés; *interesting*
interesante
to **interrogate** interrogar
intersection el cruce
interview la entrevista, el
reportaje *15; to interview*
entrevistar *1*
intimate íntimo,-a
intrigue la intriga
to **introduce** presentar *(social),*
introducir
introduction la presentación
invalid inválido,-a
to **invent** inventar *7*
invention el invento *40*
to **investigate** investigar,
averiguar *11*
investment la inversión *38*
invitation la invitación *9*
to **invite** invitar
Ireland Irlanda
to **iron** planchar *8*
irregular irregular
island la isla
it la, lo, le; *it is necessary* hay
que; *it is said* se dice; *It
doesn't matter!* ¡No importa!;
It's not a big deal. No es para
tanto.; *it's better* más vale;
It's nice out. Hace buen
tempo.
italics la letra bastardilla
itinerary el itinerario
its su, sus, suyo, suya, suyos,
suyas
itself se, sí (mismo)

J

jacket la chaqueta
jail la cárcel *13*
janitor el portero
January enero
Japan el Japón
Japanese japonés, japonesa
jewel la joya
jewelry store la joyería
Jewish judío,-a
job el empleo, el trabajo, el
puesto *39*
to **joke** bromear; *joke* el chiste, la
broma
journey la jornada
joy la alegría
judge el juez, la juez *15*
judgement el juicio

juice el jugo
July julio
to **jump** saltar; *to jump in*
meterse
June junio
jungle la selva

K

to **keep** guardar, quedarse con *20;
to keep on* seguir (i, i); *to keep
one's eyes open* man-
tenerse alerta *33; to keep in
shape* mantenerse en forma
ketchup la salsa de tomate
key la llave
to **kill** matar *13; kill-joy* el
aguafiestas, la
aguafiestas *19*
kilometer el kilómetro
kind amable, simpático,-a
kindness la bondad
king el rey
kiosk el quiosco
to **kiss** besar; *kiss* el beso
kitchen la cocina; *kitchen sink* el
fregadero
knee la rodilla
to **kneel** arrodillarse
knife el cuchillo
knob el botón
to **know** conocer; *to know (how)*
saber
known conocido,-a
knowledge el conocimiento

L

label la etiqueta *30*
labor la obra
lace el encaje *34*
to **lack** faltar; *lack* la falta *7*
lady la dama, la señora
lake el lago
lamb el cordero *25*
lamp la lámpara
land la tierra; *to land (airplane)*
aterrizar
language el idioma, el
lenguaje
lapel la solapa *35*
large grande
last pasado,-a, último,-a; *last
night* anoche
to **last** durar *22*
late tarde
lately últimamente

latest último,-a

lathe operator el tornero, la tornera

Latin el latín; *Latin American* latinoamericano,-a

to **laugh** reír, reírse (i, i); *to laugh at* reírse de

laundry (*room*) el lavadero, la lavandería 36

law el derecho, la ley

lawn el césped, el prado

lawyer el abogado, la abogada

lazy flojo,-a, perezoso,-a

leaf la hoja

league la liga

leap saltar

to **learn** aprender; *to learn about* enterarse 19; *to learn by practice* experimentar

leather el cuero

to **leave** salir, partir; *leave (tú command)* sal; *to leave (behind)* dejar; *to leave a message* dejar recado 12

leg la pierna; *leg (furniture)* la pata

legend la leyenda

lemon el limón

to **lend** prestar

lentil la lenteja 25

less menos

to **lessen** atenuar, disminuir 17

lesson la lección

to **let** dejar 3; *let's go* vamos; *let's see* a ver; *to let in* hacer pasar 31; *to let free* soltar (ue); *to let one's hair turn gray* dejarse las canas; *Let's see.* A ver.

letter la carta, *letter (of alphabet)* la letra

letterhead el membrete 37

lettuce la lechuga

level el nivel

liberation la liberación

liberty la libertad

librarian el bibliotecario, la bibliotecaria

library la biblioteca

license la licencia 17

to **lie** mentir (ie, i) 24; *lie* la mentira; *to lie (down)* tenderse (ie)

life la vida

lifeguard el salvavidas

to **lift** alzar, levantar; *to lift weights* levantar pesas 30

light la luz; *pl.* las luces; *to*

light encender (ie); *to light up* alumbrar; *light (in weight)* ligero,-a; *light bulb* el foco; *light (in color)* claro,-a 34

lightning el relámpago 22

like como, parecido,-a;

to **like** gustar; *I would like, I should like* quisiera

likewise asimismo

lime la lima, el limón

limit el límite; *to limit* limitar; *to limit oneself* limitarse

line la línea

to **link** unir

lion el león

lip el labio

lipstick lápiz de labios 5

list la lista

to **listen** (*to*) escuchar (a)

literature la literatura

little pequeño,-a; *little (quantity)* poco,-a; *little by little* poco a poco

to **live** vivir

lively vivo,-a

liver el hígado 28

lobster la langosta

to **locate** situar, ubicar 35

located situado,-a, ubicado,-a

to **lock** cerrar (ie) con llave; *lock* la cerradura 24; *locked up* encerrado,-a 19

locker el ropero

to **lodge** alojar

loft el desván 7

logical lógico,-a

long largo,-a; *long-play record* el elepé

to **look** observar; *to look after* cuidar (de); *to look (at)* mirar; *to look at, to notice* fijarse (en); *to look for* buscar; *to look forward to* anticipar; *to look out* asomarse

loose flojo,-a, suelto,-a, ancho,-a 35

to **loosen** soltar (ue)

to **lose** perder (ie); *to lose consciousness* perder el conocimiento 31; *to lose weight* bajar de peso 30

lottery la lotería

to **love** querer, amar

low bajo,-a

lower abajo, más abajo; *to lower* bajar

luck la dicha, la suerte; *to be lucky* tener suerte

luggage el equipaje

luke-warm tibio,-a

lumber yard la maderería

lunch el almuerzo 37

lung el pulmón 31

luxury el lujo

lying down acostado,-a

lying mentiroso,-a

lyrics (*of a song*) la letra

M

macaroni los macarrones 28

machine el aparato 12, la máquina 5

machinery la maquinaria 6

mad enojado,-a

madame la señora

made hecho

madness locura 26

Madrilenian madrileño,-a

magazine la revista

maid la criada

mail el correo; *mail carrier* el cartero, la cartera 2

mailbox el buzón 20

main principal

to **maintain** mantener, mantenerse

major (*subject*) la especialización

majority la mayoría

to **make** hacer, cometer; *make (tú command)* haz; *to make someone angry* enojar 24, enfadar 24; *to make mistakes* cometer errores 17; *to make up one's mind* decidirse; *to make known* señalar; *to make a transfer* transbordar 24; *to make a commitment* comprometerse 9; *to make an estimate* estimar 38; *to make fun of* burlarse

man el hombre; *Man!* ¡Hombre!

to **manage** manejar

manager el gerente, la gerente

mane la melena 33

manner la manera, el modo; *manners* los modales 27

mantilla la mantilla (*lace head covering*)

manual manual

Many thanks. Muy

agradecido,-a. *9*
map el mapa
March marzo
to **march** marchar
marine marino,-a
marital status el estado civil
maritime marítimo,-a
to **mark** marcar
market el mercado
marriage el matrimonio
marvel la maravilla
marvellous maravilloso,-a
mask la máscara
mason el albañil
mass media los medios de comunicación de masas *40*
master el amo
masterpiece obra maestra *37*
to **match** hacer juego *34*
maternal materno,-a
matrimonial matrimonial
to **matter** importar; *matter* el asunto, la cuestión *13*
mattress el colchón *23*
mature maduro,-a *25*
maximum máximo,-a
May mayo
maybe quizá(s), tal vez, puede que sí *13*
mayonnaise la mayonesa
me me, mí
meal la comida; *meal of the day* el menú
to **mean** significar
meaning el significado
means el medio *21*
meanwhile entretanto, mientras tanto *11*
measles el sarampión *32*
to **measure** medir (i, i)
measurement la medida *35*
meat la carne
mechanical mecánico,-a *16*
mechanics la mecánica
medal la medalla *35*
medical médico,-a; *medical record* la hoja clínica *32*
medicine la medicina
medium término medio, mediano,-a *3*
meek manso,-a
to **meet (someone)** conocer, encontrarse con *24*; *to meet at* encontrarse en
melody la melodía
melted derretido,-a *28*
member el/la miembro
memory el recuerdo

to **mention** mencionar
menu el menú
merchandise la mercancía
merengue el merengue (*a dance*)
merry-go-round el tiovivo
message el recado *12*
messy revuelto,-a
metal el metal
meter el metro
method el modo
Mexican mexicano,-a
mid medio, a medias, del medio
midnight la medianoche; *midnight Mass* la misa de gallo
midst: in the midst of en medio de
mile la milla
milk la leche; *milk store* la lechería
mill el molino *23*
million el millón; *millionaire* millonario,-a *37*
mine mío,-a
minimum mínimo,-a
minority la minoría
minus menos
minute el minuto
mirror el espejo *5*
mischevious pícaro,-a
to **miss** echar de menos, extrañar, perder (ie) *22*, faltar a *6*
Miss señorita (Srta.)
misunderstanding el malentendido *21*
to **mix** mezclar
mixed mixto,-a
mobile (*art*) el móvil
mode el modo
model el modelo
modern moderno,-a
to **moisten** humedecer
molar la muela
mom la mamá
moment el momento; *Wait a moment.* Un momentito.
Monday el lunes
money el dinero
monkey el mono, la mona
month el mes
monument el monumento
mood el humor
Moorish moro,-a, morisco,-a
more más; *more than (one)* más que *26*; *more than (before a number)* más de

morning la mañana
most la mayoría de, lo más, la mayor parte de
motel el motel
mother la madre, la mamá; *mother country* la madre patria
mother-in-law la suegra
motif el motivo
motorcycle, motorbike la moto(cicleta)
to **mount** montar
mountain la montaña
mouse el ratón
moustache el bigote *3*
mouth la boca
mouthful el bocado
to **move** mover(se) *27*; *to move away* desprenderse; *to move to another place* mudarse
movement el movimiento
movie la película; *movie theater* el cine
Mr. señor (Sr.), el señor
Mrs. señora (Sra.), la señora
much mucho,-a
mumps las paperas *32*
mural el mural
murder el asesinato, el crimen *15*
murderer el asesino, la asesina *15*
muscle el músculo *30*
museum el museo
musical musical; *musical group* la banda, el conjunto
musician el músico, la música *2*
mustard la mostaza
mutual recíproco,-a
my mi, mis
mystery el misterio
mysterious misterioso,-a

N

nail la uña; *nail polish* esmalte de uñas *5*
to **name** nombrar; *name* el nombre; *name and address* las señas *23*
napkin la servilleta
narrator el narrador, la narradora
narrow estrecho,-a *35*
nation la nación, el país
nationalist nacionalista

nationality la nacionalidad
native nativo,-a, indígena, natural; *native (of one's birth)* natal
natural natural
nature la naturaleza
navy blue azul marino *34*
near cerca de; *to draw near* acercarse a
nearby cerca, cercano,-a
neat ordenado,-a *8*
necessarily necesariamente
necessary necesario,-a, preciso,-a
necessity la necesidad
neck el cuello
necklace el collar
necktie la corbata
to **need** necesitar, faltar; *I need... me falta(n)... 5*
negative negativo,-a
to **neglect** descuidar
neighbor el vecino, la vecina
neither ni, tampoco; *neither...nor* ni...ni
nephew el sobrino
nerve el nervio
nervous nervioso,-a *5*
net la red
nettle la ortiga
never nunca, jamás *6*
nevertheless sin embargo
new nuevo,-a
news noticias *13*; *news item* la noticia; *newscast* el noticiero *13*; *newspaper* el periódico; *newspaper clipping* recorte de periódico *15*
next próximo,-a, que viene; *next to* junto a; *next to the last* penúltimo,-a
Nicaraguan nicaragüense
nice amable, simpático,-a
nickname el apodo *1*
niece la sobrina
night la noche; *Good evening. Good night.* Buenas noches.; *night before last* anteanoche
nightgown el camisón *34*
nine hundred novecientos,-as
nine nueve
ninety noventa
ninth noveno,-a
to **nitpick** hacerse el remilgoso
no no; *no one* nadie; *no way* de ninguna manera; *no matter what* sea como sea; *No way!* (mild expression of disgust)

¡Qué va!; *No one can beat you!* ¡No hay quien te gane!
nobleman el noble
nobody nadie
noise el ruido *12*
to **nominate** nombrar *13*
nonsense el disparate
noodle el fideo *28*
noon el mediodía
north el norte; *North America* América del Norte; *North American* norteamericano,-a
nose la nariz; *pl.* las narices
not no; *not any* ningún, ninguno,-a; *not to know* ignorar; *not yet* todavía no
to **note** notar; *note* la nota, la noticia *13*; *to take notes* tomar notas
notebook el cuaderno *6*
nothing nada
to **notice** fijarse (en), notar, darse cuenta
noun el nombre, el sustantivo
novelistic novelesco,-a
November noviembre
now ahora
nowadays actualmente
number el número
nurse la enfermera
Nutcracker *(ballet)* Cascanueces *1*

O

to **obey** obedecer *1*
obnoxious pesado,-a
to **observe** observar
to **obtain** conseguir (i, i), lograr, obtener, adquirir *39*
obvious obvio,-a, evidente
occasion la ocasión
occasionally de vez en cuando, ocasionalmente
to **occupy** ocupar; *occupied (busy)* ocupado,-a
to **occur** suceder, ocurrir; *to occur to someone* ocurrirse *27*
ocean el océano; *the Pacific Ocean* el Océano Pacífico; *the Atlantic Ocean* el Océano Atlántico
October octubre
octopus el pulpo
of de; *of course* claro (que sí), por supuesto, desde luego *28*; *of the* del; *Of course!*

¡Cómo no! *(expression used to contradict a negative statement) 16*
to **offend** ofender *10*, hacer una ofensa
offense la ofensa
to **offer** ofrecer; *offer* la oferta
office la oficina, el despacho *39*; *office worker* el oficinista, la oficinista
officer el oficial
official oficial, el oficial, la oficial
oh! ¡ah!, ¡ay!
oil el aceite
okay bueno, vale *(Spain) 1*
old antiguo,-a, viejo,-a, anciano,-a; *old times* las épocas pasadas *38*; *old woman* la anciana *36*; *old man* el anciano; *older* mayor, más viejo; *oldest* el mayor
olive la aceituna
olympic olímpico,-a
omelet la tortilla
on en, sobre; *on the way to* camino de; *on time* a tiempo
one uno; *no one* nadie; *one must* hay que; *one says* se dice; *one-fourth* cuarto,-a; *one hundred* cien, ciento; *one-quarter* cuarto,-a; *one-way* en una dirección; *one-way street* una sola vía
onion la cebolla
only solamente, sólo; *only a little* un poquito nada más *33*
occupation la ocupación
to **open** abrir; *to open onto* dar a; *to unlock* abrir con llave *23*
opened abierto
opera la ópera
operation la operación
operator el telefonista, la telefonista, el operador, la operadora *12*
opinion la opinión
opportunity la oportunidad
opposite opuesto,-a, enfrente
optician's shop la óptica *18*
optimistic optimista
or o
orange la naranja; *orange (color)* anaranjado,-a
orchestra la orquesta; *(section of a theater)* el patio *4*
order el orden *(arrangement)*;

la orden (request)

to **order** mandar, ordenar, pedir (i, i)

ordinal ordinal

ordinary ordinario,-a

ordinarily ordinariamente

to **organize** organizar

oriental oriental

origin el origen; pl. orígenes

to **originate** originar

orthographic ortográfico,-a (dealing with spelling)

other otro,-a

ought deber, deber de

our nuestro,-a

out fuera de; out of order descompuesto,-a

outdoors al aire libre

outing la excursión

outline el recorte

to **outpour** chorrear

outside afuera, fuera de; outside corner la esquina

oven el horno 26

over encima de, sobre; over there allá

to **overlook** descuidar

overseas el extranjero

to **overturn** volcar (ue)

to **owe** deber

own propio,-a

owner el dueño, la dueña, el amo 13

oyster el ostión, la ostra

P

pace el paso

package el paquete

paella la paella

page la página; front page (of a newspaper) primera plana 15

pain la pena, el dolor

to **paint** pintar 7

painter el pintor, la pintora 37

painting la pintura, el cuadro

pair el par

pajamas el pijama, los pijamas

palace el palacio

palm tree la palma

pamphlet el folleto

pan la cacerola, la sartén 26

Panamanian panameño,-a

Panamanian currency el balboa 34

panoramic panorámico,-a

panther la pantera

pants el pantalón, pl. los pantalones

pantyhose las pantimedias 34

paper el papel

parachute el paracaídas

parachutist el paracaidista, la paracaidista

parade el desfile

paragraph el párrafo 6

Paraguayan paraguayo,-a

parcel el paquete 20

to **pardon** disculpar; Pardon me. Perdóname., Perdóneme.

parenthesis el paréntesis

parents los padres; parents-in-law los suegros 9

parish la parroquia

park el parque

to **park** estacionar; parking space or lot el estacionamiento

parsley el perejil

part la parte, la raya (in hair) 33

to **part** apartar, dividir

to **participate** participar

participle el participio

party la fiesta

to **pass** pasar; pass el paso; boarding pass tarjeta de embarque 22

passenger el pasajero, la pasajera

passive pasivo,-a

passport el pasaporte

past el pasado, pasado,-a; past tense el pretérito

pasta la pasta 28

pastime el pasatiempo

pastor el pastor

pastry el pastel; pastry shop la pastelería

paternal paterno,-a

path la senda, el camino, la vereda 18

patience la paciencia 17

patient el paciente, la paciente 31

patio el patio

patron (saint) patrón, patrona

pattern el patrón

paw la pata

to **pay** (for) pagar; to pay attention prestar atención; to pay attention to hacer caso a

payroll la nómina 38

pea el guisante, la arveja

peace la paz

peach el durazno, el melocotón

peak el pico

pear la pera

pearl la perla 35

pedestrian el peatón

to **peel** pelar; peel la cáscara 26

pen la pluma; pen pal amigo/a por correspondencia

pencil el lápiz, pl. los lápices

people la gente, el pueblo

pepper la pimienta (seasoning); el pimiento (vegetable); chili (hot) pepper el chile 28, el ají picante; pepper shaker el pimentero

to **perceive** percibir

perfect perfecto,-a

perfume el perfume

perhaps quizá(s), tal vez

period el período, la época

permanent permanente; permanent wave la permanente 30

permission el permiso

to **permit** permitir; permit el permiso

to **permute** convertir (ie,i)

perpetual perpetuo,-a

person la persona

personality la personalidad, el carácter 38

personnel el personal 39

perspiration el sudor

Peruvian peruano,-a

peso el peso

pessimist el pesimista, la pesimista

pharmacy la farmacia; pharmacist el farmacéutico, la farmacéutica

philosophy la filosofía; philosopher el filósofo, la filósofa

phonograph el tocadiscos; phonograph record el disco

to **photograph** fotografiar; photograph la foto(grafía); photographer el fotógrafo, la fotógrafa

physically físicamente

physician el médico, la médica, el doctor, la doctora

physics la física

piano el piano; pianist el pianista, la pianista

to **pick up** recoger

picnic el pícnic
picture el cuadro, el retrato 2
piece la pieza; *piece of work* la pieza
pig el cerdo, el puerco
pilgrim el peregrino, la peregrina 16
pill la pastilla 31
pillow la almohada 23
pilot el piloto, la piloto
piñata la piñata
pineapple la piña
pink rosado,-a
pit la semilla
pity la lástima
to **place** poner, ubicar, colocar 27; *place* el lugar; *to take place* tener lugar
plaid a cuadros
to **plan** planear, planificar; *plan* el plan, el plano 18
plant la planta
plantain el plátano
plaster el yeso
plate el plato; *small plate* el platillo
platter la fuente
platform *(at a train station)* el andén 24
to **play** *(game)* jugar (ue); *to play (musical instrument, radio)* tocar; *to play a role* hacer un papel; *play (theater)* la obra de teatro, la comedia, el drama
player el jugador, la jugadora
plaza la plaza
to **please** agradar, complacer; *please* por favor; *please (do something)* favor de + *infinitive*; *Pleased to meet you.* Mucho gusto., Tanto gusto., Encantado de conocerle.; *pleased* contento,-a 3, satisfecho,-a 17;
pleasing grato,-a, agradable
please por favor
pleasure el gusto, el placer
plot el argumento 4
plum la ciruela
pluperfect el pluscuamperfecto
plural plural
pneumonia la pulmonía 31
pocket el bolsillo 35
poem el verso
poetry la poesía
poet el poeta, la poeta

poinsettia la flor de Nochebuena
to **point out** indicar
point la punta, el punto
police la policía; *policeman* el policía; *policewoman* la policía; *police station* la comisaría de policía 18; *police (squad)* la policía; *police film* la película policiaca; *police related* policiaca 4
political político,-a
politics la política 15
poll la encuesta
to **pollute** contaminar 16; *polluted* contaminado,-a
polyester el poliéster
poor pobre
popcorn las palomitas de maíz 4
popular popular
population la población
pork el cerdo, el puerco; *pork chop* chuleta de puerco 25
port el puerto
porter el mozo
portrait el retrato
Portuguese portugués, portuguesa
position la posición, el puesto
positive afirmativo,-a, positivo,-a
possession la posesión
possessive posesivo,-a
possible posible
possibility la posibilidad
Post Office Box el Apartado Postal 37
postage el franqueo 20
poster el cartelón, el póster
to **postpone** posponer 10
postscript *(P.S.)* la posdata (P.D.)
potable potable *(safe for drinking)*
potato la papa, la patata
pound la libra 20
powder el polvo
powdered en polvo 30
practical práctico,-a
to **practice** practicar, ejercitarse; *practice* la práctica, el ejercicio
to **pray** rezar
preceded precedido,-a
preceding anterior
precious precioso,-a

precise preciso,-a
prediction la predicción
to **prefer** preferir (ie, i)
preference la preferencia
preferred preferido,-a 6
prefix el prefijo
preparation el preparativo 25
preparatory preparatorio,-a
to **prepare** preparar
prepositional preposicional
to **prescribe** *(medication)* recetar 31, prescribir 30
prescription la receta (médica)
presence la presencia
to **present** presentar; *present tense* el presente; *present (in attendance)* presente; *present time* la actualidad; *present* actual
presidency la presidencia
pressure la presión; *high blood pressure* la presión alta 32
to **pretend** fingir
preterite el pretérito
pretty bonito,-a
previous anterior
price el precio
pride el orgullo
priest el sacerdote, el cura
primary primario,-a
principal principal
printed estampado,-a 34
prison la prisión
private privado,-a
priviledge el privilegio 15
prize el premio, la recompensa
probability la probabilidad
probable probable
problem el problema, el dilema 38
process el proceso
procession la procesión
processor el procesador
to **produce** producir
product el producto
profession la profesión, el oficio
professor el profesor, la profesora
profit el provecho
program el programa; *to program* programar 6
programmer el programador, la programadora
progress el adelanto 40
progressive progresivo,-a

to **prohibit** 19
project el proyecto
projector el proyector
to **prolong** prolongar
promontory el promontorio
prominence la eminencia
to **promise** prometer
pronoun el pronombre
to **pronounce** pronunciar
pronunciation la
  pronunciación
to **propose** proponer
prosperity la prosperidad
to **protect** proteger
protection la protección, el
  amparo
Protestant protestante
proud orgulloso,-a
to **prove** probar (ue), comprobar
proverb el proverbio, el refrán
provided that con tal (de)
  que 35
province la provincia
prudent discreto,-a
psychology la sicología
public público,-a, el público;
  public square la plaza
publicity la publicidad
to **publish** publicar
Puerto Rican
  puertorr.queño,-a
to **pull** tirar de
pumpkin la calabaza
purchase la compra
purple morado,-a 34
purpose el propósito
purse la bolsa, la cartera 24
to **pursue** perseguir (i, i)
to **push** empujar
to **put** poner; *put* pon *(tú
  command)*; *to put on (clothing)* ponerse; *to put on makeup* maquillarse; *to put to bed*
  acostar (ue); *to put*
  depositar 12
pyramid la pirámide

Q

quality la calidad
quantity la cantidad
quartet el cuarteto
queen la reina
to **question** interrogar; *question*
  la pregunta
quickly pronto
quiet quieto,-a, callado,-a 19,

silencioso,-a
quite bastante; *quite a while*
  largo rato 14

R

race la carrera
racquet la raqueta
racquetball el frontenis
radical radical
radio el radio, la radio; *radio
  broadcast* la radiodifusión
radish el rábano
raffle la rifa
rain la lluvia; *to rain* llover
  (ue); *strong rain shower* el
  aguacero 22
rainy lluvioso,-a
raincoat el impermeable 34
to **raise** levantar, alzar, criar 37
ranch *(Argentina, Uruguay)* la
  estancia
rate la tarifa 21
rather bastante
raw crudo,-a 25
razor máquina de afeitar
to **reach** alcanzar 5
to **react** reaccionar
to **read** leer
reading la lectura
ready listo,-a; *to be ready* estar
  listo,-a
real real
realistic realista
reality la realidad
to **realize** darse cuenta de 11
really de veras, realmente
reason la razón
rebellious rebelde 14
to **recall** acordarse (ue)
receipt el recibo
to **receive** recibir
recent reciente
reception la recepción
receptionist el recepcionista,
  la recepcionista
recipe la receta (de cocina)
reciprocal recíproco,-a
reclining reclinable
to **recognize** reconocer 1
to **recollect** acordarse (ue) 5
to **recommend** recomendar (ie)
record el disco; *record store* la
  discoteca; *record player* el
  tocadiscos
recreation el recreo, el
  entretenimiento

red rojo,-a
red wine vino tinto 28
reddish rojizo,-a
redhead pelirrojo,-a
to **reduce** reducir 14
reduced rebajado,-a 34
reduction la rebaja
to **refer** referirse (ie, i)
to **reflect** reflejar
reflexive reflexivo,-a
refreshment el refresco
refried refrito,-a 28
refrigerator el refrigerador
refuge el refugio, el amparo
to **refuse** no querer, rehusar
regime el régimen
region la región
regional folklórico,-a, regional
register el registro 23
registration fee la matrícula
to **regret** sentir (ie, i) 21,
  arrepentirse
regular regular, corriente 20
rehearsal el ensayo
to **relate** relacionar
relation la relación
relationship la relación
relative el pariente, la
  parienta, el familiar 2
to **relax** descansar
relief el alivio 36
religion la religión
religious religioso,-a
to **remain** quedar, quedarse,
  permanecer
remainder el resto
to **remember** recordar (ue),
  acordarse (ue)
remote remoto,-a
to **remove** quitar, sacar, arrancar
to **renew** reanudar
to **rent** alquilar
to **repeat** repetir (i, i)
to **repent** arrepentirse
to **report** reportar; *report* el
  reporte, el reportaje
reporter el reportero, la
  reportera, (periodista)
to **represent** representar
reputation la fama
to **request** pedir (i, i)
to **require** requerir (ie, i)
requirement el requisito 37
to **rescue** salvar
to **resemble** parecerse (a) 5;
  resembling parecido,-a
to **reserve** reservar
reservation la reservación, la

reserva *21*
residential residencial
to **resign oneself** conformarse
to **resolve** resolver (ue) *10*
resolved resuelto,-a
to **respect** respetar; *respect* el respeto
respectively respectivamente
respiration la respiración
responsibility la responsabilidad *11*
rest el resto, los demás; *to rest* descansar
restaurant el restaurante, el restorán
to **result** resultar; *result* el resultado
résumé el historial personal
retired person jubilado,-a
to **return** volver (ue), regresar, retornar (a) *39*; *to return (something)* devolver (ue) *8*; *return* la vuelta
reunion la reunión
to **reveal** revelar
reverence *(bow)* la reverencia
reverse *(gear)* la marcha atrás
review el repaso
revolution la revolución
to **rewrite** reescribir
rib la costilla
ribbon la cinta
rice el arroz
rich rico,-a, acomodado,-a
riddle la adivinanza
ride el paseo; *to take a ride* dar un paseo; *to ride horseback* montar a caballo
ridiculous ridículo,-a
right derecho,-a; *right now* ahora mismo; *to be right* tener razón; *to the right* a la derecha; *right away* enseguida; *right there* ahí mismo *6*
to **ring** sonar (ue), tocar; *to ring the bell* tocar el timbre; *ring* el timbre, el anillo
ripe maduro,-a
to **rise** subir
rise la subida *3*
river el río
road el camino; *paved road* la calzada *18*
roadway la vía
to **roar** rugir; *roar* el rugido
to **roast** asar
roaster *(oven)* el asador

to **rob** robar *13*
robbery el robo
rock la piedra
rod la vara
rodeo el rodeo
to **roll** *(up)* enrollar
rolled enrollado,-a *28*
romantic romántico,-a *27*
roof el techo; *flat roof* la azotea; *roof made of tiles* el tejado
room el cuarto; la habitación, la pieza; *room service* el servicio al cuarto
rooster el gallo
root la raíz
rotten podrido,-a *25*
rough tosco,-a
round-trip ida y vuelta
to **row** remar
row la fila
royal real
to **rub** frotar
ruby el rubí
rug la alfombra
to **ruin** arruinar *27*; *ruin* la ruina
rule la regla *21*, el reglamento
to **run** correr; *to run into* tropezar (ie)
runny nose la coriza *32*
Russian ruso,-a

S

sack la bolsa
sacrifice el sacrificio
sad apenado,-a, triste *3*; *to make one sad* darle pena a uno
sadness la tristeza
said dicho
sail la vela; *sailboat* el bote de vela
saint el santo, la santa
salad la ensalada; *salad dressing* el aderezo
salary el salario, el sueldo *39*
sale la venta; *on sale, for sale* en venta; *sales tax* impuesto de venta *15*; *sales window* la ventanilla
salesperson el vendedor, la vendedora
salt la sal
saltshaker el salero
salty salado,-a *28*
Salvadorian salvadoreño,-a

same mismo,-a
sand la arena
sandal la sandalia *34*
sandwich el bocadillo, el sándwich
sandy ground el arenal
Santa Claus Papá Noel
satisfaction la satisfacción
satisfied satisfecho,-a
to **satisfy** satisfacer
Saturday el sábado
sauce la salsa
saucer el platillo
sausage la salchicha, el chorizo; *spicy sausage* el chorizo picante
to **save** salvar *13*, ahorrar *21*
savings los ahorros *39*
savory sabroso,-a
to **say** decir; *say (tú command)* di; *say!* ¡oye!; *to say good-bye* despedirse (i, i) de
saying el dicho, el refrán
scanty escaso,-a
scarce escaso,-a; *scarcely* apenas
scarf la bufanda *34*
Scarface *(character in a movie)* Cara Cortada *29*
scene la escena *38*
schedule el horario
scholarship la beca *14*
school el colegio, la escuela, la facultad *(of a university)*
science la ciencia; *science fiction* la ciencia-ficción *4*
scientific científico,-a *16*
scissors la tijera *5*
to **scold** regañar *24*
to **scramble** revolver *10*
to **scrape** rozar
scratch el arañazo *29*
scratched rayado,-a
screen la pantalla
scrumptious exquisito,-a
scuba diving el buceo; *to scuba dive* bucear
sea el mar; *deep sea* alta mar
seafood los mariscos
season la estación
to **seat** sentar (ie); *seat* el asiento; *seat back* el respaldo
second segundo,-a; *second hand* de segunda mano; *secondary* secundario,-a; *secondary school* escuela secundaria
secretary el secretario, la

secretaria

section la sección 15

security la seguridad; *securely* seguramente

to **see** ver; *See you later.* Hasta luego.; *See you soon.* Hasta pronto.; *See you tomorrow.* Hasta mañana.; *I'll see you around.* Te veo por ahí. 1

seed la semilla 26

to **seem** parecer

seen visto

to **select** seleccionar

selfish egoísta 2

to **sell** vender

semester el semestre 39

semi-precious semi-precioso,-a

to **send** enviar, mandar

sender el remitente, la remitente 20

sensationalistic sensacionalista 13

sentence la oración

to **separate** separar, apartar

September septiembre

serenity la serenidad

series la serie

serious serio,-a; *seriously* en serio, seriamente

to **serve** servir (i, i); *to serve oneself* servirse

service el servicio

set el juego; *to set* poner; *to set a date* señalar para 9

seven hundred setecientos,-as

seven siete

seventh séptimo,-a

seventy setenta

several varios,-as

sewing la costura

shade la sombra

shadow la sombra

to **shake** batir; *to shake hands* dar la mano 39

shame la lástima, la vergüenza; *What a shame!* ¡Qué pena!, ¡Qué lástima!

shampoo el champú 5

shape la forma

to **share** compartir

to **shave** afeitarse

shaver máquina de afeitar 5

she ella

sheep la oveja

sheet *(of paper)* la hoja; *sheet* la sábana 23

shelf el estante 8

shell la concha, la cáscara

shift el turno 33

to **shine** brillar

shipment el embarque

shirt la camisa

shivering tembloroso,-a

shock el choque

shoe el zapato; *shoe store* la zapatería

to **shoot** disparar, tirar

shop la tienda

shopping de compras; *shopping center* el centro comercial

short corto,-a, bajo,-a; *short while* el rato

shorthand la taquigrafía

shot el tiro, la inyección

shoulder el hombro

shout el grito

show la exhibición, la función, el espectáculo; *to show* enseñar, mostrar (ue); *show window (of a store)* el escaparate; *showcase* el mostrador; *to show a movie* dar una película 4

shower *(bath)* la ducha

shrimp el camarón

shrub la mata

to **shrug** alzar los hombros

shy tímido,-a 2

shyness la timidez

sick enfermo,-a

sickness la enfermedad

side el lado; *side by side* lado a lado

sidewalk la acera, la vereda

siesta la siesta

sign la señal

to **sign** firmar; *sign* el letrero 18

to **signal** señalar; *signal* la señal

signature la firma 1

silence el silencio

silk la seda

silver la plata

similar semejante; *similar in appearance* parecido,-a

simple sencillo,-a, simple

since desde; *since (followed by subject and verb)* puesto que, desde que

sincere sincero,-a; *sincerely* atentamente, sinceramente

to **sing** cantar

singer el cantante, la cantante

single soltero,-a, sencillo,-a 23

singular singular

sir el señor

sister la hermana; *sister-in-law* la cuñada 9

to **sit down** sentarse (ie); *sit down* siéntese 31

situation la situación

six seis

six hundred seiscientos,-as

sixth sexto,-a

sixty sesenta

size el tamaño, la talla 34

to **skate** patinar 19; *skating* el patinaje

sketch el dibujo

ski el esquí 29; *to ski* esquiar 29; *waterskiing* el esquí acuático; *ski slope* la pista

skill la destreza

skin la piel; *(of animal)* el pellejo 26; *skin rash* la erupción de la piel 32

skirt la falda

skit el minidrama

sky el cielo

skycap el mozo

skyscraper el rascacielos 18

to **sleep** dormir (ue, u); *to be sleepy* tener sueño

Sleeping Beauty la Bella Durmiente

sleeve la manga 35

sleigh, sled el trineo

sliced cortado,-a

slide el tobogán

slipper *(bedroom)* la pantufla

slippery resbaloso,-a

slow lento,-a; *slow(ly)* despacio

sluggish pesado,-a

small pequeño,-a

smart listo,-a

to **smile** sonreír (i, i); sonreírse (i, i) 5; *smile* la sonrisa 23; *smiling* sonriente

to **smoke** fumar; *smoke* el humo 16

smoked ahumado,-a 28

smooth liso,-a, suave

snack el bocadillo, la tapa *(Spain); snack time* la merienda

snake la serpiente

to **snow** nevar (ie); *snow* la nieve

so así, tan; *so much* tanto,-a; *so that* a fin de que, para que; *so-so* regular

soaked mojado,-a 31

soap el jabón 5

soap opera la telenovela
soccer el fútbol
sociable sociable *2*
social social; *social gathering* la tertulia
society la sociedad; *society pages* la vida social (del periódico) *15*
sock el calcetín
soda el refresco
sofa el sofá *7; sofa-sleeper* sofá-cama
soft blando,-a; *soft drink* el refresco; *soft drink store* la refresquería
sole *(of the foot)* la planta
solemnity la solemnidad
solid *(single color)* el color entero *34*
solution la solución *10*
some algún, alguno,-a, unos,-as
somebody alguien
someone alguien
something algo
sometimes a veces, algunas veces, de vez en cuando
somewhat algo
son el hijo; *son-in-law* el yerno *9*
song la canción
soon pronto
sorrow la tristeza
soul el alma
to **sound** sonar (ue); *sound* el sonido
soup la sopa
soupspoon la cuchara
sour ácido,-a *13*
source la fuente
south el sur; *South America* América del Sur
souvenir el recuerdo
space el espacio; *blank space* espacio en blanco *2*
Spain España
Spanish español, española; *Spanish (language)* el español, el castellano; *Spanish-speaker* hispanohablante; *Spanish-speaking* hispanohablante; *Spanish American* hispanoamericano,-a
to **speak** hablar
special especial; *on special* de oferta; *special delivery* entrega especial *20*

specialization la especialización
specialty la especialidad
specific específico,-a
spectator el espectador
speech el habla *f.*
speed la velocidad, la rapidez *40; to speed up* acelerar; *speeding* exceso de velocidad
speedway la autopista *18*
to **spend** *(time)* pasar, el tiempo, gastar
spent gastado,-a
spice la especia *28*
spicy *(hot)* picante
spike la punta
to **spill** volcar (ue) *27*
spinach la espinaca *25*
spine la espina *27*
spirit el alma
to **spoil** pudrirse *25*
to **sponsor** patrocinar
sport el deporte
spot la mancha
spotted manchado,-a *36*
spouse el esposo, la esposa
springtime la primavera
to **sprinkle** regar (ie) *7*
square cuadrado,-a
squash la calabaza *25*
squid el calamar
stable el establo
stadium el estadio
staff el personal
stain la mancha *36*
stairs la escalera
stairway la escalera
stall el puesto
stamp la estampilla *20*
to **stand** soportar; *stand* el puesto; *standing* de pie, parado,-a
star la estrella
to, **start...** echar a...
state el estado
station la estación
stationery el papel de cartas *37; stationery store* la papelería
statue la estatua, el monumento
to **stay** quedarse, permanecer *24*, mantenerse *16; stay* la estadía *25*, la estancia *23;*
steak el filete
steam el vapor *25; steamed* al vapor *25*

steel el acero
steering wheel el volante
step el paso, el escalón *23; to step on* pisar *17*
stepfather el padrastro *9*
stepmother la madrastra *9*
steward el sobrecargo
stewardess la azafata, la sobrecargo
to **stick** *(out)* sacar *31*
still todavía
stimulant el estimulante *30*
stitch el punto *31*
stocking el calcetín, la media
stomach el estómago; *stomach-ache* dolor de estómago *32*
stone la piedra
to **stop** detener, parar, dejar de; *Stop!* ¡Alto!; *stopover* la escala; *Don't stop writing!* ¡No dejes de escribir!
store la tienda, el comercio
story el cuento, el relato; *short story* la historieta *15; story (of a building)* el piso; *story-teller* el cuentista, la cuentista; *storywriter* el cuentista, la cuentista
stove la estufa
straight *(ahead)* adelante, derecho; *straight (hair)* lacio,-a *3*
strange extraño,-a *16*
strawberry la fresa
stream la corriente
street la calle, la vía; *street corner* la esquina; *street intersection* la bocacalle *18; street-level floor* la planta baja
stress la tensión *30*
strike la huelga *13*
strip la raya, la tira
striped a rayas *34*
to **stroll** pasear
strong fuerte; *strong rain shower* el aguacero *22*
structure la estructura
stucco el estuco
stuck-up orgulloso,-a *3*
student el estudiante, la estudiante, el alumno, la alumna *14*
studious estudioso,-a *3*
to **study** estudiar; *study* el estudio
stuffed relleno,-a; *stuffed (animal)* animal de peluche

to **stumble** tropezar (ie); *stumbling* a tropezones
style el estilo
subject el sujeto; *school subject* la materia, la asignatura *6*
subjunctive el subjuntivo
subordinate secundario,-a
substitute el suplente, la suplente *39*
subtitle el subtítulo *4*
subtraction la resta
suburb el suburbio; *suburbs* las afueras
subway el metro
to **succeed** tener éxito
success el éxito
such tal; *such as* tal como
suddenly de repente, de pronto *10*
to **suffer** sufrir
sufficient suficiente *7*
sugar el azúcar; *sugar bowl* la azucarera
to **suggest** sugerir (ie, i) *11*
suggestion la sugerencia
suit el traje; *bathing suit* el traje de baño; *suit bag (luggage)* el portatraje
suitcase la maleta, la valija; *suitcoat* el saco
summary el resumen, el sumario
summer el verano
sun el sol
Sunday el domingo; *Sunday supplement* suplemento dominical *15*
superior superior
superlative superlativo,-a
supper la cena
supplement el suplemento *15*
to **supply** suplir, suministrar; *supply* el surtido
to **suppose** suponer
sure seguro,-a
to **surf** surfear
surgeon el cirujano, la cirujana *29*; *surgeon's gown* la túnica *31*
surgery la operación, la cirugía *32*
to **surmise** suponer *3*
surname el apellido
to **surprise** sorprender *24*; *surprise* la sorpresa; *surprising* sorprendente
to **surrender** darse por vencido *34*

to **surround** rodear; *surrounded (by)* rodeado,-a (de)
to **swallow** tragar
sweat el sudor
sweater el suéter, *(South America)* la chompa *36*
to **sweep** barrer *8*
sweet dulce
swell! ¡chévere!
swelling la inflamación *32*
to **swim** nadar
swimming la natación; *swimming pool* la piscina, la alberca
swing el columpio
Swiss suizo,-a *28*
sword la espada
syllable la sílaba
symbol el símbolo
symptom el síntoma *32*
system el sistema

T

table la mesa; *small table* la mesita
tablecloth el mantel
tablespoon la cuchara
taco el taco
tail el rabo, la cola
tailor el sastre *35*
to **take** llevar, tomar; *to take a bath* bañarse; *to take a walk/ ride* dar un paseo; *to take advantage (of)* aprovecharse (de) *40*; *to take away* llevarse; *to take care (of)* cuidar (de) *36*; *to take leave of* despedirse (i, i) de; *to take off (airplane)* despegar; *to take off (clothing)* quitarse; *to take place* tener lugar, suceder *15*; *to take time to (do something)* tardar en; *to take out* sacar *7*; *to take away* arrancar; *to take a shower* ducharse; *to take a picture* sacar una fotografía *19*; *to take a trip* dar una vuelta; *to take (a telephone receiver) off the hook* descolgar (ue) *12*
talent el talento
talented talentoso,-a *3*
to **talk** hablar
tall alto,-a
to **tan** broncearse
tank el tanque *17*

tape la cinta *34*; *tape recorder* grabadora de cinta *40*
target el objetivo, el blanco
task el quehacer, la tarea
tastefully con muy buen gusto
tasty sabroso,-a
tax el impuesto
taxi el taxi; *taxi-driver* el taxista, la taxista
tea el té
to **teach** enseñar
teacher el profesor, la profesora
team el equipo
to **tease** fastidiar
teaspoon la cucharita
teaspoonful la cucharadita
technological tecnológico,-a *40*
tedious pesado,-a
telepathy la telepatía *16*
telephone el teléfono; *telephone directory* la guía de teléfonos; *telephone booth* cabina telefónica *12*
television la televisión; *television set* el televisor
to **tell** decir; *to relate a story* contar (ue); *tell (tú command)* di, cuenta
temper el temperamento
temperate templado,-a
temple el templo
ten diez
tenderness la ternura
tennis el tenis; *tennis player* el tenista, la tenista *2*
tenth décimo,-a
term el término, el plazo
terminal la/el terminal
terrace la terraza *7*
to **terrify** espantar
territory el territorio
terror el terror
text la plana
to **thank** agradecer; *thanks* gracias; *thank you* gracias
that que; *that (far away)* aquel, aquella; *that (nearby)* ese, esa; *that (neuter form)* eso, aquello; *that (one)* aquél, aquélla; *that (one)* ése, ésa; *that is* es decir; *that way* así; *that which* lo que; *that is (to say)* o sea *16*; *that's why* por eso
the el, la, las, los; *to the* al
theatre el teatro

their su, sus; *theirs* suyo, suya, suyos, suyas
them las, los, les, ellos, ellas
theme el tema
themselves se, sí, sí mismos/as
then entonces, luego
there ahí *1*, allá, allí; *there is, there are* hay; *there was, there were* había, hubo; *there will be* habrá; *there would be* habría
therefore por eso
these estos, estas; *these ones* éstos, éstas
they ellos, ellas; *They call me...* Me dicen... *1*
thief el ladrón
thigh el muslo *26*
thin delgado,-a
thing la cosa
to think pensar (ie); *to think (believe)* creer; *to think not* creer que no; *to think of* pensar (ie) en
third tercer, tercero,-a; *one-third* el tercio
thirst la sed; *to be thirsty* tener sed
thirteen trece
thirty treinta
this este, esta; *this (neuter form)* esto; *this (one)* éste, ésta
thistle el cardo
those aquellos, aquellas, esos, esas; *those (ones)* aquéllos, aquéllas, ésos, ésas
thought el pensamiento
thousand mil
three tres
three hundred trescientos,-as
through por
to throw lanzar, tirar; *to throw out* echar; *to throw away* arrojar
thunderbolt el rayo
Thursday el jueves
thus así
ticket el billete, el boleto, la entrada; *ticket office* la taquilla; *ticket stub* la contraseña
tidbit la golosina
tie el empate *(score); necktie* la corbata
tied atado,-a *38*
tiger el tigre

tight apretado,-a
to tighten apretar (ie)
tile *(roof)* la teja
time el tiempo; *time (hour)* la hora; *time (occasion)* la vez, *pl.* las veces; *at times* a veces; *at the same time* a la vez; *from time to time* de vez en cuando; *What time is it?* ¿Qué hora es?; *full time* tiempo completo *36; long time* mucho tiempo; *part time* media jornada *38 full time* tiempo completo
timetable el horario
tin *(can)* la lata
tinted tinto,-a
tip la propina, la punta *16*
tire la llanta
tired cansado,-a
tiresome cansador, pesado,-a *2*
title el título
to a
to toast brindar; *toast* la tostada
toasted tostado,-a
toaster la tostadora *26*
tobacco el tobaco
today hoy
toe el dedo del pie; *toe shoes* zapatillas de punta *14*
toenail la uña *5*
together juntos,-as
toilet el excusado, el retrete
told dicho
to tolerate soportar *11*
tolerance la tolerancia
tomato el tomate
tomorrow mañana; *tomorrow afternoon* mañana por la tarde; *tomorrow evening* mañana por la noche; *tomorrow morning* mañana por la mañana
tone el tono
tongue la lengua
too demasiado, también; *Too bad!* ¡Qué lástima!; *too much* demasiado
tooth el diente; *toothache* dolor de muelas *32; toothpaste* pasta de dientes *5; toothbrush* cepillo de dientes *5*
topic el tópico
torment el tormento
torn roto,-a
tortilla la tortilla
to toss tirar

total total
totality la totalidad
totally totalmente
to touch tocar; *to touch lightly* rozar
tour la gira
tourism el turismo
tourist el turista, la turista
touristic turístico,-a
toward hacia
towel la toalla *5*
tower la torre
town el pueblo
track *(sport)* el atletismo; *track* la pista; *track and field* pista y campo
trade el oficio
tradition la tradición
traditional tradicional
traffic el tráfico; *traffic jam* el embotellamiento; *traffic signals* señales de tránsito *17; traffic light* el semáforo *17; traffic lane* el carril *17*
trail la pista *29*
train el tren, el ferrocarril *24; train car* el vagón; *train station* la estación del ferrocarril *24*
training el entrenamiento *37*
trampoline el trampolín
to translate traducir
translation la traducción
transmission la transmisión
transportation el transporte
to travel viajar; *traveling sales representative* el agente viajero, la agente viajera *39*
traveler el viajero, la viajera
tray-table la mesita *(airplane)*
to treat tratar
tree al árbol
trial el juicio
tribe la tribu
to trick engañar
tricky mañoso,-a
trip el viaje; *round-trip* el viaje de ida y vuelta; *to make a trip* hacer un viaje
to trip tropezar (ie)
triple triple
trophy el trofeo
tropical tropical
trouble el problema
truck el camión
true cierto,-a
truly de veras
trumpet la trompeta

trunk el baúl, el torso
to **trust** confiar
truth la verdad
to **try** experimentar, probar (ue), intentar, tratar; *to try on* probarse (ue); *to try to (do something)* tratar de
Tuesday el martes
to **tune** *(in)* poner
turkey el pavo
to **turn** dar vueltas 17, doblar; *to turn around* dar la vuelta, volverse; *to turn off (an appliance)* apagar 4; *to turn on* encender (ie); *to turn out* resultar; *turn* el turno; *to be one's turn* tocarle a uno
turquoise turquesa
tuxedo el smoking, traje de etiqueta 35
twelve doce
twenty veinte
to **twist** torcer (ue)
twisted torcido,-a 29
two dos; *two from the end* antepenúltimo,-a; *two-way street* doble vía
two hundred doscientos,-as
type el tipo; *typewriter* máquina de escribir 6; *typewriting* la mecanografía; *typist* el mecanógrafo, la mecanógrafa 6
typical típico,-a

U

ugly feo,-a
ultra-modern ultramoderno,-a
umbrella el paraguas 22
uncertain incierto,-a
uncle el tío
under debajo de
underneath debajo de, para debajo 16
to **understand** comprender, entender (ie) 4
understanding el entendimiento, la comprensión 40
underwear la ropa interior
to **undo** deshacer
uneducated inculto,-a
unexpectedly de improviso
unforgettable inolvidable
unfortunate pobre
unfriendly antipático,-a 2

united unido,-a; *the United States* los Estados Unidos
uniform el uniforme
unique único,-a
universal universal 6, mundial 22, común
university la universidad; *related to the university* universitario,-a
unless a menos que 27
unlike a diferencia de
to **unlock** abrir con llave
unpleasant antipático,-a, desagradable 11
unripened *(fruit)* fruta verde
to **untie** soltar (ue)
until hasta; *until (followed by subject and verb)* hasta que
untruthful mentiroso,-a 2
up arriba
upon sobre; *upon (doing something)* al + *infinitive*
upper floor planta alta 7
upright vertical
upset agitado,-a 30
upstairs los altos
Uruguayan uruguayo,-a
us nos, nosotros, nosotras
to **use** usar
used usado,-a, de segunda mano 18
useful útil
usefulness la utilidad
useless inútil 14
usher el acomodador, la acomodadora 4
usual común; *usually* comúnmente

V

vacancy plaza vacante 37
to **vacate** desocupar 23
vacation las vacaciones
vaccination la vacuna 32
to **vacuum** pasar la aspiradora 8; *vacuum* vacío,-a; *vacuum cleaner* la aspiradora 8
vain presumido,-a 36
varied variado,-a 40
variety la variedad
various varios,-as
to **vary** variar 37
veal la ternera
vegetable la legumbre; *green, leafy vegetable* la verdura; *vegetable store* la verdulería

vehicle el vehículo
vendor el vendedor, la vendedora
Venezuelan venezolano,-a
to **verify** comprobar
verse el verso
very mucho,-a, muy
vest el chaleco
veterinarian el veterinario, la veterinaria
to **vex** enfadar
videocassette la videocinta, el videocasete; *videocassette (recorder)* la videocasetera
view el panorama, la vista, la visión
vinegar el vinagre
violence la violencia 16
violet violeta 34
violin el violín
vision la visión 40
to **visit** visitar; *visit* la visita
visitor el visitante, la visitante
vivid vivo,-a, vívido,-a
voice la voz
volleyball el volibol
to **vomit** vomitar
vowel la vocal
vulgar vulgar 11

W

wagon el vagón 24
to **wait** esperar; *waiting room* sala de espera
waiter el mozo
to **wake up** despertarse (ie), despertar (ie)
walk el paseo; *to walk* caminar
wall *(outside wall)* el muro, la muralla 21, *(inside wall)* la pared
wallet la billetera
to **want** querer
wanted se solicitan 37
warehouse el almacén
warm cálido,-a; *It's warm.* Hace calor.
to **warn** advertir (ie) 1
warning el aviso, la advertencia
to **wash** lavar; *to wash oneself* lavarse
washbasin el lavabo, la pileta
washer la lavadora 7
watch el reloj; *watchmaker's shop* la relojería 18; *to watch*

mirar, observar; *Watch out!*
¡Cuidado!
water el agua *f.*; *waterskiing* el
esquí acuático; *water spout*
el grifo; *to water* regar (ie);
waterfall el salto (de agua)
watermelon la sandía 25
wave la ola
way la manera; *in some way* de
alguna manera; *no way* de
ninguna manera; *on the way
back* de vuelta; *way out* la
salida 1
we nosotros, nosotras
wealthy acomodado,-a, rico,-a
weapon el arma
to **wear** llevar, usar; *to wear shoes*
calzar 36
weather el tiempo; *The
weather's bad.* Hace mal
tiempo.; *What's the weather
like?* ¿Qué tiempo hace?;
weather forecast pronóstico
del tiempo 15
wedding la boda 9
Wednesday el miércoles
week la semana; *weekend* el fin
de semana
to **weigh** pesar 20; *weight* el
peso, la pesa
welcome bienvenido,-a, la
bienvenida; *You're welcome.*
De nada., Por nada
well bien, bueno; *well (pause in
speech)* pues; *well-known*
conocido,-a; *well ahead of
time* con anticipación; *well-
groomed* buena presencia 37;
well-mannered educado,-a
west el oeste
western *(movie)* de vaqueros 4
to **wet** mojar; *wet* mojado,-a
what lo que; *What a shame!*
¡Qué lástima!; *What a...!*
¡Qué...!; *What can I do?* ¡Qué
puedo hacer! 1; ¿que? *what?*
whatever happens sea como
sea 22
wheel la rueda
wheelchair la silla de
ruedas 29
when? ¿cuándo?
where donde, adonde; *where?*
¿dónde?, ¿adónde?; *wherever*
dondequiera
which one? ¿cuál?; *which
ones?* ¿cuáles?
while mientras (que); *a good*

while largo rato
white blanco,-a; *whiteness* la
blancura
who? ¿quién?; *pl.* ¿quiénes?
Who's calling? ¿De parte de
quién? 9; *whoever*
quienquiera
whose cuyo,-a
why? ¿para qué?, ¿por qué?
wide ancho,-a
widow la viuda 9
wife la esposa
wild salvaje
to **win** ganar 16
wind el viento; *It's windy.*
Hace viento.
windmill el molino de viento
window la ventana; *small
window (car, plane)* la
ventanilla 20
windshield el parabrisas;
windshield wiper el
limpiaparabrisas
wine el vino 28
wing el ala 26
winter el invierno
wisdom la sabiduría,
el juicio 15
to **wish** desear; *wish* el deseo
with con; *with me* conmigo;
*with herself/ himself/ yourself
(formal)/oneself/themselves/
yourselves* consigo; *with you*
contigo; *within* dentro de;
without sin
witness el testigo, la
testigo 15
woman la mujer; *woman's suit*
el conjunto 36
to **wonder** preguntarse
wonderful estupendo,-a
wood la madera
wool la lana
word la palabra; *word
processor* el ordenador 37,
procesador de palabras 6
to **work** trabajar, funcionar 12;
work el trabajo, la labor
workday la jornada
worker el obrero, la obrera, el
trabajador, la trabajadora
world el mundo; *world history*
historia universal 6; *world-
wide* mundial
to **worry** preocupar 24,
preocuparse; *not to worry*
perder (ie) cuidado
worried preocupado,-a 14

worse peor; *worst* el peor
to **wound** herir (ie,i); *wound* la
herida 29
wounded herido,-a 13
woven good el tejido
wow! ¡caramba!
to **wrap** envolver (ue)
wrestling la lucha libre
wrist la muñeca
to **write** escribir; *to write down*
apuntar 13; *writing style* la
escritura 27
writer el escritor, la escritora
written escrito
wrong equivocado,-a

X

X ray la radiografía

Y

yard el patio
yeah ¡olé!; ¡viva!
year el año
yearbook el anuario
yellow amarillo,-a; *yellowish*
amarillento,-a
yes, sí; *yes, indeed* ya lo creo
yesterday ayer
yet aún, todavía
yolk la yema 26
you tú, usted (Ud.), ustedes
(Uds.), vosotros, vosotras
young joven; *young lady* la
señorita; *young people* los
jóvenes, las jóvenes; *young
person* el joven, la joven;
young man el muchacho 7;
younger menor; *youngest* el
menor
your tu, su, vuestro, vuestra
yours tuyo, tuya, tuyos, tuyas,
suyo, suya, suyos, suyas
yourself se, te, sí, sí mismos/
as; *yourselves* se, os, sí
mimos
youth la juventud 10

Z

zebra la cebra
zero cero
zip code la zona postal 20
zone la zona
zoo el (jardín) zoológico

Index

Credits

Acknowledgements

We wish to thank the many people in Spain, Central America, South America, the Caribbean Islands and the United States whose invaluable help has contributed to the development of this book, In particular, we gratefully acknowledge the following professionals for contributing their expertise in the creation of *Somos así 3*: Chris Dyrud (illustrations), María Inés Hitateguy (proofreading), Bill Salkowicz (color maps), Cyril John Schlosser (design) and Ned Skubic (layout and keylining). Furthermore, we would like to thank Gabrielle Sweet for writing introductory material and annotations for the teacher's edition.

Finally, we would like to thank the following publishers, authors and holders of copyright for permission to include copyrighted material in *Somos así 3*: **101-102,** "Guille," "Felipe" and "Miguelito," three comic strips by Joaquín Salvado Lavado (Quino); **148-149,** "El eclipse," by Augusto Monterroso; **238-242,** "Con los ojos cerrados," by Reinaldo Arenas; **284-288,** "De la segunda salida de Don Quijote," by Miguel de Cervantes Saavedra, excerpt from the Easy Reader entitled, *Don Quijote de la Mancha (Primera Parte)*, published by EMC Publishing; **334-340,** "Los gitanos" (originally "Los alambradores"), by Ana María Matute, excerpt from the Easy Reader entitled, *Historias de la Artámila*, published by EMC Publishing; **432-436,** "De lo que le sucedió a un rey con los burladores que hicieron el paño," by Don Juan Manuel, excerpt from the Easy Reader entitled, *El Conde Lucanor*, published by EMC Publishing; **484-488,** "Dos corazones y una sombra," by Ignacio Aldecoa, excerpt from the Easy Reader entitled, *Cuentos*, published by EMC Publishing.

Photo Credits

Aitchison, Steward/DDB Stock Photo: 124 (b)
Augustin, Byron/DDB Stock Photo: 24 (r), 139, 147, 459 (b)
Brett, Bob: 421
Bryant, D. Donne: 8, 17 (l, r), 25, 46 (b), 107 (bl, br), 120 (t), 134 (tr, tb), 150 (tr), 201, 219, 293 (l), 295, 307, 313 (tr), 317, 324, 357, 463, 467
Buettner, Dan: 80, 182, 321 (r), 347 (b)
Daemmerich, Bob: 7 (l, r), 10, 34, 46 (t), 72, 389, 323, 326 (r), 359 (t), 360, 379, 387, 420 (r), 466
Dekovic, Gene: 43, 145, 151, 254 (l), 267, 283, 296, 308, 312
Doran, Dennis/West Stock: cover
Dunitz, Robin J./DDB Stock Photo: 105
Elich, George: 403
Frazier, David R. Photolibrary: 62, 73, 127, 137, 142, 168, 204 (l r), 212 (l, r), 234, 243, 254 (r), 260, 269, 271 (bl), 300 (l, r), 328, 355 (bl), 442 (b), 444, 451
Fried, Robert: 11, 12, 24 (l), 33, 35, 39, 78, 85, 109, 111 (t), 124 (t), 136, 230, 233, 249, 309, 311, 313 (tl), 344 (t, b), 347 (t), 355 (cr), 367, 374, 375 (c), 381, 391, 396, 412, 417, 420 (l), 437, 458, 459 (t), 468, 481 (t, b), 483
Fried, Robert/DDB Stock Photo: 83
Geographical Visual Aids: 195, 246 (l), 253 (l)
Hafner, G. H./Cyr Agency: 318 (r)
Hampton, Wally/Travel Stock: 402 (r)
Hiller, Renate/Monkmeyer Press Photo Service, Inc.: 281
Iglesia de Santo Tomé: 446 (t)
Komer, Daniel I./DDB Stock Photo: 413
Kraft, Wolfgang: 60, 70, 86, 206, 221, 224 (l), 232, 277, 303
LeDuc, Grant/Monkmeyer Press Photo Service, Inc.: 256
Museo del Prado: 446 (b), 447 (t, b)
Museum of Modern Art: 461 (t)
Murphy, Marla/Amwest: 390, 431, 445, 448
Murphy, Suzanne L./DDB Stock Photo: 111 (b)
National Tourism Office of Spain: 264, 272, 278, 442 (t)
Peterson, Chip and Rosa María: 1, 47, 53, 88, 107 (tc), 113, 114, 115, 117, 122, 123, 143, 145, 154, 173, 197, 209, 215 (l, r), 217, 246 (r), 248, 261, 271 (tl, br), 280, 284, 297, 315, 359 (b), 366 (tl), 419, 443, 455 (b), 473
Philadelphia Museum of Art/Louise and Walter Arensberg Collection: 461 (b)
Phillips, David and Linda: 31 (b), 226, 301, 349 (t), 350, 351, 415
Prince, Norman: 45, 150 (tl, b) 375 (t)
Purcell, Carl: 82, 93, 245, 402 (l), 424
Rogers, Hugh/Monkmeyer Press Photo Service, Inc.: 253 (r), 273, 293, 329
Ryan, David: 207, 291, 341
Secretaría de Turismo de México: 299, 405
Simson, David: 19, 30, 31 (t), 52, 68, 74, 84, 89, 119, 141, 161, 163, 167, 181, 188, 218, 222, 232 (l, c), 259, 270, 310, 318 (l), 320, 321 (l), 355 (t), 366 (br), 393, 395, 404, 408, 440, 454, 455 (t), 476
Skubic, Ned: 120 (b), 134 (l), 224 (r), 333
Smith, Elliott: 394
Tabor, Martha: 49, 237, 426
Tampa Tribune/Bonnie Jo Mount: 169
Teubner (Studio für Lebensmittelfotografie): 326 (l)
University of Minnesota, Film Society: 457